珍藏本
纪念版

汉译世界学术名著丛书

政治经济学新原理

或

论财富同人口的关系

〔瑞士〕西斯蒙第 著

何钦 译

2017年·北京

J.-C.-L. Simonde de Sismondi
NOUVEAUX PRINCIPES D'ÉCONOMIE POLITIQUE
ou
de la richesse dans ses rapports avec la population
Troisième Édition
Edition Jeheber
Genève-Paris
1951—1953
根据热埃贝出版社日内瓦-巴黎 1951—1953 年第三版译出

汉译世界学术名著丛书
（120 年纪念版 · 珍藏本）
出 版 说 明

2017 年 2 月 11 日，商务印书馆迎来 120 岁的生日。120 年前，商务印书馆前贤怀揣文化救国的理想，抱持“昌明教育，开启民智”的使命，立足本土，放眼寰宇，以出版为津梁，沟通中西，为中国、为世界提供最富智慧的思想文化成果。无论世事白云苍狗，潮流左右激荡，甚至战火硝烟弥漫，始终践行学术报国之志，无改初心。

迻译世界各国学术名著，即其一端。早在 20 世纪初年便出版《原富》《天演论》等影响至今的代表性著作，1950 年代后更致力于外国哲学和社会科学经典的译介，及至 1980 年代，辑为“汉译世界学术名著丛书”，汇涓为流，蔚为大观。丛书自 1981 年开始出版，历时三十余年，迄今已推出七百种，是我国现代出版史上规模最大、最为重要的学术翻译工程。

丛书所选之书，立场观点不囿于一派，学科领域不限于一门，皆为文明开启以来，各时代、各国家、各民族的思想与文化精粹，代表着人类已经到达过的精神境界。丛书系统译介世界学术经典，引领时代思想，为本土原创学术的发展提供丰富的文化滋养，为推动中国现代学术和现代化进程做出了突出的贡献。

为纪念商务印书馆成立120周年，我们整体推出“汉译世界学术名著丛书”120年纪念版的珍藏本，寄望既利于文化积累，又便于研读查考，同时向长期支持丛书出版的译者、编者和读者致以敬意。

两甲子后的今天，商务印书馆又站在了一个新的历史时间节点上。我们不仅要铭记先辈的身影和足迹，更须让我们的步伐充满新的时代精神。这是商务人代代相传的事业，更是与国家和民族的命运始终紧密相连的事业。我们责无旁贷，必须做好我们这代人的传承与创造，让我们的努力和成果不仅凝聚成民族文化的记忆，还能成为后来人可以接续的事业。唯此，才能不负前贤，无愧来者。

商务印书馆编辑部

2017年10月

评西斯蒙第的《政治经济学新原理》

林 森 木

（一）

让·沙尔·列奥纳尔·西蒙·德·西斯蒙第（1773—1842）是一位著名的经济学家，又是一位历史学家。他出生于瑞士的法语居民居住区，属于法国学者的行列。在经济学说史上，西斯蒙第处于特殊的地位；他是小资产阶级政治经济学的创始人和法国古典政治经济学的完成者。《政治经济学新原理或论财富同人口的关系》出版于1819年，这本书是西斯蒙第在政治经济学方面的代表性著作。

西斯蒙第恰好生活在大机器工业在欧洲大陆刚刚开始发展的时期。这个时代的特征是欧洲资本主义经济迅速地得到发展，这种发展在法国大革命消灭了封建残余以后表现得特别明显。尽管封建统治阶级为了自身的利益，竭尽全力企图阻止这种发展；但是，即使是在欧洲出现政治反动的局面下，资本主义仍然在胜利地前进。在欧洲各国中，资本主义发展的历史洪流不断地冲击着封建主义制度的基础。

资本主义对封建主义的胜利，也就是大生产对小生产的胜利。资本主义的发展不仅摧毁着封建主义的经济基础，也瓦解着和排挤着小商品生产；资产阶级的胜利不仅推翻了封建贵族，也使中世纪的小市民和小农处在动荡和不断破产的境况之中。同时，随着资本主义的发展形成了，并且作为资产阶级社会的补充部分而经常重新形成着新的小商品生产者，即小资产阶级。但是，竞争经常把这一阶级的成员扔到无产阶级队伍里去，只有其中的少数人发了财上升到大资产阶级的地位。因此，小生产者开始觉察到，随着大工业的发展，他们很快会完全失去他们作为资产阶级社会中一个独立部分的地位，在商业、工业和农业中他们很快就会被监工和雇员所代替。

在这样的历史条件下，必然会出现反映小资产阶级利益和愿望的理论家。西斯蒙第就是这方面的头面人物和典型表述者，他的《政治经济学新原理》系统地论证了小资产阶级的利益和愿望。

小资产阶级是过渡性的阶级，处在资产阶级和无产阶级之间。小资产阶级在资本主义社会中的这种地位，使得它具有两面性：一方面是劳动者，由于资本主义的发展使它贫困和破产，因而倾向于无产阶级；另一方面是私有者，倾向于资产阶级。西斯蒙第的《新原理》充分地反映出小资产阶级的中间地位和两面性。

《新原理》的作者在政治经济学的基本理论观点上深受资产阶级经济学家亚当·斯密的影响。和斯密以来的一切古典经济学家一样，西斯蒙第在价值学说方面承认商品的交换价值由生产商品时所耗费的劳动量来决定的原理；在关于剩余价值的问题上，把利润和地租看为是工人劳动产品的扣除，是额外价值；在对社会资本再生产过程的分析方面，接受“斯密的教条”，认为年产品的价值只分解为收入，抛弃了不变资本部分。但西斯蒙第处于当时的主要思潮之外，热烈拥护小生产，反对资本主义大企业经济及其维护者。

在《新原理》中，西斯蒙第否认自由竞争具有无限优越性的说法，指责资产阶级经济学家否认资本主义矛盾和把资本主义说成是合理的自然制度，并具体地指出了资本主义的矛盾。马克思指出：**"如果说在李嘉图那里，政治经济学无情地作出了自己的最后结论并以此结束，那么，西斯蒙第则表现了政治经济学对自身的怀疑，从而对这个结束作了补充。"**[①]这就是说，李嘉图虽然意识到工资与利润对立、利润与地租对立，但他认为这是自然的现象；而西斯蒙第则提出了资本主义的矛盾的问题。

西斯蒙第揭露了资本主义生产关系中的矛盾。他感觉到资本主义生产是自相矛盾的，它一方面刺激生产力和财富的自由发展；另一方面又限制着这种发展。他指出，在资本主义制度下存在着使用价值和交换价值间的矛盾，商品和货币间的矛盾，买和卖的矛盾，生产和消费的矛盾，资本和雇佣劳动的矛盾等等，随着生产力的发展，这些矛盾也将发展。他还觉察到这样一种根本性的矛盾：一方面是生产力和财富的无限发展；另一方面劳动群众只能获得最低限度的生活必需品。因此，在他看来，生产过剩的经济危机必然会发生，它是资本主义矛盾的必然结果。

资产阶级经济学家"**一方面把绝对意义上的劳动(因为在他们看来，雇佣劳动和劳动是等同的)；另一方面又把同样绝对意义上**

① 马克思：《政治经济学批判》，《马克思恩格斯全集》第13卷，人民出版社1962年版，第51页。

的资本，把工人的贫困和不劳动者的财富同时说成是财富的唯一源泉，他们不断地在绝对的矛盾中运动而毫不觉察（西斯蒙第由于觉察到了这种矛盾而在政治经济学上开辟了一个时代。）”[①]。

西斯蒙第为了维护劳动人民的利益，毫不犹豫地指责资本主义的发展，抨击“后果严重的竞争”。但是，对于这一切，他总是用小资产阶级和小农的尺度来衡量。他用独立的小生产，即农村中的农民自然经济和城市中的手工业，来反对资本主义；斥责资本主义破坏了小生产者的有保障的生活，妨碍了他们之间互相接近，即手工业者接近消费者，农民接近和他平等的农民；颂扬小生产保证了生产者的独立性和没有资本主义的种种矛盾。

西斯蒙第指出了资本主义的矛盾，但他不了解资本主义矛盾，没有试图去分析资本主义矛盾的起源、发展和趋势，他把它们看为是反常的或错误的偏向，看为是学说和政策、措施等等的矛盾或错误。同时，他也不了解资本主义矛盾的解决过程。他反对革命，反对社会主义，希望用别种办法来消除资本主义的矛盾。他希望依照资本的比例来调节收入，或依照生产的比例来调节分配，以此来消除矛盾。他想恢复生产的正确比例（这是一种为小生产所特有的“正确比例”），又要保存资本主义社会的基础，因此企图把中世纪的行会和宗法制的原则和思想应用到资本主义社会里来。

西斯蒙第反对资本主义大生产，而把独立的小生产看为是自然制度。他不懂得资本主义大生产和独立的小生产之间的内在联

① 马克思：《剩余价值理论》第三册，《马克思恩格斯全集》第 26 卷第三册，第 285 页。

系，不懂得这是商品生产的两种形式。他反对资本主义大生产，也就是反对商品经济的最发达的形式，而把小生产捧上了天，也就是把商品经济的萌芽形式捧上了天。他不了解他所偏爱的农民小生产者和手工业者实际上已经成为小资产者。马克思列宁主义的经典作家们正是根据这一点，评定西斯蒙第是小资产阶级的理论家，指出他的观点是“反动的”。

说西斯蒙第的观点是“小资产阶级的”和“反动的”，绝不是说西斯蒙第维护落后的小资产者，同情小店主的自私自利的心理或阻止社会发展、向后倒退的愿望。西斯蒙第在任何地方都没有维护他们，他想站在一般劳动阶级的立场，他表示自己同情这些阶级的代表，例如他因工厂立法而感到高兴，他攻击资本主义并指出它的矛盾。这些术语只是说明西斯蒙第的观点是错误的，他的理解和眼光是狭隘的，因而他所选择的达到一个十分美好的目的的手段实际上是不能实现的，它只能满足小生产者或为复古主义者服务。

马克思在说明把不同作家的理论归结为不同阶级的利益和观点时指出：“**不应该狭隘地认为，似乎小资产阶级原则上只是力求实现其自私的阶级利益。相反，它相信，保证它自身获得解放的那些特殊条件，同时也就是唯一能使现代社会得到挽救并使阶级斗争消除的一般条件。同样，也不应该认为，所有的民主派代表人物都是小店主或小店主的崇拜人。按照他们所受的教育和个人的地位来说，他们可能和小店主相隔天壤。使他们成为小资产阶级代表人物的是下面这样一种情况：他们的思想不能越出小资产者的生活所越不出的界限，因此他们在理论上得出的任务和作出的决**

定,也就是他们的物质利益和社会地位在实际生活上引导他们得出的任务和作出的决定。一般说来,一个阶级的政治代表和著作方面的代表人物同他们所代表的阶级间的关系,都是这样。”①

(二)

西斯蒙第开始从事经济学著述活动时,是英国古典经济学家亚当·斯密的信徒。他在1803年出版的《论商业财富》一书中,介绍和阐述了斯密的代表作《国民财富的性质和原因的研究》的基本观点。但在写作《新原理》一书时,西斯蒙第已经成为英国古典政治经济学的反对者了。对于这种变化,他自己是这样认识的:“自从我写了《论商业财富》以后,已经十五星霜,在这期间,我很少阅读政治经济学著作,但我并没有停止观察事实。有些事实我觉得与我所采取的原理大相径庭。但是,当我把自己的原理向前推进一步的时候,我就能区别和分析这些事实了,一切都迎刃而解。我越往深处钻研,就越相信我对于亚当·斯密的学说所作的修正是必要和正确的。”(第一版序)

西斯蒙第这种变化的根源当然不是由于对事实的观察,和他同时代的英国古典经济学家大卫·李嘉图也对事实作了观察,但从同一事实所得出的结论却各不相同,甚至互相对立。问题的关键在于:他们两人的阶级立场不同,所持的观点不同。李嘉图和斯密一样站在资产阶级的立场,认为资本主义是自然制度,把工人阶

① 马克思:《路易·波拿巴的雾月十八日》,《马克思恩格斯全集》第8卷,人民出版社1961年版,第152页。

级的存在看做一种不言而喻的事实。他发展了斯密的理论，完成了资产阶级古典政治经济学。西斯蒙第则和他们不同，他站在小资产阶级的立场，认为小生产是自然制度，强调小生产者的破产过程，即工人阶级的形成过程。因此，他“修正”了斯密的理论，创立了政治经济学中的小资产阶级流派。

西斯蒙第之所以把自认为是有独特见解的政治经济学著作称之为《新原理》，就是为了表示他在这一著作中所创立的原理是和当时流行的见解根本不同，它首先是对斯密学说的“修正”，特别是反对李嘉图的经济学原理。在西斯蒙第的新的政治经济学原理中，关于资本同收入和人口之间的关系的学说是最突出的特点，因此他用“论财富同人口的关系”作为《新原理》的副标题。

西斯蒙第指出：斯密只是考察财富，并认为拥有财富的人总是关心财富的增加的，只有让个人在社会上自由地进行利己主义的活动，才能最大限度地增加财富，因此政府对经济生活应该听其自然。正是在这两个问题上，西斯蒙第“修正”了斯密的学说。他认为，财富应该保证人们过幸福的生活，因此政治经济学不应该只考察财富，而应该考察财富和人的关系，特别是人及其需要。他指出，富人能够增加自己的财富，甚至掠夺应该属于穷人的财富；为了使财富的分配合理和均衡，保证穷人过幸福的生活，他说：“我们几乎始终呼吁亚当·斯密所摈弃的政府干预。”

在西斯蒙第看来，政治经济学是一门研究人民物质福利的科学，它应该给政府提供管理全国财富的真正方法。他指责资产阶级经济学家把政治经济学看为是研究财富的科学，而忘记了人，特别指责李嘉图的学说；因为按照他的说法，在李嘉图那里，“财富就是一切，而人是微不足道的。”

西斯蒙第断言，财富只是人类物质享受的象征，它只是一种手段；人类进行财富生产是为了满足自身物质生活的需要，不断地提高物质享受。因此，财富应该给所有的人带来幸福，而且也只有全体居民的物质享受增加了，国民财富才算是有了增加。所以，政治经济学的真正对象应该是人，而不是财富，政府应该通过政治经济学使全体居民都能获得物质上的享受。

从这种见解出发，西斯蒙第给政治经济学的对象下了一个定义：“从政府的事业来看，人们的物质福利是政治经济学的对象。”这个定义表明了西斯蒙第把社会经济发展过程看作是由国家调整和指导的过程，把政治经济学和国家的政策混为一谈。他在《新原理》中不是，或者说主要的不是说明社会经济生活的内在联系是什么样的，而是孜孜不倦地告诉人们社会经济生活应该什么样和不应该什么样，政府应该实行什么样的政策和措施干预经济生活，以保证居民的物质福利。这样一来，政治经济学就不是一门研究经济现象的内在因果关系的科学，而是研究人们从事经济活动和政府干预经济生活所应该遵循的准则。

西斯蒙第强调政治经济学应该研究人，应该研究人的需要。他把人的需要作为经济生活应该遵循的准则，同时责难李嘉图忽视人的需要，不注意消费，过于沉迷于抽象，把政治经济学变成了一门思维推论的空论；说：“他们常常为了抽象的理论而牺牲了人和现实利益。”西斯蒙第证明人的需要的存在，这使他比狭隘的资产阶级经济学家高明得多。但是，他所说的人不是在一定生产关系条件下的人，不是阶级，而是抽象的人。这种人只存在于西斯蒙第的想象里，是被他美化了的小资产者。西斯蒙第正是依据这种人的需要，把它看成是正常的自然的东西，是应当存在的东西，并要求现实经济生活符合于它。

因此，西斯蒙第不去科学地分析资本主义社会的发展规律，而是用小生产者的需要和愿望作为评述社会生活的准则，只是诉诸道德和感情。按照他的说法，政治经济学不是单纯计算的科学，而是伦理道德的科学，只有注意到人们的情感、需要和热望时，它才能达到目的。他写道："一般说来，亚当·斯密对待科学的态度是有些过分拘泥于计算数字，然而从全面来看，科学既属于感性又属于想象，感性和想象是不需要什么数字的。"又说："我认为必须反对一般的、往往是轻率的、往往是错误的评判社会科学著作的方法。社会科学所要解决的问题比各种自然科学问题复杂得多；同时，这种问题需要良心正如需要理智一样。"其实，他在一切重要问题上，小资产者的"良心"总是战胜经济学家的"理智"的。

西斯蒙第指责李嘉图的方法过于抽象，但他自己的研究方法不仅和李嘉图一样也是过分抽象，缺乏历史观点，而且具有明显的主观唯心主义。他指责李嘉图迷恋于抽象的议论，其实是指责他的客观主义，即指责他从现实生活出发而不顾人们的主观愿望。

西斯蒙第从人（小资产者）的主观愿望出发，把过时的东西当作自己学说的标本。作为他的研究对象的人首先是消费的实体，这种人只是按照自己的需要来进行生产，因此生产是有限的，它要由消费来决定。生产、收入、人口以及消费之间都有一定的比例，它们的增长必须成相等的比例。这样一种为小生产所特有的"正确比例"，正是《新原理》的立足点。

在这里，西斯蒙第突出了人的需要，即消费，要求生产去适应消费。他把消费提到了首要地位，而不是把生产提到首要地位。所以，他反对李嘉图的为生产而生产的思想，强调生产是为了消费，指责李嘉图的见解是为了手段而牺牲目的。如果说李嘉图首先是一位生产经济学家，那么西斯蒙第首先是一位消费经济学家，他以消费占优先地位的思想作为基本原则来阐述政治经济学。

西斯蒙第在谈到自己写作《新原理》的基本思想时，这样说道："我要阐明的是:财富既然是人的一切物质享受的标志，我们就应该使它给所有的人带来幸福;我们必须使财富的增长跟人口的增加相互一致;在这些人口之间进行财富分配时必须按照这样一个比例，即如果没有特大的天灾人祸，他们不会为生活所苦。我认为，为了谋求所有人的幸福，收入必须和资本一同增长，人口不得超过他们赖以生活的收入，消费必须和人口一同增长，而再生产同进行再生产的资本之间以及同消费它的人口之间都必须成相等的比例。同时，我要指出……每当这个或那个比例关系遭到破坏时，社会便陷入浩劫之中。"这本书"就是根据这种比例关系写成的"。(第二版序)

所以，《新原理》的任务无非是描述西斯蒙第向往的理想世界，对照一下现存社会是否和它一致，指责资本主义制度怎样破坏了各种应有的比例关系，呼吁政府调节经济生活以保护居民摆脱竞争的后果。尽管西斯蒙第也曾主张政治经济学应该建立在实际经验、历史和观察的基础上，实际上他只是把他的理想世界和现存社会相对立，回避了对现存社会进行科学的分析，以小资产阶级的道德规范和说教来款待《新原理》的读者。他给政治经济学带来了小资产阶级局限性和浪漫主义。

(三)

从西斯蒙第把《政治经济学新原理》一书又叫做《论财富同人口的关系》,就可以看到这本著作要说明生产和消费间的关系。他认为在商品交换的社会里,生产需要资本,消费则需要收入去购买生产品。因此,在他看来,为了说明生产和消费间的关系,必须说明资本和收入间的关系。

西斯蒙第曾试图阐明资本和收入间的关系,把自己对这种关系的解释作为《新原理》一书的特征。他声称资本和收入间的区别对于社会是极重要的,把它们混淆起来是错误的,而要区分社会资本和社会收入又是十分困难的。他有保留地说:这就"接触到政治经济学中最抽象和最困难的问题了。在我们的概念中,资本和收入的本性往往错综在一起。我们看到,对于一个人是收入,对于另一个人则是资本,同样一个东西一转手就具有不同的名称";就是说,时而称为"资本",时而称为"收入"。西斯蒙第所说的困难实际上是这样的:对个别企业主来说收入是他用来购买消费品的利润(不用于积累的那一部分利润),对于个别工人来说收入就是他的工资,然而社会收入并不是这两种收入简单的总和。因为那些生产机器之类的企业主和工人的产品不能当作消费品,只能用作资本;这些产品对其生产者来说是收入(补偿利润和工资),对其购买者来说则成了资本。

西斯蒙第虽然想从社会角度区分资本和收入,但他的思路十分混乱,对于困难感到一筹莫展。他仅仅指出了困难,当他一接触

到问题的所在，就回避了困难。在有些地方，他曾接受斯密的说法，断言从社会角度看资本是生产资料，收入是消费品；但他和斯密一样，并没有把这种见解贯彻始终。因此，西斯蒙第企图从社会角度区分资本和收入的尝试是失败的，对于说明社会资本和社会收入间的关系没有做出贡献。

和许多资产阶级政治经济学的后继者一样，西斯蒙第也接受了亚当·斯密的错误见解，认为社会年生产品的全部价值只分解为工资、利润（其实就是利润和地租）。他写道："总之，国民收入和年生产是相等的，是等量。全部年生产在一年中消费掉，其中一部分由工人消费，他们以自己的劳动来交换，从而把劳动变成资本，并且再生产劳动；另一部分由资本家消费，他们以自己的收入来交换，从而把收入消耗掉。"他完全忽视了这个问题：既然生产需要资本（确切地说是需要生产资料），那么年生产怎么能够以收入形式被工人和资本家全部消费掉？他抛弃了生产资料（不变资本）的部分，也就使自己无法正确地了解资本主义生产和再生产过程。不过，他企图把社会年产品的价值分解为收入的见解，和社会收入与国内市场的学说、和资本主义社会产品的实现问题联系在一起，指出了资本主义条件下经济危机的必然性。

西斯蒙第从社会年产品的价值仅仅分解为收入的见解出发，得出结论说：生产应该适应消费，生产应该由收入来决定，生产只要不再获得收入就会停止。他说："收入是从再生产中来的；但生产本身还不是收入，因为生产只有在实现之后，只有在每一件产品找到需要它或享受它的消费者……之后，才能获得这一名称，才能具有这种性质。"由于西斯蒙第把收入与生产（即所生产的一切东西)看为是一样的,也就把实现与个人消费看为是一样的。在他看来,资本主义社会的全部商品仅仅是以收入来购买,今年生产出来的商品是以上一年的收入来购买的,因此今年的生产要由上一年的收入来决定。至于积累(把收入转化为资本)或扩大再生产,他认为只能逐步地实现。"假如生产逐渐增长,每年的替换就只能使人们每年遭受一些轻微的损失,同时却能为将来改善条件。假如这种损失很轻微而又分担合适,每个人都会毫无怨言地承担这种损失。"

西斯蒙第一再强调生产必须适应消费,并把矛头指向自己的论敌李嘉图,指责他一味鼓吹无限制地发展生产,想给国家开辟致富之路,结果却把国家推向破产。

在《新原理》中,西斯蒙第阐述的主要学说是随着生产的增长,收入按比例减少。他把这个主要学说建立在使用价值和交换价值的对立上,认为由劳动时间构成的价值是资本主义社会一切矛盾的根源。

西斯蒙第接受了英国古典经济学家的见解,承认商品的交换价值必须由生产商品时所耗费的劳动量来决定的原理。他进一步指出,并不是一切劳动耗费都是创造交换价值,都能增加财富的;只有为社会所必要的劳动耗费,只有在增加必要劳动的条件下,才能生产交换价值,才能增加财富。他把必要劳动归结为全社会的需要和满足这种需要的劳动之间的比例;换句话说,他所说的必要劳动不是由一定社会在一定时间内所有的平均劳动强度和平均劳动生产率来决定,而是要由满足社会需要所必要的劳动量来决定。

西斯蒙第的这种见解,一方面强调生产商品所耗费的劳动必须是得到社会承认的，必须是社会所需要的，从而正确地指出了创造价值的劳动的特殊社会性质，并把价值量归结为必要劳动时间。马克思在《政治经济学批判》一书中，曾肯定西斯蒙第的上述看法是对劳动价值论的贡献。另一方面，西斯蒙第把需求和劳动间的比例看为是基本的比例关系，断言每一个人一生到世界上就带来各种需要，正是种种需要驱使人们进行生产，因此生产应该满足需要，价值规律应该保证消费者满足与他的劳动耗费相适应的要求。这就是说，供给必须适应需求，生产必须紧跟着消费，消费先于生产并支配生产。

事与愿违，现实生活恰好与西斯蒙第的愿望正相反。在资本主义条件下，大工业不能等待需求的状况与之相适应，不得不经常以愈来愈大的规模进行生产，生产走在需求的前面，供给强制需求。资本家为了获取利润，不断地扩大生产，采用新的技术和新的生产方法，提高劳动生产率，降低商品的价值。从而，只要能在一小时内生产出过去需要两小时才能生产的东西，就会使市场上所有这一类的生产品的价格下降。竞争迫使生产者出卖花两小时生产的产品时不能贵于花一小时所生产的产品。由此，竞争实现了产品的交换价值由生产它的必要劳动时间来确定的规律；同时，劳动时间成为交换价值尺度这一情况，因而也就成为劳动力的价值和价格下降的规律。这就是说，竞争迫使资本家压低生产费用，减少工资支出，同时也使利润率下降。

西斯蒙第指出，商业的扩展总是以缩减工资、利润（包括利息）为基础的。他举例说：一个企业主拥有十万法郎的流动资本，每年增殖的利润是一万五千法郎，其中六千法郎是利息，九千法郎是企业利润。这位企业主雇用了一百个工人,他们的工资是三万法郎。现在如果他的投资增加了,生产扩大了;资本从十万法郎增加到四十万法郎,其中二十万法郎为固定资产,二十万法郎为流动资本。利息等于一万六千法郎,利润则为三万二千法郎,因为利息率已从6%下降到4%。工人人数将增加一倍,每个工人的工资则由三百法郎下降为二百法郎,总共为四万法郎。由此可见,生产增加了三倍,而收入则连一倍也没有增加到(起初为四万五千法郎,现在则为八万八千法郎)。

毫无疑问,在资本主义制度下收入随着生产的发展而减少,这是事实。西斯蒙第感觉到这种矛盾,指出工资和利润率的下降趋势是资本主义的竞争和生产无政府状态的必然后果,明确地指出问题完全不在于机器的使用,因为机器本来可以给人类带来好处,问题在于不合理的社会组织。他写道:"真正的灾难绝不是由于机器的改进,而是由于我们对机器的产品所进行的不公平的分配。我们越能够用有限的劳动生产出更多的产品,也就越应该增加我们的享受或休息";但在资本主义条件下,"机器提高了工人的生产能力,强迫工人拿同样的工资,可是每日的劳动时间不仅没有缩短,反而更长了,这是当前的奴役工人的社会组织造成的。"

西斯蒙第驳斥了那种认为资本主义制度下工人被机器排挤以后能够得到补偿和使用机器对工人有利的错误论调,坚持资本主义制度下技术进步和财富增长往往使工人遭到损失的见解。他正确地认为,虽然采用机器会使产品的价格下降,但是对于丧失了一部分收入的工人来说,产品的降价如同画饼充饥,无补于事。

资本主义条件下生产与消费是矛盾的,这种矛盾就在于:在财富增长的同时，人民的贫困也在增长，社会生产力增长了，人民的消费却没有相应地增长。这正是资本主义的固有矛盾。资本主义生产方式有着一种为生产而生产的倾向；资本的一般生产规律是，

“按照生产力的发展程度（也就是按照用一定量资本剥削最大量劳动的可能性）进行生产，而不考虑市场的现有界限或有支付能力的需要的现有界限。而这是通过再生产和积累的不断扩大，因而也通过收入不断再转化为资本来进行的；另一方面，广大生产者的需求却被限制在需要的平均水平，而且根据资本主义生产的性质，必须限制在需要的平均水平。”[①]

按照西斯蒙第的见解，商品仅以收入来购买，而收入则随着生产的增长而减少，从而破坏了他所设想的生产与收入间应有的比例，破坏了他所要求的生产与消费间应有的比例。他断言分配上的不平等，使国内市场缩小，正是生产与消费间比例的破坏，使得资本主义制度下经济危机的爆发成为不可避免的事情。因为不顾有支付能力的需求而盲目地发展生产，必然使产品找不到销路，造成生产过剩。“由此可见，由于财产集中到少数私有者手中，国内市场就必定要日益缩小，工业就必定日益需要寻求国外市场，因而该国的工业就要受到更加巨大的波动的威胁。”他指出，资本主义国家虽能从国外市场实现其产品，但随着资本主义的发展，整个世界将形成一个市场，再也不能找到新的购买者。

指出资本主义制度下生产过剩危机的必然性是西斯蒙第的巨

① 马克思：《剩余价值理论》第三册，《马克思恩格斯全集》第26卷，第三册，第610—611页。

大功绩。但他认为危机的根源是在生产条件之外，是由于消费不足。他把人民群众和工人的消费不足提到首要地位，以此作为危机的根源。这是经济学上用消费不足来说明危机理论的典型。

正确地评价西斯蒙第关于经济危机的学说，首先必须强调指出他阐述危机问题的基本原理是完全错误的。他和资产阶级经济学家李嘉图和萨伊一样，错误地认为社会年产品的价值仅仅分解为收入，抛弃了不变资本部分，不了解为生产消费领域服务的市场对资本主义再生产的意义。

资本主义经济发展的特点是不仅不变资本的绝对量不断增长，而且不变资本的相对量也是不断提高的。这就是说，在资本主义社会里，对不变资本的要素即生产资料的需求，要比对可变资本的要素即消费资料的需求增长得更快。西斯蒙第认为年产品等于收入，把实现和个人消费混为一谈，造成自己对资本主义市场的错误观念，看不见日益增长的生产资料市场。他不了解随着小生产的破产，国内市场反而会扩大，因为国内市场的扩大既靠个人消费品市场的扩大，更靠生产资料市场的扩大。他企图用国外市场来解决资本主义的实现问题是无济于事的。

当然，西斯蒙第对经济危机问题的见解是有贡献的，他的功绩在于：指出了生产过剩危机的必然性，揭露了生产与消费的矛盾，强调了个人消费问题对资本主义再生产的重要作用。但他不了解生产与消费间矛盾的性质，把它看为是资本主义的基本矛盾，他错误地用消费不足作为危机的根源。不错，生产归根到底要受到消费的制约，然而危机的根源不是消费不足。群众消费不足是一切剥削制度社会里所共有的现象，在奴隶制社会和封建制社会里都存在群众消费不足的事实，却没有发生过生产过剩危机；危机是资本主义的显著特征。并且，资本主义社会的现实表明，正是经济危机爆发以前的时期，工人的消费有所增加。另一方面，从危机过渡到萧条、复苏，也根本不是由于工人消费增加的结果。照例危机的出路是从生产资料的销售量扩大开始的，推向复苏和高涨的动力是固定资本的更新。因此，不是个人消费的增加决定生产的扩大，恰恰相反，是生产的扩大引起个人消费的增长。

西斯蒙第把生产和消费间的矛盾看为是资本主义的基本矛盾，由此把资本主义看为是历史的过渡形态，但他只是从分配关系中看到资本主义的历史暂时性质。他还不了解分配关系只是生产关系的一种形式，一定的分配形式以生产条件的一定社会特点和生产代理人的一定社会关系为前提；工资以雇佣劳动为前提，利润以资本为前提。这种只是历史地看分配关系而不是历史地看生产关系的观点，从一方面来说，只是一种对资产阶级经济学的最初的，还是软弱的（不彻底的）批判。从另一方面来说，它是把社会生产过程和简单劳动过程（这种过程就是假设没有任何社会帮助的孤立的人也要完成的）混而为一的结果。

马克思写道：**“资产阶级的生产，由于它本身的内在规律，一方面不得不这样发展生产力，就好像它不是在一个有限的社会基础上的生产；另一方面它又毕竟只能在这种局限性的范围内发展生产力，——这种情况是危机的最深刻、最隐秘的原因，是资产阶级生产中种种尖锐矛盾的最深刻、最隐秘的原因，资产阶级的生产就是在这些矛盾中运动，这些矛盾，即使粗略地看，也表明资产阶级生产只是历史的过渡形式。**

“其次，这一点被例如西斯蒙第粗浅地但又相当正确地看成是为生产的生产同因此而排除了生产率的绝对发展的分配之间的矛盾。”①

（四）

西斯蒙第为了劳动人民的利益，毫不犹豫地指责资本主义的发展，揭露资本主义的矛盾和缺陷，抨击资产阶级经济学家把资本主义说成是合理的自然制度。他指出了机器生产和分工的破坏作用，资本和地产的集中，生产过剩危机，小资产者和小农的必然没落，无产阶级的贫困，生产的无政府状态，财富分配的极不平等，各民族之间的毁灭性的工业战争，以及旧道德、旧家庭和旧民族性的解体等。他谴责资本主义是为了手段而牺牲目的，声称资本主义虽然促进了国家财富的增加从物质进步来说确实是令人惊奇的，但它并没有给穷人带来任何好处，工人完全成了无产者，失业和贫困使他陷入无以复加的困难状态，以致由于饥饿而奄奄待毙。他还驳斥了那种认为最自由的竞争，决定着工业的最有利的发展的说法，指责资本主义是弱肉强食的社会。

西斯蒙第断言，交换的迅速发展败坏着人民的良好的风俗习惯。经常想多赚些钱，就一定会使卖者抬高价格，进行欺骗；靠经济交换为生的人的处境愈困难，他就愈受到欺骗活动的诱惑。他声称，商业活动在经济制度中只是次要的，首先必须增加提供生产

① 马克思：《剩余价值理论》第三册，《马克思恩格斯全集》第26卷第三册，第86—87页。

资料的土地财富。以商业为生的阶级只有在土地产品存在的时候,才应该获得这种产品的一部分;它只有在这种产品增多的条件下才应该增长。因此,他在《新原理》中以很多篇幅埋怨工商业的增长超过农业的发展。

他指责政府实行保护关税政策是不合理的,是一种人工培植资本主义的做法,这种做法使国家受到损失,因为政府是靠牺牲本国人民来贴补本国的商人。他还认为,在英国实行的农场的高度集中也是地主不顾国家利益所造成的。他说:人们“……在颂扬这些精耕细作的农田时,应该看到耕种它们的居民;他们比法国耕种同样大小的田地的居民要少一半。……这部分非常稀少的农业人口,同时还非常穷困”。

在西斯蒙第看来,资本主义发展的道路是人们,特别是执政者遵循了错误的学说和政策的结果。他把资本主义的矛盾看为是反常的或错误的偏向,用消除它们的格言、规范等等来反对这些偏向,不懂得这些矛盾是反映资本主义社会中占一定地位的阶级的现实利益的,把利益的矛盾当做学说、政策、措施等等的矛盾或错误。他特别把当时资本主义最发达的英国作为典型,作为其他国家的前车之鉴。他指出:“英国的例子格外令人瞩目,因为它是一个自由的、文明的、管理得很好的国家,它的一切灾难的产生只是由于它遵循了错误的经济方针。”

西斯蒙第以为只要人们,特别是执政者认识到这种错误,并着手纠正这种错误,采取正确的,也就是他所阐明的学说和政策,就能够使人民获得幸福的生活。他把自己改革社会的希望寄托在国家政权和执政者的身上,要求“政府保护居民摆脱竞争的后果”,呼吁国家调节经济生活。他说:“立法者还必须使穷人得到某种不受普遍竞争影响的保障。”又说:“当财富逐渐地均衡地增加时,当它的任何部分都不是过分迅速地发展时,这种增加才能造成普遍的福利,……也许政府的职责就是延缓这种运动,调节这种运动。”

西斯蒙第希望消除人们之间的对立状态,但他反对消灭私有制,反对以社会主义制度来代替资本主义制度。他认为,空想社会主义者以合作的名义倡议建立一个崭新的社会制度,企图利用为完成社会所需要的一切工作而组成的集团的利益来代替个人利益,这是根本不可能实现的事情。他写道:“一般说来,完美的社会制度对穷人和富人同样有利,政治经济学教导我们通过改进的办法来保留这种制度,而不是推翻它。……立法者绝不是用平分财产的方法来使人获得幸福,因为这样可能破坏唯一能创造一切财产的劳动的热情,而且劳动只在这种不平均的情况下才能受到鼓舞,劳动热情才能通过劳动而不断恢复。”

宗法式农业和行会式工业组织是西斯蒙第的理想,但他并不是想完全恢复到中世纪状态去,他没有提出过这个任务。西斯蒙第所要求的是经济发展应该采取宗法制和行会的原则;他把中世纪的联盟当作规范应用到资本主义社会,用这种原则和规范来要求资本主义社会。

西斯蒙第希望把城市中的企业和农村中的农场分散成为数众多的作坊,把财产分给为数众多的中等资本家。他说:“必须消灭的不是贫苦阶级,而是短工阶级;应该使他们回到私有者阶级那里去。”他的愿望的全部实质就在于“回到”私有者阶级那里去。他写道:“只有当人们能够设法建立一个彼此关心的集体,来代替工业企业家和被他们雇佣者彼此对立的制度，使农业工人分享土地收入，使产业工人分享自己产品的时候，……产业阶级才能幸福，才有实际而持久的繁荣进步。”在西斯蒙第看来，只有在这样的社会制度下，生产和消费、财富和人口才能按正确的比例齐步前进。

西斯蒙第希望劳动群众摆脱贫困和苦难的遭遇，过愉快和幸福的生活，这种愿望是好的。他意识到资本主义的矛盾，这也是他比那些持盲目乐观主义、否认这些矛盾的资产阶级经济学家高明的地方。然而，他在抛弃盲目乐观主义的同时，把自由竞争发展了社会生产力这一点也否认了。他不相信资本主义的发展，不懂得资本主义促进了生产力的增长，否认这种增长的可能性，认为不均衡的发展不是发展。他不了解大机器工业对西欧各国旧的宗法式的社会关系所实行的“破坏”具有进步的意义。他从小资产阶级的观点出发，首先并且主要的是希望、请求、呼吁和要求“停止破坏”。

《共产党宣言》在讲到以西斯蒙第为代表的早期的小资产阶级批判家时写道：他们“**或者是企图恢复旧的生产资料和交换手段，从而恢复旧的所有制关系和旧的社会，或者是企图重新把现代的生产资料和交换手段硬塞到已被它们突破而且必然被突破的旧的所有制关系的框子里去。它在这两种场合都是反动的，同时又是空想的**”。[①] 说他们是反动的，因为他们企图以旧的宗法式的尺度来衡量新的资本主义社会，想在旧秩序和旧传统中寻找规范，而这种旧秩序和旧传统完全不适合于已经变化了的经济条件；说他们是空想的，因为他们希望在资本主义条件下保存那种为小生产所

① 《马克思恩格斯选集》，第1卷，第276页。

特有的"正确比例",而这种"正确比例"与资本主义生产方式格格不入并且必然被破坏,他们所向往的小商品生产也正是资本主义滋生的基地。

(五)

由此可见,西斯蒙第的功绩在于指出了资本主义的矛盾。这正是他胜过资产阶级经济学家的地方,一切资产阶级经济学家,即使是斯密和李嘉图那样杰出的资产阶级科学家也不承认资本主义的矛盾,同时必须指出,西斯蒙第并没有,也不想去分析这种矛盾,只是以小资产阶级的空想代替对资本主义的科学分析。

《新原理》的总的精神是企图证明:工农业中的大企业经济和雇佣劳动的发展,使生产必然超过消费,从而面临着寻找消费者这个无法解决的问题;它在国内不能找到消费者,因为它把大量居民变成短工和普通工人,造成失业人口;要寻找国外市场,则因新兴资本主义国家登上世界舞台而日益困难。在西斯蒙第看来,这就意味着资本主义是不可能发展的,资本主义道路是错误的。他不了解资本主义生产方式充满着矛盾,这并不妨碍它的存在,也不妨碍它作为一定的经济制度,资本主义制度正是在不断的矛盾中发展,最终地为社会主义制度所代替。

当然,我们绝不能因为西斯蒙第没有进行科学的分析而责备他。《新原理》是一百多年以前写的东西,那时西斯蒙第所看到的是当时十分新颖的现象的第一步。他的幼稚还情有可原,就是和他同时代的英国古典经济学家也还相当幼稚地认为这些新现象是人类的永恒理性的产物。列宁指出:**"判断历史的功绩,不是根据**

历史活动家没有提供现代所要求的东西，而是根据他们比他们的前辈提供了新的东西。”①

因此，我们要责备的不是西斯蒙第，也不是他的粗浅的伤感主义的观点，而是那些不了解这种观点和马克思主义的区别的人，也就是十九世纪末的俄国民粹主义分子布·艾弗鲁西之流和现代的西斯蒙第主义者。

① 《评经济浪漫主义》，《列宁全集》第2卷，人民出版社1959年版，第150页。

目　　录

第二版序

再版的这部书，今天已经发表七年了。毋庸讳言，它并没有得到现在被真正公认为促使政治经济学有重大进展的学者们的称许；不过，他们在攻击我这部书时笔下留情，我不能不表示感激。我没有引起读者很大的兴趣，这一点我并不惊奇；因为我对于公认为定论的原理表示怀疑；我推翻了一种科学，它好像是以其单纯、以其法则的明确和整然的推理而成为人类智慧最宝贵的创造物；最后，我攻击了一种在哲学中正如在宗教中同样有害的正统学。同时，我还有一个极为不利的条件；我脱离了政见相同的朋友；我指出他们提出新措施的危险性；我阐明了他们长期以来被当作时弊加以攻击的许多制度却得到了良好的结果；最后，我再一次请求社会力量的干涉，以便使财富的进步正常化，而不使政治经济学遵循一个最简单的、在表面上好像最自由的所谓“自由放任和自由竞争”(laisser faire et laisser passer)的方针。

我并没有任何不满的地方；我在等待着，因为真理比学说更有力量。如果我搞错了，今后的事实一定会证明这一点；如果与此相反，我不但发现了新原理，而且依我看来，它们正开始受到重视，事实也一定会马上出来支持，到那时候，我虽然尊重科学家们的权威，也要像伽利略一样大胆地说：“它明明在动呀(Eppur si muove)。"①

七年的时光过去了,我觉得事实已经为我打了一次胜仗。它们比我本人更有力地证明:我所脱离的那些学者是追求虚假的繁荣;他们的学说不管应用在什么地方,当然可以增加物质财富,不过,那些学说也会使每个人应得的享受量减少;如果说那些学说的目的在于使富者更富,那么它也同样使穷者更加贫困,更加处于依附地位,更加被剥削得一干二净。商业界相继出现完全出人意料的危机;工业的发展和财富的增加并没有使那些创造这种财富的工业家解除空前未有的苦痛;事实既不符合一般的期待,也未证实智者的预言,尽管政治经济学的学徒绝对遵循师傅的教诲,他们也不得不另外寻求一些新的解释,因为实际情况跟他们认为确定不移的定理相距太远了。

在这些解释中,我以前所作的解释跟事情的结果完全符合一致。也许正是由于这种一致,我这本书竟大为畅销,而且有人要求我准备再版。我是在英国完成这项任务的。英国曾经诞生许多著名的经济学家。他们的经济学至今还受到极热烈的欢迎。我们看到某些国务大臣在理财学说方面本来已经是老手,可是仍然还到一位最著名的政治经济学教授那里去学习;我们听到他们在议会里经常引用政治经济学的原理。英国长期以来倡导普遍竞争(或者说是为了不断生产而做的努力)和不断降低价格的学说,但是我反对它,觉得它有害无益,因为这种学说虽然使英国工业有了长足

① 这是伽利略被迫在罗马教皇前签字承认地球不动时所说的一句名言。——译者

的进步，可是它有两次使工业家们陷入可怕的灾难之中。就因为财富发生这样的混乱，我才认为有必要重新检查我的理论，把它跟事实作一下对比。

我对英国的研究，使我更肯定了我的《政治经济学新原理》。在这个令人意想不到的、似乎有极丰富的经验可供世界其他各国参考的国家里，我看到生产增加了，可是享受的收入却减少了。全国民众也像哲学家们一样，似乎忘记财富的增加并不是政治经济学的目的，而是使大家享福的手段。我在所有各阶级里寻找这种幸福，可是我在任何地方都找不到它。不错，英国贵族阶级上层的富裕豪华超过了所有其他国家。然而，他们也完全没有享受依靠其他阶级所取得的财富；他们缺乏保障，在每一个家庭中，贫乏比富裕更为明显。如果我走进这些富丽堂皇、犹如帝王之家的宅第，我常听到那些宅第的主人说，假使取消了他们对本国同胞出售小麦的专利权，他们的财产就会化为乌有，因为他们的遍布各郡的土地，[①]再也不能补偿耕作的费用。我看到这些家长都有一大群孩子，其他任何地方的贵族阶级都没有这样的情况；他们很多人有十个、十二个，甚至有时更多一些的孩子；但是，所有的非长子和所有的女儿都是长子的虚荣的牺牲品；他们所分得的资本还比不上长兄一年的地租；他们不得不独身度过晚年，而且他们晚年的那种寄人篱下的苦处是他们对自己早年豪华的高昂代价。

① 我在其他地方曾经谈过莎瑟兰伯爵夫人的土地，她有四十万公顷土地。一般要以一个英国领主的收入有一千英镑计算，她的土地面积所占比例就是两千；但是，在苏格兰、爱尔兰和威尔士等地方，同样的收入要有双倍的土地。领地财产在最近年代的大量增加足以证明地主人数的缩减。

在这种有爵位和没有爵位的贵族下面，我看到商人是一种特殊的等级；他们的企业遍及全球；他们的代理人冒着南北极的严寒和赤道的酷热到处奔走，而老板们却聚集在交易所里，任意挥霍百万资财。同时，在伦敦的所有街道上，在英国各大城市的街道上，各商店所陈列的商品足供全世界来消费。但是，这些财富是否保证了英国这个商业国家本来应该保证的那种幸福呢？没有。任何国家的破产现象也没有像英国那样严重。在任何地方，这些足能当做一项公债、足以维持一个帝国和一个共和国的大量财富也没有比在英国消灭得更加迅速的。人人都抱怨买卖太少，不容易做，利钱很薄。在相距只有几年的期间，就发生两次可怕的危机，它使一部分银行家垮台，使英国的全部工厂都受到灾难；同时，另一个危机摧毁了农场主，从而打击到零售商身上。从另一方面说，这种商业尽管范围极广，却不能容纳谋取职业的青年人；哪里都没有空额，不论社会地位高低，绝大多数人都找不到工作，不能获得工资。

这种国家财富，从物质进步来看确实令人惊奇，但是，它到底能不能给穷人带来好处呢？一点好处也没有。英国人民当前的温饱和未来的保证全都被剥夺了。农村里再也没有农夫了；他们被迫把位置让给短工；城市里几乎完全没有手工艺者或独立的小工厂主，只剩下大工厂主了。产业职工（我们且用一个由于这种学说而流行的名词）不知道什么叫做保持地位；他只赚工资，同时，由于这项工资不能平均地满足他各个季节的需要，差不多每年都难免要向穷人们请求施舍。

这样一个富裕的国家，认为把它拥有的全部金钱都卖掉，不用硬币，完全用纸币进行流通是比较经济的。这样，它便自愿地消除了货币最大的优点——价格的稳定性；好像某种流行病一样，银行家不断破产，因此，外省的银行券持有人每天都有被殃及的危险；如果外敌入侵或者发生革命，国立银行的信用动摇，整个国家的公私财产就要处于混乱状态。英国认为放弃需要劳力较多的作物更为经济，于是使久居家园的耕作者有一半失掉了工作；英国认为用蒸汽机代替手工业者更为经济，于是就频频地解雇城市工人；手工织工让位给 power looms（用蒸汽开动的机器），以致他们现在由于饥饿而奄奄待毙；英国认为把所有工人的工资都降低到只能勉强糊口的程度更为经济，工人完全变成了**无产者**，他们每个人都养活一大家子人，这样就陷入了无以复加的苦难状态；英国认为只给爱尔兰人吃马铃薯、让他们穿破烂衣服更为经济，可是现在，每艘 packet-boat（邮船）都给它运来大批的爱尔兰人，他们的劳动力比英国人价钱便宜，因而把英国人从各个行业挤了出去。大家请看，英国所积累的如此巨大的财富究竟带来什么结果呢？除了给各个阶级带来忧虑、困苦和完全破产的危险以外，另外还有什么呢？为了物而忘记人的英国不是为了手段而牺牲目的吗？

英国的例子格外令人瞩目，因为它是一个自由的、文明的、管理得很好的国家，它的一切灾难的产生只是由于它遵循了错误的经济方针。毫无疑问，一个外国人到了英国，见到贵族阶级的傲慢不逊的神气，见到他们力图积累财富的情况，一定会大吃一惊。不过，在任何别的国家里，国内各阶级的独立自主都没有英国这样充分的保障，穷人除了令人诧异的谦逊而外，灵魂深处都保持着更高的自尊心。在任何别的国家里，各阶级都没有像英国这样信任法律和尊重法治的；在其他任何国家里，也不像英国那样具有普遍的同情心，一旦遇到灾难，有钱人便纷纷出来救济灾民；在其他任何国家里，舆论都不像英国那样有力；任何一个国家的内阁也不像英国那样开明，那样坚决谋求公共福利，那样有能力做到这一点。既然有这样多的条件，这样多的优点，那么，能够对人类社会没有用处吗？是的，如果不幸走错了方向，就不会有用处。英国所以比其他各国更文明，更自由，更强大，只不过是因为它更早达到了一种谬说所导致的目标。如果英国下定决心，那么，它的生命力以及它那些政治家的天才，会帮助它比其他任何国家更容易回到正路上来的；但是，他们的政治经济学包含着偏见，他们的人民有自己的一套习惯，现在呢，处在灾难之中的英国人，并没有采取任何防止灾难日趋严重的措施。

在这部再度问世的著作中，我要阐明的是：财富既然是人的一切物质享受的标志，我们就应该使它给所有的人带来幸福；我们必须使财富的增长跟人口的增加相互一致；在这些人口之间进行财富分配时必须按照这样一个比例，即如果没有特大的天灾人祸，他们不会为生活所苦。我认为，为了谋求所有人的幸福，收入必须和资本一同增长，人口不得超过他们赖以生活的收入，消费必须和人口一同增长，而再生产同进行再生产的资本之间以及同消费它的人口之间都必须成相等的比例。同时，我要指出，在这些比例关系之中，每一个都有可能单独遭到破坏，例如收入往往不按照资本的比例增长；即使收入不增长，人口也可能增加；数目虽然众多但是比较贫困的人口，可能要求极少的消费；最后，再生产也可能按照投入的资本的比例，而不按照需要它的人口比例进行；但是，每当这个或那个比例关系遭到破坏时，社会便陷入浩劫之中。

我的《政治经济学新原理》就是根据这种比例关系写成的；我所以跟当今那些大吹大擂的萨伊、李嘉图、马尔萨斯和麦卡洛克等人的经济学的哲学家大不相同，就是因为我认为这种比例关系非常重要。在我看来，这般人经常忽视在他们的定理的相互关系上的一切障碍，由于他们不分析那些需要动脑筋加以分析的问题，他们就得出了错误的结论。

的确，当代的经济学家已经完全承认：公共财产既然是私人财产的总和，那就应该采取每个私人所使用的方法来培植它，增多它，分配和消耗它。谁都十分清楚，在私人财产中，最值得注意的部分就是收入；而且应该量入为出，否则就会亏本。但是，正如公共财产一样，在某一个人是资本，在另一个人就成为收入，因而很难确定哪一项是资本，哪一项是收入，结果，他们采取最简便的方法，干脆把后者一笔勾销了。

萨伊先生和李嘉图先生由于未能确定许多非常重要的问题而得出这样的学说，他们认为消费是一个无限的力量，或者至少是除了生产的界限以外没有其他的界限，其实，它受收入的限制。他们说，任何生产出来的财富都会有消费者，他们鼓励生产者造成大批商品积压，现在这种积压正使文明世界遭受灾难，但是，他们应该预先告诉生产者，叫生产者只应该指望有收入的消费者。马尔萨斯先生也忽略了这一点，他虽然指出人口无限制增加的危险性，却只是根据土地所能产生的食粮数量提出一个限度，然而，土地生产的食粮还能长期以极大的速度增加；如果他考虑到收入的时候，马上就会看出是由于劳动人民的人口和劳动人民的收入不平衡才产生了种种苦难。麦卡洛克先生在一篇为了向人民说明工资问题而写的短文中，曾经肯定地说：穷人的工资，必须符合人口和资本之间的比例；可是，工资是所需要的劳动量的结果，如果消费与收入成正比，工资也应该与消费成正比。在同一篇短文里，他号召穷人使家族人口的增加与国家资本的增长协调起来，不过穷人对于国家资本的数量不可能形成一个概念，哪怕是最模糊的概念；可是，他又指出：任何人只要一结婚，组织一个家庭，那就必须量入为出，因此，就很容易得出这样一个结论，只要所有的人都量入为出，国家就万事大吉了。

因此，我现在怀着很大的信心来再版我这部《政治经济学新原理》。这个书名有些含糊，人们可能认为它只不过是一部新的政治经济学入门手册。可是我却怀着更大的希望；我相信我给政治经济学奠定了一个新的基础，因为我确定了全民的收入，和研究了这种收入的分配；收入既然给国家带来莫大的幸福，那么通过研究收入就能够最好地达到这门科学的目的。

另外还有一些同样新的原理，虽然应用不太普遍，却也是从上述的原理派生出来的。我指出：农夫在土地所有权方面所占比例越大，领土财富就生产得越多；维护旧家庭祖遗财产的法律是这些家庭破产的根源；现代经济学家作为计算依据的那些互相竞争的工厂之间利润的平衡，不破坏固定资本，不使一个倒闭的工厂中的就业工人死亡是永远得不到的；虽然机器的发明增加了人的力量，应该为人类造福，但是，由于我们对机器所产生的利润分配得不合理，它们竟变成了穷人的灾难；一个国家的金属货币，在开支公帑方面最为方便，在表示国富方面最为合理；公共基金只不过是一种想象的资本，是对于劳动和工厂所能产生的收入的投资；人口的天然限制一向受有产者尊重，受无产者唾弃。但愿读者不要指责我想使政治经济学倒退；恰恰相反，这是大踏步向前进，我要把它带到一个新的领域。因此，我坚决要求，我要求大家面对这些至今还使我们很多弟兄遭受极大痛苦的灾难来同意我的意见，因为旧的科学没有教导我们去了解和预防新的灾难。

拙著《政治经济学新原理》第一版所受到的批评，对于我并非没有好处；我差不多把这部著作完全改写了；我总是极力把那些晦涩的地方说得明白易懂。我特别为了使我的读者注意英国，我想通过英国所遭受的危机，根据全世界各种工业之间的联系，来说明我们目前的灾难的原因；我也指明，如果我们继续奉行它所遵循的原则，那我们自己未来的历史会是怎样的；但是，也有些地方，我觉得批评家们说得很正确，我尊重他们的意见，加以删改。不过，我认为必须反对一般的、往往是轻率的、往往是错误的评判社会科学著作的方法。社会科学所要解决的问题比各种自然科学问题复杂得多；同时，这种问题需要良心正如需要理智一样。明眼人应该认识那些不应有的灾难全是人为的，而被害者还是人。他对于灾难不应漠然视之，置之不理，而不想补救的办法；这些补救办法有的会伤害读者的感情，有的会触动读者的偏见；它们有的可能多余，有的可能无用。毫无疑问，这同样是一些错误，不过，与其说是政治经济学的错误，不如说是行政方面的错误。作者或读者在方法的采用方面可能见解不同，这是因为本书没有把作为这种应用基础的一切情况都列举出来。原理的联系同样不会由于故意制造矛盾，或进行恶意讽刺的某些言论而动摇。如果这些原理是真正的东西，如果它是新的，如果它有生命力，即使包含一些真的或假的

错误，也会把社会科学向前推进一步，社会科学是最重要的科学，因为它研究人类的幸福。

在政治经济学中有一部分问题是悬而未决的，这些问题必定和现时有所联系，一定是根据最近的情况而产生的，而且这种笔战也要随着这些情况的变化或发展而有所不同。这一类著作的每次再版，应该把它刷新一番；我们不可能像大部头的历史著作所作的那样，向旧版的购买者提供一个说明上述各种变化的补遗，对于大部头著作来说，不但便于这样做，而且应该这样做。

但是，我认为有必要在这部著作的后面，把我在杂志上发表过的两篇研究报告加进去，作为本书的一部分，它们是对政治经济学某些重要问题的详细论述，正是在这些问题上，我和前辈们的见解有所不同。

让·沙尔·列奥纳尔·西蒙·德·西斯蒙第

第一版序

我现在公之于世的这部著作，从很多方面来看，可以认为是我在《爱丁堡百科全书》上所发表的《政治经济学》那一条目的发展。

这部卷帙浩繁的全书刊载了许多具有真知灼见的文章，承蒙编者不弃，邀我写一篇讲述政治经济学的文章，我答应了，我觉得这没有什么，只要罗列一些被公认的原理，指出我认为已经成为定论的学说就行了。真的，我相信：在政治经济学方面，除了在当政诸公之间和人民群众之间传播理论家们一致同意的学说而外，没有其他的事情可做。我丝毫也没有写出我本人在不同的时期在这种科学总的方面，或在这种科学的某些部门所发表的作品以外的东西。我有时由于更清楚地说明了亚当·斯密的体系、对他的学说完全不添枝加叶而感到自慰；我觉得同时代的著作家们并不比我更大胆，他们的勇气也没有碰到更好的运气。

我为《爱丁堡百科全书》所写的文章必须简明扼要。一个著作家并不能以达到这两点而自豪，以为他只要抒发己见，不人云亦云就行了。我重述了自己作为立论根据的原理，我再度提出仿佛前无古人的学说。我没有参考任何书籍，因为这个题目是我长期思索的对象；我下笔直书，分不清哪些是往日所思，哪些是新得结论。因此，我虽然没有这种奢望，却完全避免了一切理论权威的影响。

我觉得，采用这种方式方法，可以更精确地阐明我认为早已成为定论的原理；但是，我感到非常惊奇的是，它们给我带来崭新的结果。自从我写了《论商业财富》以后，已经十五星霜，在这期间，我很少阅读政治经济学著作；但我并没有停止观察事实。有些事实我觉得与我所采取的原理大相径庭。但是，当我把自己的原理向前推进一步的时候，我就能区别和分析这些事实了，一切都迎刃而解。我越往深处钻研，就越相信我对于亚当·斯密的学说所作的修正是必要和正确的。从新的观点来看，这门科学中以前种种隐晦之处便昭然若揭，我的原理为我解答我完全不曾预料到的许多困难问题。

我写完了给《爱丁堡百科全书》所撰的短文；在那篇文章里，我只稍微提了一下我感到很新的观点。这一类的文章只能叙述公认的事实和原理。但是，这本著作就不同了，它是政治经济学的一部长篇专论，而不是零散草稿，这里已经没有任何相互矛盾的地方，当初特别推崇的一切，现在也都推翻了。

因此，我觉得，为了发挥我只提了个头的重要问题，为了尽我所能把我冒着风险、畏畏缩缩提出的问题作出最牢靠、最坚定的论断，有必要把那篇文章附在本书的后边。我对于最近几年欧洲遭受的商业危机感到触目惊心；我在意大利、瑞士和法国亲眼见到产业工人所受的极度痛苦，至少说在英国、德国和比利时，社会情况完全相似。我认为这些国家，这些民族都走错了路，他们虽然努力设法补救，但是灾难愈益严重。我以同样悲痛的心情看到所有者、立法者和著作家为了改变经营方法所做的共同努力，这些经营方法本来应该给乡村带来最大的幸福，结果，由于希望得到更多的纯产品，却破坏了农夫的富裕生活。我觉得，统治者和著作家们有时急于寻找最能增加财富的东西，有时寻求最能增加人口的东西；可是，如果把前者和后者孤立起来看，那就只能说是抽象的东西了；而政治家的真正难题是使人口和保证人类在一定空间享有最大幸福的财富之间的配合恰如其分，并保持适当的比例。从各方面来看，我常常看见有些好心人做出了坏事，有些爱国志士使祖国遭到了灭亡，有些慈善家增加了穷人的数目。也许有人要指责我太不自量，竟敢攻击这么多人的见解，而这些人的学识和特点又是我同样尊重的，但是，在关于有关公共福利的科学方面，一个诚实人是丝毫不应该考虑个人利害的。

在我为《爱丁堡百科全书》所写的那篇文章中粗具雏形的东西，在本书里都得到充分的阐述，我由于没有费力就得到人们的理解而感到莫大高兴。也许有学识更为渊博的读者最初会认为这只不过是把过了时的旧东西再重复一遍，因为我一直是以亚当·斯密的原理作为指南的，然而，正是由于这些原理，在我作出一些我认为必要的补充以后，他们才能看出十分不同的结论。所以，我请求读者在看到读者认为是叙述人所共知的真理的地方千万不要扫兴，我再度请求读者，如果看到读者想不到的结论，也绝不要完全不假思索地摒弃它。我长期遵循了读者们今天所走的道路，在我发表《论商业财富》的时候，读者似乎认为我虽然没有什么新的发现，至少我是精通这一点的。我所以放弃我原来热烈发挥过的见解的动机，似乎是值得人们重视的。

在这本书里，我原封不动地引用了我在为《爱丁堡百科全书》写的那篇文章里所写的绝大部分，在这一点上我没什么顾虑：这些

东西差不多占去了三分之一。我认为只要把我的思想表达得很清楚,就不必再去找其他方式来谈同样的问题,而且那样一定会使所写的东西失去正确性。此外,那篇文章原是用英文发表的,我觉得在改换语言的时候,也不需要旧话重提。但是,我在这篇小小作品里所发表的那些见解——关于收入的形成和限制消费的方式、生产方面的思想萌芽、领土财富所应有的发展、无限制的竞争的影响以及机器的进步的影响,最后,还谈到了我认为马尔萨斯所不了解的关于人口的自然限制,只有在这本书里我才敢尽情地予以发挥,并且我也指出了应该怎样运用这种有关人类幸福的科学的重要方法。

让·沙尔·列奥纳尔·西蒙·德·西斯蒙第

第一篇　政治经济学的对象及其起源

第一章　政治学的双重目的

政治学的目的是，或者应当是为组成社会的人类谋求幸福。它寻求使人类得到符合他们本性的最大福利的手段；同时，它也要寻求尽可能使更多的人共享这种福利的方法。任何一种政治科学都不应当忽视立法者努力奋斗的双重目的，即一方面要全面考虑人通过社会组织可能获得的幸福；另一方面要使所有的人共享这种幸福。如果立法者为了使所有的人得到同等的享受，而不能使某些杰出的个人得到充分的发展，如果他不允许任何人出类拔萃，如果他不能为同类找出一个模范，作为寻求公共利益的先驱，那么，他就没有完成立法任务。如果只是以造成一些特权的人为目的，使一小撮人高高在上，而使其他一切的人因此受苦受难，那就更不能说他完成任务了。在某些国家里，人们并不受苦，但是他们也没有相当的余暇或相当的安闲去尽情享乐和钻研学问，这种国家即使给予下层阶级很多的幸福的机会，它也只算是一个半文明国家。在某个国家里，如果广大人民群众经常感到匮乏，生活极不稳定，意志被挫折，精神被斫丧，人格被贬低，即使上层阶级获得至

高无上的人类幸福，充分发挥一切才能，享有一切公民权利，极尽人间的乐事，这个国家仍然是一个被奴役的国家。

相反地，如果立法者既不忽视少数人的发展，又不忽视所有的人的幸福，如果他组织成这样一个社会，其中不但少数人享尽荣华富贵，他们的聪明才智得到充分的发展，而且，其他所有的社会成员都能得到保护，受到教育，精神焕发，物质充裕，那他才算完成了自己的任务；毫无疑问，这是天下最崇高的一项任务。正是由于抱着这样一个神圣的目的，立法学才成为谋求福利的至高无上的学问。它既考虑全民族，又考虑每个人；它保护那些由于我们一切制度的不完备而不能自保的人；它所维护的不平等不再是一种不合理的事情，因为，它所以特别重视某一些个人，那只是为了把他们培养成新的为全人类造福的人。

但是，在任何政治科学中，都没有像立法者这样忽视上述的双重目标的这个或那个。有些人坚持平均主义，反对一切差别。他们在估计一个国家的繁荣情况时，总是拿整个国家的财富、权利和文化来同每个人的那一份相比较；他们发现强与弱、富与贫、闲与忙、智与愚之间的距离以后，就下结论说：后者所以劣于前者，是由于政治上弊害过大。另一些人总是抽象地考虑人类努力奋斗的目标，他们一旦看到各阶级的权利都得到保障，发现有表示反对的方法（像在古代共和国那样）时，就说这是自由制度，哪怕这种制度是建立在奴役下层阶级的基础之上的。他们一旦看到一个国家（如革命前的法国）的著名人物才华出众，见解高深，哲理无穷，文笔生花，就认为这种社会制度最文明了，哪怕那个国家的人口有五分之四是文盲，所有的省份都处于洪荒的状态。他们一旦看到财富无限，农业完善，商业繁荣，工厂不断制造各种精美产品，政府的公帑用之不竭（像英国那样），便把拥有这些东西的国家叫做富足王国，而毫不考虑那些靠双手劳动的人们，那些创造这些财富的人们，是怎样陷入极端的贫困，他们每年有十分之一要仰赖公共救济；同时，在那所谓富足之国中，有五分之三的人不得温饱，他们在人口中所占的比例与所谓穷国一样。假若不是由于共同的利益，不但过去不会有人类社会这样一个政治组织存在，就是现在也不能保持它不垮台。如果大家不是以这种追求共同目标的信念作基础，那就不会得到任何的权利。秩序所以存在，是因为参加这一政治组织的广大群众认为在这种秩序之下可以自保；政府所以成立，就是因为它代表所有的人，保证所有的人获得他们所期待的共同利益。

因此，虽然社会中的各种财富分配得不均匀，但是只要这种不均匀有利于所有的人，它们就会得到保障。如何使某些人尽可能得到最高的待遇，如何使这种对个人的差别待遇极有利于全体，如何使一切公民免受共同的灾难，如何使每个人不致由于同一社会成员恣意妄为或利欲熏心而受损害——这一切都是政治学研究的对象；因为这些问题对于全民福利的发展都是同样重要的东西。

第二章　政治学的分类。高级政治学和政治经济学

政治学依照它要达到的目标——普遍的幸福所使用的方法，分为两大部门。人有精神需要，也有物质需要，所以他的幸福是由

物质条件和精神条件两方面构成的。人的精神幸福是他们的政府努力奋斗的目标，它与政府的完善程度具有密切关系；高级政治学就以这种幸福作为研究的对象，它的职责是使全国所有各阶级普遍得到自由、文化、德行和希望的恩泽。高级政治应当教导各国制定一种宪法，通过宪法所赋予的自由，使公民意气风发，精神高尚起来；它应当教导各国举办教育，以资陶冶公民的心性，启迪他们的聪明；它应当教导各国建立宗教，使公民期待来生享福，以补偿现世所受的痛苦。它所追求的不该是一个人或一个阶级的利益，而应当是使所有的人守法奉公，日益善良，获致更大的幸福。

从政府的事业来看，人们的物质福利是政治经济学的对象。人的一切物质需要都要依靠人们通过财富得到满足。财富支配着劳动，购买他人的服务，以及供给为了人的使用和享受而积累的一切。人们通过财富来保持健康，维持生活，使老幼都能得到他们的必需品，使每个人都能得到衣、食、住。因此，我们可以把财富看做是人们为了彼此的物质福利而能创造的一切的表征；使政府学会管理全国财富的真正方法的科学，就是研究全国福利的科学的一个重要部门。

政府是为所属的全体人民的利益而建立的；因此，它必须经常考虑全体人民的利益。正如应当利用高级政治向一切公民广施自由、道德和文化的恩泽一样，政府应该通过政治经济学来为所有的人管理全民财产的利益；它应当设法维持秩序，使富人和穷人都享受到丰衣足食和安宁的生活，这种秩序不许国家里有任何人受苦，不许有任何人为自己的将来感到忧虑，不许有任何人不能以自己的劳动获得本人和自己的家庭所需的衣、食、住；要使人的生活变成一种享受，而不是一种负担。抽象地说，积累国家的财富绝不是成立政府的目的，政府的目的正是使全体公民都能享受财富所代表的物质生活的快乐。社会的当局的使命是帮助上帝关怀世人的伟业，提高人间幸福的质量，并且按照当局所能为人们增加幸福的可能鼓励自己制度下的人繁殖人口。

实际上，财富和人口并不是国家繁荣的绝对标志；国家繁荣的标志在于财富和人口的比例。各个阶层如果都能得到温饱，财富才是一件好东西；只有每个人都确能通过劳动得到适当的生活，人口才是一个优点。尽管国家中的某些人积累了大量的财产，它依然只能是一个穷困不堪的国家；如果一个国家的人口——如像中国那样——始终超过它的生活资料，如果他们只能靠恶人的残羹剩饭维持生活，而经常受饥荒的威胁，那就绝不是令人羡慕的对象或什么强大的力量，而是一种灾难。

一般说来，完美的社会制度对穷人和富人同样有利，政治经济学教导我们通过改进的办法来保留这种制度，而不是推翻它。使人类既有需要又有痛苦是广施恩泽的上帝的赐予，因为上帝用这种需要和痛苦来刺激我们的积极性，促使我们充分发挥自己的全部力量。如果我们能够摆脱世界上的痛苦，那我们也就会摒除世界上的道德束缚；同样，如果我们能够摆脱在世界上的需要，也就会赶走世界上的工业。所以，立法者应该考虑的绝不是条件的均等，而是在一切条件下的幸福。立法者绝不是用平分财产的方法来使人获得幸福，因为这样可能破坏唯一能创造一切财产的劳动的热情，而且劳动只在这种不平均的情况下才能受到鼓舞，劳动热情才能通过劳动而不断恢复。相反地，要通过经常保证一切劳动得到报酬的方法，也就是说，要用维持灵魂的精力和希望的方法，要使穷人和富人同样享有稳定的生活，并且要使人们尝到完成自己任务以后的人生乐趣。

亚当·斯密对他关于政治学的第二部门的不朽著作所定的书名——《国民财富的性质和原因的研究》，同时也是政治学第二部门的最精确的定义。亚当·斯密对这一门科学所提出的概念比后来所采用的**政治经济学**一词要确切得多。至少人们要根据现代关于 économie（经济）的意义把它当作 épargne（节约）的同义词来理解了。我们已不是按文字学把**经济**理解为**理家之道**了，而是把它看作对财产的保护和节约性的管理。而且我们是分别把对私人财产的管理称为**家庭经济**，把对国家财产的管理称为**政治经济了**。

第三章　管理国民财富的理论成为一门科学对象以前的国民财富的管理

人类形成社会团体以后，就必须管理由自己的财富所产生的共同利益。社会形成的初期，就有一部分公共财产必须用于满足公共的需要。于是，如何征收和管理这种不属于个人而属于公共所有的国民收入，就成为政治家的一门重要的科学知识。我们把这部分知识叫做**财政**。

另一方面，私人财产使每个公民的利益复杂化了；私人财产随时有遭到贪婪和诈骗的侵害的危险；依照社会基本契约的规定，私人财产应该受到公共权力的保护，因为公共权力就是用集体的力量来保护个人利益的联合。所有权、财产的分配和财产转移的手段都成了民事法学中的一个最重要的部门；合理分配国家财产是立法者的一项最重要的天职。

工业在需要的刺激下，依靠日常的经验创造出各种各样的财富。随着人们知识的不断增长，对于如何满足人们需要的手段也有了进一步的考虑；人们把这种手段归结成为一门实际的科学，并且由于对一般自然规律的观察，他们的理论得到进一步的发挥。农业远在成为一种科学以前就满足了人类的最初需要；但是，当农业对希腊和意大利的居民提供了最宝贵贡献的时候，某些天才人物便把增加这部分国家财富的手段归纳为一门实际的科学了。手工业和作坊都是从家庭内部产生的；可是不久，实业家从博物学家、物理学家和数学家那里得到有关各种植物的特征的知识和仿效大自然提供的生产方法的知识，即人们所能掌握的静力知识，最后，还有力学的计算知识；于是，城市工业便像农艺科学那样产生了工业科学。对各国人民的需要和财富进行比较，以及通过交换使财富有益于一切人的商业也有了商业科学；商业科学是以多种多样的知识为基础的，它需要对事物进行全面的研究，既要研究数量，研究人，又要研究法律。

公共财富所属的每个部门都有一种理论，可是公共财富本身却没有任何理论。古代人从来不想研究有关公共财富的性质或由来的问题。他们把公共财富全部交给那些从事创造公共财富的个人去管理；而当立法者必须对这种人加以某种限制的时候，还自以为他管理的只是个人的利益，从来未注意到普遍的经济利益。以各个国家财富部门为对象的各种科学并非出于一源；任何科学绝不是某一门总的科学的分论；它们都被看做是一种孤立的科学，好像它们本身都各有各的原理。因此，在制定税率的时候，财政家只考虑在纳税人方面所遇到的或大或小的障碍，只考虑如何平均分派和征收能够落实而从不考虑各种课税给公共财产的增减带来多大的影响。法学家十分注意给财产带来的种种困难，特别着眼于把财产永远保存在家庭中的方法，专心注意他企图全部保留或恢复一切停止使用的权利；然而，他在创立这些抵押权、继承权，以及在实际与有益的范围内的显贵地位，却从不想了解一下，这样做是促进国家财产的价值增加了，还是减少了，也从不考虑使增加财富价值的人获得或失掉利益能否增加财富。农学家则总是只从奴隶主的利益出发，而不是从公共利益出发来考虑利用奴隶进行耕种的残酷问题；农、工、商各方面的立法，一向也不是以寻求公共财富最大发展为基础的。在洋洋大观的罗马法汇编里，有很多精辟的论述，有不少深奥的哲理，其中也给我们阐明了立法的基础，并且讲得很有条理，但是根据政治经济学的原理而制定的罚则却一条也没有，直到目前为止，在我们的法律中仍然存在着这种缺点。古代的哲学家，主要是专心教他们的弟子，说什么财富对于人类的幸福没有好处，很少给政府指出促进财富增长的法律，而是给政府制定了妨碍财富增长的法律。①

然而，希腊的理论家曾追求过人类的各门科学。希腊人给我们留下了希腊哲学家研究经济的少量著作；我们应该稍微谈一谈这些作品，哪怕只是为了弄明白社会已经达到高度发展，而且那些

① 苏格拉底：《色诺芬的经济学》，盖伊出版社，第 6 卷，第 442 页。

很多聚集在一起过幸福生活、体质得到充分发展并培养出具有高度智慧的人在创造财富的原理方面无知到什么程度，也是有必要的。

色诺芬在他的《经济学》一书中，讲到经济学的定义时，把经济学说成是改善家庭的艺术，并且声称他所指的家庭包括家庭所拥有的和使用的一切东西，①他主要是从哲学观点，而不是从立法观点来阐明这种经济学。他在物品分配和劳动分配方面特别强调秩序的重要性；他特别注意应该在家庭秩序中起主导作用的妇女性格的培养；他用管理奴隶的方法来培养妇女的性格，尽管他提到奴隶的教育使奴隶变得愈来愈像牲口，而不像人，并一再强调用温和与奖励的办法来教导奴隶。然后，他把工艺和农业这两种引起发财致富的职业作了对比；他说当时普遍轻视工艺的情况是正确的，因为工艺使人们的身体衰退，破坏健康，毒化灵魂，削弱毅力。他把农业描绘得非常美妙，说农业是农家的幸福源泉，他指出农业和勇敢、好客、慷慨以及一切美德有密切关系。这部著作表达出作者爱美、爱诚实的情感，洋溢着温雅的慈爱、热诚和真挚的同情心，读起来颇引人入胜，然而，这绝不是我们所要探讨的政治经济学。

亚里士多德在他的《论共和国》第一部中用四、五章(第8—13章)的篇幅论述政治经济学：他甚至给这门科学起了一个比我们现在所采用的更恰当的名称：Chrématistigue，χρηματιστιχη(理财学)。他给财富下的定义是：“**属于家庭和国家的经过加工的丰富的物**

① 《色诺芬的经济学》，第6卷，第4章，第486页。

资”——这个定义是十分正确的。[1] 关于货币发明的叙述也同样正确。他那擅长下定义和辨别是非的智慧，极其明确地通过农业、工艺和资本的利息来区别出获得财富的各种手段。如同所有古人一样，他特别喜爱农业；后来，他放弃了他的全部狭义的政治的“理财学”，并且说：这种理财学只是行使法律的根据而不是法律的对象。

根据这个论断，人们本希望可以从他那两部《论经济学》的著作中找到更确切的东西。可是，这两部著作的希腊文本大部分都已散失，只剩列奥纳尔·阿雷坦的不可靠的拉丁译本了。第一部论述构成家庭的成员，第二部论述家庭中的什物。第二部开始谈到君主、诸侯、城邦和私人等各种经济管理的分类，俨然要对公共财富做出惊人的论述；其实，只不过是可笑地罗列了一些关于暴君、总督或自由城邦在饥荒时期横征暴敛的各种卑劣的手段罢了。几乎可以说，近代出现的一切非法的税收，很少在这本书里找不到先例的；但是，令人奇怪的是，亚里士多德，或是某个隐名作者竟把这些事情无原则地和杂乱无章地写了下来，就是对最粗暴、最不合理的税收也毫不加谴责，或指出其危害之甚。

后来，柏拉图终于在他的《理想国》的第二部里阐明城邦或人类社会的起源，他以亚当·斯密的门徒绝难办到的方式，阐明并精确地发挥了他的经济学说。按他的说法，人们由于相互间的利益便彼此接近起来，并且使人们不得不把力量结合到一起。柏拉图指出，为什么只有根据这个原则进行分工，为什么每个人应该做好

① 亚里士多德：《论共和国》，巴黎出版社，对开本，第2卷，第304页。

自己应该单独做的事情，以及大家这样做的好处在哪里。对他来说，商业是工业和农业发展的结果；他认为商业方面首先需要得到鼓励的就是自由。他把活跃的商业和小铺主那种足不出户的古老经营方式截然分开，小铺主只不过是零售商人聚集的一些财产。只有社会进步了，才会有一些人过豪华生活，他们所以有空闲、快乐或进行研究的机会，正是因为有另一些人替他们干活。他根据财产不均和体质的强弱，以及相互竞争的城邦不断增长的需要等等现象，终于得出这样的结论：必须有一部分理财的人，这些人要依靠其他人生活，分享别人的劳动果实。[①]

这位哲学家精确地分析了经济利润的起源和社会的形成，他在未来的共和国里至少要任用他的理财人，要建立共产共妻的制度，人们看到这种情况必然会感到惊异。古代的人们有时由于自己的幻想而想入非非，他们过于用纯理论的论文代替他们所缺乏的实际经验。然而，无论如何他们从未忽略只有财富对国民幸福有利，只有财富有价值；并且正因为他们永远不抽象地对待财富，他们的观点才有时比我们更正确些。

罗马人给我们留下了几部关于农业经济的著作，却没有给我们留下任何一部政治经济学的科学著作。

此外，哲学家在研究财富时，就个人利益讲也没有必要先讲一套财富的道理；今天仍然保存下来的某些希腊人和罗马人的古代文明遗迹证明：即使没有促进国家富强的科学的发展，国家也能够

① 柏拉图：《理想国》，第 2 部，第 369 页以下，对开本，昂里西—斯太法尼，1578 年版。

发展到富强的最高峰。

第四章　十六世纪查理五世的大臣在政治经济学中实行的第一次革命

已经到达高度文明的罗马人和希腊人，虽然从未想到政治经济学可以作为一门科学对象，可是他们曾经把自己的天才运用到许多问题上去，他们企图彻底理解他们所观察的一切事物，而且由于他们享有较多的余暇，经常研究政治学，并进行多方面的研究以求尽美尽善。我们不能苛求，在古人没有走过的道路上刚刚有所发现，人们的思想能力还没有充分发展的中世纪就产生这门科学。实际上，只是在近代才有一些理论家由于国家的需要和人民的穷困把注意力转移到国家财富这方面来。

十六世纪，在欧洲政治中普遍发生的巨大变化，几乎动摇了各地的公共自由，这种变化使弱小国家受到压迫，城市和各省的特权遭到破坏，并且导致管理国家财产的权利转移到少数对积累和延续下来的工业一窍不通的诸侯手里。到了查理五世时代，在封建制度统治下的半个欧洲完全没有自由，没有知识，也没有财政；可是，欧洲的另一半却已经发展到高度繁荣的程度，而且农业财富、工厂和商业正在与日俱增，这半个欧洲的统治者，是那些生平研究过经济、在增殖自己的财产的同时学会了增殖国家财产的自由民族的领袖，他们是以公共的利益为行政方针的，而不从自己的个人野心出发。到十五世纪，只有在意大利的几个共和国里，在汉萨同盟的共和国里，在德意志的帝王城市里，在比利时和西班牙的自由城市里，以及可能在法国和英国的某些享有很大城市特权的城市里，才可以看到财富和钱庄。所有这些城市的官员往往是从商业中培养出来的，他们没有把政治经济学提高到理论高度，而什么对他们同胞的利益有利，什么有害，他们却有丰富的实际经验。

随着始于十六世纪破坏欧洲整个均势的可怕战争的爆发，在专制政权下产生了三四个掌有全权的君主，这几个君主便瓜分了文明的区域。查理五世把当时许多以工业和财富著名的国家——西班牙、几乎整个意大利、弗朗德勒和德国完全归并到自己的统治下；不过，他是先灭亡这些国家，然后吞并的，同时，他实行了取消这些国家一切特权的政策，因而阻碍了这些国家的复兴。

最专横的暴君也并不比那些行使权力受到法律限制的人们统治得更多。他们把自己的权力交给他们所选任的大臣，而不任用有群众威望的人。但是，他们选用这些人的条件却与自由政府不同。在他们看来，用人的首要条件必须具有相当高的社会地位，他们的代理人必须是整天养尊处优，或至少是对家庭经济毫无所知的人。尽管查理五世的大臣善于经营商业，善于施展诡计，可是，在经济事务上都不学无术。他们在广大的奥地利君主国家的全境彻底破坏了国家的财政、农业、作坊、商业和各种工业，因而人民清楚地看到，这些人比起共和国官员的实践知识实在有霄壤之别。

查理五世和他的对手弗朗梭瓦一世，以及打算在他们中间保持均势的亨利八世都苦于国库空虚。他们的继位者，野心勃勃的奥地利王族，在一百多年期间一直顽固地进行耗费巨大的战争，不顾公众的疾苦，不断扩大军费支出。遭受战祸的人越多，热爱人类的人们就愈益感到有义务保卫他们。与思想的自然进程相反，政治经济学是从财政科学中产生出来的。哲学家们知道，他们要想使对方接受自己的意见：打算保护人民免受极权制度的掠夺，就必须向诸侯们谈诸侯们的利益，而不谈论正义或义务；他们希望很好地使诸侯们明白：什么是国家财富的性质和财富的根本，教导他们如何享用财富而不破坏财富。

第五章　重商学说

十六世纪和十七世纪，欧洲很少自由，最初的政治经济学家们不能公开发表他们的见解；财政严格保密，不参与财务的人就不能洞悉情况，从而就成了一种普遍的规矩。有一些大臣们也研究政治经济学，当时，国王只是偶然侥幸才找到个既有才能，又忠诚正直、热心公务的人掌管财政。

在法国，曾经有两位大臣即亨利四世时代的苏利和路易十四时代的科尔贝，首先给这门学问带来了一线光明；这以前政治经济学一直被当成国家机密，而在这种“保密”中孕育和隐藏了许许多多可怕的谬论。但是，尽管他们具有过人的天才和能力，要使财政制度井井有条，并取得某种程度的统一，却不是他们力所能及的。不过，这两位大臣在打击了商人的种种骇人听闻的欺骗，以及由于他们的保护私人财产有了相当保障之后，他们多少看出了使国家繁荣的真正源泉，因而力图扩大这个真正源泉。苏利主要是保护农业，他一再宣扬：**畜牧和耕种是国家的两个乳房**。据说科尔贝是经营呢商的家庭出身，由于路易十四宫廷中讲求虚荣心，他便隐瞒了这种出身。他竭力使工商业趋于繁荣。他任用了不少商人充当顾问，事事都咨询他们的意见。为了便利各种财富的交换，这两位大臣都修筑了许多道路，开凿了不少运河。他们都维护和支持经营企业的精神，都尊重使自己国家日趋富裕的发愤图强的积极性。

在这两位大臣中间，科尔贝的观点和我们最相近，他早在学者们使政治经济学成为真正的学说以前，就把政治经济学看做一门科学。可是，他自己却有一套关于国家财富的学说，事实上，他也需要这样一种学说来概括他的政策，明确他所要达到的目标。他这种学说可能是从他所经常请教的商人中得到启发的，这就是我们所讲的**重商学说**，有时也称为**科尔贝主义**；这并不是说这种学说是科尔贝创始的，也不是说他在什么著作中发展了这种学说，而是因为一方面他在公开宣传这种学说方面起了无比重要的作用；另一方面尽管这一学说有些错误，他却能从中找出非常有益的实用方法，而且他所表现的天才是很多论述同样观点的学者所望尘莫及的，因而他的名字给读者留下了最深刻的印象。[①]

但是，把重商学说和科尔贝的名字明确分开也是必要的；因为这种学说是创始于一个向商人咨询财政意见而不许他们参与国事的国家中，这些商人已由公民变为臣子；在这样的国家中，虽然叫商人考虑别人的利益，但实际上他们所了解到的只能是自己的利益。专制政府的所有大臣由于希望考虑财政问题，便都采纳了这

① 查理·戴华南特在1699年和1700年所发表的许多著作，梅隆在1734年发表的《商业政治论文》和詹姆斯·斯图亚特的《政治经济学原理探究》（四卷集，1763年伦敦版）以及安东·支诺维西的《商业论——政治经济概论》（两卷集，1768年米兰版）中，都对重商学说有了进一步发挥。

种学说；而科尔贝只是原封不动地遵循了这种学说罢了。

很久以来，各国政府都非常轻视商业，后来才认识到商业是国家财富的不尽源泉。国家的一切大量财富并非都属于商人；可是，当国王有紧急需要、必须立即征收大量金钱的时候，却只有商人能够为他们出钱。地主也往往有庞大的收入，工厂主在这方面也有巨大的贡献，但是地主和厂主只能够支配他们的收入和他们的年产品；唯有商人在必要的时候可以把他们的全部财产交给政府使用。他们的资本都是随时供应消费的货物，都是直接供应市场日常需要的商品，因此随时可以出卖，在比任何其他公民都少受损失的条件下提供国王所需要的大量款额。这样一来，商人便找到了使自己说话有力的门径，因为国家的全部金钱都操纵在他们手里，同时，他们几乎不受任何权力的约束，他们常常可以在专制横行的时候把别人不知道的财富抽走，并随时把这种财富随身带到外国。

只要商人与政府分肥，政府是非常愿意使商人获得高额利润的。他们认为，要达到这个目的，只要彼此取得谅解就行了。他们帮助商人支持工业，由于商人的利润是通过贵卖贱买从中渔利的，所以，只要在买卖过程中能买得更贱卖得更贵，就是对商业的大力支持。充当政府顾问的商人，贪婪地攫取了这种送上门来的礼物，于是便产生了重商学说。安托尼奥·德·雷瓦、费尔南·德·冈查加、托勒多公爵等等这些查理五世的贪得无厌的大臣及其继承者，创造了无数的专利，他们对于政治经济学没有别的概念。只要人们打算把这种掠夺消费者的方法变成一种学说，只要人们想在会议上讨论这个问题，只要柯尔培尔征求工团的意见，只要公众掌握了这些材料，就必须给这些商业活动寻找一个更可靠的基础，不仅要考虑财政家和商人的利益，而且要考虑国家的利益；因为自私自利的算盘是见不得人的；因此，公开宣扬这种学说的好处首先就是杜绝不正当的意见。

于是，重商学说成了受人欢迎的形式；而且它也必然要这样，因为直到今天，在财政和商业中重商学说一直迷惑着绝大多数实业家。一些早期的经济学家曾经说过：财就是钱。一般几乎都把钱、财两个字当作同义词来运用，而且谁也不怀疑钱和财的同一性。他们又说：金钱支配着人的劳动和人的全部劳动成果；只要钱肯于对劳动付出代价，那就是钱产生的劳动和劳动果实；在一个国家里，维持工业的是钱，每个人能赖以生活和延续生命的也是钱。在国与国之间的关系上钱更为重要；钱可以建立军队，能够保证战争获胜；富裕的民族压迫着穷困的民族。所以，整个说来，政治经济学就是旨在探讨如何供应国家以大量的钱。但是，要想使国库拥有大量金钱，只有不断从地下去采掘，否则就得从国外输入。因此，如果本国有银矿就得积极进行开发，不然就只有通过对外贸易来取得外国银矿所开采出来的银子。

主张重商学说的学者们还说，在一个国家内部进行任何交换，如英国人与英国人之间的一切买卖，实际上在英国海岸以内的地区，一个铜板也不会增加；所以，商业或工业在国内取得的一切利润都是空的。从个人来说，当然可能发财，不过这是建立在他人破产的基础上的；有人赚钱，就会有人赔钱，就国家来说，虽然经过这些买卖，不管有些人怎样勤劳，或另一些人怎样懒惰和任意挥霍，国内的金钱仍然和从前一样多，国家并不因此比从前更富或变穷。

但是，对外贸易的结果却迥然不同，因为所有这些交易都是通过钱来实现的，当然，结果不是金钱外溢就是输入金钱。要使国家富强，为了增加国家的银币数量，就必须设法使本国多向外国倾销货物，少进口货物。严格地说来，应该把这种学说推进一步，即要使国家总是向外输出，而永远不进口货物；但是，很显然，这种不许进口的禁令，必然会使整个商业遭到破坏，所以这种学说的创始人，只要求一个国家进行这样的交换，交换的最后结果必须使它可以用钱来清偿；这是因为他们认为，像每个商人一样，在他和对方进行交易一年之后，要看一看自己是否卖多于买，看一看自己是债权人还是债务人；最后要用钱来使它平衡。国家也是一样，要把自己所成交的购买项目以及自己同每个国家所成交的出售项目结在一起，总起来看，每年国家在最后利用钱使贸易收支平衡时，是个债权国还是债务国。如果这个国家金钱外溢，它就要逐渐变穷；如果它输入金钱多就是在不断地发财。

这种学说的必然结果是，要求政府对于出口贸易给予经常的优待；同时要求国家不断对工业进行监督，使它只向有利于国家的方向发展，而不追求个人利益。大家知道：一个商人在国内进行一项有利的买卖，丝毫也不能使自己的祖国变得更富，如果他购买外国的商品，还会使国家受到损失；反之，他向外国倾销本国商品，由于他使银币流入国内，即使他破了产也对全国有利。所以，有人要想弥补个人的利益（人们认为这是不能忽视的），就全都要遵照规定办事；工业必须设法保证源源出口，国境线上要设置关卡，以便制止外国货流入，或防止有人使本国的金钱外溢。

这种学说的创始人还向政府提出，为了多吸收外资，必须不在本国领土上出售未经加工的产品，而要经过本国的工业加工提高这些产品的价值以后再向外倾销；要让城市的工厂把农产品价格提高一倍或十倍；因此，国家当局必须鼓励工业，要设法阻止那些能由本国工业提高价值的原料未经加工就流往国外，因为未加工的产品是不太值钱的。因此，从重商学说产生的一些规定还具有另一种性质：这些规定特别注意出口商的利润，竭力使出口商能够贱买贵卖，即使这样作为国内的其他阶层带来了严重损失也在所不惜。

今天，任何学者也不再公开宣扬重商学说了。但是，这种学说却在参加政府工作的人们的思想中留下了深刻的影响。由于先入为主的偏见和语言方面的混乱，它仍然在那些唯恐陷入抽象理论的人们的身上，发生一定的作用。各国人民所不得不遵循的那些规定，今天都不过是这种学说的实践罢了，虽然有很多人还一直对这种学说存有戒心，然而只有在采纳这种学说的人中间才存在商业的平衡。因而寻求已经普遍发展起来的思想根源，向那些自称已经掌握一种原理的人指出这种原理本身就是出于一种还没有经过讨论的见解，确实是一项重要的任务。

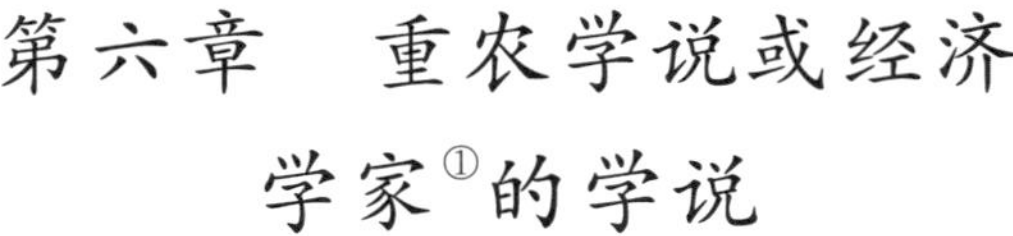

第六章　重农学说或经济学家[1]的学说

在整整一个世纪期间，各国政府都普遍实行过重商学说，商人和商会也普遍援引这种学说，学者们也纷纷评论这种学说，好像它

① 经济学家（économistes）即指重农学派。——译者

已经获得了最雄辩的证据，而无须乎再寻找新的证据了。但是，十八世纪中叶以后，魁奈医生写出了他的经济表。后来，米拉波和李维埃尔神甫又为魁奈医生的经济表作评注，杜滂·德·奈木尔又把它加以发挥，杜阁对它进行了分析，并且得到了法国的一个叫做“经济学家”的包括着人数极多的学派的赞同。这个学派在意大利也找到了拥护者，并写了很多关于政治经济学的著作。然而，这个学派完全盲目地崇拜魁奈医生的说法，对魁奈的见解毫无选择地加以接受，几乎看不出这个学派的学者中间有什么不同的见解或多少进一步的发挥。①

这样一来，魁奈就在政治经济学的领域中创造了第二种学说，即所谓重农主义学说，但是，一般还是称作重农学说或经济学家学说。这种学说首先确定什么是财富，因为在魁奈看来，金和银不过是一种标志，是在人类彼此之间进行交换的一种手段，是各个市场上的价格：他认为只有大量的金银，绝不能成为某个国家繁荣的标志。所以，他特别注意手里财富日渐增多的各阶层人们中间的差别，魁奈力图在人们中间寻找有创造能力的人，寻找那些最先创造财富，然后把财富转给别人的人，他最初只注意到那些从事交换转移的人们并非财富的创造者。

把两半球的产品从一个大陆运往另一个大陆的商人在卖出自己的货物回到祖国的港口以后，所有的钱虽然比他开始运货的时候多一倍，这在魁奈医生看来，同样不过是做了一项交换罢了。必

① 弗朗索瓦·魁奈：《经济表和政治经济学的普通原理》，1758年凡尔赛版。米拉波：《人类之友》，1759年巴黎版。李维埃尔：《政治团体的自然基本秩序》，1767年巴黎版。杜滂·德·奈木尔：《重农学说》，1768年巴黎版。

须以高于他所付出的代价把欧洲的布匹卖到殖民地去，才算真正增加了这些布匹的价值。除了布的购价以外，商人还赚到补偿他所花费的时间、精力、他自己和海员以及他的代理人在来来往往运货中的一笔生活费用。他对运回欧洲的棉花和糖，在售价上也应该获取同样的收入。如果他的旅行结束时，还有了一些利润，那是他节约和善于经营的结果。消费者对他在运货过程中所付出的劳累而付给他的报酬，要比他支出的费用多得多；这是理所当然的，因为酬金自然应该全部归挣得这种报酬的人去支配；如果他把自己的酬金花掉了，那么他就没有通过自己毕生劳动而为国家增加什么财富，因为他所运回来的货物正好和他运出货物，连同他本人及其雇用的全部人手在这种经营活动中所应支付的报酬完全相抵。

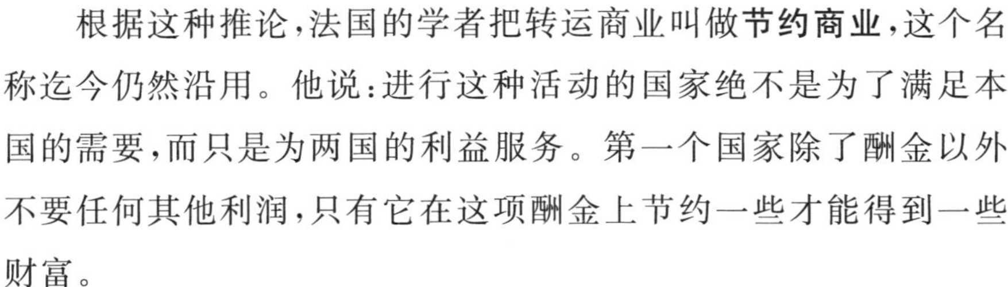

根据这种推论，法国的学者把转运商业叫做**节约商业**，这个名称迄今仍然沿用。他说：进行这种活动的国家绝不是为了满足本国的需要，而只是为两国的利益服务。第一个国家除了酬金以外不要任何其他利润，只有它在这项酬金上节约一些才能得到一些财富。

魁奈医生接着谈到了工厂方面，他把工厂也看做一种交换，和经商完全一样。不过，工厂的原始合同以两个现实的价值为目标，在他看来是现在和将来的交换。他认为，通过工人的劳动所生产的产品只不过是工人积累的工资的等值。他在劳动过程中消耗土地的收入来维持自己的生活；另一种土地的产品则成了他劳动加工的对象。纺织工人首先应该在他织出的布匹的价格中，得到用来织布的亚麻或苧麻的价格，然后赚回他在整个纺纱和织布的过程中所消耗的粮食和肉的价格。他所完成的工作只是代表这些不同价值的积累而已。

最后，法国的经济学家还注意到农业方面。他认为，农民、商人和工人的地位是相同的。农民和工人一样，也是用土地进行现在和将来的交换的。他所得到的收成包括他劳动所积累的价值；他的收获给予他一种报酬，他对这种报酬享有与工人和商人同样的权利，因为这是对他在再生产过程中所消耗的一切土地的收获的补偿。但是，除了这种报酬以外，他还得到一笔纯收入，这是人们在工业和商业中所绝对找不到的：这就是农民为了能够利用地主的土地而支付给地主的。

魁奈认为，地主的这种收入和其他一切收入的性质完全不同。这绝不是用以表明补偿给劳动者的垫支所用的名词：reprises（回收）；这也绝不是酬金，绝不是交换的结果，而是土地的自然劳动的价格，是大自然所赐予的恩惠；此外，既然只有这种收入绝不代表已经存在的财富，也就只有它应该成为其他一切财富的源泉。按照创造出来的一切物品的价值，不管它们有什么变化，魁奈总是把土地的收入看做最原始的来源。农民、工人和商人的劳动消耗这些土地的收获，把这些收获看成自己的薪金，然后再以新的方式再生产这些收获物。只有地主从这个来源中，即从大自然的手中取得这种收入，用这种收入支付给那些为他个人而劳动的所有的同乡们的工资。

这种天才学说彻底推翻了重商学说。经济学家否认这种商业平衡的存在，而他们的反对派却认为这种商业平衡是非常重要的。他们认为要从外面找到一个源源不绝向国内流入货币的泉源是不可能的，即使能够找到，他们也认为毫无好处；最后，他们认为工人和商人——重商学说的宠儿——没有任何生产能力；因为，他们把全国分成三大阶级，他们只承认地主是国家财富的分配者；农民是生产工人；因为只有他们为地主生产收入；商人、工人以及维持国家秩序和安全的官吏一概被列为薪俸阶级。

这两种学者向政府所提出的建议和他们的主张也完全不同。重商主义者主张政府当局必须参与一切事务，而经济学家则一再劝政府：叫他们“**放任自流吧！**”因为这样一来，公共利益就会完全概括了个人利益。他们认为，个人利益比政府更能吸引人们去追求公共利益，因为个人利益是公共利益的一部分。

在政治方面，经济学家认为地主是接待全国房客的房东，是一切财富的分配者，是全体公民赖以生存的主人，同时把他们看成国家绝无仅有的至高无上的君主。经济学家尽管出身于君主政体之下，并且他们的学说不得不为君主政体的政府服务，但是根据他们的学说，他们却主张建立极权贵族政治。他们赋予地主或国家当局以同样的义务，而且认为支配整个社会力量的义务必须永远操在地主的手里。

在财政方面，经济学家由于把一切收入都包括在土地每年给地主所产生的收入里，他们坚信，任何税收，不管其征收方式如何，最后都得用这种收入来补偿；因此，他们认为税收只应当直接向必须永远支付这种税收的人征收；这种税应该永远以土地收入为基础，而任何其他种征税方式，结果都会使同一地主耗费过多，并且使所有的人，首先是纳税人遭到不必要的麻烦。

在行政方面，经济学家主张政府的全部职责在于保证第一等级的人——或者说地主，享有全部的土地支配权，并且使他们可以无忧无虑地享受土地的果实；对第二等级的人——或者说农民，保证他们的酬金，并补偿他们每年所支出的一切费用；对第三等级的人，就是说包括工人、商人、艺术家以及拥有各种技艺的人，保证他们每个人都享有**自由**、**豁免**和**竞争**这三个词所表达的一切权利。

在对外贸易方面，经济学家坚决主张永不禁止任何本国的产品或商品出口；

永不禁止任何外国产品或商品进口；

对于本国出口的任何产品和商品永远不征收任何税款；

对于来自外国的产品和商品永不征收任何税款；

在港口或市场上，对外国人和本国人一律采取平等待遇。

经济学家这一学派在法国人中间引起了极大的混乱。法国政府允许他们参与国家事务，却不许他们了解国事。理论上的讨论固然有相当的自由，然而他们却无法了解任何事情，或任何一份政府所保存的文件。在法国经济学家这一学派里，人们可以看到：他们由于环境所迫，以致不了解事实的后果，这些事实正是他们的天才的但尚未完全成熟的理论根据。然而，这种学说对于全国来说，却具有很大魅力，因为它破天荒地使全国人都管起国事来。但与此同时，在一个享有自由，并有权了解自己所做的事情的国家里，产生了一种同样富有天才的学说，这种学说有很多的事实和考证作依据；它经过一个很短时期的斗争就使其余两种学说黯然失色，因为无论这些谬论曾如何风行一时，真理毕竟要战胜谬论的。

第七章　亚当·斯密学说。本书的其他部分

亚当·斯密是第三种政治经济学说的创始人，他和他的先驱者不同，他不是首先找出一个理论，然后再把一切事实套进这个理论，而是把政治学当做一门实验科学；它完全以各民族的历史为基础，并且只有对事实作过细致的观察，才归纳出原理。他在1752年写过关于政治经济学教程的讲义，以后，在1776年发表了《国民财富的性质和原因的研究》。他这部著作的确是对人类历史进行学术性研究的成果。作者通过对过去各个时代的经济革命事实的分析得到启发以后，找出并首次发表了这一增加财富的普遍法则。

亚当·斯密对于其他两种排他性的学说同样加以摈弃，因为这两种学说一个把财富的创造归功于商业，而另一种学说又把财富的创造归功于农业，他则是从劳动中找到财富的源泉的。他认为，任何一种劳动，无论是农业劳动或工业劳动，无论是生产作为财富一部分的商品，也无论是增加一种已存在的物品的价值，只要产生交换价值，就是生产性的劳动。

同样，他认为，劳动是财富的唯一创造者，而节约则是积累财富的唯一手段。资本是通过节约创造的，亚当·斯密对于资本这个名词的理解并不像重商学说经济学家所主张的那样，只包括金和银。他认为通过人的劳动所积累的财富，以及这种财富的所有者为了谋取好处而在其上加施新劳动的财富，都是资本。

他认为，国民财富包括：一、通过人的劳动而变成能够生产的

土地，它不只是以收益补偿所付出的劳动，而且还给土地的主人生产纯收入——租金，即他所谓的地租；二、用来发展工业，使工业可以赢利的资本，资本的流通给资本的主人生产第二种收入，即所谓利润；三、给从事劳动的人带来第三种收入，即所谓工资的劳动。

亚当·斯密不仅认为每种劳动都有利于公众，并促进财富的增长，而且基本上主张：社会要通过那些打算用钱雇佣劳动的人来要求它所最需要的劳动；这些需求和供应，是人们可以信赖的社会利益的唯一说明，而国家当局可以完全信赖个人利益来发展工业。

他断言，最需要的劳动永远是最符合公众利益的；根据这个理由，这样的劳动报酬也就最高，同时也必定最富有成效。他认为，随着财富以及国家所掌握的资本和劳动力逐渐增加，国家必须把自己的力量用于满足国内消费的农业、国内贸易和工业方面，用于满足国外消费的对外贸易和工业方面，最后也要注意运输业，他认为，资本和劳动力从一个萧条的工业转到更能赢利的工业永远取决于市场的需要；因此，为了促进农业或商业起见，他要求政府只须给它们以完全的自由，无须有任何优待，因为他把一切发展国民财富的希望都寄托在**竞争**上。①

这里不打算对这种学说作更详细的说明，因为本书整个都是为发挥并补充这种立论的。亚当·斯密的学说就是我们的学说；

① 亚当·斯密的学说在他所著《国民财富的性质和原因的研究》一书中有所阐明，八开本三卷集。并参考萨伊著《论政治经济学》，八开本，两卷集，巴黎版。亨利·斯托赫著《政治经济学教程》或《决定国家繁荣的原理》，八开本，六卷集，彼得堡 1815 年版。最后，请参考我在十五年前发表的一篇作品《论商业财富》，八开本，两卷集，日内瓦 1803 年版。

他的天才在科学领域所燃起的火炬，把他这个学派的人引上了正确的道路，此外，我们以后所获得的任何进步也都要归功于他，我们是依靠他才发现他自己所没有发现的真理的；因此，如果一定要把他没有完全阐明的观点一一罗列出来，就未免是一种可笑的虚荣了。

我们既然对这位创造天才表示这样深切的钦佩和真挚的感激，那么人们必然会奇怪，我们根据他的学说所得出的实际结果往往和他本人的立论大相径庭，而且当我们把他的原理和半个世纪以来的经验综合在一起的时候（这半个世纪以来他的学说已经多少付诸实践），可以证明，在很多情况下，我们所得出的结论和他的结论截然不同。

我们同亚当·斯密都一致认为：劳动是财富的唯一源泉，节约是积累财富的唯一手段；但是，我们还要补充一句：享受是这种积累的唯一目的，只有增加了国民享受国民财富才算增加。

亚当·斯密所考察的只是财富，并且认为所有拥有财富的人都关心财富的增加，从而得出这种结论：只有让个人利益在社会上自由活动，这种财富才能最大限度地增加。他曾经向政府讲过：私人财富的总和就是国家财富：没有一个富人不兢兢业业地把自己变得更富，因此，就听其自然好了；他在使自己致富的同时也会使国家富裕起来。

我们讨论过财富与人口的关系，因为财富应该保证人们的生活，或者使人们幸福；一个国家并不只是使资本增加就算得上富裕，而是在资本增加的同时，也使本国的人民能够生活得更富足的时候才算富足；毫无疑问，两千万人有六亿法郎的收入，比十万人有四亿法郎的收入更加穷困。我们曾经讲过，富人能够增加自己的财富：他们有时用增加新产品的方法，有时窃夺原来应该属于穷人的一大部分财产；为了使这种分配更为合理，分配均衡，我们几乎始终呼吁亚当·斯密所摈弃的政府干预。我们把政府看成应该保护弱者不受强者欺侮的保护者，应该成为没有自卫能力的人的保卫者，应该代表公众的长远利益，应该使长远而稳定的集体利益不受暂时而又强烈的个人利欲所侵犯。

经验似乎向我们证明了这种旧学说的新观点。虽然亚当·斯密的权威丝毫没有改变所有的经济立法，未能改变关于自由和普遍竞争的基本学说，却在一切文明社会里起到了很大的进步作用；在工业能力方面有了令人不可思议的发展；但是，在许多人民阶层中也产生了可怕的痛苦。我们是从经验中感到需要我们所呼吁的那种保护权力的；为了避免人们由于自己不能获利的财富的增加而受危害，这种保护权力是极其必要的。只有这种保护权力才能越出增加产品的实际计算范围而考虑大家的享受和温饱的增加，实际计算只能决定个人享受，而各个国家所应追求的目标却是要使人人都能获得温饱。①

我们认为必须事先向读者声明：我们所得出的结论是和亚当·斯密的结论有重大分歧的，但是我们并不打算把它作为讨论

① 在我们以前，别人也指出过，经验绝没有完全证实亚当·斯密的学说；亚当·斯密派的最著名人物之一加尼尔先生，完全放弃了他最初所信仰的学说。一般说来，亚当·斯密对待科学的态度是有些过分拘泥于计算数字，然而从全面来看，科学既属于感性又属于想象，感性和想象是不需要什么数字的。的确，加尼尔先生的见解的改变，是没有充分根据的，我们认为他离科学的目标越来越远了。

的对象。我们绝对不在对于我们所不同意的亚当·斯密的见解进行反驳的方面多费笔墨，也不打算说明我们和他，以及和那些对他的巨著作过评论的许许多多作家的观点有什么样的分歧。政治经济学原理应该是一个整体的，而且这些原理是互为因果的。我们按照我们认为有天然联系的情况来叙述这些原理，至于哪些是属于我们的，哪些是属于我们的先驱者的，我们不打算区别开来。如果这些原理确实是相辅相成的，并且组成一个具有密切联系的整体，那么我们的目的就算达到了；因为我们绝对不妄图建立一种新的学说来反对我们老师的学说，我们只是说明，根据实际经验我们不得不对他的学说作某些修正而已。

我们打算把这个学说分为六大部分，我们认为这六部分就足以包括全部政治学，同时我们也考虑到这种政治与它所治理的人的幸福之间的关系。这六大部分是：一、财富的形成和发展；二、论领地财富（土地财富）；三、论商业财富；四、论货币；五、论税收；六、论人口。这六部分的每一部分都成为一篇的主题。领地财富和人口在亚当·斯密的著作里并没有作为专题研究的对象。

不过，目前，亚当·斯密的一位英国籍学生所走的道路是完全不同的，他脱离了亚当·斯密的学说，甚至我们认为他们更远远地离开了亚当·斯密那种探讨真理的态度。亚当·斯密认为政治经济学是一门实验科学；他始终竭力根据社会状况中的每一桩事实来进行研究。他永远不忽略与事实具有联系的各种客观情况，他永远不忽视足以影响国民幸福的各种结果。在今天对他进行评论的时候，我们可以指出：他并没有始终忠于这种综合推理的方法；他并没有始终保持他所决定的主要宗旨——财富与人口的关系，或者财富与国民享受的关系。他的英国新学生，陷入了抽象，这就使我们把人遗忘了，而财富正是属于人而且为人所享受的。他们的科学过于空洞，甚至可以说脱离一切实际。他们起初认为使理论摆脱一切次要问题，可以显得更清楚，更容易理解，结果适得其反；英国的新经济学家所写的作品是非常晦涩的，需要费很大力量才能理解，因为我们的脑筋对他们所要求的那种抽象能力是不肯接受的；但是，这种反感本身就是对我们脱离真理的警告，在伦理学方面，一切都是彼此联系着的，我们只力图把一个原理孤立起来，而且只着眼于这一个原理，我俩就会脱离真理。

李嘉图先生在1817年所发表的天才著作，不久就被译成了法文，并且经过萨伊先生的注释和光辉的评论，内容更加丰富了。我们认为本来是英国经济学家所遵循的新方向的一个卓越的范例。这一部《政治经济学及赋税原理》在英国人中间产生了惊人的效果。学术界很有权威的一家报纸[①]在报道这一著作时，曾说这是政治经济学继亚当·斯密之后所获得的巨大成就。但是，如果说由于他的鼎鼎大名有时我们不得不引述这部著作时，不论是要以他的计算作为自己的论据或是驳斥他这种计算，只要我们一有机会引述这本书，我们就立刻会认为我们站的是另一种立场。

有一个法国行政人员，虽然没有在他的作品上署名，但他的名字是绝对瞒不住的。他在同年也发表了一部著作——《政治经济学原理》，据他说，他这本书是为从事行政工作的人员写的。他既然怀着这样目的，却把书写得那么抽象，这简直使我无法理解。在

① 《爱丁堡评论》，1818年6月，第59期。

他所著的《政治经济学原理》中，在政治经济学方面的确有不少独到之处，但是，我认为最实际的部分，即对于一个政治家最主要的部分，和他所想的却相差十万八千里。

第二篇　论财富的形成和发展

第一章　单个人的财富的形成

人一生下来，就给世界带来要满足他生活的一切需要和希望得到某些幸福的愿望，以及使他能够满足这些需要和愿望的劳动技能或本领。这种技能是他的财富的源泉；他的愿望和需要赋予他一种职业。人们所能使自己享有价值的一切，都是由自己的技能创造出来的，他所创造的一切，都应该用于满足他的需要或他的愿望。但是，他消费自己通过劳动创造的、为自己享用的东西，需要有较长的时间。这种东西，这种积累起来不予消费的劳动果实，便称为**财富**。

财富不仅不需要任何交换的标志或金钱就能存在，即使没有任何交换的可能，或者没有进行任何商业活动也能够存在；另一方面，如果没有劳动，如果没有劳动所应满足的愿望或需要，财富就不能存在。假使一个人被遗弃在一个荒岛上，没有任何人与他争这个荒岛的所有权，不管这里的土地多么肥沃，不管这里森林里的猎物多么丰富，也不管沿岸有多少鱼，地下具有多少矿藏，如果他不劳动就不会致富。相反，他会在大自然赐予他的这些恩惠中陷于极端贫困的境地甚至饿死。但是，如果这个人用自己的技能活捉几只奔跑在树林里的动物，而且并不立刻把它们吃掉，却把它们保存起来以备日后的需要，如果他在这个阶段把这些动物加以驯养，喝它们的奶，让它们参加自己的劳动，使它们繁殖，他就可能富裕起来。因为劳动使他获得了这些动物的所有权，而且另外一种新的劳动使它们变成了家畜。衡量他的财富的尺度绝不是在交换中所得到的东西，因为他没有进行任何交换的可能。衡量他的财富的尺度是他所能满足的需要的范围，或者说，是在他不需要新的劳动就能依靠自己的劳动所得而过活的时间。

这个人经过驯养牲畜而使它们成了自己的财产和财富；通过开发土地，而把土地也变成了自己的财富和财产。他所居住的荒岛在没有经过劳动以前是毫无价值的；但是，如果他不把自己所获得的果实到手就吃掉，而是把它们保存起来以备日后之需；如果他把这些果实再利用到地里再生产；如果他耕种土地，以提高土地的生产能力；如果他把土地围上篱笆以防野兽的侵害；如果他栽种多年以后才收获的树木，那么，他不只是创造了他的劳动使土地生长出来的一年生产的价值，而且也创造出土地本身的价值，因为他和驯养牲畜一样把土地也驯服了，使它变成对自己有利的东西。这时他就成为富人了；愈能长期不劳动而没有新的需要，他就愈加富足。

这个离群索居的人，再也不受各种迫切需要的驱使，再也不用担心饥饿了，他可以把自己的时间用在建筑住所，缝制衣服，甚至把自己的穿戴和住宅弄得更舒适。他可以建造一座房屋；在房屋里摆设他自己的劳动所能制造的家具。他可以把羊皮或羊毛变成鞋袜或布匹；此外，他的房屋越是舒适方便，仓库里的食粮和备用

衣物越充足，他就越可以说自己富足了。

这个人的历史就是人类的历史。把他得以从贫困走向富裕的各个步骤一一地叙述出来，是一件极有意义的事：人们可以从一个人身上看出这一系列过程的每个步骤；但是，假如在整个社会里，人们就看不到了。其实，公共的财富就是各个人财富的总和；个人财富和公共财富都是通过劳动产生的；个人的财富的积累和公共财富的积累的形成，都是由于每天的劳动所得超过当天需要的结果；个人财富的目的和公共财富的目的都是为了满足消费和消耗财富的享受，如果财富不能让人享受，如果任何人都不需要它，那么，它就失去了价值，就不再是财富了。所有这些就个人方面来说是定不可移的道理，就整个社会来说也是如此，反之也是一样。但是，尽管个人的贫富比任何事情都容易理解，却由于不断转移财富的交换而模糊了我们的眼睛，反而使一种具体的东西几乎变成了抽象的东西。

不管自然恩惠如何大，也不能白白送给人们任何东西；但是，如果人们肯求助于大自然，它是可以随时帮助人们，并使人们的能力增加无数倍。一切财富积累的历史永远出不了这样的范围：即创造财富的劳动、积累财富的节约、消耗财富的消费。大凡不是通过直接或间接的劳动而产生或获得价值的东西，不论对人类生活怎样有利、怎样重要，绝不是财富。对人完全无利、不能满足人的愿望，也不能间接或直接为人所使用的东西，不论是通过怎样的劳动产生的，也同样绝非财富。最后，完全不能积累、不能保存以备日后消费的东西，即使也是通过劳动产生的，也是为人的享受被消费的，也绝非财富。

我们曾经指出，创造财富的劳动可以是直接或间接的。的确，当人们把自然物变成自己的财产之后，虽然完全没改变这些自然物的实质，然而只由于人们把这些物品保存起来，以备日后之需，或者使这些自然物参与了自己的劳动，便往往给这些自然物增加了价值。那个离群索居的人在草地上加一道篱笆，就是给他连摸都未曾摸过的牧草增加价值，而他只不过是使绿草不受野兽的践踏而已；如果他繁殖自己的家畜，则又给牧场增加了价值；如果他利用瀑布的水推动磨盘，就是给瀑布本身增加了价值。这些事情在单个人方面是千真万确的，就社会来说更是如此；人们的劳动给这些能够帮助人劳动的东西增添了价值。

我们也说过，使用也可以有直接或间接的区别；因此，我们那位离群索居的人所积蓄的饲料也有它的价值，这种价值不是养活他自己，而是养活他的家畜的价值。

最后，我们也说过，任何一件东西，只具备我们举出的三个条件中的两个条件，哪怕只缺一条，也绝不是财富。空气、水、火，不只是有用，而且是人类的生活所不可缺少的东西，是可以保存起来为日后享用的东西，但是一般说来，要得到空气、水和火不需要任何劳动，因此它们绝非财富。一切漫无目的的劳动，只要人们不能从中得到好处，即使它永远存在，也绝非财富。运动、音乐、舞蹈，也都是劳动和享受；但是它们绝对不能称为财富，因为人们也无法为日后享用把它们保存起来。

我们所假设的那位独居在孤岛上的人，远在没有任何交换手段，还没有找到稀有金属促进交换时，就已经能够根据劳动和财富的关系来区别各种劳动了。如果这些劳动不能带来任何享受，便是无用的;如果这些劳动的果实是永远不能保存起来以备日后消费,它就是非生产性的劳动。只有生产性的,或创造财富的劳动才能至少给他所付出的劳动以同样价值的报酬,在我们那位离群索居的人看来,这才是和他所付出的辛勤等值的劳动。同样,这位离群索居的人由于类似这种对事物缺乏认识的现象,可能认为种橄榄果一样可以更多地生产橄榄;而不知道橄榄果的核不能像其他的果子一样发芽;他可能为种橄榄在准备土地方面付出艰巨的辛勤劳动,进行了深耕,可是经验会告诉他,这种劳动是徒然的,因为他看不到有一棵橄榄树生长出来。另一方面,他可能为保卫自己的住所不受狗熊和豺狼侵袭而进行过劳动,这种劳动是十分有用的,然而是非生产性的,因为这种劳动的果实不能积累;如果他以前就有文化,如果我们假设他在遇难时没有失掉他的长笛,他可以一连几个钟头吹长笛来消磨时间;这种劳动也是有益的,也许他认为这是他唯一的娱乐,然而这也是非生产性的劳动,这和上面所述是同样道理。他为细心照料自己的身体和健康而花去的时间不算浪费,但是,这种劳动同样不能产生任何财富。这位离群索居的人会十分清楚地把生产性劳动和那些不能为将来积累任何东西的时间区别开来,而且,他并不完全停止做这样的事情,但他把这叫白费的时间。

第二章　财富通过交换在社会中的形成

上面我们叙述过单个人的财富是怎样形成、保存和使用的。

形成社会的人们的财富，也同样是以同样的步骤、同样的方式和同样的目的形成、保存和使用的；唯一的区别是：前者只是考虑自己，而且当他创造财富的时候，从来也没有忘掉使用的目的。也就是说，从没有忘掉自己的享受和休息。至于后者，生活在多数人聚居的社会里的人，必须和这个社会的人进行不断的变工，他的劳动要能供别人享受和休息，同时他也依靠别人的劳动来求得自己的享受和休息。

人一旦成为社会的成员，即抽象的存在，它的财富和需要都是假定的，他再也不能一直亲眼看到自己的劳动变成劳动果实被消费的时候了，他再也不能自己规定他所该供应需要，以及他应该休息的时间了，他必须为装满公共的仓库进行不懈的劳动，而由社会决定怎样使用他所创造的东西。

两个进行劳动并产生准备自己消费的财富的人之间所进行的交换也是一样，这种交换首先是由于有剩余的产品而产生的。交换的一方对另一方说：**把你不用的那件东西给我吧，我需要它，我把我用不着的、而你却需要的东西给你吧**。然而，当时的用途并不是交换物品的唯一标准。每个人都要估计一下自己生产自己所提供的那件物品花去多少劳动和时间，这就是售价的基础；他也要把自己要给别人的物品所需要的劳动和时间与自己需要的物品所付出的劳动和时间作比较，这是确定买价的计算根据。只有进行交换的双方经过计算，每个人都认为用这种方式取得自己所需要的东西比自己亲自去作更方便的时候，交换才能实现。

但是，交换根本改变不了财富的性质；财富永远是通过劳动创造出来、为日后需要而保存起来的东西，而且只是由于这种未来的需要，财富才有价值。生产和消费之间的关系也是一样；仍然是由另外一个人替生产者消费。人们可以不考虑把生产品当成对象而进行的任何交换，因为一个人从事创造，另一个人把它保存起来，又由于有一个人需要它，就把它消费掉；不管这几次连续交换的人是不是同一个人，都不过是使最后一个人代替第一个人罢了。

交换并不是专以物品为对象的，它也可以扩大到生产一切物品的劳动。有存粮的人给粮仓中空无所有的人供应食粮，只要后者为他劳动，这种交换劳动的费用叫做**工资**。

交换不能改变产品的性质，同样也不能改变劳动的性质。对于社会或个人来说，都可能有无益的劳动和非生产性的劳动。尽管前者和后者都获得一笔工资，它们仍然保持原来的性质，尽管前者不符合雇佣劳动者的希望和需要，后者不能有任何果实的积累。不论前者或后者，所获得的工资，都不会使我们产生这样的幻想：付工资的人就是使工人代替自己劳动；我们所假设的一个人所完成的任务由两个人或者更多的人来完成，其结果总是一样。为主人种上橄榄果的短工，只不过是进行了一项无益的劳动，可是对他本人，一旦得到这项劳动报酬，还是有利的。保护主人不受狗熊危害或保护社会不受敌人攻击的人，照料他人的健康或照顾他人生活的人，给别人奏乐、演剧、跳舞以供娱乐的人，完全和那位离群索居的人一样，都被认为是有益的劳动，因为这种劳动能使人愉快，而对他本人来说也是有利可图的，因为他从这里获得一项工资，同时他也为出钱的人牺牲了自己的享受。然而，这种劳动是非生产性的劳动，因为它既不能节约，也不能积累。事实上，支付工资的本人已经花了线，并没得到支出的工资所换来的那种东西。

劳动和节约对于全社会成员和单个人一样，都永远是正确的，并且是财富的唯一源泉；前者和后者都能够得到同样的好处。不过，由于社会的形成以及随之而来的商业和交换，使生产力通过劳动的分工提高了，或使节约有了更为明确的目标，或者财富所创造的享受增加了，因而便促进了财富的发展。因此，社会成员集体生产的东西要比个体劳动所生产的东西多，他们所生产的东西也保存得较好，这是因为他们对于劳动的价值有了进一步的体会。

两个具有同等劳动能力和购买能力的人，由于在交换自己不直接需要的产品过程中意外的获益，便立刻发现：他们在交换中可以得到经常的好处，只要自己把自己的精致的东西拿出来，就可能换到别人制作得比自己更精致的东西。这是因为经常制作一件东西，会制得更好；凡是偶尔制作一次的东西，往往做得又慢又粗糙。他们越专心进行一种劳动就越能学到更高的技巧，也就能发现做得更简便、更迅速的方法。这种经验使各行各业开始了分工。农夫立即明白：他用一个月的时间，也做不出铁匠用一天给他制作的一些农具。

起初只是农民、牧人、铁匠和织布工之间的分工，同样的原理，后来这些行业又细分成无数部门；每个人都认识到，简化自己所负担的工序，便可以作得更快、更完善。织布工不再作纺纱工和染色工的工作；纺麻工、纺棉工、纺毛工以及纺丝工等等彼此又进行分工；织布工也根据用途和布的纤维又细分出许多工序；在每一个工序里，每一个工人都集中精力专门做一件工作，于是工人的生产力提高了。这种分工在每一个工厂里又不断增加，它们同样收到相同的效果。二十个工人共同作一件东西，每个人担任一个不同的工序，这二十个工人的集体劳动要比他们单独劳动提高二十倍。

由于劳动的分工而产生了机器。大自然给我们提供了大量的自然力，它比人的力量不知要大多少倍，但是它还完全没有被利用起来。把自然力发动起来，使它听从人们的指挥，是工业方面的一大胜利：自从人类能使自然力为人类服务时起，这些力量就用远远超过人类用自己力量进行了更迅速、更大规模的工作。水、风和火，本来不能担负复杂的工作，可是劳动的分工把各种工作简化了。从每个工人在工厂里只负担一个工序之后，不久就发现完成工作的一致动作；接着，又发现使用一个自然代理者的办法，也就是说，使这个自然代理者不用人力去帮助就能完成这种动作。于是，水被用来推动磨谷物，带动大锯，推动大铁锤；甚至有些用几千人也办不到的工作，都被这些没有知觉、没有任何需要的工人完成了。

劳动的分工还由另一种方式提高了人类原来的生产能力。许多社会成员放弃了手工劳动，专门从事脑力劳动。他们研究自然和自然的特征，动力学和动力定律，机器学和机器的使用，他们研究出几乎可以无限地增加人类生产能力的方法。这些生产方法就是我们今天用**科学力量**这个名词所概括的一切，这样的生产方法通过比人力大得多的代理者，完成人类单靠自己的力量永远不能完成的工作。

第三章　论社会人的需要的增长和生产的极限

人类社会的形成，以及人类劳动开始分工以后，世界上所能完成的事业更加多样化了。由于每个人只管一道工序，便能够取得完成这项工作的特殊技巧；每个人又利用自己所能制服的自然力来提高自己的工作效率；每个人由于机械师教他学会使用机械的方法，便都利用科学的力量来加强自己的工作。当人们还处在野蛮状态的时候，每个人全天的劳动只能勉强维持自己最低限度的需要，可是在最先进的社会里，一百个人，或者一千个人中有一个人用同样的劳力在工厂里工作，可以作出一百人或一千人所完成的工作量，这样，其他的人就可以有空闲时间了。当然，农业劳动是节约不出来这么多劳动力的。

但是，如果说文明进步带来了更多的成就，那么，它也同样提高了消费的要求。只为自己劳动的那个离群索居的人的需要和享受都是有限的；对他说来，衣、食、住，确实是不可缺少的；但是他并不想吃什么美味，从而把这种需要的满足变成快乐，他也不想追求社会所能给予他的人为的需要，而得到新的享受。那个离群索居的人劳动的目的完全是为了积累，以便以后可以安闲地休息。因为他不相应地增加自己的消费，所以他积累财富的指标不高，达到这个指标以后就不再进行积累，除非他是傻子。社会人的需要则是无限的，因为他们的劳动给他带来了变化无穷的享受，不管他积累了多少财富，他永远不能说：C'est assez（够了）；他总有办法把自己所积累的财富变成享受，或者至少会想出利用这种财富的办法。

然而，绝大多数现代经济学家却认为消费是一个无底洞，随时都能吞噬无限的产品，这是一种极大的误解。这些经济学家经常鼓励各国进行生产，发明新的机器，改进工作，以便使这一年所完

成的工作量永远超过往年：他们为非生产性的工人数目的增加而忧虑；他们利用社会舆论来谴责好逸恶劳的人，在工人的生产力成百倍地提高的国家里，他们希望每个人都变成工人，人人都靠劳动过活。

但是，那个离群索居的人，最初是为了能够休息；他积累财富就是为了能够安闲地享受，休息是人类一种自然的愿望，也是劳动的目的和报偿；如果每个人都需要像工人那样孜孜不倦地劳动才能获得工业给我们带来的先进技术和一切享受的话，那么人们是可能放弃这些技术和享受的。职业和地位的区别，虽然区分了劳动的任务，却没有改变人类劳动的目的。人们肯于进行劳动，是为了以后获得休息；进行积累是为了消费；贪图财富是为了享受。在今天，因为一个人劳动，而另一个人则休息，①所以劳力和报偿是分开的，劳动者和以后的休息者不是同一个人。

后来，从事劳动的人的需要必然变得极其有限。根据劳动生产力的巨大增长，人们很快就能利用整个社会的力量得到自己的衣、食、住。如果全国都像短工那样劳动，如果因此全国生产出比每个人所能消费的食粮、住宅和衣服多十倍的东西，那么就可以设

---

①　我们这里所说的休息（闲暇）是指停止旨在创造财富的劳动；所以，绝不能和无所事事混为一谈。几乎所有使我们感到最愉快的体力活动，一变成挣钱的活动就不再是使人愉快的了。不以任何利润为对象的体力活动属于富人的休息；但是，作为休息，主要的是一切脑力活动，而且脑力活动只能和休息同时并存。所以，人们进行积累，只是为了在他消费自己所积累的果实时去锻炼自己的脑筋，舒畅自己的心神。国家进行积累是为了使每个人能够得到启迪智力的必要的休息，使群众中的某些人能通过逐渐完善的途径来提高人类的品质。如果他们不断劳动，便达不到财富的目的，也就没有娱乐来增加人类的休息时间，也就是说：国家在增加物质财富的同时，却由于手段而牺牲了目的。

想，每个人会因此多得一份东西吗？恰恰相反。每个工人应该卖的为十，应该买的为一，每个工人出售东西的价钱越低，他的购买力也越小；把一个国家变成一个连续生产的工人组成的庞大工厂，不但绝对不能生产财富，而且会造成普遍贫困。[①]

自从产品有了剩余以后，多余的劳动力必定要花到奢侈品上去。生活必需品的消费是有限的，而奢侈品的消费却是无限的。人们很快就能够把工人在今天的处境中所消费的衣服、鞋、谷物和肉生产出来。同时，通过一种较为合理的社会组织，人们可以把他们所创造出来的财富给他们留下一大部分，也能够很快地给他们提供和劳动相适应的享受。毫无疑问，人们不会用马车送工人去上班，或者叫他们穿呢绒锦绣的衣裳去劳动，如果他们这种由一切作家所激起的和在各国政府鼓励下所产生的生产热情只能得到这样一种结果的话，那么工人们很快就会抛弃这种需要付出艰苦的劳动才能得到的豪华生活。

如果只给工人这些财富的装饰品，作为他们那种持续十二小时或十四小时的不间断劳动（像今天每个工人所做的那样）的报偿，那么任何人也会毫不犹豫地选择休息，而很少选择过豪华生活，他们都愿意自由，而很少要那些索然无味的装饰品。只要社会上人们的地位都趋于平等，那么人们就全会采取这种态度；任何生产者，如果是凭自己的技巧谋利，如果把那种几乎感觉不出来的、穿漂亮衣服的享受和他为得到这样的衣服所进行的额外劳动比较

① 我这种推论，并没有考虑到对外贸易的问题。如果把它考虑进去，一个国家确实可以成为邻国的供应者；但是，这种推理方法对整个人类来说，或者对于共同进行贸易的、目前在某种程度上可以说形成了整个市场的人类的局部地区来说，都是正确的。

一下，那么，可以说谁也不肯付出那么高的代价的。奢侈品只能够用别人的劳动来购买；无休止的艰苦劳动只有在它所提供的不是可有可无的装饰品，而是生活所不可缺少的必需品时才能存在。

劳动生产力无限增加的结果，只能增加过那些安逸生活的富人的奢华或享受。单个人劳动，是为了自己的休息，而社会人劳动，则是为了使别人休息；个人积累财富是为了以后的享受，而社会人血汗劳动的果实却被应该享受的人用去。而且只要他和那些与他同等的人生产的东西比他们所能消费的多，甚至多得太多的时候，就必须把他们所生产的东西供给那些与他们的生活不同、不事生产的人去消费。

因此，工业的进步，与人口相比较的生产的进步，能大大加强人类不平等现象的趋势。一个国家在技术和工业方面愈先进，劳动者和享受者的命运之间的不协调现象也就愈严重，前者受苦越多，后者越可以恣意挥霍，除非国家通过一些好像和增加财富的纯经济目的相反的制度，就不能改善分配，就不能保证创造享受资料的人得到更多的享受。每周休息一天的制度，既可减少穷人的生产力，又使他们享受一部分他们为社会所创造的快乐。如果取消这个休息日，所生产出来的财富就会增加七分之一，这样一来，富人就更加奢华，而穷人必然更穷。

根据同样的精神，立法者还必须使穷人得到某种不受普遍竞争影响的保障。这些保障和休息日的制度一样，将遭到那些只想无止境地增加财富的人们的谴责，而那些认为只有财富的增长才能使全国各阶层的人获得更多幸福的人们却会完全赞成。

但是，这些消费别人劳动果实的富人，只能通过交换来取得这些东西。如果他们用自己积累的既得的财富来换这些新产品——他们认为新颖的东西，很快就会把自己的积蓄花光；已如上述，他们根本就不从事劳动，甚至不能劳动，因而他们的原有财富就会日益减少，等到他们一文不名时，他们便无法支付为他们劳动的工人的工资了。如前所述，工人是永远不会乘马车或穿呢绒衣服的，如果富人不发财致富，那么制造车辆的工人和呢绒工人就必定要死于贫困。

但是，财富在社会组织中具有通过别人的劳动而得到再生产的特性，并不需要它的主人的干预。财富和劳动一样，也通过劳动而生产一种可以每年消费掉的当年的果实，不至于使富人变穷。这种果实就是**资本**所产生的**收入**；资本和收入之间的区别就是社会繁荣的基础。一旦生产不能和收入交换，生产就会陷于停顿。如果整个的富人阶级突然决定都要过自食其力的刻苦生活，并把自己的收入完全用作资本，那么依靠和这种收入交换为生的工人们就会陷于困境，甚至饿死；相反，如果富人阶级不依靠自己的收入为生，并要把自己的资本花掉，他们很快就会失去收入，那么，这种对于穷人阶级非常必要的交换便要停止。但这并不是减少资本所产生的唯一不幸的后果，这一点以后还要谈到。因此，生产应该适合社会收入，那些鼓励无止境地生产的人不注意认识这种收入，想替国家开辟一条致富之路，结果却把国家推向死亡。

第四章　收入怎样从资本中产生

商业，这是我们对整个交换的通称，商业使生产和消费之间存在的关系复杂化；但同时它绝对没有减少，而是增加了这种关系的重要意义。任何人起初都是生产自己要消费的东西：由于他了解自己的需要，便根据自己的需要来安排自己的劳动。但是，既然每个人都为大家工作，大家的生产也就应由大家来消费，而且每个人在生产的时候，必须考虑到整个社会最迫切的要求，因为他的劳动果实就是为满足这种要求的；但是他不能充分了解这种要求，因为每个人的开支要打算细水长流，就得有一定的节制，私人开支的总和就是社会开支的总和，不是别的。

资本和收入之间的区别（我们那位离群索居的人对这一点还不清楚）对于社会是极重要的。社会里的人应该使自己的消费适合自己的收入，他所参加的社会也应该遵守同样的规则；它必须，而且也能够每年消费当年的收入，否则它就会崩溃。如果它一旦亏了本，就等于把自己再生产的手段和未来的消费资料一起毁掉了。然而，它的全部生产都应该用来消费；如果它生产的年产品送到市场上找不到消费者，再生产就会陷于停顿，国家就会由于过剩产品而陷入灭亡。这就使我们接触到政治经济学中最抽象和最困难的问题了。在我们的概念中，资本和收入的本性往往错综在一起。我们看到，对于一个人是收入，对于另一个人则是资本，同样一个东西一转手就具有不同的名称；至于它和消费品没有关系的价值，似乎是这一个人支付而另一个人交换的形而上的东西，它在这个人手里同物品一起消灭，而在另一个人手里则又产生出来，而且能够延长整个流通的时间。但是，区别社会资本和收入愈困难，这一区别就愈重要，但把它们混淆起来更是错误。有时候人们把鼓励挥霍作为鼓励工业的手段；人们有时候用税收打击资本而不打击收入，这样，人们就会像幻想家那样摒弃那些为保存国民资本而援引杀鸡求卵的神话的人。

我们在其他地方讲过，任何财富都是劳动的产品。收入是财富的一部分，也可以说是从这个共同根源而产生的；不过，通常认为收入有三种：地租、利润和工资。这三种收入来自三种不同的源泉：土地、积累的资本和劳动。如果我们仔细考虑一下，就可以看到这三种收入是分享人类劳动果实的三种不同方式。

由于工业和科学的进步，一切自然力便都听从人的支配，因此，每个工人每天都能生产远远超过自己消费需要的产品。同时，人的劳动所生产的财富虽然是劳动者应该享受的，然而这些财富却不大符合劳动者的需要，因此，财富差不多永远不掌握在那些凭出卖劳动力为生的人们手里。然而，财富却能够促进劳动，拥有财富的人可以雇用工人，为补偿他对工人的帮助，便扣留一部分工人所生产的、比工人自己消费多得多的产品。

一般说来，工人无法保持土地的所有权；而土地却具有一种一旦通过人的劳动、被人类利用起来就能发挥的生产能力。所耕种的土地的主人保留一部分由于他的土地参加劳动所得的收入，作为利用这种生产能力而提供的有利条件的报酬。这就是土地主人的收入，这项收入是从工人劳动所生产的产品中抽出来的，他可以把它消费掉，而不用于再生产。经济学家把这种收入叫做**地租**。

在目前这种文明的条件下，工人更无法保留足以供应自己消费品的资金，没有在劳动期间和在找到一个买者以前维持自己温饱的消费品。他更加没有原料，因为原料往往是从遥远的地方运来的，同时也是他施展自己技巧的对象。此外，还要用很多钱才能买到可以用来使自己劳动更加顺利、使生产能力得到无限提高的复杂机器。拥有这些消费品、原料和机器的富人可以不劳动，因为在他把这些东西供给工人的时候，他可以说变成工人的主人了。他从工人的劳动果实中抽掉最主要部分作为他交给工人使用自己东西的报酬。这就是他所投入的资本的利润，或者说资本家的收入。

工人虽然通过自己每天的劳动生产出远远超过自己每天消费的产品，但是在他与土地所有者和资本家分完利润以后，除了仅能维持自己生活的东西以外，很少有剩余。可是，给他留下的那一部分，即以**工资**的名义成为他的收入；他可以不把它用来再生产而用于消费。

我们必须根据家庭经济详细地讨论一下这些不同收入的产生和发展。

前面谈过一个离群索居的人，我们研究过他的财富起初是怎样形成的，在他看来，任何一种财富只不过是预先储存以备日后需用的东西。然而在这种储存上已经看出了两种东西：节约部分，是他应该用来作为直接或几乎立刻使用的东西，另一部分是在他能够通过这种储存而得到新的产品以前所不需要的部分。因此，他的一部分小麦就是在他得到来年的收成以前的粮食；另一部分则应保存起来作为种子，到来年再生产小麦。社会的形成和交换的发生使这项种子、积累起来能够产生收入的部分大大增加，这就是人们所谓的**资本**。

那个离群索居的人，只能使土地和牲畜参与他的劳动；而在社会里，富人却可以叫穷人替他劳动。农场主在把自己预计到来年收成以前所需要的小麦完全保存起来以后，知道自己应该把剩下的多余的小麦用来养活那些为他种地、为他生产新小麦的人；他还应该养活那些为他纺织麻、毛的人、为他开矿的人，总之，他要养活那些不管以什么形式从他手中领取现成的、用来消费的食物，而且在一定的时间内还给他一种具有价值更高的消费物品的人。

农场主这样做就是把自己的一部分收入变成资本；新的资本事实上往往是这样形成的。他收获的小麦数量超过在他劳动时所需要吃的数量，超过为了经营同样多土地所需要播种的数量，这部分多余的小麦就是他的财产，即收入；他可以把它分给别人、挥霍掉或者在闲暇的时候供自己消费而不致陷于穷困；但是，如果他把这部分小麦作为他所雇用的生产工人的食粮，如果他用这部分小麦换取劳动，或者换取雇工、织布工人和开矿工人以自己的劳动给他生产出来的产品，那么，这部分小麦的价值就变成永久的、逐渐增多而不会再消耗的东西，这就是一种资本。然而，这种价值与创造这种价值的物品的价值无关；它永远是一种形而上的、非物质的东西，永远掌握在同一个农场主手里，只不过是外表形式不同罢了。起初，它是小麦，接着变成一个与劳动等值的价值，后来又成了这种劳动果实中的等值；再后，通过一种债权关系，又成了一种定期出卖收获品的等值；时而变成货币，时而又变成小麦或劳动。所有这一系列的交换，丝毫也不影响资本，这些交换不能使这笔资本离开最初节约出这项资本的人的手。

同时，这项资本完成的每一项交换，都提供给他人消费品，这些消费品往往被当成一种收入被消耗掉，而不会产生任何损失。一项交换经常要有两种价值；每种价值都有不同的命运，而资本或

收入的特点却不会随着交换的物品而改变；它永远属于成为它的主人的人所有。因此，工人所得到的收入只有自己的劳动；他们用劳动换取小麦，换来的小麦就是他们的收入，他们可以消费换来的小麦，小麦的实质并没有丝毫变化，可是他们的劳动却变成了主人的资本。后来，主人用它换了其他的产品，即他转给商人的毛织品：他们之间的交换是资本对资本的交换；每个人都保存了自己的资本，只不过彼此的资本形式不同罢了。最后，商人把毛织品卖给消费者，消费者把它制成衣服。消费者买毛织品需要用自己的收入；因此，他也可以在不损害这些东西实质的情况下消费这些东西；然而，他给予商人的这部分收入却变成了商人的一部分资本。

既然唯有劳动具有创造财富的能力，那么在筹划适于满足人类需要的物品时，所有的资本都应首先用于劳动方面；因为，任何一种财富，只要人们不打算把它消耗掉，就必须同另一种劳动所应生产的未来财富进行交换。工资是富人用来换取穷人劳动的价格。劳动的分工产生了各种不同的地位。社会上每个新的一代都会出现很多除了自己的劳动没有其他收入的人；他们必须接受别人委托他们做的工作。但是，只能在一个工厂作一种十分简单的工作的人，必须完全受雇主的支配。他再也不能生产全套产品，而只能生产产品的一部分，为此他必须像需要依靠原料、工具一样依靠其他工人，以及负责把他的制成品进行交换的商人的协助。在他和一个工厂主订立合同和用他的劳动换取自己的生活资料的时候，他总是处于不利的地位；因为他对生活资料的需要（而且他又完全没有为自己获得这种生活资料的能力），远远超过工厂主对劳动力的需求，工人需要生活资料是为了维持生活，工厂主需要劳动力是为了谋利，因此，工人差不多总是把自己的要求压到最低限度，否则他就不能继续劳动，而工厂主却独占了由于劳动分工生产力提高所得来的利润。

工人的依附地位以及创造国民财富的人的贫困状况，随着人口的增加变得日益严重。那些除了双手之外没有其他收入，并且要求工作的人永远占大多数，他们总是不得不很快地接受别人叫他们做的任何一种劳动，接受人们提出的一切无理的条件，而且要把自己的工资压到最低限度。一个企业家的利润有时只是对他所雇佣的工人的一种掠夺；他不赚钱是因为他的企业生产的没有用去的多，然而因为他不肯给工人足够的劳动报酬，却不支付企业所应付的一切开支。这样的工业是一种社会灾难，因为它使从事生产的人遭受最悲惨的穷困，只是使支配这种生产的人的资本获得正常的利润。

凡是富人利用别人的劳动获得利润，无论就哪方面看，这都和农夫种地一样。他所给工人支付的工资等于他在工人身上播下的种子，在一定的时间内必定得到收获。他和农夫一样，知道播下这样的种子会给他带来收获，也就是说，给他带来工人所生产出来的产品；他首先得到和他所播下的种子或他为这项工作所投入的全部资本相等的价值，而这种资本是他不能出让的财产。此外，他还得一份所谓利润的、构成他的收入的额外价值，这种价值是由同样多的财富每年产生的，可以不用来再生产而把它消费或毁掉，他的所有者也不至于因此而变穷。

工程企业家和农夫一样，绝对不把自己全部有生产能力的财富当作种子播下去；他要把一部分用于房屋、工厂和工具方面，以便使劳动更加顺利，效率更高，这和农夫把一部分财富用于使土地更加肥沃的永久性的工程上一样。因此，我们看到各种财富相继产生而又互相区别开来。社会积累的一部分财富，由每个财富占有人拿出一部分，用于使劳动消费得较慢而获利更多的方面，或者用于利用自然力来代替人的劳动的方面；这一部分财富称为**固定资本**，其中包括开垦、修筑水渠、工厂、工具和各种机器。另一部分财富则为进行再生产而迅速消费掉，它将不断地在价值不变的情况下改变形式；这一部分财富称为**流动资本**，其中包括种子、加工的原料和工资。最后，第三部分财富和第二部分财富不同；这是制成品的价值超过从事这项工作所预先支付的价值，这称作资本的**收入**，这种收入是应该用于消费而不是用于再生产的；这种价值在被消费以前终究要和每个人所需要的东西进行一次交换。所有这一切用来满足每人需要的东西——不能再生产的东西，或他用自己的收入购买的东西，通称**消费基金**。

重要的是指出这三种财富都同样地用于消费；因为生产出来的一切的东西，只是由于能为人类的需要而服务才对人类具有价值，而这些需要只有用消费来满足。但是，固定资本是间接地为这种需要而服务的；它消费得很慢，它帮助人类进行消费品的再生产；而流动资本则相反，经常直接为人类服务，它变成工人的消费基金，也就是变成工人的工资，这种工资是由于构成工人收入的劳动换来的；在这种交换终了以后，在它重新产生的时候，便成为另一个阶级的人们的消费基金，也就是变成买主用任何收入购得的消费基金。一件物品只要被消费掉时，就必然有一个人不会再得到它，同时，一件物品也能够为一个消费该项物品的人进行再生产。

财富的这种运动很抽象，需要用很大的注意力才能真正地抓住它，所以我们认为，最好用一个最简单的例子来说明，我们只谈一个家庭的情况。一个离群索居的农场主在一个遥远的殖民地，在偏僻的荒野地方，今年收获了一百袋小麦，他没有可以出卖小麦的任何市场，所以无论如何这些小麦必须在本年内几乎完全消费掉，不然它对于这个农场主就没有任何价值；但是，这个农场主和他的家庭只能吃三十袋小麦；这是他的消费，也是用他的收入来交换的，这些小麦不为任何人进行再生产。后来，这个农场主雇来了工人，他要让工人砍伐森林，掏干附近的沼泽，把一部分荒野变成耕地；这些工人就要吃掉另外的三十袋小麦；对工人说来，这将是一种消费，他们为得到这种消费必须付出自己的收入，也就是要劳动；对于这个农场主说来，这便是一项交换，因为他把这三十袋小麦变成了自己的固定资本。最后，他还剩下四十袋小麦，去年他种了二十袋，今年则不是种二十袋，而是要把这四十袋小麦都播种到田里，于是这四十袋小麦便成了他将增加一倍的流动资本。到此，他那一百袋小麦便消费了；但是，在这一百袋小麦中只有七十袋是他的真正投资，唯有这七十袋小麦会带来一项更大的生产量重新出现，有的在下年秋季就可以收获，有的将在以后每年秋收时收获。

这个农场主的孤立情况本身，就足使我们进一步体会到，我们上面所假设的那种生产规模。如果在今年他只能把他收获的一百袋小麦吃去六十袋，那么到第二年他种的小麦如果生产二百袋的时候由谁来吃呢？也许有人会回答说：他的家庭，**他的家庭的人口**

会多起来的。但是人类的后代不会像生活资料增长得那么迅速。如果这位农场主每年都有足够的劳动力可以进行像我们所假设的耕种，那么，他收获的小麦将每年增加一倍，而他的家庭人口最多每二十五年才能增加一倍。

我们已经区分了单个家庭中的三种财富，现在我们来考察一下每一种财富同整个国家的关系，并分析一下从这种分配中如何能得出国民收入来。

同样，农场主为了砍伐森林、掏干他所要耕种的沼泽，需要进行准备工作，无论对哪种企业也都需要准备工作，有了这种准备工作才能够顺利地并进一步提高流动资本的再生产。在得到矿石以前，必须首先开矿；必须首先开渠引水，建造磨坊或工厂，然后才能使这些东西投入生产；在利用羊毛、麻或丝进行纺织以前，必须首先建造工厂，制造纺织机。这种事前的准备工作，永远必须由劳动来完成，而这种劳动又永远是通过工资来实现的，这项工资又是永远用工人们在进行这项准备工作时所消费的生活必需品换来的。这样，就有一部分年消费品变成了比较长期存在的建筑，这些建筑能够提高未来的劳动生产力，我们把这些建筑称为固定资本。这些建筑本身逐渐变旧，逐渐损耗，最后也会慢慢地、在一个相当长的时间促进年生产的提高以后趋于消失。

同样，农场主需要在地里播种到收获时再生产出十五倍的种子，同样，任何一个企业家都需要在他准备加工的原料上进行一些有益的劳动，他必须有足够与工人在劳动时间内所消费的生活必需品相等的工资。因此，他的工作起初是消费，可是随着这种消费而来的是更加丰富的再生产；因为这项生产的价值必须等于：加工的原料的价值加上工人在劳动时间内所消费的生活必需品的价值，再加上纺织机和全部固定资本在生产过程中所应消耗的一切价值，最后，还要加上所有参与劳动的人以及在这项劳动中为了获利而承担劳动和艰苦的人们的收益。农场主种二十袋小麦将收一百袋小麦；工厂主也差不多应该作同样的计算；农场主不只是在收成中收回自己的种子，而且要得到他所付出的全部劳动的补偿，同样，工厂主也应该通过再生产不仅收回原料，而且要收回支付给工人的全部工资和他的固定资本和流动资本的全部利息和利润。

最后，农场主本来很可以逐年扩大自己的播种面积，但是，他不应忘记他的收获是经常以同样比例增长的，并且不一定总能找到吃这些粮食的人。同样，每年用自己的节约提高再生产的工厂主，也不应忘记必须为自己的工厂日益增多的产品寻找买主和消费者。

既然消费基金不再生产任何东西，既然每人都要不断努力保存并增加自己的财产，那么他们就都要压缩自己的消费基金；任何人都不仅在自己家里积累一些将逐渐变成消费基金的、等于他的年收入总量的储备，而且至少还要经常把自己不准备立刻消费掉的东西变成自己的固定资本或流动资本。在目前的社会里，有一部分消费基金掌握在零售商的手里，他们等待满足每个买主的需要；另一部分消费基金，是要消费得很慢的，例如：房屋、家具、车辆、马匹，这一部分消费基金掌握在出租商的手里，他们并不放弃自己的所有权。在富庶的国家里，经常有相当大一部分财富变成消费基金；虽然这部分财富也给它的所有主提供一部分收益，然而已不能使国家的再生产有所增加。

第五章　国民收入在各个公民阶级间的分配

前面已经讲过，劳动在社会中创造了三种永恒的财富的源泉，而这三种财富的源泉又产生了三种收入。财富的第一种源泉是土地，土地的自然力永远是用来生产的，只要人们利用它来为自己服务，它便任凭劳动的支配。用来支付工资的资本是财富的第二种源泉。供应劳动能力的生活是财富的第三种源泉。因此，财富的这三种源泉都和劳动有直接的关系，如果没有劳动就绝不会有财富。

作为财富的源泉说来，土地和固定资本、工厂、磨坊、铁厂、矿山具有密切的关系是不难理解的，拥有固定资本、工厂、磨坊、铁厂、矿山，也能获得一种收入，只要通过人的劳动它们就能生产和发展。土地和工厂一样，能够帮助劳动，提高劳动效率，这种劳动的收获包括：除了工人的工资以外，有时还包括土地的工资，以及工厂的费用，因为土地和工厂也和人一样参加了劳动。

但是，工厂的生产能力是完全由人所进行的奠基工作创造出来的，因为工厂必须完全由人们来建设。土地的生产能力只有一部分需要依靠这种预先进行的准备工作，如搭设篱笆、开垦和使它通过逐年的劳动就能生产的其他工作。在土地上，在大自然里，有一种绝非出自人的生产能力，这种生产能力就是产权，即经营土地时所尽的努力的报酬。因此，经济学家的结论是：使土地肥沃的劳动，比任何劳动的生产效能都要高得多，因为这种劳动有自然力的帮助，只要人们把自然力唤醒就会获得这种帮助。不过，工厂里所发挥出来的力量也远远超过人的力量，例如：空气的运动，水的运动，蒸汽的运动；至少在土地成为私人财产的各个地区，工厂的产品比农产品获利高得多。在可以任意占领土地的殖民地上，经营土地最有利可图，因为这是社会需要的头一项事情。

与土地相反，我们却可以把另外两种财富的源泉——供应劳动能力的生活和支付工资的资本合而为一。这两种力量合在一起，就拥有膨胀力，工人在一年内从事的劳动永远比往年的劳动的价值高，他们就能通过这种劳动维持自己的生活。由于有了这种额外的价值，工业才能源源不绝地增殖财富，艺术或应用到艺术中的科学进步越快，这种额外价值就越高。这种增长除了能够形成产业阶级的收入，还能增加他们的资本。但是，一般说来，支付劳动工资和保证劳动得以实现的资本，却完全没掌握在劳动者的手里。因此，在资本家和工人之间的分配便多少有些不均衡，在这种分配中，资本家竭力给工人留下一点只能勉强维持生活的东西，却把工人所生产的、超过他生活的价值的一切据为己有。工人方面，也为多保留一些自己通过劳动创造出来的财富而斗争。

这种斗争的结果非常重要，要研究这种斗争，最简便的方法是不考虑那些既是工人又是资本家，以及既是资本家又是工人的人；因为他们按照他们对自己的工作日和资本所应得的收入的多寡，有时倾向这边，有时又倾向那边。另外，也不要考虑上面提到的土地所产生的收入和资本所产生的收入之间的重要区别。土地所产生的收入也是通过资本和劳动而产生的；因为农场主——农业企业家——也是资本家。他们对待农业工人的态度和城市资本家对待工人的态度毫无二致；他们在给工人维持生活的预支费以后，就千方百计地把工人的劳动所得完全攫归己有，只给工人留下勉强维持生活的一部分，以便使工人保存为再劳动所必需的力量。

根据第二种观点，国民收入就只能包括两部分，一部分包括在年生产中，一部分在年生产之外：前者是由财富中产生的利润，后者是由生活产生的劳动能力。说到财富一词，我们就认为既指土地的所有权又包括资本；说到利润一词，我们理解它包括将要给予土地所有者的纯收入和资本家的收益。土地的所有权和资本是不参加斗争的，只是在斗争结束以后它们才能得到从资本的利润产生的地租。

年生产，或国家在一年中完成的全部工作的结果，同样由两部分组成：一部分（和我们方才所说的一样）是财富所生的利润；另一部分是劳动的能力，它等于它所交换的那部分财富或劳动阶级的生活资料。

总之，国民收入和年生产是相等的，是等量。全部年生产在一年中消费掉，其中一部分由工人消费，他们以自己的劳动来交换，从而把劳动变成资本，并且再生产劳动；另一部分由资本家消费，他们以自己的收入来交换，从而把收入消耗掉。此外，我们绝对不应该忘记：劳动能力和财富是不能等量齐观的。工资不代表劳动的绝对量，只代表维持前一年工人生活的生活资料。同样多的生活资料将在下一年产生出更大的劳动量；由于这两种价值之间的比例的波动，引起了国民财富的增加或减少、生产阶级的富裕或穷困、人口的增多或消灭。

此外，还必须指出，国民收入是由两种成分组成的，一种是过去的，一种是现在的；或者可以说，一种是现在的，一种是未来的。一种是财富的利润，目前掌握在消费者手里，这一部分是由前一年所实现的劳动产生的；另一部分是意志和劳动能力，这一部分只是在有劳动机会，并能和消费品进行交换时才能成为真正的财富。

年收入的总量必须用来交换年生产的总量；通过这项交换，每个人都可以得到自己的消费品，都要取得一笔再生产的资本，要为一项再生产而进行投资，并提出新的要求。如果年收入不能购买全部年生产，那么一部分产品就要卖不出去，不得不堆在生产者的仓库里，积压生产者的资本，甚至使生产陷于停顿。

如果那些靠财富的利润收入的人损失过大，以致不能满足他们的生活，或者他们本身染上了挥霍无度的恶习，就不得不在自己的收入没有得到增加的情况下增加自己的开支，最后，如果不管什么缘故他们的消费超过了收入，他们只好从自己的资本中拿出这种额外的花费；然而，在这种情况下，他们在当年增加了工人阶级的收入，而以后就要逐年减少工人的收入，因为他们所谓资本的东西，都要用来交换成为工人阶级收入的劳动。富人支配穷人；富人如果吃掉自己的资本，就会破产，这是事实，只有他的利益才能防止这种情况；但是，如果富人忽视这种利益，如果吃掉自己的资本，那么，缩减的剩余资本就是穷人来年的劳动价格。穷人的收入仍然一样，因为他还保存着同样的劳动能力；但是，这种收入的估价却截然不同了。挥霍者一旦像对待自己的收入那样吃掉自己的资本，他就必须从年生产中为劳动阶级拿出一大部分资金来支付劳动费用。如果挥霍者把自己的资本花光，再也没有收入了，则给予劳动阶级年生产的那一部分，作为交换他们全部劳动的报酬势必

随之减少；劳动阶级用劳动所换取到的生活资料势必更少。

相反地，如果富人把自己的收入节约下来，增加自己的资本，自己只用去工业年生产中的很小一部分，而用更大的一部分去换取劳动，那么，穷人的收入就将随着富人收入的减少而相应地增加；穷人不仅在劳动交换中得到较多的生活资料，而且所付出的劳动规模也将更大。如果人口的数目不能够满足劳动量的增加，人口就会按照工资增加的比例很快地增加起来；因为人类的繁殖一向都是由于贫困的阻碍。一旦没有贫困，由于这种新的富足的享受孩子们就不会夭亡了；本来连一个孩子也没有的独身者，也可能结婚生育，并且使他们有可能出卖劳动得到应有的收入。

所以，富人节约自己的收入，而增加资本，便是对穷人行善，因为他这样分配自己的年生产是把他所谓收入的一切都用于自己的消费，而把他所谓资本的一切都让给穷人，使穷人从这些资本中得到收入。但是，富人在进行这种分配时还必须考虑另一个问题：永远不能鼓励不符合要求的劳动；因为没有正当的原因，产品不是卖不出去，就是卖不到好价钱，这样他期望于来年获得的利润，不是减少，就是遭到损失；并且，会促使出生大批除了依靠出卖劳动力没有任何其他收入的劳苦人民，从而又夺走了他们可以用自己的劳动来交换的生活资料。

如果富人任意挥霍，也会产生完全相同的结果。一旦他把自己的资本同收入一起吃掉，他就需要较大的劳动量，因而也就必须支付较高的工资；但是，在他用这种方式鼓励了劳动阶级人口的增长以后，在他把自己的资本花光以后，会立刻夺走劳动阶级的收入。在一个挥霍者破产以后，人们是很少关心这种波动的，因为在一般情况下，一个人的节约正好补偿另一个人的挥霍；但是，如果国家吃掉自己的资本，例如特别在必须用大量借款应付当年开支的战时的情况，在开始使用借款的资本时，制造出一种人为的繁荣；然而一旦不再借款而开始还债时，这个国家由于这项资本使之诞生和养育的人民就会立即陷入可怕的贫困境地。

在概述了收入的第一项分配以后，必须继续研究一下收入在社会各个部门之间的分配。

农场主，除了从自己的收成中抽出与前一年所种的相等的种子，还应得到他自己和家庭生活必需的部分；他必须把这一部分归自己所有，并且用自己的收入和它进行交换，然后把它消费掉，因为他的收入就是他的年劳动；同样理由，他也应该得到养活自己雇工的部分，这是对雇工劳动的报酬；此外，他还应该得到满足土地所有者要求的部分，因为土地所有者通过最初的准备工作——开垦，或只是由于他占据了一块无主的土地，也有权分享这项收入。最后，他还应该得到用来开支债务利息，或补偿他本人利用自己的资本所应得的利息，这是他由于最初的劳动而有权获得的一项收入，因为他的资本是从这种劳动中产生的。我们甚至可以再加上一个第五部分，它也是由土地的年生产中产生的，这就是他应该为保护他的权利、人身和保护社会成员而缴纳的税款。这些保护人——官吏、军队、律师、医生，也都由于自己进行了非生产性的，甚至是无形的劳动而享有这种权利。

同样，工厂主在自己工厂的年生产中，首先应该获得他所消费的原料，此外还要获得与他本人和他的工人的工资相等的东西，这种收入只有靠劳动才能获得；另外还有固定资本在当年的折旧利息，这是他本人或者他的东家通过最初的准备劳动而有权享受的收入；最后，是他通过另一种准备工作产生的流动资本应得的利息和利润。

很明显，尽管我们指出了在财富和劳动能力所产生的收入之间的这些矛盾，但是，这中间仍然存在着一种主要关系：它们是同出一源的，不过产生的时间不同而已。在那些分享国民收入的人中，有些人每年通过新的劳动获得新的权利，另一些人则通过最初的准备工作预先拥有一种永久性的权利，因为那种最初的准备工作使当年的劳动更有利了。每个人都按照他本人和与他有关的人，对生产国民收入所做出的贡献来分享这种收入；或者像我们以后将要谈到的，由于为别人服务而间接得到的。然而，没有为自己获得收入创造条件的人，以及没有收入来源仍要消费的人，或是消费超过收入的人，都会遭到破产，由这样的消费者所组成的国家也必遭破产；因为收入是国民财富每年的增加量，它保证了国家在不致变穷的情况下消费。但是，如果一个国家消耗的财富超过当年的增加量，而且不进行再生产，就会把该国在以后年份中能够用于再生产的资金都消灭了。

第六章　生产和消费的相互决定以及支出和收入的相互决定

国民财富的发展过程是一条循环往复的路线；每个结果都相继变成原因，每一个步骤都要受前一个步骤的制约并决定着它后面的步骤，而最后一个步骤又同样回到第一个步骤。国民收入应该调节国民开支，国民开支则应在消费基金里吸收全部生产；绝对的消费决定一种相等的或者更高的再生产，再生产又产生收入。如果说迅速而完全的消费永远决定更高的再生产，财富的其他部分以一种均衡的速度按比例向前发展，并且继续逐渐地增加，国民财富才能不断增加，国家才会不断繁荣。一旦这种比例遭到破坏，国家就会灭亡。

国民收入应该调节国民开支。我们已经谈过，这项收入有两种性质，一种是富人方面的物质利润，一种是穷人方面的劳动能力。前者要把这种成为自己财富的利润换成满足自己需要和愿望的各种消费品时，只要问自己就行了；但是，如果这些需要和愿望超过他们的收入，他们就必须求助于产生他们利润的这种财富的资本了。他们减少自己未来的利润，就是破产。

除了自己的劳动没有其他收入的穷人，在开支自己的收入以前，要受上层阶级的限制。他们必须劳动，他们在能够获得自己的收入以前必须先出卖劳动；而且他们只能向富人出卖自己的劳动力，向这些已经为他付出自己的收入，然后用剩下的资本和穷人进行交换的富人出卖劳动力。劳动能力一旦得到应用，立刻变成收入；如果找不到买主，它就毫无价值；即使它得到充分利用，也要按它是否迫切需要而提高或降低它的价值。因此，穷人只能在卖出自己的劳动力以后才能开支自己的收入，而且他应该按照卖出的劳动力的价格来调节自己的支出。一切超过这个价格的开支，不管他是用自己的一些小积蓄或是用借贷来弥补这种亏额，对他本人和对社会都是有害的；另一方面，只要他由于这种价格的缩小或停止而遭受任何疾苦，只要他的生活、健康或体力受到损害，便会削弱或消灭未来的劳动能力，而劳动能力却是社会收入的最重要的部分，因此同样有害于社会。

所以，不论是穷人或富人都不应该使自己的开支超过实际收入，任何社会开支都取决于社会收入。

另一方面，国民开支在消费基金方面应该吸收国民生产的全部。为了更确切地考察这些计算，并使问题更加简单，我们一直是不考虑对外贸易问题的，我们假定只有一个孤立的国家；人类社会本身就是这个孤立的国家，一切和这个没有对外贸易的国家有关的东西，同样，也和全人类有关。

如上所述，人类劳动的唯一目的是供应自己的需要，任何东西，只有它的产品必须能供人类或快或慢地消费才有价值；最后，人类只要开始享用财富，或停止财富的流通，就要开始消费财富。为了使财富达到它的目的，并一定要它为人类服务而被用掉；只要把它从市场上抽掉，把它变成享受，或者把它变成消费基金就可以了。

财富一旦没有适当用途，就会使同等数量的再生产陷于停顿，得不到再生产的代替。那位离群索居的人，只要有了更多的食粮、衣服和住房，以致自己享用不完，他就会停止劳动。他绝对不会只去播种不问收获，只去织布不问衣着，或者只去建筑不问居住；毫无疑问，一旦富裕一些他必然会更高兴，而且如果他能够办得到的话，他可以为自己创造一些不必要的、多余的东西。这种富裕是一种想象的快乐；而且这是毫无止境的。一旦多余的东西不能使他的想象感到愉快，而使他感到不需要的时候，他就会停止劳动，因为他觉得通过辛勤劳动换得些许的快乐未免太不值得。社会和个人完全一样：尽管社会有了分工，也丝毫没有改变决定社会的动机。在谁也不吃粮食和人人都觉得不需要吃粮食时，社会是不再生产粮食的；在谁也不想穿更多的衣服时，社会是不需要衣服的；在谁也不想住房屋时，社会是不再需要房屋的。

但是，消费对于再生产的限制，在社会里比在个人身上表现得更为明显：即使社会上有很多人吃不饱，穿不暖，没有合适的房子住，社会也只需要它所能购买的数量；而且，如上所述，社会只能用自己的收入来购买这些东西。如果人们为社会创造的奢侈品，比富人用资本的收入所能购买的多，这些富人由于懂得如何从中渔利，也许有心控制这些奢侈品；然而他们却不肯冒着破产的风险来买这些东西。因为假使要买这些东西，他们必须动用自己的资本，也就是说，要减少穷人的实际收入，也要减少自己的未来收入。另一方面，生产奢侈品的人，由于找不到和这些东西交换的富人的收入，不能收回自己的资本，即不能再生产，他的劳动也要随之停止。

给穷人创造大量的生活必需品，并不是他们不能够消费，而是他们不能用自己的劳动获得交换这些东西的收入；当然他们想吃得更好、穿得更好、住得更舒适一些，可是事与愿违；因为，让富人给予他们更多的工资和更多地购买他们的劳动，并不取决于他们的愿望，而他们本人除了劳动没有任何用以交换生活必需品的东西，或者即使有些许积蓄，买了这些东西反而会更加贫困。因此，当有很多人挨饿的时候小麦仍然卖不出去，而生产者由于不能收回自己的资本，不能再垫支生产费，以致劳动不得不停顿。

生产过剩往往由于降低物价而产生更大的消费；但是，这并不会有好的结果。如果生产者投入市场的奢侈品比富人的收入多一倍，而且他们又非要把这些东西出售不可，他们就不得不用这些物品的总量来同富人收入的总量进行交换，也就是说，要赔百分之五十的账。作为消费者来说，富人用廉价得到了自己不太必要的东西，可能认为占了便宜；但是，他们是得不偿失的，因为他们失去的正是他们必不可少的东西。他们在出售年产品时损失的百分之五十，要由他们的资本和收入平均担负。他们的收入减少了，来年的消费就要减少；他们的资本减少了，他们以后每年使用穷人的劳动量也就要减少，因此也就要减少他们的收入。

如果生产者投入市场的生活资料比穷人的工资多一倍，他们就不得不用穷人的工资的价值把自己的货物抛售出去，也就是说，要受百分之五十的损失。作为消费者的穷人来说，这一年他们是占了一些便宜；但是，生产者的资本和收入损失了百分之五十的情况，翌年就会严重地影响穷人。富人所损失的全部收入都要从自己的消费中扣除，因此，对穷人的劳动果实的要求就更少了；富人所损失的全部资本要从他所支付的工资中去扣除，这样一来，他对于作为穷人收入的劳动也就要求得更少了。

因此，这样受到收入限制的国民开支，就必须把生产总额吸收到消费基金中来。

绝对的消费决定着相等的或扩大的再生产。再生产的范围是否可以扩大，或是成螺旋形变化就取决于这一点：去年生产量和消费量为十，人们就可以得意地说，来年可以生产十一，消费十一。消费的难易标志着去年所创造的生产成果。由于富人已经从自己的收入中扣除出一部分，而增加了自己的资本，或支付了穷人的工资，就必定完成了更多的劳动。如果已完成的劳动所创造出的产品都出售了，而且售价很好，这部分新的资本就会产生一项相应的收入，这种收入也要求新的消费。去年所节约下来的东西将在次年分成两份：作为收入的一份则将提高富人的享受，作为工资的一份则将提高穷人的享受。这样明智而有节制的生产就可以持续进行。但是，如果使生产发展得过快，生产就会变得有害。应该用去年的收入来支付今年的生产；将来的和未定的劳动量便要以这和预订量为标准。那些竭力鼓吹无止境的生产的人是错误的：他们把过去的收入和将来的收入混为一谈了。他们说，增加劳动就是增加财富，有了财富就有收入，并且要按照收入来产生消费。但是，只有在增加必要劳动的情况下，即在劳动可以得到应得的价格的时候，财富才能增加；这种预先规定的价格就是预先存在的收入。归根到底，本年度的生产总额始终只能替换上年度的生产总额。那么，假如生产逐渐增长，每年的替换就只能使人们每年遭受一些轻微的损失，同时却能为将来改善条件。假如这种损失很轻微而又分担合适，每个人都会毫无怨言地承担这种损失；国民经济也是如此，这一系列的轻微牺牲也增加了公共的资本和财产。但是，假如新的生产和过去的生产很不协调，资本就会枯竭，灾难就会临头，国家就不会进步，而是后退。

最后，收入是从再生产中来的；但生产本身还不是收入，因为生产只有在实现之后，只有在每一件产品找到需要它或享受它的消费者，因而把它从流转中抽出来使它变成消费基金之后，才能获得这一名称，才能具有这种性质。于是，生产者就要为自己打算了；他一进入交换的过程，首先要收回自己的全部资本；然后还要得到他的其他应得利润；他既要满足自己的享受，并且还要再进行生产。

如上所述，可见在生产、收入和消费之间的相互比例中，如果发生不协调现象同样会有害于国家，有时会使生产的收入比平时减少，有时会使一部分资本变成消费基金，或者相反，这种消费减少，也就不再要求新的生产。只要这种均衡受到破坏，国家就会遭难。如果在劳动阶级里发生好吃懒做的恶习，生产就会下降；如果浪费和奢侈成了风气，资本就要减少；最后，如果有了减少劳动以外的其他穷困原因，消费也会减少；但是，既然它完全不许将来进行再生产，劳动量也就会降低。

这样，国家就要发生某些显然十分矛盾的危险。国家的支出过多和过少都能导致国家的破产。只要一个国家的开支超过收入就是亏空，因为它必然损失自己的资本，并缩减未来的生产。这正像那个离群索居的农场主要把自己的麦种吃掉一样。一个国家如果没有对外贸易，或者即使有对外贸易，也不能把自己所生产的东西消费掉，或者不能把自己生产的剩余物资全部出口，就会开支过少；这样，它很快就会和那个离群索居的农场主一样，自己的仓库堆得满满的，而且远远超过自己的消费能力。为了不致徒劳无益，他必须停止土地的耕种。

令人高兴的是，如果国家不走入歧途，如果该国的政府不促使国家离开自己的自然利益，资本、收入和消费的增长往往可以保持平衡，无须有人指导；万一这三部分相应的财富之一偶尔超过了另外两种，对外贸易就可以随时来恢复这种平衡。

当我指责那些著名的经济学家对消费或销售太不注意，而每个商人却认为绝对必要的时候，会有人认为我只是攻击一种当然的错误。但是，我在李嘉图先生最近的著作中又发现了这种错误，他的观点很值得批评；萨伊先生在他的注释中丝毫也没有攻击那些接近自己主张的，甚至在某种程度上可以说是属于亚当·斯密的见解。

李嘉图先生曾经说过：

> “如果某个国家的年生产超过年消费，便可以说它在增加本国的资本，而如果某个国家的年消费至少不为其年生产所替换，便可以说国家资本减少了。资本的增加有时是由于生产的提高，有时是由于消费的减少。如果国家的消费是由于增加新的税收而来的话，则政府的消费不管是引起生产的提高，或者使得国民中的消费减少，税收只是打击收入，国家的资本仍旧不受任何损失。”[①]

怎么！对于里昂市的制帽厂说来，1817 年该厂制帽十万顶，1818 年制帽十一万顶，仍旧是一种繁荣的标志吗？或者，去年做了十万顶，只卖出了九万顶，是由于制作比出售多出了一万顶的缘故吗？毫无疑问，绝不会有一个帽商（即使不自命为大经济学家）不能回答这个问题的，虽然 1818 年该厂不是做出十万顶帽子，而是做了十一万顶，只要这些帽子照原价售出，它就算赚了钱；如果多做的一万顶帽子抛售不出去他就赔了本；但是，如果 1818 年和 1817 年一样，只做了十万顶帽子，而且仍然有一万顶帽子没法出售，当然也要赔本。

为了使李嘉图先生的主张能有某些正确的东西，必须把对外贸

① 法译本第 7 章，第 239 页；英文原本第 187 页。（中译文参阅李嘉图：《政治经济学及赋税原理》，商务印书馆 1962 年版，第 127 页。——译者）

易考虑进去；而且我们会立即看出，他的主张是应该如何修正的。

如果里昂人在1817年做出了十万顶帽子，他们只是以二十法郎一顶的价格卖给了本市的消费者，那只是里昂的一个阶层的人得到了二百万法郎，而里昂的另一阶层的人支出了这二百万法郎。如果他们在1818年做出了同样多的帽子，以同样的价格，同样迅速地被乡下的居民买去，那么里昂就有一万人不买帽子，这样就可以说里昂人节约了二十万法郎，而帽商并没有受到丝毫损失。相反，如果帽商在1818年以同样的价格同样迅速地把十万顶帽子卖给里昂居民，而把多余的一万顶卖给乡下人，就可以说帽厂增加了二十万法郎的资本，同时也没有使里昂的消费者受任何损失，这两种结果，从某种角度来看，对里昂市是一样的。但是，在前一种情况下，并没有增加生产；而在后一种情况下也没有减低消费，这两种情况都将增加或保持国家的资本；这是有购买能力的，并且要以同样价格购买的消费者的新需求。至于卖给乡下人而不卖给里昂人，对于里昂市的总账是有区别的，而对于法国则毫无区别；同样，卖给法国人和卖给国外人也是有区别的，而这种区别只存在于法国的总账上，而在整个人类社会的总账上却不存在这种区别。在我们查看社会的总账时（人类社会的总账是调节世界贸易的），永远可以看出，只有消费的增加才能决定再生产的扩大，而消费则只能根据消费者的收入来加以调节。

第七章　货币怎样简化财富的交换

我们只着重叙述财富的形成和发展，还没有谈到货币，实际上是强调指出货币对这些发展并非绝对必要。很显然，货币不是财富，不过它简化了财富之间的一切关系，便利一切贸易活动，使每个人能够迅速找到自己认为最合适的东西，而且它在使人人得利的情况下，又增加了没有货币以前就已经逐渐增加的财富。

稀有金属是人类劳动生产的许多有价值、能够为人服务的东西之一，大家知道，稀有金属具有一种任何其他财富所没有的特点，即可以永久保存而不变坏，此外，还有一种同样可贵的特点，即被分成无限小块以后，仍可以毫无困难地再把它熔成一个整体。一块羊皮、一块布，分成两半以后（虽然人们从前也曾打算用这些东西当货币使用），两个半块绝对不等于整块，至于一只家畜就更不用说了；但是，如果一斤黄金分成两半，或者分成四份，甚至不管把它分成多少份，也不管把它保存多久，它始终是一斤黄金。

人们感到需要的第一种交换是使每个人能够把自己的劳动果实保存起来，以备将来应用，每个人都力图用自己的多余产品去换取稀有金属，尽管那时候人们还没有想到叫这些稀有金属为自己服务；但是，每个人都觉得的确有把握可以用同样的方式、同样的理由、再换取自己将来所需要的东西。从此，稀有金属受到人们的欢迎，它不是被人们用来作装饰的物品或器皿，而是用来当作其他任何财富的标志而加以积累；后来，人们又开始把它用在贸易中，作为非常方便的交换手段。

在非洲的国家中，直到现在金粉仍然是贸易中的媒介。一旦它的价值得到人们普遍承认，它就很容易地变成货币，这种货币通过法定的标志保证每小块流通的稀有金属具备一定的重量和成色。

货币的发明使交换达到了空前未有的活跃：可以说它把每项交易都分成了两方面。从前人们常常要同时考虑需要什么和付出什么，有了货币，这两件事就可以分别进行了：人们取得物品的手续叫做**买**，人们抛出自己要脱手的多余物品的手续叫作**卖**，而这两种交易可以各自单独进行。农夫为了出售自己的小麦，不用再找能供给他所缺少的衣服的制衣商人；只要有钱，他就有把握用它换来自己所希望的物品。买的人，再也不用操心卖的人希望要什么了；只要有钱就必然会使卖者满意。可是在发明货币以前，必须双方协商成功才能进行一项交易，发明货币以后，就几乎没有一个买主找不到卖主的，也没有一个卖主找不到买主的了。

我们在前几章所叙述的作为社会财富发展的各种过程，由于在交换中使用了货币就变得更为简便了；但是，另一方面，由于它使每项契约的数目增加了一倍，对于观察家来说便不那么容易理解了。前面讲过，创造财富的手续是一部分成为富人资本的、可消费的年产品跟成为穷人收入的劳动的交换。但是，这种手续被分成许多契约，而且要用同样的不同数量的钱来表示。生产者把年产品卖出去，一方面要根据钱的总额来估计自己的收入；另一方面又要估计自己的资本。他们用自己的收入购买自己所需要的或自己希望消费的物品，这是他们的开支；通过这两种契约，便算完成了一次交换。他们用自己的资本购买穷人打算出售的劳动——穷人的收入，这种劳动也要用金钱形式来估计出价格；在穷人方面，则要用这笔钱购买他们所需要的生活资料：这是穷人的开支；于是，年生产的第二部分交换也算完成了。

从此以后，不仅资本被估做金钱，而且实际上金钱俨然就是资本了；人类的语言也造成这两种概念的混淆，往往需用很大的注意力才能分辨出资本并不是钱，或充其量它只是在某一时间内等于钱；但是，实际上，这是给工人作为交换他们年劳动的那部分可消费的财富。

富人的收入也同样是以钱来估算的，为了记住钱只是一种临时的标准，这一点也需要特别注意；实际上，这种收入是富人用来同另一种等值的财富进行交换的那部分可消费的财富。是富人用来满足他们需要的部分。

最后，穷人的工资总是用钱来计算的，为了记住它和富人的资本是一样的，同样值得注意，也就是说，这种工资是用来交换穷人的年劳动而给予他们的那部分可消费的财富。

这样，货币就使商业中的一切手续趋于简化了，可是它却使以这些商业活动为对象的学术研究变得复杂了。这种发明越是清楚地向人们指出每项交易中所应确定的目标，就越发使整个交易变得模糊不清，使人不容易理解商业的一般进程。

第八章　商业如何促进生产并替换生产资本

早期的交换和后来代替交换的买卖，一般都是一种自愿行为，双方都愿意进行交换，都认为自己在交换过程中所得到的东西确实具有所出让的东西的同样价值。因此，人们可以下结论说：一切价值都要以完全的等值交换，而每年所进行的全部交换毫不增加社会财富。然而，还可以从另一种观点来看这些交易；事实上，商业也是以对商业效果的一种较确切的估价为基础的。任何交换如果不是对双方有利，是不会实现的。卖主认为卖有利，买主认为买有利：前者认为可以从自己收入的钱中得到比自己所付出的货物更多的好处；后者则认为从他所买的物品中可以获得比自己保留钱所得到的好处更大。双方都有利，因而，通过他们的交易国家也得到双倍的利益。

同样，一个老板叫一个工人干活，并给他一笔换取他的劳动和与他的生活资料相适应的工资，这对双方也是有利的；一方面对工人有利，因为老板预先就把他的劳动的收入支付给他，一方面对老板有利，因为这个工人的劳动价值超过了他的工资。同时，国家也同他们双方一样得到好处；因为国民财富的最终目的就是为了享受，凡是能取得舒适或能增加个人享受的事业，都应该认为是对公众有利的。

土地和工业产品往往处在远离消费者的地方。有一个阶层的人们利用从交换过程中取得利润的方法来促进各种交换；这些人在生产者生产出产品急于出售的时候，就把钱交给了生产者。然后他把货物运到人们需要的地方，准备在对消费者最合适的时候零售给他们，因为他们不能一次把所需要的东西买全。这个阶层的人为大家服务，同时也从自己的活动中获得称为商业利润的部分作为报酬：商业利润当然要以彼此商妥的交换中的收益为基础。北方的生产者认为自己的商品两尺等于南方商品的一尺，南方的生产者则认为自己的两尺商品才值北方货一尺，在这个截然不同的恒等式中，完全可以得到支付运输所需要的全部费用，可以赚到全部商业利润和为进行商业活动而预先垫支的款项的利息。事实上，在出售商业所运输的商品时，必须首先赚回工厂主所付出的资本，然后再赚回商人所雇用的水手、车夫、商业代理人和所有工人的工资，最后还要赚回商人为经商而投入的资金的利息和商业利润。

商人在生产者和消费者中间，既为生产者服务，也为消费者服务，同时也要从中获得服务的报酬。同样，和在工人中间有生产性劳动的分工一样，在这种支配资本的第二种劳动中也有分工，并且收到了同样的效果；有了这种分工，很多工作用同样多的劳动就可以作得更加完善。监督工人、分配工人的劳动力、给工人分发原料、检查产品，所有这些都要费种种心机，关于考虑各种不同的生产情况和遥远地区的各种需要，以及法律、语言不同的居民的需要，也是一种必须特别学习的行业。在这两种工作分开以后，各种工作就更有把握，更有规律了。批发商在商品出厂以后就从工厂主手里把商品买来，然后再考虑各地市场的需求，而把商品运到消费者最需要的地方。这种工作，在某种程度上可以说商人负担着指导生产的职能，他自己手下有一批工人：一方面是他的商业代理人；另一方面，还有水手、车夫和搬运工人。这些人都是间接参加生产的；因为，既然生产的目的是为了消费，那就只有在产品被送到消费者手里以后才算完成这项任务。

在考虑远方各国不同市场时，应该注意各种不同的货币和付款方式；于是，商业进行分工，把负责平衡一个国家的生产者和另一个国家的生产者之间，消费者和另一个国家的消费者之间进行交换的事务交给银行家，以便一旦把商品运达目的地，彼此就能支付款项，而不需要运输金钱（银子）。这样，银行家虽然和商人不

同，而且是为商人服务的，但在生产和消费者收入之间交换，以及生产和再生产之间的交换中起到很大作用，尽管这种服务是间接的。

在分析世界市场时，商人应该考虑另外一个同样十分重要的和自己更有关系的问题，也就是说，可以不必在考虑自己附近的消费者的需要方面煞费苦心；零售商可以承担商人的这项任务，如果他已经获得一部分他所应得的收入的话，他愿意通过收取一部分利润而把消费者所需要的消费基金储存在自己的商店里。零售商可以在消费者认为最合适的时候才支付货款。

商业动用的资本，乍一看似乎是相当可观的，但是，和我们所论述的资本完全是两回事。在呢商仓库里所储存的呢子的价值，初看起来，和这部分年生产毫无关系（这部分年生产是富人为使穷人为自己劳动的支出部分）。然而，这种资本只是和我们上述的资本掉换了一下位置。为了清楚地理解财富的发展，我们必须从创造财富开始，一直谈到财富的消费。我们认为，在制呢工厂中所动用的资本是始终不变的，它和消费者的收入进行交换以后，只是被分成了两部分，其中一部分在工厂主和工人又开始制造呢子的时候，成了工厂主的收入，即成为他的利润；另一部分是工人的收入，即他们的工资。

但是，人们很快就会看出，为了大家的利益，最好使这种资本的各部分互相替换一下，假如在工厂主和消费者之间有十万银币就能保证流通的话，最好把这十万银币在工厂主、批发商和零售商之间平分。第一个人只拥有三分之一的银币就能进行他在拥有全部资本时所能进行的活动，因为在他把产品制造出来以后，购货的商人必须在他找到消费者以前支付款项。批发商的资本也会由零售商手里提前很多时间得到周转。例如，在房屋建筑工程中把过重的材料用手递传的方法搬运，工作时间很短，休息的时间很长；仍可以获得同样的工作效果。在提前交付的工资额和最后消费者的购价之间的差额，应该成为资本的利润。自从他们有了分工以后，工厂主、批发商和零售商之间就开始平分这部分利润，尽管他们一共有三个人，并且动用了三部分资本而不是完整的资本，他们所完成的工作依然一样。

第九章 不能在自己的产品中获得劳动价值的劳动阶级

社会不仅仅需要财富；如果社会中只有地主或资本家和生产性的工人，绝不是一个完整的社会。社会上对内，需要有领导全国力量向着共同目标努力的行政人员，对外，需要有保护本国利益的人员：社会需要有立法者来解决社会成员相互之间的权利，需要有法官使这些权利受到尊重，也需要有律师来维护这些权利。最后，社会还需要有一支武装力量，对内维持国家所建立的秩序，对外抵抗一切可能从陆路或海上破坏本国安宁的外国侵略。所有这些保卫国家的人员，上自国家元首下至最下级的一兵一卒，他们不从事任何生产。他们的工作永远没有物质形象，而且也不能够积累。然而，如果没有这些人，生产工人所创造出来的财富就会被暴力所剥夺，如果劳动者不能够在和平环境中享受自己的劳动果实，生产就要停顿。

保卫国家的人员所进行的工作是必要的，是应该得到报偿的；从其他方面来看，这些人有的属于富人阶级，并且跟富人一样，有一项来自产权的收入。但是，作为保卫国家的人来说，他们是从事劳动，是工人，他们的收入就是他们劳动的年产值。可是，这种收入不像其他工人阶级的收入那样由国家资本项下支出。而且也不可能这样。国家资本是神圣不可侵犯的，它只能和代表整个资本的实物进行交换，而保卫国家的人员所做的工作没有实体；不能进行永远存在的交换。

因此，为了供应保卫国家人员的生活，不能动用资本，而要动用社会收入；需要每个人都从自己的需求中扣除一部分来支付保安费，因为安全也是人们的一种享受。富人用由自己的产权所产生的收入通过消费一部分年产品来满足自己的愿望。他们放弃一小部分产品作为他享受安全的报酬；于是，保卫国家的人员便消费富人所放弃的这部分产品。穷人的收入，即他们通过劳动所换得的工资，是为了满足自己的生活；他们同意付出同样劳动少得一些生活资料，把被扣除的这一部分作为支付社会治安的费用，由保卫国家的人员把它消费掉。

但是，既然保卫国家的那些阶层的人对社会所进行的全部活动，不管贡献多大，并不是每个人所感觉到的，同时也不能成为自愿交换的对象，所以，必须由集体通过从每个人的收入中强制征收一部分税款来支付。但是，这种强制力量不久便把交换物品的价值之间的平衡和交换各方的平等地位破坏了。税款是付给那些拥有社会力量的人，作为他们所进行的一切工作的报酬。不久，他们便滥用了这种力量。他们对纳税人施加压力，自行决定税额；行政和军事人员人数增加得远远超过公共利益的要求；他们强制人们雇佣他们，对他们实行极其严酷的统治，滥发禁令，迫使他们向自己纳税，不顾他们的疾苦；于是本来用以保护国民财富的国家领导人物，往往成了危害国家的元凶。

如果我们只从经济方面来考察行政问题，我们必然要走向代议制政权的原则。在土地所有者和雇工之间所订的各种合同中，工资定额是经过双方协商决定的；可是，这帮负责保卫国家的行政人员的工作，却自己决定自己的工资，并且向自己应该服务的对象强征这笔工资。这些人不是为某一个人服务的，而是为整个社会服务的。因此，必须由社会选出自己的代表来和他们共商国是。这是自由制度下国民代表的权利和义务；然而，各个国家尽管有国民代表从中周旋，却很少不滥征保护费的，因为，要使国民代表像维护自己的利益那样竭力捍卫所代表的人的利益，谈何容易。

社会需要生产的精神享受的劳动，几乎完全是非物质的；满足这种享受的东西，是绝对不能积累的。宗教、科学和艺术都能给人类带来幸福。为了人人都获得这种幸福，那些从事这种职业的人必须劳动；但是，这种劳动不生产任何物质收入，因为人们不能积攒只属于精神的东西。人们也许愿意把任何享受都称为财富，但是这些人所生产的财富在创造出来的同时就消费掉了；这种财富是片刻不能保存，立刻就被人用掉的。所以，创造这种财富和为自己享受而付款购买这种财富，这两种过程是由同一个消费这种财富的人进行的。和前面的劳动一样，这种劳动只能进行一次交换，而且必须同收入交换；因为这种劳动果实在创造和消失之间丝毫没有资本从中发生作用的机会，既不能购买又不能转售。

每个消费者都按自己的意愿用自己的收入来分享物质享受和非物质享受；在一般情况下，他是以自由交换的形式来替换自己的收入，时而替换生产者的资本，时而替换非生产性工人的劳动。这些非生产性工人也消费一部分物质产品，当然这部分产品是其他消费者同意放弃的。

在这些精神享受中，政府认为有一些享受，虽然对社会大有裨益，却没有得到人们足够的重视，如果任凭每个人随意缴纳宗教费和教育费的话，恐怕宗教和教育早就完全被忽略了。因此，政府便取消了自由交换。政府像对待自己的费用那样，政府给教士支付一种待遇，当然这种待遇是通过强征税收而来的。结果也和对自己一样，这些工作人员由于不受对他们的工作支付工资的人的限制，就不太尽职守，也不很热心，甚至往往成效不大。有些国家没有采用这种措施，它们的宗教和教育完全依靠公众的自由捐助，结果并没有发生那些捐献者对宗教和教育不感兴趣的现象，而且，那些从事这种工作的人却表现出更大的积极性和才干。

这种精神领域的丰硕的享受，和那些比较微小的享受，例如，即兴诗、音乐、戏剧等，完全一样，都是用穷人阶级和富人阶级的收入来交换的；前者放弃自己的一部分生活资料，后者则放弃自己一部分物质享受，来分享一些精神方面的享受；而在最初的交换中属于他们的那部分消费品则转为代表他们的非生产性工人的消费品。

此外，还必须指出，即使某个国家不把文学和艺术看作国家的财富，也会把文人和艺术家看成财富。这些人所受到的教育，所获得的盛誉，在这些人身上积累了一种崇高的价值；他们的劳动报酬往往比最熟练的工人的劳动收入高，而且，他们的劳动也有助于扩大国家的财富。一般说来，不管他们属于哪个阶级，他们所获得的这种才华在某种程度上，可以说是固定资本。

最后，社会不仅需要有保护财产的劳动，而且需要有护理人身体的工作。这种劳动可以被看作是最高尚的事业，也可以被看成最卑贱的事情，这要看他们的要求和对于这一工作性质的认识，以及掌握这种工作秘密的情况而定，例如医生的劳动，只是专门使一个人的意志得到满足或使它屈服，像一个仆人那样服侍主人。所有这些劳动都是在于享受，这些劳动与生产性的劳动的区别在于：这种劳动的果实不能积累。因此，虽然这种劳动也为某个国家增加幸福，却永远不能成为国家的资本；而这个阶层的收入或其劳动价值总是用收入来交换，而不是用其他各阶层的资本来交换的。

我们对生产性工人和非生产性工人之间作出的区别，受到最近的政治经济学家的抨击。他们认为：由于这些人所创造的东西是非物质的，亚当·斯密便把他们命名为非生产性工人，这是对于理应受到特殊尊重的阶级的侮辱。如果对于生产性和非生产性这两个名词有了充分理解，那就很难决定谁比谁更值得尊重了；但是，这两个阶级存在着一定区别却是事实：其中一个阶级的劳动始终要用国家资本来交换，而另一个阶级的劳动则总是要用一部分国民收入来交换。为了使人们理解什么是国家资本，以及这种资本如何时而成为某些人的收入、时而成为另一些人的收入，或者被这种收入所代替，这样区分是完全必要的。此外，只是字眼上的争论，就无须多费时间去讨论了。

第三篇　论领土财富

第一章　关于领土财富的立法目的

土地所生产的财富，应该首先得到经济学家和立法者的重视。这种财富是所有财富中具有头等重要意义的，因为全人类的生活资料都是来自土地。土地财富提供各种生产必需的原料：为了经营土地至少要利用国家的一半，甚至往往是一半以上的人力。耕种土地的这一部分人从体质上说，是最优秀的战士，从他们的精神素质来说，他们可以成为善良的公民。和城市居民比较起来，农村居民的福利容易获致：这部分财富的发展也比较显著，如果政府造成农村破产，就是最大的罪恶，因为农村的繁荣几乎完全以政府为转移。

在文明最发达的国家里，人们不仅在工作上有了分工，在产权方面的各种权利往往也掌握在各种不同阶层的人的手里，因为财富所产生的收益，一般都是和劳动产生的收入分开的，农村的年收入，或者说每年的秋收，是以下列方式分配的：一部分劳动收获，用于支付土地所有者通过土地对人们劳动所提供的援助，和他在最初开垦土地时所用去的全部资本的利息。只有这一部分收入称为**纯收入**。另一部分收入应当替换为使劳动得到收获而消费的一切，如种子和垫支用于农业方面的一切费用等。经济学家把这部分收入称为**回收**。其余的收获用作管理土地生产者的收益，但这部分收益必须和他预先投入的资本和所费的心血相适应。政府也要从这种种收入中收取一部分，即通过各种不同的税收，减少一些土地所有者的收入、农场主的收益和短工的工资，以便用来作为其他阶层的收入。在工人、管理人和土地所有者之间的这种收获的分配绝非全部实物：他们除了留下自己生活必需的部分之外，三个方面都必须通过交换形式把剩余的部分卖出去，以便换取城市的工业产品；全国其他居民就是依靠这些交换过活的。

我们既然天天看到在我们周围发生这种分配土地收入的情况，那么，最好把它了解得更透彻一些，以便能找到每种收入的真正来源，并且把通过过去的劳动所产生的收入与通过当前的劳动所产生的收入区别开来。虽然在许多文明进步的社会里存在着这种区分，可是对于土地财富说来，这绝对不是主要的。土地所有者、生产管理人或农场主和短工，这三种不同的身份，能够由一个人一身三任，而年生产丝毫不会因此中断或停止，也不会引起任何社会波动；可是，手工业的分工对工业的发展起了极其积极和有利的作用，同时大大地提高了总产品量。但是，产权的分配是由个别的契约决定的，有时出于偶然的结合，但大半出于贪婪或虚荣。土地所有者、农场主和短工之间的区别，既没有激发第一种人的热情，也没有增进第二种人的智慧，更没有加强后者的力量。这种地位的区别完全没有导致同一种工作总由同一个人担当，也没有因此使这种工作完成得更好或更快。这种划分往往被其他划分所代替：它和其他社会制度一样，应该根据下列标准来判断：看它对人

类社会有利或者有害;看它为社会造福多少,以及使享受这种福利的人数多少。

土地所有者往往认为,除开自己的纯收入,或除开应该永远属于他们的土地的生产品和他们在耕种土地时的一切花费,所得到的收入越多,越是良好的耕种方法,然而,对于国家来说,最重要的事情,即经济学家应该十分重视的事情,就是总产品,或者说,总收获量。全国的生活以及各阶级的温饱都是靠总产量来保证的。前者只包括悠闲的富人的收入,后者则包括所有参加劳动的,以及所有用自己的资本投入农业生产的人所应得的收入。

通过损害总产量的手段来提高纯产品,实际上可能,而且常常造成对国家的莫大灾难。如果一块土地的主人采取最先进和耗费浩大的耕作方法,把这块土地以一百块银币的代价租出去,虽然他的总产值为一千块银币,但是,如果他后来发现,一旦把土地撂荒,而且不用什么投资就能把它当作荒芜的牧场租出去,可以得到一百一十块银币的收入,那么,他解雇自己的园丁或葡萄园管理人,仍然可以赚得十块银币;可是国家却将因而损失八百九十块银币;因此,他如果把应该用来生产大量产品的资本闲置不用,当然就不会产生任何利润;它使这种产品所代表的从事劳动生产的短工失业;当然短工就没有任何收入;税务局本身也将因而受到更大的损失,这种损失将远远超过土地所有者所得的收入,因为税务局是分享短工和农场主各个人的各种收入,同时也分享土地所有者的各项收入的,它所得到的收入也许比土地所有者全部收入还要多。

但是,生产总量的逐渐增加,也可能成为灾难的后果,如果这个国家不太富裕,而只是有较多的人口;如果每个人所分得的收入很少，即使国家生产量再大也没有多大好处。一个国家的财富不仅表现在收入的总额上，而且表现在这种收入的总额和它所应养活的人数的比例上。然而，某种对土地财富管理不善的不良方法，可能造成人口过剩，过多的人口很可能使土地获得更多的收获物，但必须付出更多的代价。在这种情况下，无论是劳动者本人（就是由于热爱自己的土地肯于不惜工本进行劳动的土地所有者），也无论劳动者是与地主和农场主的独占利益进行斗争的普通短工，都不得不满足于一项少得可怜的工资，经营农业的阶级都将在丰收的情况下遭受苦难。尽管收获增加了，可是那些创造收获的人，都必须付出过多的劳动来换得一份不敷应用的生活资料，甚至由于穷困而变得羸弱不堪。不论任何政治经济部门，它的好坏都是根据它与人民大众的幸福的关系来评定的；造成绝大多数居民遭受苦难的社会组织永远是不好的。

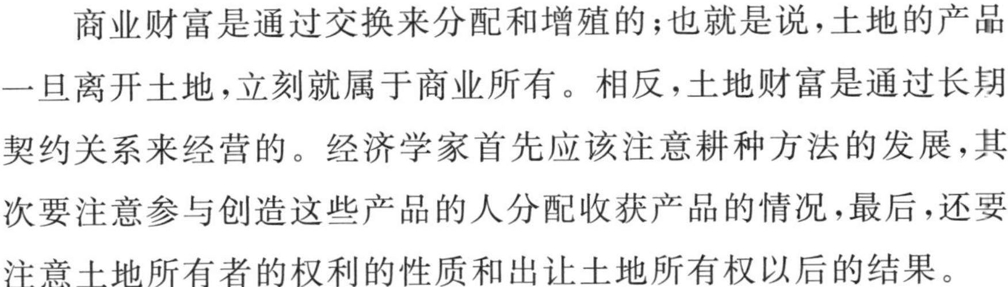

商业财富是通过交换来分配和增殖的；也就是说，土地的产品一旦离开土地，立刻就属于商业所有。相反，土地财富是通过长期契约关系来经营的。经济学家首先应该注意耕种方法的发展，其次要注意参与创造这些产品的人分配收获产品的情况，最后，还要注意土地所有者的权利的性质和出让土地所有权以后的结果。

第二章　政府对于耕作方法的进步的影响

农夫是否永远用较长的时间在土地上进行创造财富的劳动，则取决于社会组织的进步、社会安全的加强以及政府对个人权利的保障和人口的增加。农夫处于野蛮的原始状态时，当然绝不敢冒着使自己受损失的危险来提高任何不动产的价值，因为，那时他们不知道在什么时候会被迫离开这块土地。但是，一旦由于文明进步，他们的安全有了保障，就会觉得不动产比自己手里的其他任何财富更加可靠。在阿拉伯和鞑靼地区的沙漠里，在美洲大草原里，在罗马和加比塔纳特·布伊旷野的牧场上，在有文化以前，人们只得满足于土地的天然恩赐，以及畜群所啃吃的牧草；此外，即使这些荒野中有几块地方具备了多少值得购买的价值，主要也不是由于土地的所有者给土地增设篱笆的轻微劳动可以产生的，而是由于牧人在那里使牛羊得以繁殖和生养的劳动结果。

当这些荒野的人口开始增加，农业生活代替游牧生活的时候，人们仍然不愿意在土地上使用自己的劳动，因为他们必须在很多年以后才能有收获。那里的人耕种，下一季度就要得到收成。他要能够在十二个月里赚回自己支出的全部支垫。他所耕种的土地，不但没有由于他的劳动而具有一种持久的价值，反倒由于暂时结了果而变得贫瘠了。为此，他不想用更先进的劳动来改良土地，却把土地撂荒，叫它休闲，而在次年去耕种另一块土地。休耕法——在欧洲的四分之三的地区上还一直保存着这种半野蛮式的耕种方法，就是从前普遍采用这种方法的明证。

但是，最后由于人口和财富的增加，使各种劳动都变得更加容易，社会秩序相当稳定，以致农夫可以安心种地，并且可以把自己的土地世代相传地留给自己后代，这时垦荒完全改变了土地的面貌。因而，供我们后代享受的菜园、果园、葡萄园都建立起来了；这时灌溉沟渠和排水道也开凿出来，土地从而变得肥沃了；这时在山岗上出现了梯田，成了加南福地农业的特征。各种作物的收获的循环时间加速了，它们不但没有耗尽土地的肥力，相反地，增加了土地的肥力，在利用原始耕种方法时，只够几只绵羊生活的空间，如今大量居民都可以在那里生活了。

因此，农业的总产量随着土地所有权所获得的保障而迅速提高。土地的产品所以能够增加到除了养活耕种土地的人以外，还可以养活住在城市的、国家的另一阶层的人，这是因为从前土地被最先占有者或强有力者所独占，现在有了法律的保护，土地有了神圣的所有权，好像这块土地就是占有者通过自己的劳动得来的一样。第一个说“这是我的”这句话的人，在把土地圈起来之后，便雇来没有土地的人，后者要是得不到前者的土地所生产的多余产品就不能生活。这是一种幸运的占有，社会为了公众的利益，对于这种占有予以充分保护。然而，这是社会的恩惠，绝不是天赋权利。历史已经证明了这一点，因为有许多国家根本就不知道把土地据为己有；就理而论，土地的所有权绝不像人们制造物品那样都是由于辛勤劳动创造出来的，因此也可以证明这一点。

阿拉伯人和鞑靼人，绝不允许最先无偿享用土地上自然果实的个人或家庭永远保留那块土地，但是，他们却同样保存了人通过自己的劳动利用土地的无偿收入所创造的物品的所有权。他们的羊群当然属于他们所有，他们用自己的羊毛所织的帐篷，或用自己砍伐的木材制成的家具都是属于他们的。他们并不过分和土地耕种者争夺收成；但是，他们不明白为什么另外一个和自己一样的人不能也有耕种这块土地的权利。从所谓最先占有者的权利而产生的这种不平等现象，在他们看来，是没有任何正义原则作根据的；

况且，如果一整块土地由一定数量的居民平分以后，这些人就会对国内其他人享有一种垄断权，但是，国内的其他人就像对那些占有河岸的人所要求的水的所有权一样，是不肯接受这种垄断的。

事实上，土地所有权的基础并不是根据什么正义原则，而是根据公共利益的原则，最先占有者所拥有的并不是什么神圣的权利，是由于社会认为这种权利可以增加生活资料和保证他们的劳动而给予他们的一种特权，社会只有在增加要求得到收入的人的利益的情况下，才能使土地生产全部果实。社会之所以保护土地的主人，是由于这样既对社会本身有利，又对穷人和富人有利；但是，社会可以提出它所赋予的使用权的条件，并且也只能根据这种精神规定这种条件；它应该使土地所有权得到法律上的承认，使它为公共利益服务，因为只有公共的利益才能使这种所有权合法化。

绝对不能因为有少数商人大发横财，就认为国家的工商业必然使国家趋于繁荣；恰恰相反，少数商人的特殊利润，几乎永远是同国家的普遍繁荣背道而驰的证明。同样，尽管在撂荒作为牧场的地区有少数人发财，但绝不能把几个富裕地主所得的利润看成是先进的农业制度；有个别少数人发财这是事实，不过，在这个国家到处都看不到土地所应当养活的居民，也看不到应当用来养活全国人民的生活资料。鞑靼人酋长们没有一个不拥有大量的财宝、大群的牛羊、大批的奴隶以及豪华的设备；但是，为了使这一小撮人过这种豪华生活，必须使亚洲北部的辽阔草原保持荒芜状态，必须荡平许许多多的城市和乡村，才能使他们在这些地方过游牧生活；用鞑靼人的话来说，必须使他们的马可以毫无阻碍地在这些从前的城市所占据的地区任意驰骋；必须用无数人的颅骨来建起成吉思汗和帖木儿引为骄傲的那些惊人的建筑物。呼罗珊的三座大城市都正是因此被成吉思汗毁灭的，当时他屠杀了四百三十四万七千居民，然后几千个鞑靼人才得以在这块从前养活整个民族的土地上，同自己的牧群过富裕生活。[1]

人们曾经看到，文明的欧洲，某些部分又恢复了游牧生活，事先没有屠杀当地居民这是事实，但是，当地居民却受到了饿死的威胁。在斐迪南回到那不勒斯王国的时候，听说以 Tavoliere di Puglia（普利亚省的棋盘）著名的广大省份，因为在三个世纪以来一直是一片被撂荒为牧场的荒野，现在由他的前任辟为农田，并且在波旁王朝时代，每年要按照相沿的习惯用抽签办法确定土地的所有权；而在缪拉时代却以长期出租的方式租让出去了。斐迪南由于敌视一切改革，禁止了刚刚在那里开始的农业耕种，禁止使用能够铲掉杂草的长犁头的犁铧，不顾土地所有者的利益，强迫他们重新把自己的土地变成牧场。[2]

苏格兰北部的居民，几乎全都被赶出自己的家乡，不是被迫挤到城市里死于沟壑，就是被人用船运到美洲去了，这并不是由于什么至高无上的权力，而是由于地主为了自己的利益滥用所有权造成的，当时地主只为自己打算，认为少垫支一些费用，对自己更为有利；于是，他们就雇用一部分只靠吃荞麦面包和只靠吃牧草的牛羊为生的忠实勇敢和勤劳的居民代替了耕种土地的

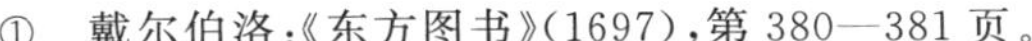

① 戴尔伯洛：《东方图书》（1697），第 380—381 页。

② 那不勒斯政府曾经邀我在他们那里写一篇短文检讨我关于 Tavoliere di Puglia 的事件（因为我在本书的第一版就谈到了这一点）的说法。它谴责我丝毫没提国王禁止农业的命令中所表达的善意，但是，它却承认我所报道的的确是事实。

居民。[①] 无数的农村被抛弃了，国家失去了自己的一部分儿女，而且这些可能是国家最优秀的儿女；国家在失去这部分儿女的同时，也失去了农民本身借以为生，并通过他们的劳动创造的全部收入。土地的领主们的财富迅速增加这是事实，但是，他们使社会保障他们所有权的原始契约遭到破坏。在全国居民被迫过游牧生活的时候，土地必然是公有的；社会所以保证了最先占有者的权利，只是为了鼓励土地所有者进一步提高农业，鼓励他们利用土地来满足国内各阶级的不断增长的需要。

第三章　论宗法式的土地经营

最初的土地所有者自己就是庄稼人，他们用自己的孩子和仆人的劳动来进行田间工作。没有一个社会组织能够保证国内人数最多的阶级得到更多的幸福和具有更多的美德，能够保证全体得到更大的满足，保证社会制度更为巩固。占有土地曾经被认为对

① 苏格兰高地人租种土地以后必须跟着他们的领主一起征战，每星期为领主干一天地里的活，把他们收成的荞麦粉给领主二十分之一蒲式耳。这种地租看来不太重，但是他们的经营方法却很差；领主们从来也没有得到他们奴仆的好感，这些人也不太听领主的话。现在苏格兰的领主在畜牧业方面所得到的利益是靠英国为他们开辟的广大市场而大发横财的。

我在《百科全书杂志》中，对斯塔福德侯爵夫人在撒瑟兰郡所实行的改革，有过详尽的论述，撒瑟兰郡大部分属于斯塔福德侯爵夫人。她驱逐了国内的所有土著居民，把这些山地人赶到沿海地带，以捕鱼为生。在她为了证明自己这种**改革**的正确性而发表的著作中，断言她对于自己的臣民所采取的措施比邻近其他领主温和得多，这当然是事实；可是，这恰恰证明，如果人们只考虑纯收入、只追求土地所有者的利益以及利用所有权的话会做出怎样的坏事。

整个社会有利，这是由于土地能够使劳动者可以长期稳妥而充分地享受自己的劳动果实。农艺是实业中发展最缓慢的，某些产品需要经过几百年才能收成；祖父种上橡实，到孙子一代才能砍伐橡树。灌溉和排水工程、堤坝、汲干沼泽，都需要在好几个世纪以后才能得到好处；农业的公共工程和人们期望的直接利益无关，它只是起到可以世代相传的持久性的改良作用。任何把所有权和经营的利益互相分开的契约和分配果实的方法，都能破坏或至少缩减社会对于占有土地所期待的良好效果。大力鼓励农业的国家，在法律上最近为长期出租提供的便利条件，没有收到很好的效果；因为只要契约有终结的时期，农场主对土地的兴趣便不如土地所有者那样强烈了。

但是，除了利益以外，土地所有者热爱土地的感情，也是促进农业发展的巨大力量。祖父很少由于对自己还不认识或者还没有出生的后代发生感情而为自己的后代牺牲自己的享受，这除非是他对于创造、提高和装饰的兴趣跟创造长远利益的兴趣结合起来，是办不到的。人们所以为自己的远代子孙而劳动，是由于人们既热爱自己的事业，又热爱自己的缘故。为了使后代得到永久地租，而改良土壤，以致牺牲了自己的一部分享受，甚至他不假思索就这样做，这是因为把占用自己的无形时间、在自己去世后还会起一定作用的快乐，当成了最大的报酬。在农夫是私有者和产品完全归生产者所有的国家中，就是说，在农业是我们称之为宗法式农业的国家中，我们到处都看到农夫热爱他所住的房屋和他所耕种的土地的迹象。他丝毫也不考虑他的劳动日的价值，也不考虑他走过多少羊肠小道，也不考虑他所引来的泉水，他所经营的小树林，以及他弄得琳琅满目的花坛，劳动本身对他就是欢乐；他有这样做的时间和力量，因为他总会得到快乐：金钱绝不会使他做出由于他对土地的热爱而肯做出的事情，这种热爱使劳动变得容易了。

占有土地的第三个好处，是经验和智慧的发展给农业科学带来的进步。不论是经验和智慧都是必要的；如果劳动果实被别人夺去了，那么任何经营方法就都会磨灭或破坏经验和智慧。在农业是宗法式农业的幸福国家中，每一块土地的特性受到研究，并且这些知识一代代传下去；每块土地适于种什么，什么时候种比较合适，冰雹或霜冻的危险等等，都有记载；任何和农夫在一起生活过的人都知道，没有任何一个小农庄不对这块和那块土地的区别进行过观察的。但是，只了解这些区别还不够，必须通过判断而从这种区别中收到实际效果，我们只有使农夫生活富裕，心情舒畅，才能使他发挥这种力量。比较富裕的人所管理的大农场也许能摆脱偏见和守旧习气。但是这些知识不会传给劳动者本身，而且不会得到很好的应用。

所以，在我们经过差不多整个瑞士全境的时候，经过法国、意大利和德国的许多省份的时候，一眼就看出，哪一块土地属于地主，哪一块属于佃户。例如最精心的管理，为农夫所准备的享受，用自己的双手给田野创造的景观，立刻就会表明是第一种情况。毫无疑问，施行压迫政策的政府会破坏人们的安乐，使所有权所应引起的智慧变为迟钝；税收会夺走土地的最好的产品；政府的官吏的横行霸道会破坏农民的安宁；同有势力的邻居发生纠纷不能得到公平解决，会使人灰心丧气。在归撒丁王的政府统治下的美好国家里，地主和短工穿一样的破烂不堪的衣服。政治经济学是不能自己做出好事的，哪怕人们毫无效果地竭力遵循政治经济学中唯一的规律，然而至少会减少灾难。

宗法式的经济改善着担负一切农业工作的大部分国民的习俗和性格。私有制养成循规蹈矩、省吃俭用的习惯，经常的自足能铲除大吃大喝的癖性，有了贫困才能引起强烈的希望，有了忧虑才使人想借酒浇愁。迅速地交换给商业带来了必要的鼓励，必须利用迅速交换的优点死心塌地忍受其中的不便。迅速的交换主要败坏着人民的善良习俗。经常想多赚些钱，就一定会使卖者抬高物价，进行欺骗；靠经常交换为生的人的处境愈困难，他就愈受到欺骗活动的诱惑。常常有人抱怨说，乡下人不配享受心地善良的名誉；但是，这种名誉是属于拥有土地的农夫的，对于其他的农民阶层是不适用的，其他农民需要天天出卖自己的劳动和产品，为了保持自己少得可怜的生活资料，需要使用诡计，在缔结任何契约时都要讨价还价，他们必然没有拥有土地的农夫所具有的道德品质，因为拥有土地的农夫几乎只和大自然进行交换，他不需要提防别人，也不需要对人使坏。[①]

在保存宗法式经营的国家，人口有规律而又迅速地增长，一直

① 有人谴责美国居民唯利是图，但不关心他们的买卖。他们只懂得宗法式的土地经营；可是，有一种特殊情况证明了这个规律：在美洲，土地本身就是一种经常的投机对象。农夫不希望过只得温饱的生活，而是希望发财致富；他卖掉了自己在弗吉尼亚的土地而移到肯塔基去；然后再卖掉肯塔基的土地到伊利诺依境内去安家。他一直像交易所的经纪人一样不断地投机。他通过这种种活动得到大量财富，但却败坏了道德品质，应该维护原有的道德的阶级终于被汹涌的急流卷走了。一个小小的民族竟分布在一片广阔的大陆上，这是一种非常特殊的情况；不能把它同古老社会的逐渐而缓慢的进步过程等量齐观。

增加到它的自然极限，即遗产继续在几个儿子中间分了几份，只要增加劳动，每个家庭都能在一小块土地上得到同样的收入。拥有一片广阔牧场的父亲，把牧场分给儿子，让他们把这些牧场变成农田和草地；儿子们由于不肯采用休耕法还要进行再分，农业科学的每项先进的成就，都使产权有可能进行一次再分配；但是，不用担心地主生下儿女以后会使他们沦为乞丐，因为他懂得如何给儿女们留下遗产，他知道法律会替他们平均分配这种遗产；他知道如何进行这种分配，根据自己现有的状况可能传多少世代，而且无论是农民还是绅士都同样有一种正当门庭的自尊心，在使自己的子女遭到他所不能供养的程度以前，就会自动停止生养子女。即使生下了子女，这些儿女至少还可以不结婚，或者他们在几个弟兄之间推举一个接替香烟的人。在瑞士的各州里，虽然由于到外国服役的风俗农民的子女可以找到少有的出人意料的好差事，但是他们的遗产绝没有被分得使自己的后代不得温饱的现象，这种情况间或也促进了他们的人口过剩。

对于既定的社会秩序的最有力的保证就是拥有土地的人数众多的农民阶级。不管保证土地的所有权对于社会怎样有利，这种所有权始终是一个抽象的概念，对那些只受到社会灾难的人来说，是很难理解的。如果土地所有权从农夫手里被夺走，而作坊的所有权从工人手里被夺走，所有创造财富和不断看到财富从自己手中溜过的人，都得不到对财富的任何享受。这些人是国民的最大多数；他们认为自己是最有用的人，却一无所有。于是嫉妒心就会不断地促使他们去反对富人；他们开始敢于和富人争论政治权利，因为富人害怕这种争论会触及到产权方面，恐怕人们要求平分财产和土地。

在这样的国家里，一旦发生革命就非常可怕，整个的社会制度都会被推翻；政权将会转到拥有物质力量的群众手里，而这种群众由于过去受尽苦难，以及由于穷困而无法求知，就要反对一切法律，反对一切地位，反对一切产权。法国就经历过这样的革命，当时广大人民群众由于不能享有所有权，因而也得不到文明的恩惠。但是，这场革命没有造成严重的灾难，反而带来了很多的好处；最主要的是可以保证类似的灾难不再重演。出乎人们意料地，这次革命使农民阶级的土地主人的人数增多了。今天，在法国有三百万户农民变成了自己家园的全权主人；按人口计算大约包括一千五百多万人。这样，在全国人口中就有一半以上的人，为了自己的利益而关心保障一切权利了。群众、实际力量和秩序都在一方面，政府可能会垮台，但是群众自己会积极地建立起一个维护治安和产权的政府，这便是 1813 和 1814 年的革命与 1789 年革命不同的主要原因。

实际上，要求农民成为土地的主人是通过一场没收和出卖各种名目的国家财产的巨大的暴力斗争而引起的。但是，国内外战争的灾难是随着我们的本性而产生的，就如同水灾和地震发生在我们所居住的地球上一样。如果灾难过去以后产生了某些好处，那就应该感谢上帝。的确，谁也不能比谁更尊贵更强有力。大块的遗产逐渐变成一些小块，大面积的土地在逐渐出卖给耕种土地的佃户，这当然有它的好处；不过产权被分以后应得的一切好处，国家还不能够立刻得到，因为习惯是慢慢养成的，至于爱好秩序、节约、纯朴和高雅等风尚，则必须是长期享受的结果。

同样，旧大陆的瑞士，新大陆的自由的美国，从来就没有把土地的所有权和耕种土地的收益分开，这正是它迅速繁荣的一个原因。这种耕种方式，最简单，最自然，应该是新成立的国家的每个民族所应采取的，因此我们把它称为宗法式的经营。我们在每个古代国家的历史中都能找到这种方式。不过在这个时代它被奴隶制度玷污了。

在半野蛮的社会持续很久的战争状态下，从远古的时代起就开始产生了奴隶制度。强有力的人认为利用自己战胜的机会夺得奴隶，比通过合同方便得多。不过，在家长亲自同自己的子女和奴隶共同劳动的时候，奴隶的处境并不那么难堪。他们的主人和他们具有同样的天性；他们的主人和他们同甘共苦；他也追求同样的快乐，他根据经验清楚地体会到：如果他不让自己的奴隶吃饱，奴隶就不能给他干很多活。在法国，农民的雇工同自己的主人同桌吃饭；族长的奴隶也不受严酷的虐待。犹太、意大利和希腊的兴盛时代的经营方式就是这样；今天，在非洲内部和美洲大陆的许多地区仍然有这种奴隶和自由人共同劳动的经营方式。

在罗马和迦太基之间进行的第二次战争以前，罗马人的农庄是非常小的，耕种土地的自由人的人数远远超过奴隶。自由人享有完全的人身权利和自己的劳动果实；奴隶虽然地位卑下，但受苦却不那么严重。同样，人类的伴侣耕牛，也很少受到虐待，也很少挨饿，因为人们感觉到爱惜耕牛是对自己有利的。由家长一个人掌管收获的总量，没有地租、利润和工资的区别；人们用自己除了生活消费以外的富裕部分换取城市产品，剩余的产品便作为国内其他人的食粮。

第四章　论奴隶制的经营

在古代各国家中，由于财富的增加以及更加讲究奢华和悠闲，宗法式的经营便为奴隶制的经营所代替。因此，人民的福利和人口受到了很大损失；耕种土地没有好处了。罗马的地主由于没收被征服民族的土地，扩大了自己的财产；希腊的地主由于经商积累了大量财富，便放弃了手工劳动，随后甚至开始轻视手工劳动。他们定居在城市里，把自己的土地交给管理人和奴隶[①]的监管人去经营；从此，大部分农村居民的生活条件就变得令人无法容忍了。作为联系两个社会阶层之间的劳动，一变而为两个阶层之间的壁障了，轻视和冷酷代替了关怀；残酷的刑法有增无已，即使奴隶主的手下人也能随便向奴隶发号施令，奴隶死上一个或几个对于管理人的财富毫无影响。奴隶由于挨饿、受虐待，以及劳动得不到合理的报酬，对主人的事情便失去了任何兴趣，甚至可以说毫不关心了。他们不但不关心土地的产品，他们看到他们的压迫者财富减少，或者遭到失败，往往是暗暗称快。

人们认为能够不给那些为自己做工的人发工资，就是最大的节约；不过，总得给那些为自己做工的人饭吃的，不管主人怎样吝啬，也不能不使奴隶的生活资料差不多和自由人的一样。在奴隶方面是绝对谈不到节约的，如果人们拒绝供给他们某项需要，他们就会随便浪费敌对者的财产。况且，奴隶还需要购买；买奴隶花费

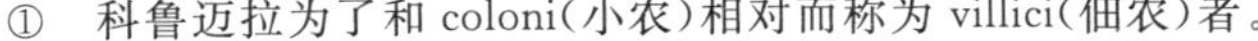

① 科鲁迈拉为了和 coloni（小农）相对而称为 villici（佃农）者。

的钱所能收到的利息也需要考虑，并不是要考虑自己付出的钱，而是考虑应该从这笔款上节约多少。心理学家曾经指出：劳动者的愉快心情会增加他的力量，并且会使人感觉不到劳累。根据这一原则，自由人和奴隶即使力量相等，自由人的劳动总会比奴隶的劳动强。大约在公元四十年科鲁迈拉曾经写过，他建议地主们要在自己本人能够直接领导的情况下来使用奴隶；如果地主本人不愿意住在乡村亲自管理自己的工人，那就要把自己较远的土地租给自由农民和小农。[①]

科学研究和经常观察真正促进了农业理论的发展；但是，农业的实际情况却是急转直下，所有的古代农学家常常为这一点发牢骚。[②] 那种促进农业进步的智慧、感情和热诚完全从土地的劳动上被夺走了。收入减少而开支却更多了，于是人们便设法节约劳动力，而不考虑如何增加生产。奴隶在把所有的自由农民从田地上挤走以后，他们自己的人口也迅速减少了。在罗马帝国衰亡时代，意大利的人口不比现在 Agro romano[③] 的人口减少得少，同时，那里的人也处于最痛苦和最贫困的境地。

公元前 73 年到 71 年发生的奴隶反抗战争，使罗马人理解到依靠被他们弄得贫困和失望的人来维持生活的危险。庞培战胜了斯巴达克斯，但是，有无数的奴隶遭到死亡，于是奴隶主们恐慌起来，宁肯放弃一部分自己的收获，也不愿意在自己的土地上增加敌人。意大利几乎完全不种小麦，罗马必须依靠非洲和埃及输入粮

---

① 科鲁迈拉：《论农业》，第 1 卷，第 7 章。

② 同上书，第 1 卷，序。

③ 在意大利，意思是“罗马的农村”。即现在的康帕尼亚地方。——译者

食。此外，人们在罗马和在墨西哥湾一样，都感觉到奴隶制的经营不贩卖黑奴便不能维持。强迫劳动，供给恶劣的饭食，滥施酷刑和各式各样的压迫，很快地就会使沦为奴隶的人民遭到灭绝。在罗马帝国的军事力量兴盛时代，进行奴隶买卖的主要是罗马的军队。我们可以在《Commentaires de César》[①]中看到，恺撒有多少次把自己所征服的整个民族在罗马执政官的长矛下全部卖出去。莱茵河和多瑙河，非洲和幼发拉底河流域都是奴隶市场，从那里购买意大利、高卢和希腊的种田人，这是一种血腥的买卖。[②] 但是，胜利解放了被奴役的罗马人。罗马的很多省份曾经受到野蛮人的多次侵袭，因为野蛮民族受尽罗马军队惨无人道的蹂躏，被他们从各个农庄抢走了大批奴隶，把他们卖到较远的省份去，或者带到日耳曼；当阿拉利克和拉达盖丝通过意大利的时候，他们的军队收容了许多操条顿语的人和许多自称哥特人或日耳曼人的奴隶。几乎同时在高卢、意大利和西班牙的巴格达人的叛乱也证明对山地人的压迫并没有因为山地人的人数减少而停止，奴隶制土地经营的危险仍然存在。

由于这种残酷的制度，几乎整个民族都被灭绝了。除了在罗马再也找不到罗马人了；除了大城市里便找不到意大利人了。只有零星的奴隶还在乡间放牧一些羊群；江河决了口，森林延伸到草原上，豺狼野猪重新占据了古代的文明王国。

---

① 《恺撒评述》。

② 奴隶分成戴锁链的和不戴锁链的两种。戴着锁链从事劳动的奴隶到夜里要关到地牢里，他们大部分是从野蛮民族中掠夺来的战俘，劳动时不戴锁链的是本地的奴隶。（科鲁迈拉：《论农业》，第1卷，第7章。）

在墨西哥湾殖民地所实行的土地经营制度也是以这种残酷的奴隶制度为基础的。这种经营制度同样使那里的人口大大减少，使人类变得愚昧无知，使农业陷于衰落。的确，黑奴的买卖代替了野蛮移民的地位，因为移民的野蛮行为每年都使那里的农业人口显著减少；而且这种经营方式使劳动者经常处于极端贫困的境地，而有闲阶级却拥有一切，纯收入在一个相当的时期是很多的。但是，人们所唯一依靠的总收入，却总是比用其他经营方式所能得到的低；土著居民有八分之七以上过着悲惨的生活。

此外，令人实在难以理解的是，这时纯收入和殖民地的总收入都大大减少了，可是移民却依然顽固地保持着奴隶制的经营方法。安的列斯群岛的土地比法国的土地不知肥沃多少倍，强烈的阳光使那里的植物长得非常茂盛，在一块很小的地方就能够生产大量的产品。全世界都欢迎这里的产品；政府的开支和军费都由母国负担；然而，殖民地却全凭在整个法国市场上所获得的食糖和咖啡的专利权来维持自己的大农场；虽然对他们的优待很多，土地却毫无价值，大农场的价格，只等于开办农场时所投入的资本。因为，奴隶制的经营方法的缺陷足以抵消土地肥沃、气候适宜、豁免税收和专利权等一切优越条件。

对奴隶的统治并不是一项权利，只是一种掠夺，只不过在一些国家里由于某种情况不受法律制裁罢了。奴隶主和大农场主往往张口就是他们的权利以及他们的国法对他们产权的保证；但是，法律的缄默绝不能改变行为的道德准绳；不惩罚霸占他人财产，并不能抹杀正义与非正义的区别。土地的所有权只是法律为公众的利益而允许的一种让与权；但是，每个人对自己的人身，以及对自己的劳动果实的权利是在有法律以前就已经存在的。奴隶不止是在他被迫沦为奴隶那一天受到剥夺的，而是经常受剥夺的，因为他天天都不能得到自己当天劳动的报酬。惩罚和苦刑是奴隶主在奴隶敢于反抗时所惯用的手段，这同样是法律不加惩罚的新罪行，因为这关系到奴隶主本人的利益。欧洲奴隶主的这种行为既违反自然法，又违反祖国的成文法，因此他们在这一问题上的罪行，是无法抵赖的。立法者只是由于这些违法行为碍不着自己才不加以惩罚；奴隶主和奴隶如果回到法国和英国，奴隶将受到一般法律的保护，而奴隶主对奴隶所干下的每一件违法行为都要像他侵害其他任何公民的权利一样受到制裁。因为在安的列斯，成文法并没有明确批准自然法中最明显的规定，奴隶主当然可以要求不追究过去虐待奴隶的罪行，但是，他没有任何权利要求法律永远不保护全体人民，或者不惩罚一切违法行为。如果他明知故犯地接受劫掠来的财产，如果他故意犯下屡屡发生的违法行为，而这种违法行为的性质又是他所绝对不能忽视的，那完全是他个人的错误。今天，国家就应该赔偿奴隶所受的损失，就因为他是长期受剥夺的，而且是不合理的法律使他受到剥夺的。

当然，解放奴隶的问题，用其他经营方式代替奴隶制的经营，特别是在关于有效地保护处于长期被压迫地位的种族方面，在消除我们的道德沦丧所造成的后果方面，是有些困难的。立法者如果已经使黑人变得愚昧无知，或者要使他们得以进入文明社会，就有责任先把他们提高到一般人的地位，然后恢复他们的权利；立法者应该教育这些黑人，使他们逐步获得解放，以免这种过渡时期过于迅速，反而对他们有害。然而对奴隶主则什么也不必做；从理论上讲，他们的产权只是通过一系列的罪行得来的，不应得到任何保障；从事实上讲，在今天，他们这种产权已经没有任何效力。的确，殖民地的垄断权应该取消，所有的港口不论在印度群岛或美洲大陆上都应该为那些用自由的双手生产出来的咖啡和糖而打开大门，奴隶制的耕种耗费很大，经不起竞争的打击；应该从安的列斯撤出欧洲军队，不许再有外国军队在那里保护白人去奴役黑人，必须使一切白人在军队撤出以前迅速回国。今天黑人已经不是一项财产了，而是白人灭亡和遭受危险的原因。为大农场主创造收入的不是奴隶，这种收入是完全从欧洲的消费者口袋里得来的，因为殖民地的产品都是根据专利权卖给欧洲消费者的，而这些消费者仍然向自己的政府缴纳税款，以便国家用军事力量保护这种完全被违法和罪恶行为所玷污的经营方式，它比其他任何方式的耗费更为浩繁，更为有害。

有一些心地善良的人曾经力图改善黑人的命运，对奴隶买卖展开了不懈的斗争。他们终于使这种可恨的买卖受到禁止；他们至少在英国的殖民地制止了继续搞这种严重的罪恶勾当，制止了再有新的不幸人群遭到灭绝。至于减轻早已在牙买加沦为奴隶和英国殖民地上的黑人的痛苦，所采用的方法却毫无效果。据说，地主不愿意失去他们的人“群”的心情超过他们不愿意失去他们的畜群。但是，这些地主绝大部分都住在欧洲。那里的农场是由农场主经营，地主对那里负责营利的雇工完全无权过问，因此放弃奴隶只和农场主有利害关系。谁肯把自己的马租给一个出租马车的车夫，或者租给一个不体谅这些马会要累死的人呢？可是在这里给人们工作的是一些人，而这些人的生活和惩罚却完全交给了管理人。就像把他们和养活他们并有权惩罚他们的专横的企业家完全处于两种地位一样，奴隶主和奴隶被整个地球的直径分在两个地方。这个企业家既不关心大农场的价值，也不关心这群奴隶的价值，他的全部利润和他在主人面前的信誉，完全取决于他缴给主人的年收入多少。如果法律允许像奴隶制度这样不合理和这样残酷的制度存在，如果法律维护这种制度，它就应该规定一个条件，即必须使奴隶经常在自己主人跟前，以便使奴隶可以向主人呼求援助。这样就胜似教这些不幸的人只凭管理他们的人发善心所给予的保护了。不应该让这些奴隶离开能获得这种同情的环境。在欧洲的庄园里，畜群是属于农场主而不属于地主的；农场主确实很关心自己的畜群，如果远地移民的大农场是出租的，如果奴隶是农场主的资本，奴隶所受的痛苦当然会少一些。在任何其他一种经营制度下，地主也不肯把一个农庄的动产放到离自己的家三千里欧[①]以外的地方去。然而，这种信任无论在其他任何一种制度下，都不致造成更大的危害。欧洲的法律宣布，在欧洲的任何一个港口上登陆的黑人都是自由的；如果欧洲的法律宣布迁移到欧洲的奴隶主的黑人是自由的，那就更合理了。

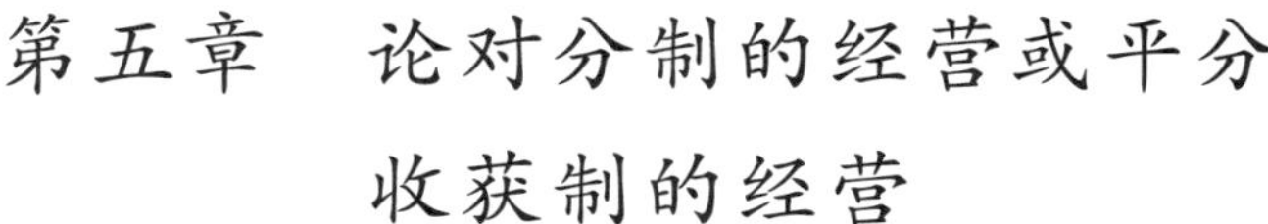

第五章　论对分制的经营或平分收获制的经营

野蛮民族侵入罗马帝国，带来了新的风俗和新的经营制度。

① 里欧（lieue），法国长度名，约等于四公里。——译者

征服者变成了土地的主人，他们不醉心于奢侈生活，他们比被他们征服的人更加好战，他们对人的需要超过对财富的需要；他们放弃城市，而定居在农村。他们把自己的城堡看成小王国，他们要自己保卫自己的小王国，他们感觉到有必要博得属下人的爱戴。社会组织的松弛，大地主之间的各自为政，在古罗马帝国内外引起了同样的后果。罗马帝国灭亡以后，整个欧洲的地主开始改善了自己属下人的生活状况；这种恢复人性的情况，收到了应有的效果；它使乡下人的人口、财富和幸福都迅速增加了。

为了使奴隶和农夫对于生活感兴趣，为了使他们得到土地和对劳动有感情，为了使他们眷恋自己的故乡和领主，出现了种种措施。各个民族都采取了这些措施。这些措施在以后的土地财富和人口的增加方面，都起了决定性的作用。

在意大利，在法国和西班牙的一部分地区，也可以说，在古罗马帝国的绝大部分地区，领主把自己的土地分给了自己的奴隶，并且和他们规定平分收成的实物，这就是所谓的平分收获的经营方式。①

在匈牙利、波兰、波希米亚和斯拉夫人居住地的德国全境，地主没有大批释放奴隶，依然让他们处在完全受自己支配的地位，把他们看成**专管土地的奴隶**，不过，把自己的土地分给他们一半，另

① 直到现在，意大利在法律用语中还继续把对分制佃农称为 coloni（小农）。这也是罗马法对自由农民的称呼。也许就因为在野蛮时代曾有过平分收成的办法，如今在平分收成的契约中仍然照老习惯保留着这个名称。

平分收获的经营方式，按照一位聪明的旅行家所报道的，在阿尔及尔和的黎波里王国曾经普遍实行过；这位旅行家又说，看来那里的农民很幸福，田地上尽是茂密的庄稼。只有在城市里才能看到残酷的压迫。

一半自己保留。不打算分奴隶的劳动果实，而是要分他们的劳动，使奴隶每周为自己无偿地劳动两天或三天，而在特兰西瓦尼亚则每周要为地主劳动四天。这就是**劳役经营制度**。

在俄国、法国和英国的许多省份，地主也把自己的土地分给自己的奴隶，他们不分奴隶的劳动时间或收成，而是向他们征收人头税。由于随时可以大量开垦荒地，在他们看来，农民家庭的地位和很多工人家庭的地位没有任何区别。但是，除了这种人头税以外，还附带有为他个人服劳役的义务，并且仍然把奴隶保持在奴隶的地位。然而，多少也有一些保护奴仆的法律，因此征人头税式的经营使农夫得到了比较安适的地位。在俄国，完全没有摆脱专管土地的奴隶制度；在英国由于采取比较便利的过渡措施，奴隶转化成了佃户。

对分制的经营方式或**平分收获**的经营方式，可以说是中世纪最卓越的发明：这是使低层阶级得到的幸福、使土地经营达到最高阶段和积累更多财富的最有效的方式。这是一种最自然、最便利而且最有利的过渡形式，它把奴隶提高到自由人的地位，并使他们的智慧得到培养、使他们懂得节约和节制所获得的一份土地的地利。农民一般是没有或者几乎没有资本的；可是，地主把下了种并且大有获利把握的土地交给他们，只要求他们干一切田间的活儿，保持土地原来的经营程度，向他收取全部收获的一半，到租约期满时，他要收回已播下种子的土地，设备齐整的畜棚，架好的葡萄，总之，要每件事物都和他自己交给农民时一模一样，以便保证有利可图的条件。

对分制佃农没有其他国家下层阶级人民那种受种种虐待的顾

虑。他不必缴纳直接税；这种税完全由他的主人来承担。他对于主人也不必支付金钱地租。所以，他只须为自己的家庭经济而进行买卖。他受不到佃户所受的那种纳税或交地租的期限的催逼，绝不致被迫在秋收前低价出售自己的劳动报酬——收成。他所需要的资本不多，因为他不是食品商，而且最主要的预支已经完全由主人承担了；至于每天的工作，则由他本人和自己家人来进行。由于对分制的经营必然要把大块土地分成小块，所以把这种方式称作小农经营。

在这种经营方式下，农民如同关心自己的土地一样关心所耕种的土地；在自己所种的对分土地上，尽管他的收入还不能使他不再劳动，然而可以获得大自然酬赐给人类劳动的一切享受。所以，在农村里没有比他更低的阶层，没有短工，没有生活状况更坏的农业雇工；他的生活状况相当舒适。由于他的技艺、经营方式以及智慧的发挥，他便逐渐富裕起来，在丰收年成甚至可以享受到优裕的生活，他并没有被排斥在大自然为人类准备的丰盛筵席之外；他按照自己的智慧来安排自己的工作，他为了使自己的子孙收到果实而从事种植。

在意大利最美丽的地方——特别是在托斯卡纳，土地一般都采用这种经营方式；通过土地积累巨大资本，最先进的轮种法的发明，这许许多多巧妙的方法只有智慧非常发达、眼光敏锐的人才能从自然规律中归纳得出来；在一块面积不大、不太肥沃的土地上，聚集着大量的居民，这种种情况足以证明，这种经营方式既有利于国家，又有利于农民。总之，它可以使靠自己双手为生的下层阶级从土地上收获大量供给人类享用的丰硕果实，从而变得十分幸福。

圣多米尼加解放以后，也采用对分制的经营方式；海地人由于采用了这种方式，显示出高度的智慧。同时，善良的英国人正力图逐步解放英国殖民地的黑人，海地人就在英国人旁边，在他们的门口给他们指出了捷径。这是一种可靠的方法，这种方法可以使那获得自由的人养成劳动习惯，使他对劳动发生兴趣，唤起他的智慧，并使他尝到凭自己的技能而得到财产的愉快。海地的所有大农庄都是以平分收获的方式经营的；只有甘蔗园例外，因为甘蔗园需要预先投出一大笔资本；由于这项资本由园主承担，移民就只能得到蔗糖纯收入的四分之一，而这四分之一的收入是可以抵得上其他产品收入的一半。

可是，在法国实行这种办法并没有得到这样好的效果。这一方面是因为这种方法传到法国以后变了质，人们要求种对分土地的农民付钱，或者要他预先交纳赋税；这样，就使农民必须在固定期限交款，因而使他遭受到小佃户的种种麻烦和损失。另一方面，采用这种方法的地区主要是卢瓦河以南的省份，那里大城市很少，没有多少文化中心，交通也不便；因此，我们可以看到那里的农民仍旧处在非常愚昧的状态，他们还固守着古老习惯和落后的耕作方法，他们远远落在法国其他地区的文明后面。他们采用的是旺代省所施行的经营方式，农民还处在完全受领主和本堂神甫的支配之下，社会关系没有由于革命而引起的任何变化，人们的权利没有得到提高，教育没有普及到农村，旧习偏见几乎原封未动。

对分制的经营方式，无疑地是改善农民地位的重大进步，但是，仅仅这一点并不能保证其他各方面也继续得到进步，农民的地位相当好，但是，这种处境始终不变，儿子和父亲的处境完全一样。

一点也不想变得更富裕一些，一点也不打算改变自己的地位。可以说，他们就像印度那种由于宗教而把人们永远限制在固定行业里、遵循固定规矩的等级的人一样。在一切都在进步、一切都在迅速发展的法国，这个在很多省份占人口十分之九的，仍然原封不动地保持着四五个世纪以前老样子的阶级，无疑是全国最落后的阶级。同样的阶级在意大利却得到了普遍文明进步的好处，因为这个阶级只占全国人口的一半，而且不断地和另一半城市居民互相往来，而且，该地区很多从前非常发达的城市，至少在意大利获得真正发展的时代，就在各种知识方面获得了飞跃的进步。

在法国，只有把一部分土地归耕者所有，而且使另一个希望较大、见识较多的农民阶级和对分制佃农阶级合在一起，才能在反对革命的卢瓦河以南各省巩固地建立起自由的立宪政权，当然必须使对分制佃农认清自己进步的可能性，而不总留恋过去。

在意大利没有发生这种缺陷的一些地区，发生了另外一种困难，那就是人口的无止境增加，这种困难是由对分制的经营产生的。由于这个阶级的财产和人身安全得到了可靠保证，农业人口很快就达到了自然的极限；也就是说，对分的土地被分了又分，由于农业科学的发达，一个家庭只要从事少量劳动，就能在仅有的土地上依靠自己的收获维持小康之家的生活。如上所述，在宗法式的经营中，人口也是到这种程度以后停止发展的；如果人们允许对分制佃农自由发展，他们在平分收获式的经营制度下也会这样发展；但是，掌握他们命运的不只是他们自己。对分制佃农家庭除非力不胜任，除非感到在一块较小的土地上没有把握保持固定的收获，人们从来没见过他们提出平分主人的土地的事。人们同样也看不到任何一家人的几个青年同时结婚，有几个儿子成立几个新家庭；而只是有一个儿子成家，负责管理家务；其他的弟兄，除非那个成家的弟兄没有孩子，或者另获得一份对分土地，否则是从来不结婚的。

但是，财产是世袭的；对分的土地完全由地主随意支配。一个种对分土地的家庭不管由于犯了错误或是由于地主的专横都有可能被主人辞退；同时他立刻就会把对分土地转给农民家中正想结婚和组织新家庭的次子，这样，前一个家庭就会由于失业而陷于贫困，只好主动地去给其他的地主干活，为了使地主雇佣他们，便不得不接受更苛刻的条件。次子如果愿意结婚也要付出自己的劳动，这样，就会引起一场剧烈的竞争，使地主不得不把他们的对分土地分得非常零碎。这样分开的小块土地，要是花费大量的劳动力总收获量也会增加，农民回收的产品当然也要多一些；不过，所得到的回收还是那么多。要分得总产量一半的地主，每分一小块土地就多得一些收入；而农民付出了更多的劳动，却换取了和从前一样多的收入；由于对分制佃农感到自己的收入减少，就会互相争夺地主肯于留给他们的那份收入，结果，他们只得到一点少得可怜的生活资料，遇到丰收年景可以勉强糊口，一旦歉收就要陷于饥馑。

这种剧烈的竞争，使热那亚湾各河流域的农民、鲁卡共和国以及那不勒斯王国很多省份的农民得不到收获量的一半，而只得到三分之一。在这样一个自然条件得天独厚的地区，在各种艺术的豪华装饰富丽堂皇的地方，在这个每年都可以提供大量收获物的地方，使土地产生各种收获物的、人数众多的阶级却永远尝不到

自己收获的小麦，喝不到自己酿出来的葡萄酒。他们所得到的食粮不过是一些非洲小米和玉米，他们所得到的饮料不过是用葡萄渣子滤出的酵水。总而言之，他们一直在贫困中挣扎着。如果公共舆论不维护农民的话，托斯卡纳的人民也可能遭到同样的命运；这里的地主换一个对分制佃农，却丝毫不改变原来的契约，但是尽管如此，却不敢提出在当地没有过的苛刻条件。可是，在需要舆论来维护公共繁荣的时候，最好使它在法律上得到明文规定。

人们对自己的利益了解得比政府更清楚，这是经济学家们一向坚持的真理，他们由此得出结论说：任何一项企图支配每一个人管理自己财产的法律，都必然是无益而且往往是有害的。但是，他们过于武断地说，每个人的利益只有和其他所有人的利益一致，才不致发生更大灾难。企图抢夺自己邻人的利益就是打劫自己的邻人，而他的邻居的利益（如果抢劫者力量强大的话）就是：任凭他抢夺，以免自己丧命；但是，社会的利益既不许可前者使用武力，也不让后者遭到死亡。整个社会组织处处都在限制每个人，虽然所施加的压力性质不同，如果敢于抵抗的话，都会遭到同样危险的。任何时候，社会几乎都是通过自己的制度施用这种压力；社会不应再竭力加强这种压力。因为这种压力往往使穷人接受苛刻的条件，使他们的生活每况愈下，甚至可能饿死；既然是社会使穷人处于这种困境，社会就应该保护穷人。对分制佃农的利益当然不只是满足于用自己劳动的代价换取不足一半的收成；但是，处于无权地位的对分制佃农，找不到新的职业，就只好满足于三分之一的分益，甚至少于三分之一的分益，以致使与自己处于同等地位的人生活陷于危险境地。按日劳动的工人的利益，当然是能用自己十小时劳动的工资维持自己的生活，养育自己的子女；这也是社会的利益；但是，没有工作的短工的利益，却是不管付出多大代价，但求有果腹的面包就行；他可以每天劳动十四小时，也可以使自己的孩子刚满六岁就到工厂去做工，这样，他既损害自己的健康，也破坏了整个阶级的生活，归根到底都是为了逃避他们面临的贫困的压力。

英国的立法最近感到有必要干预穷人和富人之间的合同，以便保护弱者；英国的法律规定，工厂不能雇佣一定年龄以下的儿童，同时也规定了必要劳动的一定时间。罗马皇帝的法律当然不是特别对下层阶级开恩的，却也保护了小农（colons），小农的地位似乎很接近需要缴纳人头税的俄国农奴的地位。君士坦丁大帝的一项法令（《查士丁尼法典》第 11 卷，第 49 章，第 1 条）中规定："任何小农，只要他的主人强求一种从未实行过也从没人要求过的过高地租，即可向首席法官起诉，经法官调查这种罪行，证实地主的要求的确超出惯例，即予以禁止，并且强迫地主偿还他超越自己权利的勒索部分。"此外，由于奴隶不能在法院控告自己的主人，亚尔加狄乌斯和霍诺留斯后来颁布的一项法令（同上书，第 2 卷）正式允许奴隶控诉主人。

一般说来，只要没有空闲的土地，主人就要实行对其他国民不利的垄断权；而法律允许占有土地就等于使这种垄断权合法化了，法律认为这样对社会有利，因而保护这种权利；但是，立法者必须在有垄断权的地方掌握自己的权柄，使拥有垄断权的人不滥用这种权利。未经人数极少的阶级（地主）的同意，任何人也不能在国内进行劳动，或使土地肥沃，或获得粮食。因此经济学家作出结论说：唯有地主是具有无上权威的人，他们可以随时把其他国民赶回家去。我们更有理由得出这样的结论：只有在有利于社会的情况下，才允许拥有这种惊人的特权，而且必须由社会来规定。社会本来还可以允许享有水的所有权，可是，这样就要造成：如果得不到河流的主人或其佃户的同意，任何人就不能喝水了。社会所以没有这样做，就是因为它对社会没有任何好处。社会允许拥有土地所有权，但同时还应该保证这样做对社会的利益。社会应该关心那些向土地要求粮食和在土地上进行劳动的人的利益。

第六章　论劳役制的经营

我们所说的劳役制的经营是一种合同，地主、更确切地说是土地的领主通过这种合同给一个农民、农奴或属下一间农舍和农舍附近的一小块土地，并给予他利用领地里的牧场和烧柴的权利，从而要求自己的农民每周带着自己的牲畜和挽具作一定劳动日数的工作，耕种领主手里留下的土地。

这种经营制度在奴隶人数迅速减少而又不能从敌国掳获新奴隶的时候，即在罗马帝国衰亡时期，就已开始流行。随着奴隶人数的减少以及寻找奴隶的困难，而产生了改善他们命运的方法。在《查士丁尼法典》称为小农的农民中，有很多是以劳役的方式来耕种土地的，在古罗马帝国范围内外，在整个欧洲都有这种经营制度的痕迹。在产生封建制度的日耳曼民族的国家、在斯拉夫民族的国家以及在真正的采邑从来没有存在过的苏格兰都有这种痕迹。以英勇和对领主忠诚非常著称的苏格兰高地人或苏格兰的凯尔特山中居民租地的方式也属于这一种；这是在一直到土耳其的整个东欧所普遍施行的制度，在尤索弗基斯法吉尔斯人中也可以找到这种制度的遗迹，在加布尔报告[①]中也曾经提到过。

劳役经营制，似乎是奴隶主不顾奴隶的死活，为夺取奴隶的全部劳动果实而想出来的一种最初的手段。这很可能是在恺撒时代高卢人经营土地的一种方式，这种经营方式使整个的农村居民都接近奴隶的地位，尽管他们并不住在骑士的宅第里。[②] 在墨西哥湾某些殖民地地区，人们不供给奴隶饮食，只是允许他们每周有一定时间去耕种一块小田地，使他们借此维持自己的生活；但是，以黑人为对象的所有法律的特征都是残酷，因此，奴隶自己每周只有两天的时间，其中还包括一个休息日。在特兰斯瓦尼亚，除了星期日以外，农奴每周只有两个工作日可以为自己工作。

劳役经营制度和平分收获式的经营制度不一样，并非成功的发明。诚然，这种经营制度引起了农民的生活兴趣，使他拥有财产；但是，也使他们的家庭经济随时会遭到领主或总管的种种苛刻要求的破坏。农民不能选定时间去耕种自己的土地；他们必须首先替领主工作，属于农民自己的时间总是下雨的日子。因此，他们服劳役，是出于不得已，对工作的成果毫不关心，毫无感情，况且他们这种劳役得不到任何报酬。他在领主的田地里工作，只要能够免于受惩罚就行了。另一方面，总管却把使用体罚当作绝对权利，总管对奴隶可以为所欲为。

在采用劳役经营制度的很多国家里，土地奴隶制名义上是被

① 埃尔芬斯通：《加布尔报告》(1815 年)，第 344 页。

② 《论高卢人之战》第 4 卷，第 13 章和第 15 章。

取消了，但是，只要采用这种普遍的耕种制度，农民就不能有丝毫自由。奴隶制取消了，虽然奴隶有了从前的法律所不承认的人身自由和享受自己劳动果实的权利，但是，还没有使他们获得这些权利的实效的方法。他们对耕种自己的土地仍然和以前一样，懈怠和没有热情，他们在奴隶主的土地上干活，也做得很差，他们仍然在自己的茅屋里过着极其悲惨的生活；至于领主指望取消奴隶制度以后增加自己的收入，却没有得到任何好处。领主一直受到自己属下的痛恨和不信任，社会秩序经常受到威胁，只是依靠暴力才能勉强维持。

对分制和劳役经营制度的契约是完全建立在同样基础上的。在匈牙利和意大利一样，领主把自己的土地交给农民，向农民要求一半收获物作为代价。在这两个国家中人们都认为另一半收成足够维持农民的生活，和补偿他垫支的费用。由于政治经济学方面一种完全错误的看法，对其中一个国家非常有利的事情就变成对另一个国家极其有害的了。匈牙利人没有使农民关心自己的劳动技能，他们分的是土地和劳动日，而不是收获的果实，地主把本应成为自己助手的人变成了自己的仇人。农民的劳动既无热情又不经心；地主所得的收获比他在别的制度下所得的还要少，而且是怀着忐忑的心情去收这种收获物的；农民得到的一份就更少得可怜，他们一直过着悲惨的生活；几个土地最肥沃的国家多少世纪以来农民一直辗转在水深火热和压迫之下。

然而，穷人阶级的地位的初步改善，无疑地是由于劳役制代替彻头彻尾的奴隶制，这种改善常常带来一些新的改进。领主及其属下为了彼此的利益都希望把领主对属下所要求的**义务**作出更确切的估计。这些义务往往变成交纳实物，有时改为缴纳现钱。劳役通过各种不同方式和我们将在下一章讨论的人头税融合在一起了。平民除了缴纳一定数量的现金或小麦的义务，另一个表明平民原来的奴隶地位和领主权利的标志是，还要为领主本人做一些事，如挖掘堡垒的壕沟，或其他代表平民身份的劳役。几乎所有采用农奴制耕种的土地，在法国和英国最初都是以劳役和人头税来租得的，在英国称为 copyhold（根据官方登记所享有的不动产——公簿持有）；但是，英国居民逐渐摆脱了使他们降低身份的一切束缚。免役地租和不动产逐渐变成了和其他遗产相类似的遗产；原来不合理的地租变成了永久和固定地租了。这项地租和土地的价值由于货币的贬值，比较起来几乎普遍都显得特别便宜了，这项财产所没有避免的唯一缺陷是：在产权转移时所支付的领地内的财产权买卖税，这种开支为了领主的利益而剥夺了农民用来改良土地的资本。

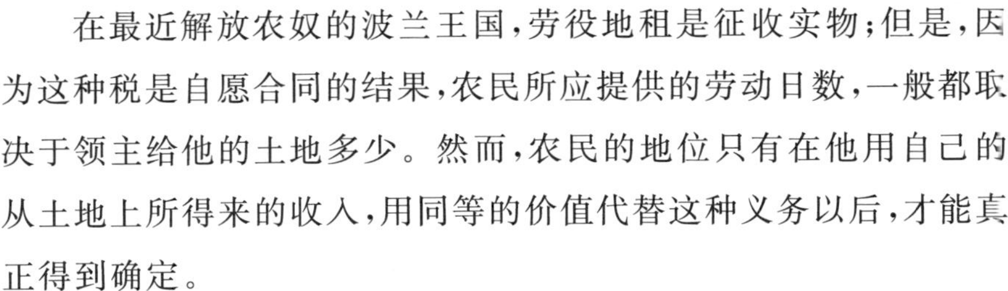

在最近解放农奴的波兰王国，劳役地租是征收实物；但是，因为这种税是自愿合同的结果，农民所应提供的劳动日数，一般都取决于领主给他的土地多少。然而，农民的地位只有在他用自己的从土地上所得来的收入，用同等的价值代替这种义务以后，才能真正得到确定。

几乎在所有实行劳役制的国家都对农民、领主的属下或奴隶实行了我们为对分制佃农所要求的立法者的中间干涉。在古老的法国，免役地租曾被宣布为可以失去时效和不能赎买的，但同时也不许领主随意增加。在英国，公簿持有农必须支付领主规定的租钱；但是，英国的法律宣布，领主的这种意志应该以领主宅地的惯例来表示，而惯例是不能改变的。[①] 在奥地利帝国的日耳曼人的省份里，法律宣布领主和农民之间的契约是不可改变的；同时绝大部分劳役被改为货币地租或实物地租，这两项地租同时被宣布为永久的。这样，农民便获得了自己的住房和土地的真正所有权，只是还必须担负地租和某些封建劳役。此外，为了使这个阶级以后不再受压迫，或不使他们逐渐被生活在他们中间的有钱领主剥夺他们的所有权，法律规定不许贵族购买平民的任何土地，或者，如果贵族要买平民的土地，他就必须设法使平民和其他农民家庭享有平等的地位，以便使贵族的财产永远不再增加，或者使农业人口不致减少。

在这些省份里，农业人口由于过着富裕而安定的生活，早就达到了完全适应这种富裕生活和良好耕种制度所允许的极限，并没有超过这种限度。对自己财富心中有数的家长，只是考虑如何使自己不再陷于贫困，如何使自己无力供养的子女成家立业。但是人们只有在自己能决定自己地位，能够自己支配自己的时候，才可以保持住这种地位。劳动阶级如果只凭两只手过活、受别人意志的支配，而且无力决定自己子女命运，便往往由于贫困和人口众多，加重国家的负担。

奥国政府就是凭上述方法来援助这个社会阶层的，要是任凭这个阶层的人自流，他们就一定会受到压迫，奥国政府为了自己臣民的幸福和它本身的巩固，弥补了这种制度的大部分缺陷。于是，

① 这项十分明智的法律没有推广到苏格兰和爱尔兰所实行的农奴制的土地租种制，或领主和佃户之间最新的契约上。因此，这三个王国里的农民受到层层剥削。

在这个被剥夺自由的、财政管理不善的国家，灾难性战争连年不断的国家（因为顽固和无知总是分不开的），几乎完全由生活富裕的地主农民所组成的广大人民，都过起幸福的日子；广大人民群众由于感到自己幸福而害怕任何变革，便扑灭了一切革命的火焰，打垮了侵略这个帝国的阴谋。

第七章　论通过人头税的经营

几乎所有在法律上容许实行奴隶制的国家，都曾有过通过人头税的土地经营制度。这是地主出于贪婪、通过这种万恶的权利谋取自己的利益，而且既不顾奴隶的生活，又不关心奴隶工作的管理而想出来的办法。如果拥有奴隶的地主不愿意叫奴隶为自己劳动，可以随意把他们租给别人，让他们为别人劳动；或者按别人用的租价，把他们租给他们自己。租用奴隶的租金，俄国人称为 obroc（代役租），我们叫作人头税。这种税在安的列斯是司空见惯的；小地主经常使黑人为他们自己经办某种手工业或小买卖，而向他们征收人头税。这种办法在土耳其也很普遍，土耳其的贫农为了赎买自己当年的生命，必须纳人头税，因为他们早已被判死刑，只是靠苏丹的慈悲才保住了性命。所有盛行封建制度的国家都是征收人头税的，正因为如此，所以人头税普遍都被看成是奴隶地位的标志。

但是，为了补偿地主对奴隶劳动所拥有的权利而征收的这种人头税，只有在土地极多而又普遍荒废、人们的劳动等于一切而土地的收入毫无价值的国家才能成为一种经营土地的方式。在帝俄

时代，规定农民必须缴纳 obroc，大概就是俄国具有上述条件的缘故。俄国的肥沃土地多于每个人所能耕种的面积，而且这些土地从来没有经过任何劳动开垦，为此沙皇便把土地完全让给居住在当地的农民随意使用，并不向他们要求一半收获物、劳役或实物地租和货币地租，只是向他们征收 obroc，每个成年的男性农奴都应纳这种 obroc。这种赎买的价格在整个俄国各地不是完全一样的。这个帝国的政府分为四级；每级政府所规定的 obroc 都是按土地的肥沃程度或者距离市场的远近来决定的；但是，对于每一级政府管辖下的居民都一视同仁。我们所以屡次使用这个野蛮的名词，是因为俄国的农民除了 obroc 以外，还要纳第二种人头税，只有这第二种人头税才被看作是人头税；帝国内的所有居民一律都负有这种共同的税务。

最近半个世纪以来，自由得到了很大的发展，缴纳 obroc 的农民，如今可能已经成了文明国家奴隶中人数最多的阶级了。1782 年，帝国的俄国农民男子人口为四百六十七万五千人，这是该帝国农奴中最幸福的人。经常听到他们向那些对旧时代表示惋惜，并且认为很难恢复自己权利的人夸耀他们的幸福。事实上，他们的人头税很轻，他们的财产受到法律的保护，每个乡村都能在自己的法官许可的条件下，把租给本村的土地分配给村里的每一个人。这些人最近又获得了把土地购为自己财产的权利；他们可以用钱买到在帝国境内旅行三年的权利；他们有时也可以用钱买到成为城市资产阶级的权利。他们有了这些特权之后，的确可以在家里过舒适生活，而且购置了大量的财产。不过，这个特权阶级本身，也可能突然失去这一切好处；这个阶级的人可以被征雇到工厂去，可以被出卖或让与另一种使这些不幸的人完全变成奴隶的人。总之,他们最近又受到了根据一项全面计划通过军事殖民地而实行的剥夺。至于它的后果,目前我们很难估计得正确。

俄国在本世纪的政策和欧洲其他国家一样,也是奖励开办工厂和矿山的。帝俄本国拥有矿山和工厂,它把这个不再缴付 obroc 的农民阶级租让给这些工厂和矿山,叫他们去服劳役,从此以后,他们就酷似教养所里被判处强迫劳动的犯人一样,再也不能离开他们的行业。帝国以同样的方式把村庄一个个地让与那些为国家兴办某种新工厂的人,使这些不幸的农民变成工人,使他们的处境变得更加难堪。

在从前属于瑞典和波兰人的省份里,帝国的土地往往租给各级文武官员,作为皇帝对他们的报酬;佃户或者二级佃户经常使农民陷于更为贫苦的地位。总之,叶卡捷琳娜和她的先代经常把新的土地赐给自己的宠臣,于是,帝国土地上的农民便失去自己的一切权利而沦为奴隶。沙皇亚历山大没有想这样做;但是,在这方面,也没有任何法律来约束他和他的继承者的意志。

到了 1782 年,俄国贵族的男性奴隶总数达六百六十七万八千人。这些人大多从事农业劳动,都要缴纳 obroc,虽然这种 obroc 全凭他们主人的任意决定,他们仅存的财产和他们的人身虽然没有任何保障,连他们长期千辛万苦节约下来的积蓄也可能突然被人依法攫走,但是他们却是受苦最少的。还有些人则是为奴隶主服劳役的;最后,还有一部分租给农庄主人使用的。所有这些贵族的奴隶,都可能被从农业劳动中强迫到矿山、工厂或其他行业里去劳动。或者把他们送到主人家里当家仆,或者把他们租给别的人家去干活。

不错，有一些贵族家庭较为开明，几个世代没有改变过 obroc 了，博得了农民相当的信任，提高了他们的劳动热情，使他们乐于节约和劳动，甚至使他们也能购置大量的财产，虽然这些财产仍旧可以由他们的主人随意支配，却完整无缺地给他们保留下来。因此，俄国是唯一一个这样的国家，在这个国家里，奴隶人数不仅可以保持原有的水平，而且即使没有新的移入也会逐渐增加。但是奴隶制度的实质并未因此而有所改变。奴隶一直可以被送走、掠夺、出卖或剥夺他们由于自己的劳动而积累的全部财产；由于这样的制度，奴隶便总忘不了他所节约的一切，都是他从自己身上拿出来交给主人的；他无论怎样的努力也是白费；任何创造都有危险；任何改进都可能对自己不利，总之，任何研究都只是加深自己的穷困，这一切使他们进一步认识了自己的处境。

如上所述，在欧洲西部，人头税也是农村居民摆脱奴隶制度的一个步骤。最初，人头税是赎买劳役的一种手段，后来，它便和领主所出让的土地的价值合在一起了。人头税成了**赋税**的起源。我们在谈到农民的命运的时候，由于在前一章末尾已经提及，就不打算再重复这些改进的问题了。

第八章　论出租制的经营

在最富裕的国家里，所有出于从前奴隶制度的契约，几乎完全为出租制的经营所代替；这种制度比任何其他制度更受到经济学家的注意，他们普遍把这种制度看作是文化进步的结果。

地主通过租契形式把从未耕种的土地租让给农民，永远向农民征收固定的租赁费；佃户则要负责经管或亲自承担田地里的各种工作，提供耕畜、农具和农业资本，自己出卖收获的劳动果实和缴纳税款。佃户本人负责对一切农事方面操心和赢取利润，他把这些事看作一项投机买卖，他按照自己所投入的资本期待着相应的收益。

在奴隶制度刚废除的时候，还无法实行土地租赁制；被释放的奴隶还无力担负大量的开支。拿不出一年的劳动所需要的垫支费用；更不用说为开办一个农庄所必需的几年劳动需要的费用了。所以，当奴隶主在恢复奴隶自由的时候，还要给他一笔安家费，供给他耕畜、农具、种子和一年的粮食；虽然有这些垫支，对他说来，农庄仍然是一个耗资巨大的租约，因为，如果根据合同佃户保证在年成不好时照交地租，就只好放弃好年成的收益。但是，一无所有的佃户什么也不能保证，这样，地主就要牺牲好年景的收成，得不到报酬。

最初的农场主（佃户）就是普通的农夫；他们用自己的双手进行大部分的农业工作；他们使自己的企业适合自己家庭的力量；既然他们不能得到地主充分信任，地主使用很多的强制性的条款来限制他们的活动，把租契限制到最少的年限，使他们永远处于受自己支配的地位。佃户的状况一般都是如此，除了罗马和英国以外，所有实行这种经营方式的地方，大致都是如此。可是，所规定的强制性的条款逐渐从租契中取消了，或者在执行过程中被忽略了。这确是事实，佃户可以更自由地支配他们半个世纪以前一直没种过的土地，于是，他们得到了更长的租期。不过，他们仍旧是农民，自己扶犁；自己在田野上和马厩里照料牲畜；生活在新鲜空气中，习惯于经常的劳动和简单的饮食，这就造成了强壮的公民和勇敢的士兵。他们几乎从来不使用短工，而仅仅使用从那些与自己平等的人当中挑选出来的仆人，他们平等地对待这些仆人，同桌吃饭，饮同样的酒，穿同样的衣服，因此，农场主（佃户）和自己的仆人就构成一个农民阶级，这些农民为同一的感情所鼓舞，分享同样的快乐，受同样的影响，以相同的纽带与祖国联系着。

农场主（佃户）的这种状况当然不比小地主好，但是，他们比对分制佃农要强一些；虽然他们还有不少忧患，他们必须在规定的期限缴纳地租和赋税，他们有遭到最严重的困难和损失的危险，可是至少他们也有更大的希望；他们的职业不受限制，可以向上爬，可以发财，可以转变为他们每个人所一心向往的地主。这种希望和忧虑交织在一起，使他们的智力获得了发展，他们理解知识的价值，培养了高尚的感情：在法国，佃户是法国公民，而对分制佃农只不过是个奴隶。

但是，英国的农场主（佃户），无论对于普遍的富裕生活的发展，或对于资本的积累都起着一定的作用，他们属于社会中比较高的阶级。他们为了增加自己的积蓄，建立规模更大的农场；由于较广泛的知识和较高的教育，他们把农业看成了一门科学。他们利用了化学和博物学中所完成的许多重大发明。甚至他们的身上既带有商人习气，又带有农民习惯。由于他们希望获得高额利润而投入了大量资本。他们改变了那种出于贫困的，并非真正节约的吝啬作风；他们按时进行总结，这就使他们得到更多利用自己经验的方法。

另一方面，从这时起，农场主便不再是农民了，他们必须在自己手下培养一个劳动阶级，由劳动阶级用自己的劳动养活全国，这些人才是真正的农民，并且是全国人口的重要组成部分。农民阶级由于从事非常适合每个人天性的劳动，他们是有力量的，他们可以随时参加其他的一切阶级。在必要的时候，起而保卫祖国的是这个阶级，对自己的出生地感情最深的也是这个阶级；只有政治要求这个阶级过美满的日子，尽管人们不这样安排。

当我们把小农场和大农场①进行比较的时候（这是我们经常进行的），我们并没有注意到大农场剥夺了农民管理农田的工作从而使农民陷入比任何其他经营制度更加悲惨的地位。事实上，在豪富的农场主支配下担任全部农活的短工，完全处于受人支配的地位，不仅不如对分制佃农，从很多方面来看，还不如纳人头税或劳役制下的农奴。劳役农奴和纳人头税的农奴，虽然受尽折磨，至少他们还有一线希望，一分财产，以及让子女继承的一份遗产。至于短工，却没有任何财产，土地虽然肥沃，他们并不能指望它，或者

① **小农场和大农场**，以及**小农经营和大农经营**这些名词，应用起来可能有些混淆不清。在热带国家，同一块土地，每年要收三四季，例如：小麦、大豆、葡萄酒和橄榄油；无论是以产量或者以耕种这些土地所需要的劳动而论，一亩土地（法亩）等于北方的四亩。此外，人们还必须从事管理葡萄、橄榄树、果树等的全部工作，使用牲畜从事于草原田野和树林中的全部工作。那些约有五十亩土地、用犁耕种的农场称为大农场经营，那些面积在七八亩左右，有一部分葡萄园，并用锹镐之类的简单工具耕种的农场称为小农经营。采取小农经营或大农经营决定于气候条件、土壤的性质以及所积累的资本。我所说的是比较特殊的情况，农民在平原地带所耕种的五十到六十亩的农庄叫作小农经营，耕地面积达五六百亩的甚至达五六千亩的以投机商方式经营的叫作大农经营，例如阿瑟·杨格的农场即是，英国的农学家和经济学家也把这种农场称为大农经营。

天时很好，他们并不能因而怀有任何希望；他们不想为自己子女种下一棵树。他们也不想把自己年轻时的劳动用于等待年老才能收获的土地上。由于他们任凭他们农场主的摆布，经常有失业的危险，时刻受着贫困，以及继之而来的疾病、意外事故或者日趋衰老的威胁，由于他们面临着彻底破产的危险，而没有任何发财致富的机会，因此，他们只依靠每周挣来的工资混日子。

农业工人被迫处于这种情况下，是不可能养成节约习惯的。他们每天遭受的贫乏和痛苦只能使他们养成及时行乐的习惯。他们除了借酒浇愁以外，由于怕吃了这顿没有那顿，总爱考虑怎样吃两口喝两口，同时，由于经常熬夜，和经常挨饿，也会养成贪吃的恶习。人们必须有自己的娱乐，但是社会组织使短工们只能享受这种最庸俗的乐趣，错误并不在于短工。

再说，社会上没有中间阶级的立足余地，因此即使短工积累了一点资本，也难以利用这笔资本去牟利。他们和大农场主的命运相差太悬殊了，可是他们无法越过这种距离；在小农经营中，短工却可以用自己的微小积蓄租一小块对分的土地，然后再进而租一块较大的对分土地，或者买一座庄园；在其他的行业里，也是由于同样的原因不容中间阶级有立足之地；日工和其他所有工商业企业之间和租地一样也有一道不可逾越的鸿沟；下层阶级失去了在前一个文明时代鼓舞自己的一切希望。甚至英国本堂区对短工的救济也只是使他们更陷于依附别人的地位。他们处于这种悲惨和不安的情况下，要他们保存人类的尊严和热爱自由的感情是很困难的；因而，在现代文化极端发达的时候，农业却又倒退到古代文化衰落时代，甚至倒退到全部农业劳动落在奴隶身上的时代。

爱尔兰的情况，以及这个饱尝忧患的国家连连发生的变乱足以证明，使构成全国公民中绝大多数的农民阶级过富裕生活，有希望和幸福，对于富人本身的安逸和安全是多么重要。随时可能发生暴动，从而使自己的国家陷入可怕的内战的爱尔兰农民，住的是破烂不堪的小草房，吃的是小块土地上所生产的马铃薯，和一头母牛的奶。在今天，他们比英国的 cottagers（贫农）更加不幸；不过，他们还有一点财产，这是英国贫农所没有的。他们为了得到这一小块土地，必须给所属的农场去打短工，挣定额工资。但是，他们由于彼此之间的竞争却不得不满足于低得可怜的工资。[①] 在饥馑年代，这种竞争甚至会影响到英国的贫民（cottagers）。即使取消一些日常工作，在忍饥受饿的短工和收入丝毫不受损失的农场主之间，力量的对比也是非常悬殊的，因此，这两个阶级之间斗争的结局，受牺牲的总是最穷困、人数最多，而且是立法者最应该保护的阶级。

然而，自从实行大农场制以后，小农场主就经不起大农场主的竞争；连小地主本身都由于自己的对手以更经济的方法来经营农业，能够经常在最有利时机出卖产品而遭到破产。此后，由于税收的名目繁多，在某种程度上，地主完全是税务局的代理人。例如，在英国称为小 free-holders（自由世袭地领有农）一般都处于悲惨状态。这个使生灵涂炭的制度，力图用自己的力量战胜其他制度。

① 在爱尔兰，贫农的人数所以日益增加，以至超过农业的需要，绝非由于每个家庭分遗产而引起的，而是由于领主租给他们土地一开始就造成了这种情况。领主对于在每一所小房子附近所分配的土地非常少，由于领主好战成性，他们愿意保存大量的贫农；农民本身很少把这些原来的小块土地重新进行分配。

农场主利益是不言而喻的，他们的利益是三种不同斗争的结果：他必须同三方面作斗争，即同消费者、土地所有主以及为他做工的工人进行斗争。不论是高价出卖自己的产品，还是少纳地租，或者强迫短工领取最低工资，都能够增加农场主的利润。这些活动当中任何一项，都使拥有大量资本的大农场主处于比小农场主更有利的地位。

对于消费者来说，农场主的数目越小，就越容易以垄断的价格出售自己的产品。在教会的国家里，有很多城市被包括在农场的范围内，毫无疑问，内比或隆西格里约纳的居民是完全处于包围着他们的农场主的支配之下的，他们只能从他一个人手里购买各种不能长期保存或经不起远途运输的食品，例如奶酪、青菜和家禽。虽然韦累特里市和四个农庄接壤，或者提沃利市和十个农庄接壤，消费者的生活并不那么坏，而且可以说他们的供应者越多他们的生活越好，农场越小农场主越不能要求垄断价格。

农场主对短工也实行同样的垄断权。如果内比或隆西格里约纳的居民要用自己的劳动挣得一份工资，只能和一个人打交道，而这个人又是把他们的工资压低到最低限度的横暴主人。至于韦累特里的居民就可以指望在他们四个邻居中间会发生一场相当激烈的竞争，提沃利的居民也有希望在他们的十个邻居中能发生一场更大的竞争；然而，他们却一定设法使自己得到自己的工作应得的工资。

可是，大农场主却全凭使农民家庭陷于贫困的方法获得直接的经济利益。五十个过富裕生活的家庭耕种一千亩的小农场；一个大农场主为了把土地合并成一个大农场，首先要用五十个短工家庭来代替这五十户人家，由于短工的家庭生活比较贫困，大农场主就可以赚得两者之间消费量的全部差额。但是，我们能认为这种利润对国家有好处吗？

但是，不久大农场主还可以得到一笔同样性质的利润；他可以解雇自己的短工，把他们住的村庄也变成耕地，在农忙季节设法用那些从远地雇来的工人做田里的活。

租赁一千亩土地的农场主，在一方面以高价卖出自己的产品；另一方面支付给工人以低微的工资之后，当然有能力向土地所有者租一个比五十个小农场主所租的规模更大的农场，因此他就可以把五十个小农场主排挤出去。而且他将来还必然会把那些破旧的小茅屋夷为平地，因为这些小茅屋已经不适合他的经营方式了；同时他还会把每个小家庭用来满足自己生活的菜园和果园变成耕地；他将拔掉再也没有用处的篱笆，并且在他的一千亩土地上进行统一的轮作。这时，即使地主想恢复小农场也不可能了。因为他必须再垫支和花费大量资本，才能恢复原状。大农场只适合于大农场主。如果没有足以经营一千亩土地的资本，任何人也不能做这种梦想。这样的企业家的人数比被他们排挤掉的自耕佃户的数目少得多。他们为了避免互相之间的、带有危险性的竞争，是会比较容易达成谅解的。不久，他们还可以支配土地所有者。无论在出售产品方面，在维持工人的生活方面，或者在土地所有者签订合同方面，大农场主都要比小农场主赚得多。

因此，如果小农场主得不到法律和舆论的保护，大农场和小农场之间一旦发生冲突，大农场就必定战胜小农场，尽管这样对于社会毫无好处。但是我们也不能从小农场主、小土地所有者经不起

拥有雄厚资本的邻居的竞争这些经常发生的事实中得出结论说：这种占优势的制度，对于国家繁荣有好处。

上述关于大农场主的那些利益，完全是大农场主强加于和他打交道的人的结果。另一些利益是从财富的实际增加得来的。而小农场主或小土地所有者，甚至大多不能拿出足以经营自己小农场的资本，他们经常急于出售自己的产品，并且很少能够及时买到自己需要的东西。另一方面，大农场主在小农场主那些耗费很多时间的事情上，却能节省很多时间。不管农场规模大小，管理工作几乎要花费同样的精力，管理四十个工人和管理四个工人都同样容易。从前十个农场主同时进行的工作，现在一个人就完成了；十个农场主在农业生产中的投资，现在可以节省十分之九。把十块土地连成一片，就有同样多的篱笆和田塍完全被取消，村庄和村庄之间的房屋和院落所占去的全部土地也都可以变成耕地。

大农场可以用同样多的时间，同样多的人力做出更多的工作；大农场的特点是通过用大量投资收到从前用大批劳动力所能获得的利润。这种农场采用了缩短并减轻人类劳动的用费多的工具，大农场发明了机器，利用风力、瀑布和蒸汽的驱动力量代替人力；从前用短工做的工作现在被牲畜所代替，它把短工从这种工作赶到另一种工作中去，最后使他们完全陷于无用。在一个新型的国家里，在人们可以运用富余产品的殖民地里，劳动力的节约是一笔不可思议的利润。人们有理由以人类的名义要求在安的列斯使用机器来代替黑人的劳动，因为黑人的劳动已经不能满足人们的要求，况且要找到黑人还必须不断进行可耻的买卖。但是，在一个人口已经过剩的国家，解雇半数以上的农业工人，同时城市里也由于采用先进的机器解雇工厂里一半以上的工人，则是天大的不幸。国家不是别的，就是这个国家每个个体组成的集体，如果国家的财富是以全国人民遭受灾难和死亡的代价换来的，那么，这种财富的增长未免太滑稽了。

考虑一下康帕尼亚省由于采用大农场经营所遭受的疾苦，便可以看出这种方式对国家是多么严重的威胁；康帕尼亚（罗马的乡村）是人们对从维特尔博山到特腊契纳以及从海滨直到萨比尼山之间地区的称呼。这个省份，长九十英里，宽二十五英里，或者说，面积两千二百五十平方英里，现在大约充其量有四十个农场主。不错，他们已经没有那种他们认为比自己身份低一等的名称了，人们把他们称为 mercanti di tenute（土地商人）了。他们对这项买卖利用了大量资本；并且，利用自己的极端雄厚的财富，挤垮了他们所有的竞争对手。但是，他们认为最有利的经营土地的方式就是事事都要节约人力，只满足于土地的自然产品，只注意牧场，并且不断把多余的住户赶走。在罗马的这个地区，土地非常肥沃，五亩地就足以养活一家人，供养一个士兵；葡萄、橄榄、无花果在田间到处都是，每年能够收获三四季，几乎和有同样自然条件的鲁卡国一样，这个地区的单家独户的住宅、村庄、全部居民、篱笆、葡萄、橄榄树以及一切要人照料的产品、劳动，特别是人们的感情，从前的一切，都逐渐消失得无影无踪了。现在这里变成了一片空旷的原野，mercanti di tenute（土地商人）认为雇用每年从萨比尼山上下来的大群工人来耕种和收获更为合算；从萨比尼山地来的工人往往有块面包吃就满足了，他们睡在露天地里，在每块田上，成百上千的人由于缺乏照管死于 maremmane（瘴气），而且只要能得到最低的

工资他们就肯冒这种危险。对于农场主来说，康帕尼亚居民已经没有用处了，因而他们已经完全绝迹。在这个属于一个主人的辽阔田野上还剩下几座城市；但是，内比和隆西格里约纳的居民很快也和自己赖以为生的土地绝缘了。人们可以预先计算出犁头像曾经从圣罗伦索、维科、布腊恰诺和罗马的废墟上划过的那样划过他们的房屋所占的土地的日子。此外，他们的农田变成了草地，草地上的荆棘和野草一天天地又占据着牧草的位置；于是，在这个文化的中心里，又出现了鞑靼地方的荒原。

毫无疑问，立法者有责任制止这种利用所有权驱逐当地居民事件的发生。保障最先占有者的权利并不是为了妨碍土地生产和使人类很好地利用自己的劳动。立法者责任的严重在于：这种有害的经营方式所引起的一切灾难都是他们一手造成的。大自然为这些由于财产的积累而产生的灾难准备了一项纠正措施，即家庭数目的增加以及随之而来的平分遗产。对社会来说，大量财产的灾难和严重的贫困灾难同样可怕，如果立法者不设法利用长子继承权来永久保存这些财产的话，这种灾难就会自消自灭。如果法律不运用自己最大的魄力，是绝对不能调整农场的面积的；立法者应该经常注意到财产不断被平分的情况，以避免国家遭到最大不幸——今天康帕尼亚所遭受的、人民不断从自己的家里被驱逐的不幸。

在英国的农民阶级迅速走向灭亡和康帕尼亚的农民阶级已经消灭的时候，法国的农民阶级却兴起而且壮大起来，它没有放弃手工劳动，它过着富裕生活和发展着自己的智慧，并且正在利用（虽然慢一些）一切科学的发现。连年的战争和繁重的捐税，并没有制止农村居民中所有权的发展。因此，在最发达的省份里引起了一种出人意料的改革——出租土地，也就是 amodiation parcellaire（分段出租）。现在，大土地所有者不把自己的农庄交给一个农场主了，而把它分给附近更多的农民，叫农民每人每年能耕多少地就领多少地，农场主认为这样对自己有无限的好处。不错，一般说来，农民都是为了自己本身的土地而牺牲租种的土地的；然而，一旦领主不压迫农民，农民的智慧便得以发挥，因此，不论是农民本身的土地或租种的土地，农民都由于直接的利益以同样的心情和智慧来经营。的确，法国的农民阶级，在政治环境所允许的范围内，相当幸福，在今天的政治情况下，出现了一个他们所热爱的祖国。

我们在探讨农场的面积和农场主放弃手工劳动产生的危害多么严重的时候，我们并没有彻底讨论大农场和小农场的问题。我们没有这样做，是因为这个问题与其说属于政治经济学范围不如就是属于农业科学的范围。气候、地区和市场决定人们向土地所要求的收获的性质，而这些收获的性质又决定着农场或对分地面积的大小。适于种谷物和牧草的土地的方法，用来经营葡萄、橄榄和果园却是有害的。大农场主要经营用牲畜来耕作的产品，小农场主要求精耕细作，甚至有时要求非常微妙的劳动的产品。在大多数情况下，选择这一种或那一种经营方式并不决定于我们；同样，庄园面积的大小并不能决定适合用哪种形式。托斯卡纳是适于小农经营的地方，一个大庄园（una fattoria）被分成二十块或三十块对分地；圣彼得庄园[1]是采用大农经营的地方，往往有七八个

① 圣彼得庄园（patrimoine de Saint-Pierre），旧时教会国家土地的一部分。——译者

庄园连成一片，由一个农场主经营。

但是，我们既不偏向小农经营，也不偏向大农经营，我们只打算提一下，这两种方法终究都会走向极端的，社会毕竟不能以地主的利益来防止这种各走极端的现象。我们在第五章曾经谈过，地主经常把对分土地分成极小的小块，从而使对分制佃农陷于穷困。我们认为必须指出，在英国实行的农场的高度集中，也往往是地主不顾国家利益所造成的。英国已经发展到高度繁荣的程度，英国在农业方面高度地应用了自然科学，改良了家畜的品种，增加了农田的肥力，采用了机器，因此，乍一看来，并不能看出大农场给英国带来的害处。在颂扬这些精耕细作的农田时，应该看到耕种它们的居民；他们比法国耕种同样大小的田地的居民少一半。在某些经济学家看来这是利益，在我看来这是损失。但是，这部分非常稀少的农业人口，同时还非常穷困。cottager(英国贫农)的享受、前途和安全，几乎都赶不上欧洲其他国家的农民；这样，我认为创造财富的宗旨就算落空了。

如果进一步来看，我便感到十分痛心，因为大自然赐给人们的种种快乐，和理应享受这些快乐的人一起被消灭了。田野里没有令人心旷神怡的果园和果树；这并非是那里的气候不适宜，因为英国的气候和法国某些地区的气候是一样的，甚至比德国的气候还好得多；但是，种五百英亩地的农场主对果树所要求的精心照料是不屑于做的；同样，农场主是绝不肯饲养家禽的，因此必须用船由诺曼底装运鸡蛋来供应英国市场。英国的农场主拥有大群乳牛，牛奶业也很发达，那种清洁动人的情况使我们十分羡慕，但是，他们却一点奶油、奶糕或乳酪也不卖。最后，他们对于园艺更为轻视，甚至只有在大城市附近或领主的菜园里才能看到大量的蔬菜。有钱的农场主只关心小麦和家畜的买卖；赚钱较少而能大大满足大陆上贫困家庭需要的一切精耕细作，在大农场主看来是不屑为的。

因此，为了生产谷物的技术什么都被牺牲了，但是，英国的农场主用哪些卑鄙手段来对付大陆上农民的竞争呢？他们需要拥有垄断权，以便从田地里赚回他们的投资吗？英国只是今年（1826年）因为歉收，需要用政府的全部威信要求议会通过一项议案，许可以百分之二十左右的进口税运进一小部分谷物，此外是绝对禁止谷物进口的。

无疑，英国由于建立了大农场（如果人们愿意这样说的话），农业科学在农业方面有了巨大进展。但是，人们不禁要问：究竟谁得到了好处呢？农民的人数比从前增加了吗？没有，人们所能看到的第一个好处就是劳动力的节约，可是农村的人口却减少了一半以上。农民比从前幸福了吗？没有，无论衣、食、住都比不上法国的农民，而且他们没有法国农民所享有的那么可靠的保障：cottager（英国贫农）从来也不能保证全年有工作，甚至连下星期的工作都没有保证，为了能够活命，他们不得不经常求穷人施舍和本堂区的救济。农场主发财了吗？没有，几乎每个人都在几年前由于产品价格的暴跌而破产；而且土地所有者向他们要他们所应缴纳的沉重地租——rack rent（折磨人的地租）。尽管他们煞费苦心，仍然很难保持自己的原来地位。那么，土地所有者是否得到了农业进步的全部果实呢？没有，每英亩二十五法郎的地租，在英国算是中等地租，这比法国的中等地租还要低；而且土地所有者只是依靠专利权才能收到这笔地租；可是今天，这种专利权已经激起了全国的愤怒，也朝不保夕了。最后，既然生产者没有得到好处，消费者是否得到好处了呢？没有，消费者既买不到水果和家禽，也买不到乳酪和蔬菜，他们所买的肉和在大陆上买的一样贵，虽然他们极力斗争，甚至同意加上百分之二十的进口税，却仍然买不到大陆上的谷物。可见，产生这样结果的经营方式是不值得仿效的。

第九章　论长期出租制的经营

我们为了结束土地财富赖以不断革新的经营方式的论述，我们还应该再提一下长期出租制的经营或永久出租制的经营，这种制度使农民具有不完全的所有权，并且在国内产生了一个几乎和小地主一样勤劳、幸福和热爱故乡的农民阶级。

在其他经营方式中，享受果实和所有权没有关系，农夫很有把握把自己每年的投资收回来，然而他们不能确保获得为土地创造永久价值（如：汲干沼泽、栽种树木和开垦荒地等）的投资的利润。土地所有者也很少能够亲自拿出这些垫支费来。如果土地所有者出卖自己的土地，买主甚至要全部承担支付这种垫支的资本，那么，**长期出租**，或称**开垦**就是一件极其有利的创举了，我们称这种方式为**开垦**，因为 plantation（开垦）的原意就是如此，农民要通过这种方式负责开垦一片荒野，来换得长期使用这块土地的让与权，而土地所有者则只保存代表直接所有权的一种不变地租。再没有比这种方法更好的了，它既能使人把对财产的全部热情和耕种土地的热情结合在一起，又能使人们把用来开垦土地的资本用在改良土壤方面。

实际上，这些好处被经常发生的一种严重的害处抵消了，这种制度使两个人在同一物品上同时享受永久性的权利，并且使他们彼此的地位都受一个契约条件的约束，而且这项契约很可能是在两个关系人出生以前很久就规定的。对于产权来说，两个共同所有人为了保护各自的权利而感到许多麻烦，这不能说是好处，这种情况经常引起诉讼，诉讼本身就是坏事，而且所牵涉的权利越久远，诉讼的判决就越不可靠，甚至往往不公平。

长期出租显然和前述的免役地租有一定的关系，不过，免役地租是在奴隶时代由封建法产生的；长期出租出自罗马法，当时的农民还是自由人。到了近代，有一些封建时代的条款也被包括到里面去了：土地的让与不是永久的，而是以一个世代或几个世代为期，在指定的这一辈死去以后，地主仍然收回自己的土地，并把农民为了改善土地而进行工程和一切投资收去，这就使这个农民的家庭遭到破产。在意大利，特别是在托斯卡纳，皮埃尔—利奥波德大公几乎把王国的所有土地都以长期出租的方式，或以 livello（出租）的方式分配出去，其中大部分属于教士们的财产，并且把今天最繁荣的省份从洪水中拯救出来，同时，国王命令批准四个世代的长期出租可以连续重订租约，假定每年的地租为百分之三，或以 laudemio（地租）作为资本的百分之十五的话，只要交付一年地租的五倍就行了。这项法令无疑是十分明智的，它增加了长期出租契约的意义，并且鼓舞农民在规定的世代快满期时，仍然不松劲儿。从另一方面来看，使农民失掉一部分资本，而不是地租，在某一年使他陷入困境而不能照常享受自己血汗挣得的果实，这永远

是一个坏的经营方式。

长期出租可能是一种使大农场主享有领主所不肯出卖的大庄园所有权的好办法；然而，它永远不能成为一种普遍采用的经营方式。因为这种方式使直接地主失去了对所有权的一切享受，使他受到种种危害而得不到作为资本家的任何好处；况且，一个家长如果连他所应取得的价格都支配不了，就永远把自己的财产租出去，并不能说是一个明智的或者善于管家的人。

英国法律也曾力图给予这种契约以种种便利。它把永远租赁者看作自由世袭地领有农（free-holders）；英国法律准许他们参加选举，而不准那些公簿持有农（copy-holders）和普通的佃户（lease-holders）参加选举。然而，前者的人数在每个郡[①]都显著减少了。差不多这种租契期满后，地主都不重订租约，而是把自己的土地以二十一年的期限租出去，他只许可他认为在进行选举的各郡为保持自己的势力所必需的自由世袭地领有农的存在。在爱尔兰，租给 cottagers（贫农）的小块土地是以一辈子为期的，这样每次选举时领主需要多少自由世袭地领有农就有多少了。如果立法者有意鼓励这种经营方式，为了使自由世袭地领有农享有选举权，就应设法使他得到大大超过法律所规定的四十先令的收入。奖励这种小块经营方式和排挤其他各种方式，既不符合经济的根本目的，也不

① 在英国，不仅是自由世袭地领有农的人数有所减少，连用这种方式经营的土地面积也缩小了。领主们为了掌握大量选民，在普选的前夕就增加自由世袭地的数目；但是，他们从来也不把大块土地让给自己的佃户，相反地，他们把土地缩小到法定每年约四十先令收入的最小面积；至于他希望用来得到一笔收入的一切土地，却仍然以出租的方式租给佃户（农场主）。

符合政治的根本目的。法律完全没有增加真正自由的农民阶级的人数，并且也不是因为他们享有自由地位才给予他们选举权。

在苏格兰，长期出租是永久性的，这种农民只有在城市附近和适于修建房屋的地方人数最多。这些被称为 to feu（永远出租）的小块土地，在爱丁堡周围是成百上千地存在的，它已经不是一种农业经营方式了；这是鼓励在苏格兰的首都附近修建许多无人居住的大街并使无数建筑企业家破产的不明智的投机活动。

长期出租，在法国的某些省份和萨瓦也以"阿勃格"（abergements）的名称出现过；但是，没有发展到对农民的地位发生重大影响的地步。

第十章　论谷物贸易法

我们简略地叙述了在各国每年创造领土财富的经营方式，收获物一旦到手便属于商业财富，变成商品，我们在下一篇将要明确的几项有关商业财富的原则，既适用于谷物和其他土地产品的商业，也适用于交换城市工业产品的商业。然而，由于谷物既是人类主要粮食，又是需要劳动力最多的农产品，而且价值最高，因此，在谷物商业方面订出了一项专门的法律，它与各种经营方式的结果都有密切关系，因此，这是我们这里应该加以探讨的。

立法者在力图把谷物贸易作为首要对象，即在市场维持谷物的低廉价格；而且人们不能否认这个目的是值得追求的，尽管他们想利用他们的食品价格法、仓房中的存粮法、谷物垄断法，以及利用那种迫使高价生产谷物贱价出售的尝试来追求这个目标而走错了道路。但是，如果我们在这里攻击以后克服的错误，也是徒费笔墨；今天，如所周知，要迫使农民赔本出售谷物，就等于停止再生产，就等于不是在国内规定廉价出售而是提高价格，甚至制造饥馑；所谓谷物的垄断者就是在不同省份和不同季节中保持不同价格的商人；使国家的粮仓提供的谷物，比商人供应的更贵更坏；最后，政府的所有这些降低谷物价格的努力，都往往收到相反的效果。

但是，不应该因此就断定，他们所追求的谷物的低价对国家毫无好处。人人都是谷物的消费者，人人都能享受到这种富裕和廉价的好处；人们所希望的就是这种廉价能够持久，并且像英国人说的那样，是**合算价格**，也就是说，要它能赚回生产时所用去的一切投资，以便进一步促进生产。谷物的价格是工资价格的基础。谷物价格高了，人类劳动创造的一切产品的价格也随着提高，谷物的昂贵在一定的时间内就会引起以出口为目的的一切工业的破产。

然而，工业最发达和最富强的国家，在政治经济学方面最精明的国家——英国，拥有旨在提高谷物价格的法律，现在有一半的英国人要求废除谷物法，义愤填膺地反对它的支持者；另一半英国人则要求保持它，对那些想要废除它的人发出愤怒的叫喊；这些法律引起了政府陷于分裂，曾使得主要由地主组成的议会不敢通过可能引起强烈动乱的法案，甚至引起了内战，是目前唯一值得我们研究的。

我们已经谈过，英国是一个采取大农庄制的国家，英国的土地，是由一些投机的农场主每周以工资雇用的短工来耕种的；这些农场主为了保持自己的商业活动必须出售自己的产品，赚回自己支付的金钱，他们的产品几乎全部都送到市场上去。这些农场主是不能继续做赔钱买卖的；如果他们收获的谷物卖出去，不能补偿他们所付出的工资，他们就会抽掉自己的农业资本，把荒芜的土地还给地主，即使地主不能再得到任何收入，农场主是不理会的；他们要解雇工人，工人饿死他们也不在乎，于是，谷物的生产就要停顿。然而，土地所有者和农场主都异口同声地说，英国当前每夸脱谷物从五十到六十先令的实价刚好是一个**合算**的价格（remunerating price），正好补偿生产所用去的费用，如果这个价格降低了，他们就不得不放弃播种谷物。

另一方面，波罗的海、黑海和地中海沿岸各国以及美洲各大河流域的国家，都生产大量谷物，完全可以用比这个合算的价格低得多的价格供给整个英国食用。在英国，最好的谷物每夸脱售价五十六先令，而在 1826 年 8 月在格但斯克和律贝克港口每夸脱才售十七先令。今年春天，政府看到英国的收成惊惶万分，它要求议会准许，必要时以每夸脱纳十先令的进口税运进一小部分谷物；在这个问题上，英国政府遭到最强烈的反对，即使这是一个临时措施，贵族阶级也激烈反对，政府只是依靠全国人民的力量才获得了胜利。

然而，商业危机正在袭击着这个国家的工业，英国半数以上的人口从事城市手工业，因此，只能依靠由它供应各种工业品的其他国家才能存在。以工资为生的半数手工业者，一点工资也得不到；外国市场达到饱和状态，无法购买商品，穷人闹起饥荒来，他们认为，人们以高价卖给他们面包，叫他们差不多连半饱也吃不上，全都是为了保证大领主获得更多的收入，大领主已经享有一二百万

的地租，并且在各个港口拒绝交出以半价出售的谷物，他们所以挨饿完全是富人所造成的。另外，工场主认为，他们在销售地区遇到的市场饱和状态就是谷物法造成的；大陆的富人由于自己的谷物找不到销路，无法购买他们的商品，大陆的工业比他们的工业繁荣，因为大陆上的粮食便宜，工资较低，因此，商品对于生产者也就不那么贵。这样全国两半人数便互相矛盾起来，这不只是由于利润问题，而且是由于生存问题；大臣们不仅感到非常棘手，举棋不定，而且也不知道怎样才能够得到议会的合作，议会主要是由地主组成的，他们既是主宰者，又是议会的成员。

对外国粮食开放市场，也许会使英国的地主破产，使地租空前跌落。毫无疑问，这是很大的灾祸，但这并不是不公平的事情。地主的唯一权利，就是把自己的土地供别人种植、通过收地租而取得对社会贡献这一代价的报酬。如果他们对社会没有贡献，就不应该有所要求；如果别人不需要他们，如果他们强迫别人接受他们这种供应，而这些人并不需要，并且迫使这些人对他们的这种供应给以报酬，那就等于掠夺这些人了。如果地主失掉自己的收入，毫无疑问，社会是要陷于贫困的，但是，如果社会把别人的收入给了地主，也同样不会避免贫困。

是的，关心农业的并不只是地主，农场主和短工也同样依靠这种职业为生；首先是农场主，他们将从农业中抽出自己的资本，至少是一部分，他们可以把这些资本用到其他工业方面去，他们可以把资本运到美洲，他们在那里仍然可以取得利润；他们既不牵挂地主的土地，也不留恋自己的职业，他们并不会死亡，只是国家失去了他们。但是，短工将做什么呢？尽管在农业方面的劳动力，由于采用大农场制的经营，缩减到不可想象的地步，而英国还有约六十万户短工的家庭，全靠每天在田间劳动的工资过活。工作会停顿，田地将变为牧场；农民只能饲养畜群，可是，饲养畜群所需要的工作只不过是用于生产谷物所需要的十分之一而已。没有工作的五十四万户将何以为生呢？就假定他们宜于从事任何工业工作，但是现在有能够容纳他们的工业吗？在英国，农业方面用的劳动力比其他行业所用的劳动力的总和稍微少一些，而法国农业所用的劳动力则等于其他行业的劳动力的总和的四倍；那么，一个行业和所有的行业合在一起，怎么能把所有的农民完全吸收进去呢？

能够找到一个政府情愿让自己管辖下的一半国民遭到这种危机吗？如果它这样做了，它能够经得住随之而来的悲痛事件的爆发吗？牺牲农民利益的人自己能够在这方面得到什么好处吗？这些农民是英国工场手工业的最亲密最可靠的消费者。农民停止消费给工业的打击，要比失去一个最大的国外市场沉重得多。

无疑，我知道有人会指责我说得过火了，我曾听到一个经济学家对我说，供应英国谷物的国家和在英国一样，如果谷物不能产生合算的价格，也会停止种植谷物的；波兰产谷物的土地不能获得比进行其他任何工业所得到的利润多，波兰的农场主就将把自己的资本投到其他方面去；第四、五、六等土地，在波兰和在英国一样，都要停止耕种，而在英国将继续耕种第一、二、三等土地，因为这三种土地在波兰也还照常耕种。

持这种见解的经济学家，认为用这八等土地不仅可以说明各种土地的肥沃程度，而且可以说明影响农业生产的各种原因，他们从来不考虑各种经营方式；他们完全不知道，在劳役经营制度中一次就预付了无限期生产谷物的劳动的报酬，此后，这种劳动就一代一代接续下去，从而不会让出卖谷物者感到成本过高或卖价过低，使他能够连续耕种；在他看来，谷物并不是别的，只是让农民挨几百棍子罢了，不管卖什么价钱，他总会得到打农民几棍子的报酬的。

如前所述，在实行劳役经营制的广大地区，包括整个的波兰、俄国南部最肥沃的地区，以及其他的北非地区，土地是被分为两部分的，即农民一份，领主一份；农民那份的产品供农民食用；领主那份的产品则完全出售；今天充斥欧洲各个市场的就是这种谷物，无论用什么价格都可以出卖；因为，波兰和乌克兰的谷物对于卖主来说根本无所谓。埃及和北非各国的谷物都是以对分制经营的，因此对于分得半数收成的巴夏或领主来说更无所谓。

在采用劳役经营方式的国家，农民几乎不想知道他所生产的产品在市场上能卖多大的价钱；他耕种领主给他作为工资的那一小份土地，并非为了出卖产品，而只是用于养活自己，他几乎不用自己的产品进行交换，他从来不买什么也不卖什么：他需要付款的时候，就去替别人劳动，而不付钱。他吃自己的粮食，自己的乳酪，自己畜群的肉，他脚穿的是畜群所生产的皮革，衣服是畜群生产的绒毛，他纺自己种的麻，用自己的木料建造自己的房屋、家具和工具，他的贫困，与其说在于他缺少的物品，不如说在于他所用的物品的简陋和笨重。他的家乡人口由于战争和压迫而减少了，于是他往往可以得到大量没人耕种的土地；只要他认为能够过人口兴旺的安定日子，他就来耕种这些土地。尽管他的产品跌了价（他也许不知道这种情况），但是他现在却处在一种相当有起色的状态。

但是，这些国家另一半土地是属于领主们的；这一半土地的面积超过法国和英国两个国家的面积的总和，所生产的谷物比两个国家的总产量还多。这一半土地是完全由农民用自己的费用耕种的；而产品却是由领主们出售，农民得不到任何报酬。毫无疑问，如果谷物的价格不高，虽然领主因为收入减少了，受到些损失，但是，这是一笔没付任何代价的收入，他既没有出资本，也没有参加劳动；无论谷物的价格跌到什么程度，他仍然叫自己的农民生产谷物；因为这样他毕竟会得到一些收入的；如果他让农民停止劳动，他就什么也捞不到；相反，谷物价格的低落要求他耕种更大面积的土地，以便通过卖出更多的谷物赚回从前出售少量谷物所能取得的收入。

采用大农场经营的国家是经不起这种竞争的，在这种竞争下，卖者总能够用更便宜的价格出让自己的商品。如果英国向波罗的海和黑海沿岸各国开放港口，让谷物进口，英国的谷物耕种必然要全部陷于停顿；因为，不管英国的农业技术如何先进，也不管英国的土地如何肥沃，英国农场主的谷物总是要花费相当代价的；另一方面，不管波兰的农夫怎样无知，波兰的土地怎样贫瘠，卖谷物的领主的谷物是不值什么的。至于埃及的巴夏或突尼斯以及的黎波里的领主，都是以实物地租方式来征收谷物的，对他们来说，谷物更不算什么。

但是，怎样办呢？是开放还是封锁英国的港口呢？是使英国工场的手工业工人还是使农业工人饿死呢？问题的确是可怕的；英国内阁的处境是国家要人才能陷入的一种最令人头痛的情况；我们认为应该提醒他们注意一下劳役经营的结果，因为他们似乎没有看到这一点，但是，我们期望议会的争论会带来新的光明：只对这个问题进行讨论，而不做出硬性决定。不难看出，还有一种更为普遍的结论，即采用大农场经营的危险性，也就是整个农业从属于投机制度的危险性。

我们必须再一次强调指出，财富绝不是社会的目的，财富只是达到这个目的的手段。大农场经营，用于农业的大量资本、自然科学和大农场的联合，使财富得到了一定的发展，这是绝对不能否认的，农田工作做得更好，稗草除得更干净，和播种对比起来收获更为丰富，同样，家畜的牧养也比较先进；但是，全国赖以为生的工业却经常受到市场价格的支配；英国恢复或放弃谷物种植要根据格但斯克、塔甘罗格或者肯塔基市场上的价格对英国、俄国或美国谷物售价是否合算来决定。这种情况只是发生在播种商品谷物的国家，一个拥有播种面积一千英亩的农场主，每年有时在这块、有时在另一块土地上收获的谷物约为一千二百夸脱，而他本人或他的家庭只消费二三十夸脱，其余的都要卖掉，因此，商业价值是他在生产中所考虑的唯一问题。但是，如果农场不足一千英亩，而是五十英亩，如果由二十户农民代替一个大农场主亲自耕种这些土地，则在所收获的六十夸脱谷物中，每户要消费二十到三十夸脱，尽管每户出卖谷物的价格比外国采用劳役经营方式生产的谷物低而受到一些损失，但是他们都要为自己的需要继续耕种谷物。

今天，整个欧洲大陆普遍发生这种情况。波兰和俄国的谷物距离法国一样近；波希米亚和匈牙利的谷物离德国比英国近；黑海沿岸和北非各国的谷物离意大利更近。如果这些进口谷物价格低廉了，农业当然要受损失。然而，这些国家的政府大多不想加以禁止，或用严格的进口税加以限制；法国、德国和意大利的农民，虽然由于种谷物赔钱而减少些播种面积，但是并不想放弃谷物的种植，因为他们首先得养活自己。

一个国家里的交换越频繁，或者人们越习惯于购买自己需要的东西，而出卖自己生产的东西，这个国家的货币流通也就越多，财富的形式和支配大量资本的手段也随之增多。但是，这里也有一些依靠自己的产品，不求助于市场，衣食自给自足的安宁享受。诗人们都非常熟悉这种享受，因而经常加以歌颂。他们很喜欢描写在自己的仓库、家禽场拥有大量食品、穿着用自己的羊毛和麻布做的衣服的居民。很久以来经济学家就把这种每个人喜欢自己的产品的心情理想化，他们喋喋不休地说，只要每个人做好自己应做的事，贸易就会有改进和节约，不用每个人亲自生产自己所需要的每一件东西。英国的例子告诉我们，这种实际并未免除危险。

自耕自食的农夫，在生产谷物的过程中所付出的代价，即使要比几乎卖出自己的全部谷物，并用这笔钱雇用劳动力以便再生产谷物的代价高，也宁可使广大农民属于前一阶级而不属于后一阶级。不错，生产谷物所花去的过高代价，是国家的一笔开支；但是，用国家财富来求得安全，这是无可厚非的。然而，因此国家的生活资料便受到市场波动的支配，投机商便利用谷物价格高低刺激人们，或使人们挨饿，农民在这一年有富余，而到下一年就难保不过米珠薪桂的生活，全国就为了人们的生活忍受市场处于饱和状态和贫困循环往复的危机。使本国的工业处于奄奄待毙状态。这种不可避免的结果，甚至连所有的投机分子也不能不感到：最近市场上，他们的货物过少或过多，是会影响国民的安全的。据估计，在法国和意大利有五分之四的人属于农民阶级，因此，无论国外粮食的价格如何，总有五分之四的国民吃本国的粮食。而投机活动引起的波动只能影响其余的五分之一；就整个的收获来说，五分之四是固定的，只有五分之一是变化不定的。在英国，不仅从事农业的国民不足一半，而且凭自己的谷物过活的农夫还不够十分之一。那么，由于投机活动而引起的波动，英国人称为 over trading and under trading（商业中的过剩或过少）两种错误影响着谷物的总生产，并且影响着整个的国家。

不仅如此，英国人在我们面前把自己的大农场说成是改进农业即获得价格更贱的更丰富的农产品的唯一手段，事实正好相反，他们生产的农产品只是更贵。的确，这些农场主很富裕，很有学识，而且得到各种科学成就的大力支持，他们套车的马很漂亮，篱笆很结实，田地上的杂草除得很干净；但是他们经不起毫无知识、受奴隶制压抑、只能在酗酒中寻找安慰、农业技术尚处于原始状态的可怜的波兰农民的竞争。波兰中部汇集的粮食，在付出数百尼约的内河、陆路、海洋运费之后，在付出等于本身价值的百分之三十或四十的进口税之后，仍然比英国最富庶的伯爵领地的粮食便宜。

英国经济学家为了解释这一使他们惶惑不安的对比，从来也不肯考虑在其他国家发生的事实，他们先后指摘大臣们在他们身上课税过重，并且谴责币值的经常波动。新学派关于改革货币的论点，我完全不理解，我也很难说常常采用这种措施的人是否彻底理解。至于税收，当然是很重的，这必然引起一切物价的腾涨；但是，如果不认为剥夺一切安全、保证和正义是对波兰农民、埃及或北非各国贫农的更重的课税，那么就是对英国人的自由不够重视。

当然，要求大臣们降低税额，厉行节约，无论如何是正确的；但是，由于这一切税收的降低不能改变欠债的利息，税收也不会减少太多。这是因为剥削制度本身是不好的，是建立在危险的基础上的，必须设法加以改变，虽然不应该操之过急，过于突然，但至少应该积极地加以改变，不久以前，所有的作家都把这一制度说成是值得我们欢欣鼓舞的东西，但是相反，我们应该好好地认识它，以防去模仿它。

但是，当一半从事工场手工业国民苦于饥饿，而他们所要求采取的措施又使另一半从事农业的国民遭到饥饿威胁时，英国怎样才能采取一些认真的同时又是逐步地提高小农场作用的措施呢？这一点我不知道。我认为必须大大修改谷物贸易法；但是，我劝告那些要求完全废除它的人去仔细研究下列问题：

1. 如果以劳役经营生产的、卖者又认为不值什么的谷物毫无阻碍地运到英国，英国是否还会有一个农场主在某块田上继续耕种谷物？

2. 如果英国认为购买外国谷物更便宜，从而不再播种谷物，从事农业的劳动力将要减少多少？从事工场手工业的人的穷困家庭，由于要维持所有被解雇的农夫家庭将要受多大损失？几乎占全国人口半数的英国农民阶级停止消费，会使工场手工业遭到多大损失呢？几乎完全丧失地租收入的富人停止消费，会使工场手工业遭到多大损失呢？

3. 如果生活完全仰给外国，特别是要依靠那些最容易变成自己的敌人，依靠欧洲最野蛮和最专制的政府，依靠那些处心积虑危害英国也危害本国群众而不择手段者，那么，国家的安全会有什么保证？俄国皇帝只要想从英国方面取得让步，就可以封锁波罗的海的港口，使英国处于忍饥挨饿的境地，这样一来，英国光荣将置于何地呢？

这是英国在制定可能消灭英国农业的法令时所应该考虑的一些问题；当然还有其他的问题，在十年或二十年以后，澳大利亚由于绵羊迅速繁殖而需要向英国港口输入大量廉价的羊毛，英国的养羊业也要像今天的农业一样无利可图时，以另一种形式出现的问题；最后，由于世界普遍竞争的影响，必须以最低的成本来生产产品，这些影响会引起怎样的后果，也是值得考虑的。在今天，由于各方面的进步，我们必须把全世界看成是整个一个广大的市场。

第十一章　论土地所有权的出卖

当产权仍掌握在一个对劳动既无兴趣又没有一技之长、一味追求享受的富人手里时，为了使土地财富从事再生产，一般说来，只要是土地的使用权转让给一个能够种地的勤劳的人就行了。然而，国家的利益往往要求连产权也转给善于利用产权的人。富人使土地生产并非只为了自己，也是为了全国；如果他们的财产发生了某种变化，以致农村的生产力停滞不前，从全国的角度来看，他们就应该把产权让与其他人占有。

在这方面，只要法律不加以阻挠，由于个人的利益就能实现这种产权的转让。假设有一个人（士兵）对工场手工业一窍不通，他继承了一台织袜机，你完全不必担心他会把这台织袜机保存得太久。这台机器在他手里对他本人和国家都没有好处；如果转到一个工人手里，不论对国家或对他个人都会变成一个生产工具，因此一旦这两个人体会到这一点，就会很快进行一项交换。士兵得到一笔自己能够利用的钱，工人拥有他得心应手的工具，这样一来，生产又恢复了。欧洲的有关不动产的法律大多都和妨碍那个士兵出售他完全不会使用的织袜机的法律一样。

改良土地永远需要有资本，有了资本才能积累改良土质的劳动。因此，为了国家的生存，使土地永远保存在能够运用自己的劳动和资本的人的手里就是非常重要的了。虽然永远禁止出售手工业工具，但是至少不禁止制造新工人使用的新工具；但是，人们不能创造新的土地；只要是禁止转让某人不能利用的土地，这就是使最重要的生产陷入停顿的法律。

前面所论及的经营方式，只要有了永久性的垫支费用，这块土地就会由临时耕种它的农夫的双手生产出果实；但是，这种经营方式，绝不能使暂时耕种这块土地的人们产生投入这笔永久性垫支费用的热情。既然垫支费能使土地具有永久价值，那么就只应该由掌握这种所有权的人来承担。一般说来，力图阻止不动产的转让和使大量的财富保留在贵族家庭的立法者，害怕通过长期出租而不归还的方法把土地占去。因此，他们千方百计保护地主的权益，不使这些权益受地主本人破坏；他们给地主保留了违约和解除契约的条款，并规定了一种短暂的租期；总而言之，他们好像不断地对农夫说："你种的这块土地不是你的，你不要对它过分热爱，不要在这上面付出任何使你可能受损失的垫支费；你最好是干一天说一天吧；特别是不必为你的子孙后代操劳。"

其次，立法者除了不断制造阻挠长期出租的障碍，就是从出租性质本身来说也永远不能使农场主像土地的主人一样关心土地。只要租契有一定期限，那么一快到期的时候，农场主就不关心自己种的地了，并且绝对不肯在土地上投入长期有效的垫支费。对分制佃农虽然能力很小，至少在使用交给他种的土地时，可以任意改良，因为在他的租契中的条件不会改变了，除非自己有开罪于地主的行为，永远也不会被收回租地的。与此相反，农场主却会由于自己善于经营土地，而有被收回租地的危险。他对于委托他经营的农场改善得越多，他的主人在和他重订租约的时候，向他要求的地租也就越高。况且，既然农夫在土地上所投入的垫支能给土地创造永久价值，那么要一个只能从土地上获得暂时利益的人来支付，于情于理都说不过去。农场主可能在短短几年内精心管理农田和牧场，因为他知道在此期间农田和牧场可以补偿他所付出的全部垫支；但是，他很少种果园；在北方很少种百年的大树林；在南方很少种葡萄和橄榄树；很少开凿运河、灌溉渠和排水渠，很少建设陆地运输、很少开荒，总而言之，很少做些造福后代的、最符合公共利益的工程。

这些与增加全国生活资料有关的工程，只能由一个拥有大量流动资本的地主承担。对国家来说，最重要的不是保存大量财富，而是要把土地财富和流动财富结合起来。农田掌握在摆着大批钱不用的人手里，不会生产果实，而是当它掌握在有足够的钱，并且肯于把它用在土地上的人手里，才能生产果实。因此，土地法应该设法使流动资本和固定资本经常凑到一起，使英国人称为私人的财产和那些他们称为实际的财产结合起来；土地法应该鼓励不动产的出售，因为几乎全世界的法律都是与此相反的。

社会财富积累的自然结果必然永远把享受和劳动分开；立法者的任务在于不断促使享受和劳动统一。发财致富的人都想享受安逸和自由，因为这是他的劳动成果，而且他应当享受；不过，使他毫无顾虑地增加家里的人口也是他应有的享受之一；如果立法者不千方百计地向他传播反社会的偏见，他是喜欢培育很多子女来平分自己的财产，并且看着他们和自己一样开始生活。

另一方面，当一个土地所有者运气不佳时，不论对他本人、对他的家庭，或对社会，都最好是叫他出卖土地，而不去借债抵押土地。土地所有者迫于对财产的感情和偏见，特别是虚荣心，往往走向相反的道路。他所有的财产和资本、体力以及对土地的关心，都很不相称。他吃很大亏去借债，每年由于缴利息都要减少他应该用于经营农场的资本，最后，甚至会落到这种地步：种全部土地比出卖一半种一半的收入还少。同时，如果把另一半转卖给一个没有困难的买主，也会恢复土地的全部作用；这样社会收到的总产量不是一份而是两份了。

法律不应该禁止土地所有者有借贷的方法，但是它应该使土地所有者获得对自己最有利的出卖土地的途径；他为了自己的利益必须付给贷方以更可靠的保证；而这种保证无疑地是一旦债务人不能还债，就使债务人很顺当地出卖土地。立法者几乎采取了迥然不同的办法：他们由于重视土地所有权，为出让土地制造了重重困难，甚至同时牺牲了他们所应保护的土地所有者的利益及其债权人的利益。他们根据债权人借贷的期限，确定了土地债权人的地位，另一方面又使没有规定期限的债权人和只希望有动产权的债权人处于绝对平等的地位。这样前者的特权不但绝对没有意义，甚至变成了危险的了。因为它使权利复杂化起来，并使诉讼案件增加；否则，法律就必须使土地所有者有用较低的利息借到贷款的便利条件，而且要给予更好的保证。事实恰恰相反。今天，在法国，往往可以看到，商业利息为百分之四，而土地贷款的利息却等于头等抵押——百分之六。实际上，抵押土地是非常缓慢，花费很大，而且往往要费很大周折，债权人甚至不愿把自己的钱指地贷出，而认为凭借据借出去更稳妥些。

在出卖土地问题上，法律表现得那么谨慎和胆怯，而在逮捕人时却表现得那么大胆和毫不姑息。几乎在所有的国家里，拘留一个债务人往往比扣押他的动产还省事，而扣押动产又比卖不动产更方便。但是，除了应该尊重个人自由以外，维护公共财产的立法者还应该走相反的道路。逮捕人就是剥夺劳动所生产的一切收入；扣押动产，只有用比动产在主人手里低得多的价值才能出售；扣押商品往往使商人破产；扣押不动产不论对债务人或对国家都没有害处。如果法律像它今天下令关债务人入狱那样允许出卖土地的话，人们就会很快地还债了，大部分旧债就不存在了。应该用来养育全国的不动产，就会转到能够利用自己的资本和劳动使不动产提供生活资料的人们的手里。可是，他们并没有往这方面考虑，而是使欧洲的一半土地掌握在无法用这些财产赚回那一大笔资本的债台高垒的人们的手里。他们完全没有足以经营土地的资本。那么，这些土地所有者由于处境困难，就必须不断采取造成巨大损失的办法从土地上赚钱：向农场主借债，减少耕种的资本，出卖自己的树林，破坏自己的不动产，而绝对不会利用自己的资本来

增加土地的价值。

第十二章　论贵族家庭永远保持土地所有权法

社会利益要求以积累财产的同样方式分配财产，使人们通过迅速的周转都能享受一项财富，因为在创造这项财富的时候，每个人都付出了自己的劳动。社会是靠人们增加财富的努力而繁荣起来的，但是，这种增加财富的活动一旦停顿，社会便会立即遭难；为了大家的利益，社会秩序必须不断进步，一旦停滞不前，社会就要受到危害。

立法者的看法与此完全相反。由于他们本人几乎都是出身于富有阶级，他们认为只保证富人享受他们的财富还不够，必须使这些财富永远属于他们和他们的子女。他们企图把通过辛勤劳动得来的东西在悠闲安逸中保存下来，而不让别人的勤劳换得财富。他们制定的行政方针是社会秩序要求原有的家庭保存原有的财富。

研究贵族对于君主政体的重要性，和一项原有的土地财富对于这种贵族的重要性，是属于宪法上的问题，而不是政治经济学方面的问题；但是，研究对于豪门的自尊心所给予的保证，研究永久限定继承权、贵族世袭权、长子继承权、本族撤回权以及一切为了防止富人破产和出卖自己的财产而给予的种种保证，对于农业和工业发展的影响如何，却是属于政治经济学的问题。同样，研究这样的法律所发生的、人们所预期的效果，以及对不触动这些遗产、而使这些遗产永远保存在一个家庭里的意义，也是政治经济学的问题，而且这个问题和上述问题具有密切的关系。

君主政体的法律允许拥有种种永久继承权，例如，建立采邑、在宗教和军事团体中确立领导权、给予贵族豪门普通俸禄、贵族世袭权、次子和女儿的继承权，等等。土地所有者通过这种种不同的形式使自己的子嗣不能自由处理自己的财产，他既不使他们有出让财产的权利，也不给他们分财产的权利，既不许他们进行任何抵押，也不许他们用遗嘱处理自己的财产。相反地，他迫使子嗣把这份遗产原封不动地保存下来，由一个男子传给另一个男子，传给本族的未来的代表，甚至这个代表没有降生以前就被认为比现在活着的一辈人具有更高的权利。这种永久限定继承权英国人把它叫做 entail(限嗣继承)，而西班牙人则把它叫做 majorazgo(贵族世袭)，在意大利则把它称为 fedecommesso(信托经管)，因为，现实的财产占有人只能被认为是为晚辈人的利益而指定的信托继承人。

最初建立永久限定继承者，常常保留一部分财产，不受信托经管或贵族世袭权的约束，以便给自己的子女们平分。他的长子也可以保存一部分自由财产，以便用来分给长子以外的子女。只要富人家庭中长子以外的儿子们是勤劳的、能够利用自己的小资本，只要他们能够在陆军、海军、文学各方面、在教会里，甚至在商业中积累这些小资本，就都可以用家里最初分给他们的财产成家立业，或至少用来受教育，他们总可以用自己的积蓄弥补他们长兄从他们手里剥夺走的东西。其中绝大多数人，很晚才得到这笔财产，甚至影响到结婚；可是，一个叔祖的遗产却常常使要破产的家庭的财产得到恢复。

但是，这种永久限定继承权到了第三代以后，继承人就难免不会再有自己可以随意分配的自留财产。这些财产一再分给他的叔伯、姑母，以及他的兄弟姊妹以后，还能为他自己的子女剩下多少呢？

他本人能够积攒到一笔财产吗？继承权似乎注定只能阻止他增加自己的财产，而不能阻止他减少自己的财产。他既然不能够动用资本，也就不能够用自己的财富来进行任何盈利事业。但是，靠收入过活的人们只能节约，并且只有利用资本才能获得利润。一块土地财产的信托继承人，既不能在商业上投资，不能建立或援助某个工厂，也不能参加任何公用事业，因此，他要留给自己后代的土地财产价值就不能提高。他没有开凿运河、疏通港口、修建桥梁和制造抽水机的资本。他更不能动用这一部分财富来改进另一部分财富，不能从事大规模的开垦、汲干沼泽、开凿新的河道、经营煤矿、航海、矿山或利用自己土地里所蕴藏的任何财富。金钱所能为国家创造的一切有利的事业，都是这些永远富有的人所办不到的；这就是对财产最严重和最有害的束缚。财富是用来支配劳动的；财富是要创造新财富的；但是，具有永久限定继承权的各种财富，就算没有变得不能生息，至少也是无所改进的。

人们通过剥夺活着的一代自由处理自己财产的权利，使这一代人服从早就死去的人的意志，和服从尚未生下来的人的愿望，因而这一代人就不能进行逐渐改善自己国家的事业，并对那与自己断绝了关系的土地失去兴趣；剥夺了他做人的一般权利，在他活着的时候，就剥夺了他应该在这块土地财产上行使的权利。他本来

应该和他的前人以及他的继承人一样，不受限制地行使这种权利。但是，不仅如此，由于这种财富的分配不合理，破坏了人们曾经企图改进的精神面貌，而使他们的精神像使用资本的权利受继承权的束缚那样委靡不振。

在长子继承全部财产的国家里，如果这种财产还是永久继承的话，长子就会把自己的弟弟们完全当成能吃苦耐劳和能获利的职业者。可是他本人，只要能够管理祖遗的财产，就算完成了自己的天职。人们早就给他一种过贵族生活的资格，使他无忧无虑，不用读书，不需要掌握知识，而把这些事情只看做是属下人的事情，人们公然对他说这都是商业的、机械的或奴隶的事情。人们告诉他：他弟弟如果要千方百计地增加自己的财产，他应该保持门第的传统光辉。本族的名声和荣誉在他看来是神圣不可侵犯的。他手下的仆人、工匠以及周围的寄生者都主动地向他讲述他的父亲和祖父年青时候怎样讲究奢华，怎样做得无愧于他先人传给他的地位；告诉他，他的父亲、祖父有多少仆人，有多少华丽的马车，多少马匹，多少猎狗；他们的宴会多么排场，他们的家具、他们的饮食以及他们的家庭生活多么高雅、有风味。对大批财产的继承人除了这种光荣以外没有任何其他的光荣，他似乎除了通过大量的挥霍获得荣誉以外，得不到任何别的荣誉。那些凡是由于这种挥霍而获得享受的人全都标榜这样挥霍，只要这样的挥霍能持续，他们永远赞成；公众本身甚至把真正的利益都忘了，离开了保存国民财富的道路，只是追求使他称快一时的利益。所以，在任何时代和任何国家，对于纨绔子弟都比对吝啬鬼宽容得多。

当家长去世的时候，继承家长的长子有责任为自己的每个姐

妹准备一笔嫁奁费，并且至少为他的每个弟弟付出一笔年金。一个女儿的嫁奁费就是一笔资本，必须设法从遗产中取得它；如果父亲死时只留下了土地而没有留下一点资本，就得变卖或典押土地进行借债，或者把土地作为嫁奁费给自己的姐妹们。然而，任何一块永久限定继承的土地都不能出卖，也不能典押和出让，于是，信托继承人就凭自己的收入所带来的信誉去借债，而不给任何抵押，俟以后再用收入来偿还。

从此，他就必须和自己的债权人几乎完全纠缠在某种行业里你争我夺；本来应该破坏他信誉的奢华生活，在一定时期内反而能够提高他的信誉；他需要继续保存这种信誉，因为他正在设法欺骗自己和他的债权人。他必须偿还年轻时候的欠债；他必须应付自己建立家庭和结婚的开支；但是，只要他说句话，或开个便条，任何人都不会拒绝供给他钱；所有的商人仍旧殷勤地卖给他东西；为他服务的一切工匠，所有伺候他的仆人仍然对他百般殷勤。他们对他的信誉毫不怀疑，极其大方地供给他所需要的东西，把自己的工资，自己的物品都借给他，叫他在失去信用以前长期地恣意挥霍。所有的人都知道他的收入总数；每个人都为债务人算账，都确信，如果他厉行节约，有两年、四年或六年就能够清偿全部债务。每个人都认为，如果他开始这种节约，就亏负不了这笔债；因此，每个人都凭对他新的信任而拖延期限。商人随便定出自己供应的货物的价格记到账上，工匠、仆人亲自从家里的积蓄中拿自己的报酬。他们也随着主人的恣意挥霍过享乐生活；消费增加了，劳动产品减少了，主人丝毫不敢抱怨他不付工资的仆人，因为仆人是更有理由抱怨主人的。

在整个欧洲，谁不知道大量财富的命运就是这样，很少经过三代而不落到败家子弟的手里呢？这个挥霍无度的人平生大部分时间都挣扎在他所陷入的困境中；他为了拖延还债期限和自己的债权人要诡计，可是他并没有很好地利用这些延长的期限；只是为了在困难中求得暂时的喘息机会而进行一系列的、一个比一个损失更大的交易；总而言之，他受到潦倒生活中的种种折磨、恐惧、忧虑和侮辱，而不肯放弃自己的马车、表面的奢华，以及得不到任何快乐的虚伪的荣华；直到他寿终正寝的时候也无法偿还累累的债务。

这个挥霍无度的人死去以后，永久继承的财产完整无缺地转到另一个信托继承人的手里，而这个人并不能避免蹈他父亲的覆辙。这便是创始永久限定继承权的人所希望的事情，也是保护永久限定继承权的立法者的初衷。同时，父亲的所有债权人都随着他父亲的破产而破产了。他们有权要求得到他全部收入的五倍或十倍；因为这是他们的资本，如果他们把资本输光了，国家也就跟着他们亏了资本。卖给他东西的商人和工场手工业主也要破产，工匠和仆人为自己晚年所积累的积蓄也化归乌有了。积累财富的各个阶层长期挖空心思所获得的积蓄，一天工夫就被挥霍无度的阶级坑害光了，而这个阶级却是永久限定继承权替它保证具有破产特权的阶级。庞大的财富不应该这样分配，不应该这样流通。

但是，永久继承的财产真的全部转到信托继承人的手里了吗？不然，永久限定继承权的创始严重地妨碍财产的增加，却不阻止财产的减少。在二三十年期间内经常处于困境的土地所有者，不能把自己的任何资本和节约用于改良土地、开垦和保持土地价值的巨大工程方面。然而，土地的生产能力是由人的劳动创造出来的；

有了人的劳动，才能保持土地的生产能力。为了灌溉或排水而开凿的水渠干涸了，过一定时间就应该重新疏浚；堤坝坍塌了，水闸崩溃了；乡村的住宅、畜棚、压榨机也都毁坏了。要重新置备这些东西，必须有一笔新的资本，而这笔资本却不存在。为了使大植树场保持良好状态，必须不断添种新树。橄榄树每一百棵中要栽一棵新树，桑树每五十棵要补栽一棵，葡萄每二十棵要补栽一棵，所有这些垫支费用都应该由土地所有者承担，因为农场主或种对分土地的农民不能取得这些垫支的收入。如果土地所有者连续几年不关心这些事情，就全都要损坏，最后，农场就快荒芜了，葡萄、桑树、橄榄树，不能补偿它们所需要的劳动，农田或牧场也不能产生应得的收入。农田和牧场就需要很多的牲畜、犁铧和一系列的农业工程，因为挥霍者把它糟蹋了；农田和牧场也需要他由于一时的贫困而出卖的畜群；需要他解雇一部分仆人和雇工，因为他自己缺钱而在农业的一切垫支方面都显得吝啬了。于是，只好放弃耕种，变土地为牧场，把它租给几个拥有大畜群的地主。像卢卡那样令人向往的、每四年收成六次的地区（遍地的橄榄、葡萄、无花果、桑树的收成还不包括在内）就是这样，最后竟像罗马附近的广大荒原或卡皮塔纳特的荒原一样逐渐退化。荆棘和野草渐渐占去了种牧草的地方；同样，牧草也占去了原来极其茂盛的美丽花草的地方。在这些荒芜的省份中，土地却是永久继承的。同样的家庭永远掌有同样数量的土地；但是，这些大量的土地由于被人遗弃，对于这个家庭或全国的价值却不同了。

威胁永久继承财产的不只是由于会遇到挥霍无度的管理人；而且一个家庭的财产也不可能永远毫无间断地从父亲传给嫡系长

子。如果信托继承人没有儿子，只有女儿或私生子，就注定他死后要把自己的全部财产传给某一个弟弟、侄子或堂兄弟，而自己最心爱的寡妻、女儿却毫无所得。于是，土地所有者活着的时候，就一心想为自己所疼爱的人省出一笔财产，并且往往只想危害和他有利害冲突、惹他痛恨的人。于是，他为了攒点小积蓄，攒一笔自己可以自由支配的小小资本而砍伐地上的树木，变卖家里的动产，拒绝支付任何用来保持土地价值的开支，因为土地是他将来要违反自己心愿交给别人的。这种在财产持有者和信托继承人之间、在应该支付这些垫支和应该获得全部垫支果实的人之间、在迟早有一天要让出自己的财产和等待继承他的财产并已经预先成为财产看守人之间永远存在的利益冲突，所引起的互相仇视实在不胜枚举！这是人们完全出乎意料的，也是一个父亲和自己长子之间所不应该产生的！于是，父亲便想方设法出卖某些受限制的财产；他每砍倒一棵树，心里就感到痛快，因为他可以从中得到几块银币，日后可以留给长子以外的儿子；他不肯栽一棵树、一棵葡萄，因为这要使他把准备给穷儿子的钱为富裕的儿子花去几块银币。他对一个儿子的嫉妒和对其他儿子的疼爱相互交织在一起。他的吝啬和公正，他的道德和恶习也相互交织在一起，可是共同结果都不外是糟蹋托给他的财产。

根据普遍的经验，似乎所有的立法者都应该相信永久限定继承权所带来的恶果了，然而，以保存贵族利益为基础的门庭虚荣或偏见，却多次给他们增加了新的辩护者。永久限定继承权在苏格兰仍正在盛行。在英国，永久限定继承权是由条件(de donis conditionalibus)法令(13 Edw. 1，C. 1)而产生的，法官们不断企图用巧妙的手法取消这种永久继承权；这主要并非依据什么高尚的原理，而是在继承人犯了叛国罪以后，把遗产充公，这是事实；不错，自从爱德华四世以后，特别是从亨利八世以后，有一项称为 fines and recoveries（罚金和赔偿）法令的一种骗人的法案，使财产占有人可以宣布永久限定继承权无效，可是，这项法令却保证了头等继承权（remainder），由于这种继承权不断改头换面，其效果几乎完全不减当初。永久限定继承权早就在西班牙、葡萄牙和这两个国家的殖民地造成破产；永久限定继承权在德国是普遍流行的；在法国，拿破仑也重新准许永久限定继承权的存在，他为了他的新贵族建立贵族世袭权牺牲了重大的国家利益，复辟王朝以后，这种贵族世袭权又得到了巩固，最后，在意大利重新成立的政府，为表示仇视曾经攻击过政府的哲学学说，大都又恢复了这种继承权。

我们上面所介绍的永久限定继承权所造成的极其严重的后果，是由很多情况促成的。当一个国家（如英国）达到高度繁荣的时候，当各个行业为所有勤劳的人打开大门，当政府、海军、陆军、商业以及印度提供出无数的发财致富的职位时，只要有父亲或一个有权势的哥哥的荣誉就能使曾受良好教育的空有虚名而没有多少财产的年轻人，得到一个适当的位置或得到擢升；国家和家庭的繁荣不是依靠永久限定继承权，而是以反对永久限定继承权来维系的。如果这个国家的繁荣一旦受到动摇，如果由于连连的倒闭事件这个国家的商业遭到破产，如果由于这个国家的各种工业品价格高昂以致国外市场达到饱和，如果由于财政方面的混乱迫使国家裁减陆军和海军，裁减充塞政府机关中的官员，假如由于这种种原因，那些当权的国家要人，那些在今天有助于增加财富的人，以及每个家庭除长子以外的儿子都游手好闲，那么，这个国家不久就会由于残酷的教训而明白永久限定继承权的后果是多么严重，明白为了取消永久限定继承权，应该怎样攻击门庭的自尊，并要求每个子女都有机会平等分享遗产。

事实上，任何国家都是一样，不仅是永久限定继承权，就连把一切土地都传给长子，并使长子享有比其他儿子无限优越地位的风俗，都会使他放弃一切盈利的事业，甚至依靠自己的财富而游手好闲，然而，为了国家的利益正是应该利用财富来进行生产；如果没有财富，任何工业、商业和农业企业都办不起来，关键不在于鼓励人们去劳动，而是要用资本和贷款使土地肥沃起来。

长子权利和永久限定继承权一样，其必然的结果是：使掌握的金钱和土地分离。家族的繁荣和国家的繁荣一样，主要是依靠固定资本和流动资本的结合。可是，永久限定继承权，甚或使家族只有永远保持有过的土地才算保住门庭荣誉的惯例，在每次继承过程中，都无非是使金钱和土地屡次分离。在每个家长死去以后，全部流动资本都要转到女儿、长子以外的儿子们和寡妻手里。唯有土地，即足够用来抵押债务的土地转到继承人手里。经营土地的资金来源日益枯竭，他的财产的损失日益严重，恢复的可能性也就愈少，如果没有一笔垫支资金是办不到的。如果地主出卖一半遗产来经营另一半土地，会有多少人重新恢复他失去的富裕生活啊！然而，正是永久限定继承权、法律和惯例妨碍他们这样做。

最后，永久限定继承权不仅使土地所有者失去积极性和流动资本，而且使他们的声誉扫地。使富人得不到别人的信任，不能叫别人借给他们资本，这可以说是一种不良的行政问题；这个问题的关键在于永久限定继承权。一个土地所有者的兴旺决定着十户种他土地的农民家庭的命运，如果他修建起一道防洪坝，如果他为汲干沼泽或灌溉牧场而开凿一道运河，或者开凿一道内地航路，就可以给他的产品开辟一个便利的出口，就能使土地的价值提高一倍；他可以利用一个有利的地势，把今天只长几根草的荒芜山冈栽满丰硕的葡萄，把野草丛生的大荒原变成橄榄林、大桑园、农田和牧场。但是，为了实现这样的事业，他必须有四万、六万或十万块银币，这件事不仅对他自己和国家有利，而且对他的农民和子嗣同样有利，可是，他必须把土地典押出去，情愿支付改良土地的资本的利息。但是，永久限定继承权不允许他这样做；永久限定继承权不准抵押自己的土地；并向他的债权人说：如果他们贸然把自己的钱借给这个土地所有者的话，他死后，他们就会连自己给自己子嗣置备家产的资本都要丧失掉。

结果，立法者完全没有达到他们制定永久限定继承权和贵族世袭权所要达到的目的。尽管他们力图保持这些家族的荣誉，然而却使这些家族的每个儿子都变成游手好闲无所事事的人；这种权利使长子出于家族的自尊心，使其他的儿子由于无能为力而难于进行辛勤劳动，可是只有勤劳才是增加财富的唯一手段，立法者都是这些家族的儿子，可是他们却听任一种不断攻击一切过时东西而且迟早要灭绝所有一去不复返的富豪生活的人世命运的摆布。

经验已经证实了这些深刻的教训，每个国家的历史都向我们说明，如果人们为了贵族的利益而保存家族的旧有荣誉，就应该通过法律规定使子女平分遗产的制度，因为这样，父亲就会避免生很多儿子;如果法律只偏袒长子,就会消除对父亲的这种压力。因为无论其他儿子所分得的财产怎样少,他们的人数太多,也终究会毁掉一笔最丰富的遗产的。

在世界上保存下来的一切贵族政治,不论是在希腊、罗马共和国、佛罗伦萨、威尼斯、中世纪意大利半岛上的各共和国,以及瑞士和德意志的各共和国,都实行子女平分财产的法律。在这些国家里有些巨大财富一直保存了几个世纪,有的甚至被用到商业中去了,例如,佛罗伦萨的斯特洛奇和梅迪奇或者奥格斯堡的富格家族的庞大财产就是这样。这些家族中一般弟兄不多,而且都不是很快就绝代了。

一切陷于贫困的没落贵族阶级,无论是在君主政体或是在西班牙、意大利、德国或在法国的大公国,都实行过贵族世袭和永久限定继承权。我们经常看到:每个父亲都有很多儿子,而且长子以外的儿子都是穷愁潦倒。他们的人数完全未能阻止贵族家庭的灭亡;我们甚至天天看到,在这些国家里,有八个儿子的父亲是很少有孙子的。但是,如果长子以外的儿子们偶然结了婚,他们就要生新的将过着贫困生活的支系,从而破坏人们所要保存的、该家族的历史地位。

这个事实,根据我们已经阐述的原理可以得到解释,我们可以把它看做世界历史中的永恒不变的事实。人口永远是按收入来调节的,关于这一原理我们将在本书最后一篇再做进一步的阐述。我们暂时可以在这里断言,富有的贵族家庭绝对不会无限制地繁殖,相反,却总是要灭亡的(只要人们把世界各国每个世代的贵族登记簿归纳一下,就会确信这一点),这些家庭不论有很多儿子或只有一个，结果都同样会很快绝代的，因为儿子越多，做父母的就越不急于给他们结婚；而且不论是这些家族和整个贵族的利益都要求这些家庭的人口永远保持很小的数目；如果家长们眼前念念不忘自己的财产将要由他每个儿子平分，这些家庭的人口就永远不会超过这个很小的数目；家族的财产是怎样获得的，也应该用怎样的方法来保存，如果要使财产变成不可转让的，就会破坏财产；最后，名门贵族应该自己有能力把大批遗产集中到自己手里，而在一切可能遇到的无数厄运中，万一破坏了这笔财产，希望法国贵族议员不必用什么法律来干预就能恢复与他的地位相适应的财产。

第十三章　李嘉图先生的地租论

如果我们对英国的一位大名鼎鼎的作家最近所发挥的新学说只字不提，人们可能认为我们对于领土财富的性质和发展的叙述很不全面；这种学说和亚当·斯密的学说完全相反，和我们的论点也大相径庭，甚至在我们阐明我们的原理时没有机会来进行反驳。这就是李嘉图在他新出版的著作《政治经济学及赋税原理》中所阐述的学说，萨伊先生已经在他的译文中的一些非常出色的注释[①]中作过部分驳斥。

李嘉图先生的理论观点是：每项事业的利润是经常保持一种完全平衡的，因为，无论哪种事业，只要由于某种意外情况比其他

① 大卫·李嘉图：《政治经济学及赋税原理》草稿，一卷集，八开本，1817 年版。我们引的是法译本，因为法译本上有注。

的事业盈利少,从事这种事业的人就会放弃它;相反地,对于获利较高的事业,人们就会趋之若鹜。他认为,通过人和资本的这种永恒的活动,全国就可以保持利润的平衡。因此,他断言:所有的农场主在每一块土地上所获得的利润都是一样的;因为如果种坏地不能和种最肥沃的土地获得同样利润,那就谁也不肯种坏地了。在他看来,在所有农场主中间的这种平衡,是通过他们所支付的地租而获致的。他假设耕种最坏的土地的人是不付任何地租的,而且收入较多的土地的地租通常是根据其他土地和这块土地的比例来计算的,在李嘉图先生看来,这块土地是他的比例尺上的零。因此,当使用一定的劳动和资本使这块土地生利的时候,人们所耕种的最坏的土地生产一百升(muids)谷物,而同样的劳动和资本使质量较高的土地生产一百一十、一百二十、一百三十甚至一百四十升谷物,他认为这些土地的地租都分别等于十、二十、三十和四十升谷物的确定的价值。

李嘉图先生在把地租归结成对各种土地的生产力之间的差别的最简单的估计以后,他从中得出社会中的不同阶级缴纳纯收入、总收入和产品税的方式的不同结论。在我们看来,他这些结论并不是从他的前提中得出来的。然而,无论他的结论如何重要,我们也不赞成他的理论,因为我们不承认他的论据。顺便指出,李嘉图先生和其他所有英国经济学家一样,认为地租是经营领土财富的唯一手段,可是,他的本国就实行着可能比地租优越得多的经营方式。

我们首先必须说明,我们绝对不赞同李嘉图先生的论据,即:这种事业中的利润的永恒平衡。相反地,我们认为,根据固定资本的主人经常遇到的不能实现这些资本或改变这些资本的用途，在这些资本已经比从事其他事业的收入更少的情况下，仍然要在这种事业里继续长期使用这些资本。他们所以坚持从事一种事业，是由于他们不肯放弃他们所获得的熟练技术，同时，由于对另一种职业又是门外汉，而且他们会因此更加坚持这样做。一个阶级人数越多，这种困难也就越大；例如，有几个工人由于败兴要改变行业，在新的一代人中培养出来的新工人就会代替他们，这种平衡永远不能恢复。农场主们绝对不能随意变成织布工，这一区的农场主要转到另一地区去不是十分容易的；经验证明，他们在各个省份里，在各种不同土质的土地上所得的利润是绝对不一样的。

我们同样要确切表明，我们不赞成农场主经常支配土地所有者的假设。我们认为，是土地所有者经常支配农场主。能够出租的土地是有限的，而且是不能增加的；资本和劳动力的数量，是在无限制地增加着，社会上往往是：要求种地的人比出租土地的人多。

但是，我们并不打算在这些重要区别上多费工夫，因为我们这些不同论点完全把李嘉图先生的学说推翻了，我们只是反驳一下由于他那种推理而得出的结论。当人口增加，而且人们一旦拥有购买生活资料的收入，就必定会在从前的荒地上再进行耕种，同时，也会保证这些土地所有者有支付利用土地所需要的款项。假如未耕种的和土质不良的土地不属于任何人，只要谁认为耕种这块土地有利谁就可以随便种这些地，李嘉图先生的理论倒还有根据。但是，我们清楚地知道，在任何文明的国家里，全部土地，无论好坏，无论已耕地或荒地都是有主的，要么属于私人，要么属于公家；因此，如果得不到主人的同意任何人也不能垦殖这些土地，而经土地所有者同意所支付的价格，人们称为地租。即使在美洲和在西方国家的殖民地的边陲，在一个面积广大的，还在不断地容纳新的农民的新兴国家，人们也只有在每英亩土地向国家交付两个美元以后，才能得到土地。毫无疑问，这是最低的价格，但是，这种价格毕竟是代表和李嘉图先生的比喻相去十万八千里的一种地租的资本。土地的所有权是必需考虑的，而这位作者却假设土地所有权毫无价值。他把土地所有权称为自己比例尺上的最低限度——零；在他画零的地方，至少应该确立一个单位。

我们曾经把土地一年所生产的总收获量称为**总产品**，因为这是所有参加生产这种产品的人所应该分享的产品；我们把土地所有者在支付生产这种产品所用的一切费用以后所得到的收入称为**纯产品**，如果这块土地是出租的，**纯产品**就是规定地租的基础，在任何其他经营方式中，**纯产品**永远表示土地所有权的年值。

但是，在纯产品这个名词里，还包含着性质相当不同的一些收入。的确，土地所有者在他所要求的地租中，常常把下列的费用也混在里面：一、土地劳动的报酬，或者说，劳动从土地中得到的产品价值所增加的实际生产能力的报酬量；二、他在土地上所有的垄断价格，也就是他拒绝那些要求劳动而没有地种的人使用他的土地的价格，拒绝那些想消费而又没有粮食的人的垄断价格；三、通过对土质较高的土地和土质较低的土地的比较而获得的额外价值；四、最后，他自己为了改良土地所用去的资本应得的收入（这种资本是他不能再抽掉的了）。在纯收入的这四种因素中，李嘉图先生只承认最后两种，而且还吞吞吐吐。

在政治经济学中，价值通常被分为两种：一种是内在价值，另一种是相对价值；李嘉图先生的著作中都贯穿着这个观点。前者是生产品和取得这种产品的劳动之间的比例，后者是生产品与需要这种产品的人们的需求之间的比例。人们在确定纯收入的时候就能够确定这两种比值。

内在价值是不受任何交换的限制的。农夫种了五袋谷物，结果收了二十五袋，不需要了解市场上的需求如何，就能知道他产品的内在价值是高于他的垫支的价值的；因为他的生产不仅使他能够重新开始同样的劳动，而且使他能够进行规模更大的劳动。他用来耕种、积肥、播种和收获这五袋谷物的劳动合十袋谷物；那么有十五袋谷物就足以使他恢复他在去年开始生产时的劳动。其余十袋谷物代表着自然劳动。

农业劳动既然是唯一能够满足生活需要的劳动，也就是唯一能够不通过任何交换就能作出估价的劳动。只要人们肯于耕种土地，它就能供应这个人生活所必需的一切。如果他穿自己的羊所生产的羊皮，吃自己的羊的羊肉，吃自己收获的粮食，用自己森林里的木材建造小屋，他可以不用任何媒介就能比较他用自己的劳动所生产的数量和他在劳动过程中所消费的数量，并且可以证明，后者低于前者。他可以看到一种完全为他所享用的、不怕任何竞争的纯产品，这种纯产品不受任何竞争、任何市场上的需求，以及任何将要和这种产品交换的价值的影响。在任何其他工业中，工人劳动的目的并不是完全为了自己的消费的；他并不是依靠这种产品生活，而是依靠这种产品所换来的东西生活。所以，他的生产超过他的消费的价值要看交换条件如何；任何工业劳动的纯产品，即使借助大自然的力量和借助科学利用自然的力量，也不会像在农业的纯产品方面表现得那么明显，那么确切。

但是，如果农夫满足了自己的需要，他所生产的多余的谷物就只有交换的价值。这时，他就应该估计相对价值了，或者说，要考虑市场上的需求和生产之间的比例。这种平衡要按照需求者和生产者力量的反比来完成，农夫不是按他生产这些谷物时所用去的劳动日的价格，而是按照用以购买这些产品所给予他的劳动日的价格来出卖自己剩余的十袋谷物的。在某些情况下，由于耕地面积有限，人口的需求超过他的产品，农夫还能为自己的利益而使用一定的垄断权。于是，他就提高自己的要求，要以离市场最远的生产者在同一市场上协商的价格出卖自己的谷物了，当然，离市场最远的生产者除要支付他自己生产这些谷物所用去的同样费用，还要多支付一笔从农场运到市场上的一切运费。在同样情况下，这种垄断权就要使这个远地的生产者吃亏了。他没有较近的买主，要出卖自己的谷物就不得不在买主面前放弃自己的一部分纯产品。

如果土地是租来的，农夫除了和买主争议谷价，还要和地主争议农场的租价；为了订立租契，他不仅要考虑到出售的难易，而且必须考虑到和他同样提供劳动和农业资本的竞争者有多少；并且要根据他在土地上投入的资本和劳动力的数量多少来支配土地所有者，或受土地所有者支配。

这样，农业的纯产品或农夫取得收获的额外价值是一个正数。社会依靠这种产品来增加财富，它不受市场波动的影响，并为地租提供了实际的基础。但是，这种产品的商业价值可能经过双重或三重斗争来确定，根据不同情况，有时它完全归地主，甚至还要加上一项垄断价值；有时一部分给农场主或给短工等参加生产的人；最后，消费者也往往从中获利。因此，在美洲大陆最西部的新殖民地里，在伊利诺伊境内的移民用两美元购买一英亩土地，每年的地租至多二十美分，这并不是因为耕种这些土地不能生产更多的纯产品，而是因为这种纯产品是由农场主、短工和新奥尔良的谷物商人平分去了，这样，第一个人获得一笔很大的利润，第二个人获得一项很高的工资，而第三个人则可以买到他们三个人在纽约都买不到的、便宜得多的谷物。可是在纽约，这三种人的利润却完全被伊利诺伊所不需要支付的高额地租给吸收了。

自然劳动，这种造物的劳动，没有人就能做出的劳动，而不能为人服务的劳动，是其内在价值受到我们研究的土地纯产品的力量和泉源。市场的需求或消费者的收入与准备出售的总产品数量之间的比例，决定纯产品的价格或决定其相对价格。所有权或社会所保证的垄断权（地主对其他两个阶级所实行的垄断权，即要求产品的人和提供生产产品劳动的人），一方面可以防止地租的价格；另一方面也能防止产品的价格贬到最低的价值。

只有根据实际情况，按照无数的变化，使这三种因素发生作用，才能看出李嘉图先生所承认的其他因素。一个农场主在同一地区对两块土地进行选择时，就必须向那个较好的土地的地主支付一笔额外价值，这笔额外价值和这块土地比另一块土地用同样劳动所多收的利润相等。为了估计这种优越性，必须考虑到土地所有者用自己的资本在土地上所进行的改良工作，同时也要考虑到土地的性质。这些改良工程中有很多是百年大计的；伦巴迪的运河和托斯卡那沼地已经有三四个世纪了。像这样的改良工程，甚至和土地的性质都分不开了。

有时候，虽然土地完全停止了纯产品的生产，但获得纯产品的所有权由于垄断权的保证，纯产品的价值却能提高。在巴黎市区耕种的菜园，可以收到一笔相当可观的地租；这项地租代表着非常有力的自然劳动，因为这些土地是由于进行了百年大计的改良工程而富饶起来的，它所收获的生活资料远远超过在生产过程中消费的部分。但是，如果在这些菜园中间修建一条商业大街，土地就要完全停止生产；而且它的售价却比遍地皆是丰硕收成的时候还要高。土地所有者要求人们给他付出地皮的利润，另外还要给他所放弃生产的一切收入。这种被人们变成不生产的土地的地租，在所有繁荣的城市都有。在匹兹堡，在列克星敦，甚至在美洲西部的城市，虽然建城还不到十年，却都迅速地繁荣起来，用来修建最好的市区的土地，比伦敦[①]最美丽的街道还要贵。

这样一来，我们的结论，就和李嘉图先生所说的“地租总是落在消费者身上而不是落在农场主身上”[②]的结论完全不同。我们把地租，或确切些说，把纯产品看作是直接从土地中生产出来而归于私有者的；它丝毫不剥夺农民，也丝毫不剥夺消费者；但是我们认为，根据市场上的情况，有时是农场主有时是消费者从这项地租中获得一部分利润；有时土地所有者不仅完全把地租收去，而且还另外叫人给他一笔垄断价格，因这种垄断价格而造成的损失由农

① H. 费朗：《美国见闻录》，第 203 页。

② 前引李嘉图著作，第 6 章，法译本第 167 页。（中译文参阅李嘉图：《政治经济学及赋税原理》，商务印书馆 1962 年版，第 96 页。——译者）

民和消费者平均分担。一般说来，在政治经济学中应该防止绝对的假定，正如应该防止抽象一样。用来在每个市场上进行平衡的每种力量，本身就能够变化，并不需要受它所要平衡的力量的影响。任何地方也没有绝对的数量，任何时候也没有永远相等的力量；而且一切抽象都是欺骗。所以，政治经济学不是单纯计算的科学，而是道德的科学。如果人们认为被数字支配的时候会失去方向，那么只有注意到人们的感情、需要和热情时，它才能达到目的。

第四篇　论商业财富

第一章　商业体系中的国家繁荣

人通过自己的劳动从土地上取得了自己的第一批财富；但是，他刚刚能够满足自己最迫切的需要，由于欲望的驱使就要要求必须依靠别人才能得到的其他享受。于是开始有了交换；交换逐渐发展到一切有价值的和一切能创造价值的事物上；其中包括彼此之间进行的服务和劳动以及劳动的果实，交换也促成了新财富的形成和增加，这种新财富不再以它的生产者的需要为标准，而是以能够进行这种交换的人的需要为标准了，也就是说，以能与之进行交易的那个人的需要作标准；因此，我们把这种新财富叫做**商业财富**。

从此，这种财富就和土地的占有完全分开了，这种财富是人们的劳动为自己所创造的，并且使之能够满足自己的全部需要，或满足自己的所有欲望的一切物品的总和。土地的产品（不管是哪种性质的产品）只要离开农民的手，到了把它转给消费者的人的手里，它便变成了商业财富。在这个过渡时期内，某些财富要经过不同的加工，以便引起消费者的重视；如果这些财富是劳动对象，就称为原料，因为每个用这种财富从事劳动的人，从不考虑在他以前的工人，并且把它看作是自己将用来加工的材料；另一些财富是准备供给消费者去应用的制成品，这些财富要经过周转到达消费者需要的地方，或者被放在仓库或商店里，等待消费者应用的时机，这样的财富称为商品；还有一些财富是生产者本人所要消费的，其价值是应该用劳动的工人使用的原料的价值来积累的，这种财富称为工业的流动资本；最后，还有一些财富是促进劳动和增加本行业的各种产品的生产，这种财富称为**固定资本**。所有这些都是商业财富；所有资本家、工厂主、工人、批发商、零售商、海员和车夫，以及一切从事制造和运输商品的人，都一律以商业为生。

我们已经谈过，领土财富在参加生产这种财富的人中间的分配是多少有些不均衡的；但是，为了使一个国家能够真正称得上繁荣的国家，虽然并非要求人人都有等量的土地收入，至少每个人都应该用他的劳动，既能保证自己绝对的需要，又能够保证自己的生活享受；同时，在人与人之间发生任何争夺生活资料以前，就应该停止人口的繁殖。同样的规律也应该适用于商业财富。无论是土地财富或者商业财富，都不是纯产品，国家所最需要的既不是某些私有者（土地主人）或者企业主的富足，也不是与报酬不相称而取得的产品数量，而是普遍的富足和每个人的幸福，财富只不过是普遍富裕和每个人幸福的标志。

只要商业财富按照决定它的形成的需要而增加，每个参加生产这种财富的人就会从它获得幸福；反之，一旦这种财富超过需要，它就只能引起贫困和破产，至少会使社会的低层阶级处于贫困的境地。农夫和地主都需要穿衣，他们毫不吝惜地把自己田地里的一部分产品供给提供他们衣服的人，使他能够过优裕生活；医为

他们经过比较，认为这一部分产品比他们所需要消费的产品价值小。但是制呢商和成衣匠制造出的衣服要比地主和农夫所能消费或愿意消费的数量多多了，如果很多制呢商和成衣匠彼此争夺一个买者，并且以低价供应自己的商品，他们所得到的一份生活需要就微不足道了，所以，商业财富过剩会使商人陷于贫困。

一个国家，只有它自己所积累的流动资本完全能够在商业或是农业方面进行一切有利事业的时候，才是真正繁荣的国家。一个国家，只有在实现任何改进的时候，或者只有在任何一种为人所急需而又有能力购买的新产品不至于因为没有积累出一笔作为工人用自己的产品换得收入以前、维持生活的资本而无法出售的时候，它才是真正繁荣的国家。这种和收入相适应并将由收入代替的资本，必然会得到它所做出的贡献的适当的租金(指利息)；利息将是很高的，商业的利润也是庞大的，在下一年将要产生两份新的收入；它们将使取得这些收入的人过富裕的生活，它们将通过迅速的消费而促进丰富的再生产。

当资本经常跟不上需要的时候，就很难产生灾难，因为它所需要养育的人口还不存在；只是剥夺了那些尚未出生的人的享受。但是已有的不足的资本也相应地产生更大的收入；这些资本将通过一定的节约用途，而更促进节约和鼓励节约；它们由于预先使人看到资金的增长，将使子女们找到职业而鼓励人们养育子女。自由美洲的情况就是这样。在那里，资本已经相当可观，但是还远远低于需求。这些资本使人们可以做出很多有利于社会的事业，可以完成很多可以养活比现有的人口多得多的人口的事业。只是对未出生的人来说，他们才会认为美洲资本不足是一种不幸；至于现有的全部人口都能够从这些资本所产生的丰富的收入中取得一部分：有的拿到一份工资，有的取得一份商业利润或者一份资本利息。

但是，如果现有的资本由于某种严重的灾难，由于资本家或者政府的挥霍而遭到破坏，那么，剩余的不足的资本就不仅和消费者的需求不相适应（虽然这种情况并不产生十分严重的贫乏），而且也和它们所应该养活的工人不相适应，因为这些工人都是在资本极多的时代成长起来的，资本不足就剥夺了适应他们收入的工资，因而他们就有遭受贫困和饿死的危险。

与此相反，如果资本超过消费的需要，这种过剩的头一个不良的后果，就是引起人们为享有这些资本而你争我夺，这样一来，拥有这些资本的人就只好满足于一项最低的租金；利率降低了，掌握大部分商业财富的人所得的收入减少了，他们的享受也就降低了。

不仅如此，此后，企业家将不根据社会的需要而是根据他们所拥有的资本来生产超过人们消费的物品了；同时，他们还相互间争夺主顾，为了售出自己的商品，宁愿只取最低的利润。商业利润的降低减少所有从事商业活动的人们的收入，从而也降低他们的享受。

最后，超过需要的资本，不仅刺激商人发挥极大积极性，而且在工人身上也会发生同样的影响：人们因为有足够的资本作长期的垫支，而建立了新工业，却不顾是否一定能够出售这些产品；他们向家长们要求子女；许下给他们一项不能连续支付的工资。由于他们给人指出可以找到一个不会永远有人需要的工作，新的人口便诞生下来。劳动力的数目很快就会超过需要，同时也会很快超过资本的数目；于是，工人的工资普遍减少了；以商业财富为生的这个第三个阶级的收入也减少了，他们的享受和幸福也降低了。

因此，积累资本的节约，即唯一创造新财富的节约，如果不能作为任何有利的投资来运用，并非永远是一件好事，它有时会脱离常规。只要一个国家处在各方面都能同时向前发展的情况下，只要它能够同时向一个新的领地发展，或者能够开发它以前所忽略的地区，向本国的居民大量供应充足的生活资料，并且给后来诞生的更多的居民准备粮食；只要它能够付出更多的衣服费、家具购置费、房屋费以及为以后诞生的居民准备种种享受的费用，这个国家就是幸福的。只要这个国家处于这种情况下，它就可以毫无顾虑地积累资本。它的节约将会使下一代普遍享受新的恩惠。

但是，如果一个国家停滞不前，一些有进步作用的活动和获利的行动也必然陷于停顿。如果它在缩减使每个人过低于温饱生活的部分，或必须付出过量的劳动才能增加粮食的总量的话，它就不应该使农业劳动发展太快，或者把土地分得过于零碎；如果它只能依靠每个人拿同样多的工资而进行更多的劳动来增加自己的商业人口，那么它就一定会害怕自己的工业人口增加起来。如果它只能用自己的产品换取不如生产增加得那么快的收入，它就应该限制本国的生产；如果它应该用资本来保证的工程已经不能应用更大的数目时，它就应该限制本国资本的积累。一个停滞不前的国家，是不应该进行节约的。

既然财富发展的任何结果都能转变成原因，那么，要了解这种发展活动的来龙去脉，就难乎其难了。然而，看来商业财富在经济制度中只是次要的；首先必须增加提供生活资料的领土的（即土地的）财富。这个以商业为生的人数众多的阶级，只有在土地产品存在的时候，才应该获得这种产品的一部分；它（这个阶级）只有在这种产品增多的条件下才应该增长。它使国家变得更完美。但是它并不能组成国家。虽然我们有时看到某些小国只是由商业组成的，并且创造了庞大的财富，甚至成为一个强国，而本身并没有农业，或者可以说几乎没有领土；必须注意，形成各个独立民族的政治区划，同由于彼此间的需要而产生的经济区划，并不是永远一致的。在中世纪的混乱状态中，只有城市保存着自己的自由，至于和城市相依为命的乡村，却仍然处于奴隶状态；那时，各省的省城脱离了本省，自行成立了共和国。他们的繁荣似乎完全是由商业造成的；但是，荷兰为了贸易却需要依靠莱茵河沿岸的农业省份；汉萨同盟中的各城市却需要依靠易北河和威塞尔河沿岸的省份，德意志帝国中的各城市则需要依靠德国中部的采邑。

国家的发展任何时候都必须建筑在收入增长的基础上；但是，我们已经说过，一切商业收入都是由人的劳动产生的，土地收入也不例外。不过，除了土地收入以外，它还有第二个来源，那就是土地的劳动。因此，土地财富的发展更能直接地增加收入，似乎很可能促进其他各方面的发展。魁奈派的经济学家过分夸大了这一原理，他们完全不承认土地收入以外的收入，并且假定商业、技艺和工业只是为地主服务。我们并不把土地收入看得这样绝对，它并不是唯一的收入，只不过是比较丰富而已；如果土地收入不能与其他收入同时提高，那么生产和消费之间很快就会出现不平衡现象。

第二章　论关于市场的知识

尽管在领土财富的管理方面发生了很多错误,引起了很多谬论,但是,应该承认,比起商业财富的管理来,毕竟还简单得很。人们在管理领土财富方面所预定的目标十分现实,有关的人们都了解彼此间的要求。农夫希望依靠自己土地的产品生活,因此,他自己的需要是他的劳动的首要标准。但是,靠商业财富为生的人却要依赖一个抽象的公众,依靠一个既看不到也不了解的力量,他必须满足这些公众的需要,预先熟悉他们的喜好,征求他人的意见,了解他们的力量。应该不等这种力量显示出来,就了如指掌,他们不能有错误的估计,因为每次失算都会使自己的生命财产遭遇风险。依靠商业为生的各阶级的这种危险的处境,已经成为立法者不大凭信他们的一项重大理由。国家为了自己的巩固和繁荣主要应该依靠领土财富所养育的各个阶级。

人,如果只是他单独一个人,并且只是为了个人的需要而劳动,他的消费就是他生产的标准。他很可能设法给自己储蓄一年或两年的存粮;但他以后绝不无限制地增加自己的存粮。只要他能够经常保持一定的生活水平,就心满意足了;如果他还有充裕时间,他就会设法为自己寻求某种新的享受,满足自己的某种其他欲望。社会通过商业所做的只不过是对社会的每个成员进行分配,这和一个单独的人只为个人做事同理。每个人同样为了储存大家吃的一年、两年或更多的粮食而劳动。以后,每个人只能看要消费多少来保持这种储存。而劳动的分工和技艺的进步,又不断使人能够做出更多的事情，于是每个人在进行自己已经满足消费量的再生产时，就要设法寻求新的享受和新的希望。

但是，当一个人只为自己劳动的时候，他只有在满足自己的需要以后，才会产生其他的欲望。他的时间既是他的收入，又是他的全部生产能力。他毫不顾虑前者和后者不完全均衡；他从来不为满足自己所没有的要求，或者他认为不大需要的事情而劳动。但是，自从有了商业以后，任何一个人都不只是再为自己劳动了，而是为一个自己所不认识的人劳动了，那么，在希望和能够满足这种希望之间，在劳动和收入之间，在生产和消费之间种种不同的比例，就不是那样固定的了；它们相互间各不相属；每个工人必须像猜谜一样地工作，他们所做的事连最有经验的人也仅仅有些揣摩的知识。

社会人是为市场而劳动的，必须了解市场的需求，也必须了解市场的范围，因此，单个人对于自己的能力和需要的知识，必须变成对市场的知识。

消费者的数目、他们的爱好、他们消费量的大小及其收入，共同组成每个生产者为之劳动的市场。这四种因素中，每一种都可以不受其他三种的影响而单独变化，而每一种变化都能够延缓或者加速物品的出售。

一个国家如果遭到战争破坏，而这个国家又是贸易对象的时候；如果疾病、饥荒或穷困使这个国家的死亡率增大了；如果这个国家的政府在政治上制造了贸易的障碍，或者是大自然造成了这些障碍，例如道路险阻、花费过大，因此商品不能以同样价格运到目的地；最后，如果有新旧生产者在这个国家里互相竞争；那么，消费者的数目就会减少；因为，买者的人数是固定的，所以，卖者愈多，每个卖者所得的利润就愈少。

消费者的爱好可以随时尚而改变，也可以随着移风易俗而改变；通过向一个国家输入更雅观、更方便或者比旧产品更便宜的产品，也可以改变消费者的爱好；随着人民群众的宗教信仰的改变，也可以改变消费者的爱好。例如，伊斯兰教徒，由于宗教信仰的关系他们就会要求经过发酵的饮料，而天主教的国家，就会停止干鱼的需求。

如果消费者的收入另有用途，则任何产品的消费都会在与消费者的人数、爱好和收入无关的情况下减少。一个受到战争威胁的国家必然要储存武器，一个受到饥荒威胁的国家必然要储存谷物；一个受到鼠疫危害的国家必然要多设医院，即使它所恐惧的灾难传染不到这个国家，它也会减少其他方面的消费。

最后，即使消费者的数目不减少，消费者的收入也会减少；并且，即使他的需要没有变化，他也可能缺少满足这些需要的同样的手段。诚然，如果人民没有收入，他们是不能单独构成市场的。如果人民没有购买力，那么为饥饿者增产谷物，为无衣者制造服装，就都是徒劳无益的；商业所寻找的不是需要，而是买者；如果富人的收入减少了，即使他们的数目仍然保持不变，他们的消费量也必定减少。如果富人的流动资本减少了，即使穷人的数目仍然不变，穷人的消费量也必然减少；因为，如上所述，成为穷人收入的劳动只有通过同流动资本相交换才有商业价值，他必须完全牺牲在这种资本上，一旦这种资本减少了，它的价格也就降低。因此，任何灾难只要能破坏一个国家的财富，不管是它的资本或者收入受到打击，也不管是它的富人和穷人变成无购买力的买者，这个国家为生产者提供的市场都必然要缩小。

要确切了解和估计市场上的这种波动是困难的，对于每个生产者来说，这种困难更大，因为，并不是每一个生产者都洞悉其他商人的数目和购买力，以及要和他竞售商品的竞争对手。但是，他最关心的事，就是比较自己的价格和买者的价格，根据这种比较所看到的得失，就可以了解自己下一年应该增加还是缩减生产。不幸，每个生产者都同时进行这种比较，每个生产者都竭力以这种比较当作自己生产的准则，可是，由于谁都不了解自己对手的力量，所以几乎是常常高估了预定的目标。

生产者是根据他在商品上所付出的代价，再加上他自己希望的利润而定出产品价格的。他的利润应该和他通过其他一切行业所能得到的利润相适应。这种价格应该足够偿付工人的工资、地租和他用于生产的固定资本的利息；应该包括生产者所用的原料的价值、一切运费和垫出的款项。如果这样计算的各项补偿费用，根据这个国家的平均利率，能够由购买者补偿的话，就可以继续按原有规模进行生产。如果利润超过平均利率，生产者势必扩大他的企业，雇用新的劳动力，并且动用新的资本；而且，为了获得特殊利润，他迟早要把自己的利润和别人的利润规定在同一水平上。反之，如果购买者为补偿生产者所做的工作而支付的价格过低，生产者势必设法缩减自己的生产，但是这种改变并不像前一种改变那样容易。

生产要随需要的比例而相应地增减，这已经成为政治经济学中的一项定理；但是，这绝不是说这种活动是非常正规、一成不变的；需要在产生人们期待的效果以前，就会给整个政界带来长期而悲惨的灾难，这种需要能够提高生产、促进普遍富裕，也能引起缩减生产的生产过剩。在通过招募新工人而做出的好事，跟把这些新工人排挤到生活之外的坏事，两者之间并没有任何比例可言。

一个生产者即使不能从买者所付的价格中补偿上自己的一切垫支费，他所雇用的工人也很少会转入其他行业；因为工人常常是经过长期而且费钱的学徒培养起来的，他们所获得的熟练技术，构成他们财产的一部分，如果他们转业，势必放弃这种熟练技术。那么，为了重新学徒，又必须拿出一笔新的资本，而这却是他们往往办不到的；因此，即使他们看到另一种行业需要劳动，他们也绝对不肯从本行业转到那个行业去，而是继续以更低的代价进行原来的劳动，而他们的产品也不是迫切需要的了；于是，他们的劳动变得不值钱了，可是他们的产量绝不是减少，却多半要增加。假定一个工人每天劳动十小时可以满足自己的生活需要，现在他的工资减少了，他为了得到生活需要的原来数量的钱，势必增加自己的劳动量。他要每天劳动十四个小时，而且要放弃假日的休息，牺牲以前的游乐时间。结果同样数目的工人将会生产出更多的产品。

同样，固定资本也不能用在其他方面。一个织棉布商人用巨资盖了厂房，从远方引水推动他的机器，为每个工人的技艺付出了很多钱。他的财产几乎一半，甚至四分之三是永远用来生产棉布的。当购买者所付出的价格不能补偿他的一切利息和一切费用的时候，他会因此而停止自己工厂的生产吗？当然不会。他宁肯损失固定资本的一半收入，也要继续生产，以便得到另一半收入；但是，如果他关闭了工厂，他就要失去全部收入。

总之，织布商本人还需要依靠自己的工厂维持生活，他是不肯轻易放弃自己的工厂的，他总爱把前一年营业下降的情况归咎于意外的原因；他赚的钱愈少，愈不能摆脱困难。因此，在生产早就满足需要以后，他还要继续拖延生产下去；最后到他不得不歇业的时候，那也无非是所有参加本部门生产的全体人员的损失，有损失资本的，有损失收入的，甚至有的人丧失了生命。提起来实在令人发指。生产者只有在一部分工厂主破产，而一部分工人死于贫困的时候才肯停止生产，他们的人数才会减少。

我们方才所提到的那种谬论是极为普遍的；尽管它每天都冲破耳鼓，却始终不能消除它；英国的天才学者李嘉图先生又把这种谬论搬出来了，他根据这种谬论得出了毫无根据的结论。不错，有某种经验肯定了他这个谬论：在同一个工厂里，经理会很快地从一种过时的布匹花样转而生产另一种时兴的新品种，从生产灯芯绒转为平绒，从生产凹花布转到起花布。同样的厂房既可用以生产这种布，又能用来生产另一种布，工头和工人们的智慧也会像适应旧工作那样来适应新的工作，由于花样新奇所得的利润足以补偿更换某些机器的开支。但是，几乎所有炼钢工人等不及转进棉纺工厂就全部饿死了。工厂主改行和工厂主的流动资本改变用途并不那样困难，只是非常缓慢而已。但是，大部分固定资本进行这种转变是绝对不可能的。

因此，不应把上述每种商品生产者的利润必须和其他任何工业所能得到的利润相适应的情况看成是一成不变的。的确，每个人在考虑一种新的投机机会的时候都要算这第一笔账，以便安排自己的活动。每个国家都有一种商业的一般利润，同时也有一种普通的利率；这种利润在人们所能着手和放弃的任何商业中水平都一样。并且可以作为一般投机活动的基础。但是，在所有的旧商业，特别是需要长期学徒的行业和需要大量固定资本的行业中，是绝对没有这种竞争的。在同一个国家里，这种行业可能在很长的时间内要比那种工人不能改行的行业所赚的利润高得多或低得多。加尼尔先生曾正确地指出，农场主的利润和商业利润毫无比例可言，所冒的风险和所用的心血都不同。习惯是一种不受数字约束的精神力量，政治经济学的作者们往往忘记，他们所应该考虑的是人而不是机器。

如果大大减低固定资本的利息、工厂主的利润和工人的工资，商品的价格就会降低，从而能找到新的买者，有时也能够维持穷困本身所引起的增加生产的现象。事实将会告诉我们，我们刚才所谈过的那些工厂所遇到的灾难，绝不是由于这种原因。一个垂死的人所做出的痉挛，往往比他健康时的表现更为有力。

另一方面，买者的价格是根据竞争确定的。购买价格并不追究这种东西值多少钱，它只是考虑根据什么条件能够得到代替它的另一种东西。买者要去找各种不同的商人，要他们供给同一种东西，以便使他能够选择他认为既特别便宜又适用的东西，或者他掂量一下那些最合乎自己需要而性质不同却能互相替换的东西哪一件最好。每个人只考虑他个人的利益，追求着同一个目标；一方面是所有的卖者；另一方面是所有的买者，他们好像是在共同演奏交响乐；供求关系得到平衡，平均价格也就确定下来。

卖者的价格必须考虑到售出商品的利润能够保证以原有条件和原有的质量从事再生产。因此，他的市场范围要扩大到通过竞争而形成的平均价格不低于他自己的价格的所有的各国。生产绝不受自己附近和本国人民消费的限制；而是要和一切人的需要发生关系，不管这些人住在什么地方，只要他们认为购买的商品对自己有利，或者他们认为生产者的价格不超过购买价格就行了。这才是构成真正市场范围的条件。

第三章　卖者怎样扩大他的市场

我们已经谈过，当买者所提供的价格超过生产者为了补偿自己的各种垫支所必需的价格，并且供给他一项适当的利润时，生产者就会提高生产，以便获得他唾手可得的利润。他要以高利而毫无困难地找到新资本投入生产，并且培养新的工人。在工人子弟谋求职业的时候，工厂主总会以高工资把他所能雇用的人吸收过去的。他要积极地抓住一切能够提高产量、增加品种的技术发明，他那唾手可得的利润鼓舞他投出大量资本来安装新的机器。这是商业真正繁荣的过程；对他说来，事事都是有利的；他的商业利润增加了；借给他资本的资本家也从他手里得到一笔较高的利息；工人得到了更多的工资，机器制造业者也有了新的工作。

但是，这种有利的活动是由于一种比以前的生产更高的需求刺激起来的；这种需求要求获得一项用来消费的新的收入，那么，工厂主的营业兴隆，便是别人营业兴隆的结果。这是因为别人富裕了，他也跟着富裕起来。不管和他交换商品的这种新收入是从土地产生的，或是从技艺中产生的，不论是来自本国同胞或外国人，也不论是在自己附近形成的还是在远方形成的，是出自穷人的手里还是富人的手里，都无关紧要；对他说来，只要交换有利就可以。只要这种收入是新收入，只要它要求一项新的劳动，就可以使社会繁荣。

另一方面，由于劳动的分工生产力便不断提高，资本不断增长便日益要求得到新的工业用途，并试图制造新产品，所以生产者最迫切的要求莫过于扩大市场，一旦找不到新的主顾，他用节约的办法所增加的资本就完全无用武之地；他既不能扩大自己的工厂和雇用新的工人，也不能通过改进自己使用的机器来提高劳动生产率。有了一定的消费量以后，他在一个新的工厂所做的一切，就都是从旧工厂中剥夺来的；他用机器所做的一切，就都是从工人手里剥削来的。他的财产的整个发展完全靠他的市场的扩大。

商人对这一真理是最熟悉不过的了，这一真理和日常事件关系最密切不过了；因此，当代经济学家竟没看到它，就实在令人不解。当一个商人运用他的全部天才设法扩大他的市场的时候，当整个商业政策目的在于扩大国内市场的时候，当公认商业上的一切灾难都是市场缩小造成的时候，那么，人们对于这种把社会科学只局限于培养日益增多、日益勤勉的生产者和假定只要无限增加生产就能无限扩大市场的学说，应该抱什么态度呢？

事实恰恰与此相反，社会提高生产和增加商业财富的利益，必须考虑如何不影响每个个别的生产者。社会要求有一项新的收入就必须有一项新的劳动；只要一项旧的收入离开老的道路转到生产者的手里来，每个生产者就会满足；他要放弃他所养活的竞争对手来加强自己的工厂的力量。社会一定要根据需要来调整生产，以便使市场扩大，使任何生产者都不陷于困境，但是，每个生产者并不是根据普通的需求而是按照他所掌握的资本来安排他的生产的。他所考虑的永远是生产资料而不是消费资料。只要对于商业活动稍加注意，就可以完全确信：一个商人由于在市场上交易不多，不但绝不会降低自己的努力，反而会因此更热情地进行商业活动，以便把生意都揽到自己的手里来。

政府绝不能贸然地鼓励生产，它应该对盲目的热情进行适当监督，因为这种盲目的热情往往不利于本国公民，至少是对别人不利的。在第一种情况下，这样盲动是不符合政策的；在第二种情况下，也是违反人道的。

生产者并不能决定增加社会收入和生产者所供应的市场的收入以便交换更多的产品。因此，他几乎以全力来和现有的收入进行交换。在商人当中，人们认为互相拉主顾是一种恶劣行为；但是，每个人为了反对彼此所进行的竞争，并不能切实体现这种看法；任何商人只要通过自己的财富能换来新的收入，就势必不顾同行的利益而积极扩大自己的市场，使它符合自己财富增长的需要。

如果厂主卖得便宜些，他就能多卖一些，别人会卖得少些。因此，厂主总是尽量节省劳动或原料，使他能比同行卖得便宜些。原料本身是过去劳动的产物，所以节约原料归根到底是用较少的劳动生产同样多的产品。他所推广的任何建立新的工厂，新行业，利用水、风、火或蒸汽的劳动，只有在他确信日常的劳动将因此而大大减少，而且将来，用工厂里的一句俗话说，一个小孩子就能够做以前十个大人所做的事情，在这种情况下才肯支出特殊劳动的垫支。

然而，厂主所追求的不是减少工人，而是扩大生产。假定他能做到这一点，能够减低商品价格，把买主从竞争者手里夺过去，他就要卖得更多，他的同行们卖得就要更少，如果这个市场上的一切有关的人都是同一国家的公民，那就要考虑一下：国家会落到什么地步呢？

其他的厂主可能会采用他的生产方法。那时他们中间的某些人，当然就会按照新机器把劳动生产力提高到某种程度来解雇一部分工人。假如消费依然不变，假如同样数量的劳动由十分之一的人手来完成，那么，这一部分工人的十分之九的收入就会被夺去，他们的各种消费也要减少那样多。放弃了旧的行业，这部分固定资本的收入就会随之丧失，因为这部分收入是由工人的技艺创造出来的价值；商业的利润完全和以前一样，是要通过竞争来确定的。归根结底只对消费者有利；他们从自己购买到的物品上获得些许的便宜。但是，这点小利比起它带来的劳动的缩减是得不偿失的。第一个厂主用机器代替工人，仅仅能节约百分之五，就会迫使所有的同行走他的路子，像他那样解雇四分之三或者十分之九的短工。可见，发明的结果（如果国家没有对外贸易，如果消费量依然不变）会使大家遭受损失，就会使国民收入减少，从而使下一年的消费总量减少。

诚然，如果新的生产方法的发明者确信所有的同业立刻都要学习他，除非消费的需要大大超过了生产，他也许不采用这种新方法。因此，他会设法隐瞒这种方法；如果他做到这一点，他就会独占以前为每个人制造财富的东西。他的同行就必须和他一样低价出售产品，但是，他们将连续在一定时间内亏本出售产品；直到他们感到自己必然破产，从前的收入必然消失，他们的备用资本将要赔光，他们的工人将被解雇，从而生活无着的时候，才肯放弃他们的旧机器和他们的交易。在新生产方法发明者这一方面却要独占这一部门的全部交易；他将要获得前一辈厂主和他一起分享的全部收入，但是，这里不包括由于他降低价格所让给消费者的那部分收入。

直到现在，无论在前一情况或后一情况下，任何一种新生产方法的发明都会给国家带来重大损失，大大降低收入，从而也减少消费。这也是必然的；因为劳动本身是收入的重要部分，减少对劳动的需求，就必然使国家更贫困。因此，靠发现新生产方法而得到的利益，几乎始终是同对外贸易有关的。

政治把社会义务局限在本国同胞的范围内，它使外国生产者之间的相互竞争尖锐化起来。他们的售价一个比一个更便宜，竭力在市场上互相竞争和排挤，因此，当一个国家发现了一个新生产方法从而能够大大节约的时候，它就会突然无限地增加自己的国外消费者的人数。英国的织袜商，在发明织袜机以前只有英国人是他们的消费者，织袜机发明以后，直到英伦三岛以外的国家学会这套技术以前，它的消费者竟遍及整个欧洲大陆。于是，全部灾难都落到了大陆上的生产者身上，一切享受都被英国人独占了。英国的工人数目不但没有减少，反而增加了，他们的工资提高了；织袜商的利润也随之增加。可见，新发明的结果是普遍的富裕，因为所有受害的人都是住在远方的外国人，至于由于这种方法而发财致富的人，却完全是发明者身边的人。

任何工业生产方法的改进，只要不是由于新的需求而产生的，而以后又没有更大的消费，几乎往往产生同样的结果；它扼杀了人们看不到的远地生产者，甚至人们根本就不知道这些生产者的死亡；在发明者周围也有很多新的生产，因为看不到他们所危害的人，把每一项发明都看作是为人类造福而大发横财。

但是，如果一个国家只有一个厂主得到这种给他扩大市场的节约劳动力的办法，或者他对所发明的这种方法享有专利权，那么，和他从事同样制造业、以利润同他竞争的同胞，就势必承担全部损失。他们从前在外国市场上是共同分享利润的，现在却由他独占了，由于他是以更低的价格向外国消费者出售商品的，他本人就和外国消费者平分利润。在国际交通十分便利的时代，在科学普遍被应用于各种技艺方面的时代，新的发明很快就会被人了解或仿效，因而一个国家并不能长期像保密似的保持这种生产的特殊利益；可见，通过降低价格而扩大市场只能是暂时的，如果总的消费量不增加，生产也不能提高，一时扩大的市场很快就会重新缩小。因此应该得出这样的结论：用专利权来鼓励技术发明的手段是不太明智的。在专利权失效以前，外国人也能发现秘密。出资奖励发明的国家由于鸡飞蛋打就完全无法取得这种发明的成果。

当然，人们对于通过技术发明而使从前由外国人供应的本国人，能够从本国得到供应，那么，对发明这种方法的生产者必定要更宽容一些。不过，效果仍然一样，他是把远方工人的饭碗夺来交给自己身边的新工人的；但是，这是文化进步必不可免的结果。远地工人以前是依靠外国市场为生的，而外国市场由于技术的改进被封锁了，他就注定要陷入一种危险境地，很快就会遭到贫困的打击。一个新的阶级在本国形成了，这些公民可以通过劳动得到足够的收入，政府当然应该表示庆幸，热爱人类的人也不能够谴责这种新的势力；但是，由于他看到生产者之间的竞争总给其中某个人带来新的灾难，他就不能不表示悲痛。

那么，能不能就断定说，凡是节约劳动力的技术发明都必定是对某些人有害的吗？当然不能。因为正是通过这样的发明社会才有进步；正是依靠这样的发明，人类的劳动才能满足自己的需要，才能很快地满足自己的欲望，社会才会只用部分人劳动就能获得整个社会的繁荣，并且在供应大量消费品的同时积累大量的财富。从最初的耒耜直到蒸汽机的发明，每一项提高人类劳动能力的技术发明都是有益的；但是，只有按它和消费的比例来应用才会有益。如果消费者需要更多的产品，技术发明就是有利的，因为新技术以同样的劳动就能满足消费者的需要；如果消费者不需要更多的产品，只要技术发明能给生产者带来较多的休息时间也是有益的。如果由于工人在两小时内就能做出以前十二小时的工作，却不能因此更富裕和获得更多的空闲，而另一方面他却做了超过需要六倍的工作，这并非机械科学进步的过错，而是社会组织的问题。

社会除非不能很好地运用或不会应用更高的生产力绝不会因为有了这种生产力而受到损失。任何一种依需求的增加为转移的劳动，都是对社会有利的；只有那种专为使别人的劳动落空的劳动，才往往是危险和有害的。如果在消费受到限制而不能扩大、工厂工人已经人浮于事，而且使尽全部力量才能赚得一份十分微薄的工资时，一件代替很多人力的机器发明就是一种灾难，因为机器的发明者并没有由于自己的发明而缓和自己工人的窘境，反而由于这种机器得到利用而危害了自己竞争的对手工人。

美洲西部边区的省份，想运出自己大量的粮食时，到处都找不到足够的搬运工人，找不到足够的水手来把装满粮食的船只开出去。那么，这时候汽船的发明就是天大的好事了，轮船普遍在美洲的各大河流航行，给远方的垦殖者打开了长期闭塞的路线。几千人的工作只用不多的一些机器就完成了，而且并不仅没有因为利用这些机器解雇很多工人，反而有无数的工人由于这些机器都就了业，否则他们就不会参加劳动。人类劳动利用科学成就的利弊，就要根据这样的结果来判断：科学成就在劳动力缺乏的国家，在人们需要用许多方法来代替尚未出生的工人的国家，永远是有利的。

我们曾经看到，每种节约劳动力的新生产方法都会降低产品的价格，这也是厂主所追求的目的；他正是利用这种方法扩大自己的市场的。他不仅通过降低价格使消费者获得若干节约，而且能大大地增加总的消费量。买者一般必须量入为出；如果他的收入并无增减，他只能用同样多的收入换得同样的物品；如果价格降低了，他就可以用自己的收入得到在数量或质量上都高于原来他所能买到的物品。用同样多的钱可以买到更多、更精美的衣服；而且无论买的衣服多还是衣料好，虽然不增加自己的财富，却能增加某种享受。除此以外，低廉的价格还能吸引新的消费者，他们要尽力追求自己所能取得的某种享受。但是如果东西太贵，他们就不敢这样想了。如果他们一定要得到这种东西，只有依靠多劳动或者多节约来努力增加收入。因此，我们已经看到，过去被认为是奢侈品的某些享受，现在却相继降到从前无权使用这些东西的阶层里来。玻璃窗从前只有在宫殿里安装，今天连茅屋陋舍也可以看到玻璃窗了。卖者通过降低产品价格间接地增加了买者的数目，或者说增加了总购买量。降低产品价格甚至往往能鼓起人们的劲头：通过提高劳动和技巧来取得供自己用的东西，因而有时能产生一种新的收入。但是，一般说来，穷人所缺少的不是这种劲头，而是挣钱的手段；如果穷人只是多节约一些就能够买到他所需要的商品，那是他从另一个生产者手里剥夺了自己要给他的东西。

因此，这种经常受到推崇的假设：即只要降低生产费用就能使穷困阶级买到所生产的商品，从而也就能增加消费量，是极端荒谬的。毫无疑问，任何商品的消费量是可以增加的，但是绝对不能增加总消费量，或者说不能增加生产所应得的总的报偿。一个只有一千法郎的家庭，或者只挣一千法郎的家庭，不管玻璃落价或是袜子落价，不管他能否安玻璃窗或者穿袜子，买东西的开支永远不会超过一千法郎。一个拥有一百万户家庭、每户有一千法郎收入的国家，无论工业品的价格怎样低，只要收入没有增加，总消费量只能是十亿法郎。

卖者只要肯于少取一些市场利润，即使没有新的发明也能扩大他的市场。最积极、最勤勉和最善于理财的人，都能用这种方法夺走同行的主顾，正如商业界的人们所说的那样：同行是冤家。犹太人几乎不使用任何奢侈品，也不追求任何享受；其他国家的商人，特别是波兰商人，普遍谴责他们用这种极端吝啬的手段弄得自己没法和他们进行任何竞争。当然，对于只满足微薄利润的商人来说，其结果是有益的。因为他不断用比较大的资本获得这些蝇头小利，特别是用可以替换对手的资本的资本；虽然不能说国家由于这种节约而受什么损失，但是也很难说国家赚得了一些什么。毫无疑问，一切缩减商业利润的做法都对消费者有利，但是消费者所得到的享受，无非是更好地利用自己的利润使自己的衣着和家庭设备更雅致一些而已，并没有增加他的收入。既然从雅致中所得到的一切享受在于稀罕，那就只有在他的穿戴比别人高一等时，他才会感到这种享受；如果他不得不用一种更精致的布匹代替从前用的粗布，这种精致的布匹就不会给他增加任何享受。相反地，华沙的商人在商业利润上蒙受的损失（例如，他们的商店被犹太人的商行挤垮），确实减少了能引起另一种新的消费的收入。

第四章　商业财富怎样随着收入的增加而增加

卖者本身扩大市场的手段没有不影响同业的，因为他要和同业们争夺用来替换自己资本的一定数量的收入；他愈能多为自己把持这种收入，留给别人的收入也就愈少。这种收入的增加并不决定于他，但是，只要这种收入增加了，他就能获利，他本人也就随着变成一个扩大促进普遍繁荣的经济人。但是，正如我们已经反复说明的那样，国民收入的构成部分，属于富人方面的有一切固定资本和流动资本所产生的利润；属于穷人方面的有交换流动资本的劳动力价格。一切不和收入交换的消费都是国家的损失；任何一种和新收入交换的消费，都是新繁荣的源泉。

对国家来说，一项新的收入可能出自任何一种固定资本和流动资本，这种资本可能是通过节约而新形成的，也可能是为了进行一种新的符合要求的生产所必须使用的。

一项新收入也可能出自任何新劳动，当然这种新劳动要利用流动资本与需求相适应。这种劳动被充分利用以后，便产生新工人或雇用失业工人。

一切新的流动资本只要找到适当的用途，或者生产一种有把握得到消费的产品而又不危害任何人，就能使社会得到两种新的收入，一种是富人的利润，由于资本的流通而增加资本；另一种是穷人的收入，由于劳动而使劳动得到价值。无论前一项收入和后一项收入，都将和新的消费进行交换，并且会扩大卖者的市场。

但是，一种只改变占有者的收入绝不是新的收入。当一个商人增加的收入只不过是他的对手损失的收入时，绝不能使国家变得更富足；当一个工厂主增加的收入只是他从工人手中扣除的工资时，国民收入也丝毫没有增加；同样，当一个公务人员只是从纳税人手中得到税收，而提高自己的待遇时，也绝不会因此创造新的财富。当然，这些人都会通过自己的消费使商品推销有利可图，并且会刺激某种生产；但是，他们只不过是取代了其他公民的消费，把其他公民的收入转到自己手中。

正像大家的享受和消费近于平等，或是极少数人一切都有剩余而大多数人仅有必需品，对于公民福利不无区别一样，这两种收入分配法对于商业财富的发展也不无区别。消费上的平等结果总是扩大生产者的市场；不平等，总是缩小市场。同样的收入，都是由穷人和富人很正当地用掉的，但是它们的用法却不一样。前者用来替换资本，而且比后者用来替换的劳动少得多，它对于居民的好处不大，因而也不能大规模地促进再生产。

由于大农业代替小农业，可能把更多的资本投入土地，可能把更多的财富分配给全体农民；但是，对于一个国家来说，一个富有的农场主家庭加上五十个贫穷的短工的家庭所用的消费，与都不富裕但又都能维持温饱的五十个农民家庭的消费是不相等的。同样，一个拥资百万、手下支配着仅能维持生活的一千个工人的城市工厂主的消费量，对国家来说并不等于一百家都不富裕、每家手下只有不太贫困的十个工人劳动的业主的消费量。

的确，十万里弗的收入无论只归一个人或者归一百人，都是用来消费的；但是消费的性质并不一样，富人所用的东西不会比穷人所用的东西多到无限的地步；他所用的东西的质量却是好得多；他的要求是工精料美，而且是来自远方。对鼓励那些用卓越技巧完成少量工作的工人改进技术起主要作用的是他；而且给工人支付高额工资的也是他。此外，给那些我们称为非生产性工人支付报酬的也是他，而这些人所供给他的只有转瞬即逝、永远不能积累成国民财富的享受。

这些富有的家庭吃的必是珍馐美味，喝的必是国产的醇葡萄酒和啤酒，因此他们能促进国家的农业；这些家庭的成员穿的必是本国工厂出产的上等衣料，他们的奢华生活要求他们置备足供替换的大量衣服，因此，他们又能给本国工业带来有力的刺激。

如果把两份同样的收入分给九十九户十分穷困的家庭和一个非常豪富的家庭，那么，它们对于国家工业的刺激就微不足道了。九十九户穷困家庭吃的是马铃薯和奶酪，因此他们所消费的只不过是一部分土地收入，还不及富人的十分之一；他们穿的是不值钱的因而也省工的粗布衣，而且缺少可替换的东西；因此他们使国家工业增加的工作远比前一种家庭少。

为了不使工作停顿，为了不发生普遍的灾难，必须由那个唯一的、集中以前分配给一百个家庭的收入的富豪家庭来补偿那九十九户所无力办到的全部消费。毫无疑问，这个家庭有许多仆人帮助消费土地的收入，但是，他们的生活资料对本国农业不会发生很大的刺激作用，甚至还不如对较远地区的刺激作用大。他要运来法国、西班牙、匈牙利和非洲葡萄园所出产的葡萄酒，要从岛国运来饮料，从印度运来香料；并且为了补偿九十九户贫苦家庭所不能消费的土地的收入，他只能出售由灵巧园丁精心经营的一部分产品，其余部分必须寻求新的消费者。在衣着和用具方面也是一样，富豪家庭并不能把其他九十九户家庭所不能购买的全部布匹用完；他要购买波斯和土耳其的地毯，克什米尔的披肩，印度的精美绫罗；他能使某些刺绣女工和时装商人有事可做，能大大地鼓励一个工人的技巧、灵敏和兴趣，然而本国十分之九的工场手工业却由于富有的家庭不用它们的产品而陷于停顿。

值得特别指出的是：资本增加的结果，一般都是使劳动集中在大工厂里，而大量财富的结果却几乎完全排斥这些大工厂的产品和富人的消费。当一种物品以前是由能工巧匠来制造，而现在变成由盲目的机械生产的时候，这种产品就失去一定的完善性和时尚荣誉。薄纱的发明对中产人家本是一种好事，但它绝对不能代替富人所用的花边；其他各种机械产品也是如此。

由此可见，由于财产集中到少数私有者手中，国内市场就必定要日益缩小，工业就必定日益需要寻求国外市场，因而该国的工业就要受到更加巨大的波动的威胁。

一切生产超过消费的国家一致注视着这个国外市场，好像国外市场宽广无垠似的。但是，自从航海发达，陆路开通，安全有了进一步保证以来，人们开始看出，世界市场和从前各国的国内市场同样地狭小；一切生产者向国外出售的普遍信誉，几乎使各地的生产都超过了需求；某个国家的生产者向另一国家的消费者提供了廉价货物，同时也就等于他们对这个国家的生产者宣布了死刑，对这种商战的抵抗力是相当激烈而混乱的。但是，几乎经常是群众性的，虽然乍一看来是不利于消费者的，但是其中也包括该国的全体居民。

因此，本章开始所谈过的国内市场，只有在国家繁荣、国民收入增加以后才能扩大，这个道理在世界市场上无论是对那些要向外国推销本国货的国家来说，或是对那些准备经营世界贸易的国家来说，都是千真万确的；只有世界繁荣起来，整个世界的市场才能扩大。只有在人们获得新的收入的时候，才能满足新的需要，才能购买我们想卖给他们的东西。

所以，工厂主的市场可以通过野蛮民族的开化、富庶、安全和幸福的逐步发展而扩大，这也是政治家的崇高理想。欧洲已经达到每个地区都有一种工业，而且产品供过于求的程度；但是，如果不是有一种错误的政策不断阻碍邻国的文明进步，如果埃及仍然掌握在需要欧洲艺术的民族手里，如果希腊和中亚细亚摆脱那种目前使他们陷于水深火热的压迫，如果对于北非各国人民的胜利能够把非洲沿海地区和社会生活联系起来，如果西班牙不屈服在使居民遭到毁灭和破产的专制制度之下，如果西班牙—美洲(拉丁美洲)的各独立国家得到保护，能够享受大自然赐予他们的种种恩惠，如果属于欧洲的印第安人和欧洲人合并在一起，如果法国人能够在他们中间受到欢迎而不被他们排斥的话，那么，这些不同地区的消费量就会以相当快的速度增加起来，从而利用今天欧洲已经无法使用的过剩劳动力，结束穷人的苦难。

人们只要随便翻阅一下商业新闻、报纸和旅行家的游记，就可以到处看到这种生产超过消费的过剩现象；可以到处看到这种生产并不足以适应需求而是以人们所要运用的资本来从事生产；可以到处看到商人们蜂拥地奔向各个新的出路，而这条出路不仅无利可图，反而给商人带来严重的损失。我们已经谈过，各种货物，特别是英国这个大工业国的货物，以大大超过需求的比例充斥意大利的各个市场，英国商人为了赚回自己一部分资金，曾不得不情愿放弃利润而亏本四分之一或三分之一让出它的货物。从意大利被排挤出来的商业洪水滚滚流入德、俄、巴西等国家，而且不久也在这些国家遇到了同样的困难。

据最近报纸报道，在这些新兴国家也遭到同样的损失。[①] 1818年8月，人们抱怨在好望角所有欧洲货物仓库都堆满了，虽然标价远比欧洲为低，货物却依然销售不出去。6月，加尔各答商业界也发出了同样的怨言。最初，人们看到了一种奇怪现象，英国由于向印度输入了大量棉织品，并雇了许多衣不蔽体的印度人的廉价劳动，以致本国工人生活更加悲惨；但是，商业界所发生的这种奇怪现象并未持续多久，今天英国的产品在印度比在英国本身还要便宜。5月，他们便不得不从新荷兰（澳大利亚）输出大量的欧洲货品，因为他们从前运到那里的货物太多了。布宜诺斯—艾利斯、哥伦比亚、墨西哥、智利的英国货也同样充斥市场，费朗先生

① 指上述几个国家，这是和本书1819年第1版发行时比较而言。

于 1818 年春结束在美国的旅行以后，曾以惊人的笔调描述了这种奇怪景象。他说在这十分辽阔的整个大陆上，没有一个城市、没有一个小村镇不堆积大量准备抛售的货物，货物储存量远远超过居民的购买力，虽然商人竭力用长期赊购和各种优待办法让买者延长交款期限，并且给予诱人的各种食品以广招徕，可是货物仍然不能脱手。以上事实在很多地方都以各种不同的形式雄辩地证明，消费资料和生产资料是相差悬殊的；生产者不能由于工业不景气就放弃自己的工业，他们只有通过破产才能确实看清自己的处境。哲学家为什么连这种凡夫俗子一般都能看清的事看也不看呢？

他们所陷入的这种错误，完全是出于这样一种臆造的原则：他们认为，年生产和年收入是一回事。李嘉图先生根据萨伊先生的论点，一再重复这种谬论，而且十分肯定。他说："萨伊先生以一种最令人满意的方式证明，产品的需求只是受生产限制的，因此无论资本多大，没有任何资本在一个国家不能应用的。没有一个人不是为了消费或者为了出卖产品而生产的；如果不是为了购买自己迫切需要的东西，不是为了购买供以后生产使用的东西，谁也不肯出卖什么。因此，生产者要么就是自己产品的消费者，要么就是另外某个人的产品的购买者和消费者。"①

根据这种原则，就绝对不能理解或阐明商业史上众所周知的最突出的事实，即市场的饱和状态。根据这一原则，也就不可能摆脱萨伊先生和李嘉图先生在价值一词和财富一词的意义上互相抨

① 前引李嘉图著作，第 21 章，法译本第 2 卷，第 105 页。（中译文参阅李嘉图：《政治经济学及赋税原理》，商务印书馆 1962 年版，第 247 页。）——译者

击的矛盾；也就不可能说明为什么资本利润和工资的定额会随着生产的提高而降低。把年生产和年收入搅在一起这一点，把整个真相蒙上了厚厚一层帷幔，相反地，只须把年生产和年收入分开，就会一目了然，一切事实就会和理论相符。

最重要的是，亚当·斯密曾经避开他的门徒所陷入的泥坑，所以，李嘉图先生在上面我们所引述的那章里整个都是攻击他的。

这部著作第一版发行至今已经七年了，我认为，这期间先后发生的商业波动，都是在生产上往往不以需要为转移，而是以拥有大量资本为转移的富有的国家里，这就更证明了这种学说的正确性，即：一旦生产猛然超过消费，就会引起严重的贫困。

1819 年，英国商业摆脱了危机以后，又重新呈现的工业繁荣，多次给我提出反证，似乎说明我错了。我可以回答说，像英国那样一个自由、工业发达、经验丰富的国家，几乎永远能够从灾难中重新站立起来。1819 年它确实损失了大量资本，确实有很多家庭破了产，但是，世界其他地区的繁荣，却在和平时期有了很大发展，英国对外贸易所换得的一笔新的庞大收入，促进了它的工业复兴。同时，另外一种原因也起了很大作用，这值得在这里加以阐述。

西班牙—美洲（拉丁美洲）为工业生产者提供了一个广阔的市场，我认为，它大大鼓舞了英国工业。英国政府也承认这一点，而且自从 1818 年商业危机以后，英国商业为了输往遥远的墨西哥、哥伦比亚、巴西、拉普拉塔河口、智利和秘鲁，在七年过程中达到了空前未有的活跃。在英国政府还没有决定承认这些新的国家以前，它经常利用战舰和驻军来保护英国的商业，而这些驻军司令官所完成的任务与其说是军事的，倒不如说是外交方面的。英国政府不顾神圣联盟叫嚣，当整个欧洲阴谋扑灭这些国家的时候，却承认了这些新兴共和国。但是，不管自由美洲所提供的销路多么巨大，仍然不能吸收英国的全部货物，因为英国的生产远远超过消费的需要，幸而这些新共和国的借款大大地提高了这些国家对英货的购买力。每个美洲国家都向英国借到足以使本国政府能够活动的款项；虽然它是一笔资本，当年却立刻作为收入被开支出去，也就是说，这些贷款全都为本国公众的利益用来买了英国货，或用来支付了为某些私人发来的货物。于是，用大量资本在美洲经营各种矿业的公司就像雨后春笋一般成立起来。但是，它们所支出的全部款项，同样是在英国购买工厂直接使用的机器，或者购买在美洲进行工业活动的必要物资而回到英国去了。在进行这种奇怪贸易的全部过程中，英国对于美洲人的要求就是用英国资本购买英国货，并且为了讨好英国人而把这些货物消费掉。这时，英国的工业显得非常繁荣。然而这已经不是收入促进消费，而是英国资本刺激消费了。英国人这样地自己付款买自己运到美洲的货物，只是满足了他们自己的享受。在 1825 年，英国的工厂进行了一系列投机活动以后，订货就再也达不到那样的规模了，这一点使当时全世界都大为惊异；但是，当这些资本被消耗掉，到了应该还账的时候，那幅帷幔便突然被揭开了，于是原形毕露，恐慌和穷困的现象比 1818 年更为严重。事实上，生产仍在无限地增加，工业人口也有增无已，但是，用在冒险投机方面的、周转非常迟缓的庞大资本，却无助于现代工业，在一两年内能够吸取这些巨大资本的外国购买者再度陷入贫困的境地，由于债台高垒，又不得不厉行节约了。

因此，商业危机达到了空前的严重。工厂没有订货，没有销路，工人没有足够的工资，无数工人完全失业；生产方面的巨大资本都用于生产过剩的产品，而这些产品完全堆积在仓库里，这是当时的恐慌和贫困、生产和消费增长的不平衡日益严重的标志。人民遭受了严重的而且会历时较久的痛苦，因为去年呈现的繁荣假象已经使英国的困难处境极端严重。即使某些工厂有了些订货又见了起色，因而响起几声欢呼，但是绝不能因此而抱任何幻想。英国从前供给各国的贷款预支了四千万英镑（十亿法郎），并向从事各种巨大企业的公司预付了同样的巨额款项。两三年内所支出的这二十亿法郎，不仅不能在今后两三年内收回，而且就连这笔冒险投入的资本应得的利息也需要等待很长时间才能收回。所以，消费量和这些预付的资本所造成的人为的繁荣比较起来，将会出现一个庞大的赤字。然而，我绝不是说这种灾难是无法挽救的：英国拥有丰富的资源，英国政府具有丰富的经验。用这项巨额资本所吸取的经验，必然会使它看清一切；经验证明：消费绝不是生产的必然结果；相反地，市场的饱和才是人们所竭力追求的生产方式的必然结果。

第五章　论工资

既然市场的平均价格（或买者提出的购买价格）和成本价格（或生产者提出的价格）之间的比较应该确定：哪种商品适合于每个国家，哪种生产在工厂主与商人以及他们所养活的一切人之间可以分配一项足够的收入，哪种生产能够促进普遍繁荣、应该得到鼓励，那么，我们就必须了解构成成本价格（生产者的价格）的各种因素。

最重要的是工价(工人的工资),甚至在某种程度上可以说是其他因素的标准,因为一项最低工资是必不可少的,即使出于竞争,工人也不能长期领取比这再低的工资;至于货币利息的减少或成本利润的降低(这两项是价格的其他因素),似乎是没有止境的。①

低工价一般可以使生产者以较低的价格生产商品,在一个工资较高的国家里,赔本的工业还可以用低工价攫取利润。因为它可以扩大工业品的市场,还可以使工业获得一种繁荣的景象。实际上,人们往往把工资价格低微看作是一个国家工业成就的一种因素。

但是,低工价有实际上的和名义上的之分,这要取决于劳动所换来的生活必需品有余或不足。金钱只不过是交换的标志,工人毫无积蓄金钱的意念,他们总是钱刚刚到手,就立即把它变成糊口的食品。如果食品价格低,如果他用每天劳动所得换来的生活必需品不是将将够用,而是非常充足,甚至还有富余的话,那么,这样的工资价格只是名义上的。因为只有富裕才能感觉到生活愉快,只有感到生活愉快,生活才有价值,劳动才会产生快乐。一个国家应该希望工人都能通过自己的劳动获得这种富裕的生活;因为不管货币所代表的劳动价格怎样低,工人的生活却是幸福的。

在食品昂贵而工价低贱的时候,工人就必须在竞争的逼迫下,

① 李嘉图先生断言:劳动工资是构成价格的唯一因素。如果他的估计不错的话,工人的工资就应该降到最低限度;幸亏这样的事情还从未实现过。

满足于维持温饱或忍饥挨饿的报酬，不得不牺牲自己的全部享受和全部休息时间，并且还得不断在贫困中挣扎，这样的工价就是实际的低工价，而且是国家的灾难。这样的工人同样创造一部分可交换的财富，他们同样很好地利用国家的资本，并且使厂主获得利润；但是，这种财富的增加是以人类的严重灾难做代价的。众所周知，使土地过于分散会给农业居民带来普遍的穷困，在这种情况下，即使工人付出极大的劳动力，也不能得到足以维持生活的工资，尽管他被迫积极劳动，也能增加生产总量；但是大家知道，这种不充分的财富对它所应该养育的人们来说，是一种全国性的灾难。对工厂工人来说，它也产生同样的后果。只要收入增长与人口增长为一与二之比，国家就不但不能富裕，而且要日趋贫困。

当工资只是名义上的低工价的时候，例如一个人一个劳动日只赚十个苏，而这十个苏能够买到在其他时期用二十个苏所能买到的食物或生活必需品，那么，国家的繁荣不仅是容许而且还要求建立新的工业。引起工资降低的食品价格的降低是会伤及农业生产者的。消费者离他太远，运费太重，他就找不到能销售自己产品的市场。在农业生产者附近建立一个工厂，胜似给他开凿一条直通市场的运河，因为这等于把市场送到他跟前。在他经营农业的地方，工人将会消费他的多余的产品，而工人的产品比农业产品所占的面积小，运出也比较容易。这样就是一举而人人得利了：农夫从自己的土地上获得更多的收益，工人的生活更加富裕，商人也得到更多的财富。

人们往往把低工价看成国家的利益，都不去考虑它是名义上的还是实际的；工厂主拒绝提高工人的工资，往往被人们推崇为爱国主义的表现，而政府有时也通过规定工资的定额并且强制维持这种定额来支持这样的工厂主。事实上这种法律最糟糕、最不合理。国家的利益绝不是工厂主的利益，而是把生产所得的利益在一切参加生产的人中进行合理分配。国家的利益要求劳动所产生的国民收入，由各个阶级来分享。如果政府有意为了一个阶级的利益而损害国家其他阶级的利益，那就应该首先维护短工的利益。在那些应该分享生产价格的人中，短工的人数最多，保证他的幸福，就是保障全国广大群众的幸福。他们的收入比任何人都少，他们的社会地位比任何人都坏；他们创造财富，自己却几乎享受不到财富，他们为了自己的生活不得不与雇主斗争，但是，双方的力量是相差悬殊的。厂主和工人之间确实是相互依附的，但这种情况使工人身受的压迫日益严重，而工厂主却消闲自在；工人为了生活必须劳动，而工厂主却能够养尊处优，即使不让工人劳动也能生活。当人们看到一个工业城市的工人因为前一年工业不景气，工资被减低，现在他们的主人不肯为他们重新增加，以致他们不得不忍受种种困难进行集体罢工，指望工厂主最后不再那么顽固；而工厂主却盘算停工期间每天损失的一小部分资本，使每个家庭处于饥寒交迫和灾难的威胁中，而且仍然过着优裕的生活，此情此景，谁不感到痛心呢？可是这些不幸的人，为了争得自己赖以为生并用来养育子女的工资，即使在最痛苦的情况下，也要遵守压迫他们的纪律；军队和警察虎视眈眈地监视着他们，只要他们发生骚乱行动，立即把他们送交法庭严惩；谁能保证没有几个叛徒混进工人群众中挑拨他们作出犯罪行为，从而使早就企图惩罚他们的人如愿以偿呢？

一个国家只有在增加本国的收入，而且这个阶级的收入并非是霸占另一个阶级的收入的时候，才能富足。只有这样的国家以同等价格售出较多的产品，它们才会富足，因为，它们生产得多，穷人和富人的收入也就增多，但这绝不是富人吸穷人的血，也绝不是使商业利润完全出自降低工资。如果一个阶级由于工价降低而遭受不幸和痛苦，那么，即使国家的商业有所发展，由这种商业刺激起的新生产的代价未免太高了。不应该忘记，财富只是代表着使生活惬意和舒适的东西；创造人为的财富使国家遭受一切实际的贫困和痛苦，这就是把事物的名称当作它的本质。

工资只是按照工时的长短计算出来的劳动的报酬，也是穷人的收入；因此，它不仅应该满足穷人工作期间的生活需要，还要满足他们停止劳动时的生活需要，应该像供应壮年、健康和劳动时的需要一样，能够满足养活老人、小孩、病人以及为恢复体力由法律或宗教规定的休息日的需要。

如果鼓励一种使人们不能满足这些需要的工资，那么，不仅没有好处，而且会大大妨害国家的繁荣。这种新的劳动一定要产生一批从事这种劳动的人，这批遭受不幸和痛苦的人永远不能安生，永远要敌视公共秩序，这些人不仅会危害自己，而且会威胁别人。如果有了这样的人，就必须很好地把他们从水火中拯救出来；如果还没有这样的人，那就应该注意杜绝产生这种人的可能。

虽然像英国那样，为救济穷人害病和遭到困难的痛苦，帮助他们解决失业、童年或老年时期遇到的困难，国家最高当局准备了一项基金，并且根据法律来进行管理；然而，这笔基金是从穷人的标准工资中积累起来的，并且不久就被看成他们的津贴了；由于一系列复杂的社会变化，穷人已经完全处在富人的支配之下；只要劳动力供过于求，穷人就会由于在老年或患病时可以得到救济，自己的孩子可以得到帮助而满足于更低的工资，忍气吞声地割舍这一部分本应归于他们的财富，让别人替他们管理这项基金，作为他们的储备金。此外，还必须承认，在这种情况下，穷人即使没有这种规定的工资，他们也同样要为一点不够用的工资去劳动，但是，这种悲惨状况不会持续多久，因为这个阶级很快就会灭亡。

按照英国对穷人实行定额工资的情况来看，穷人的收入可说是由两部分组成的：一部分是他们通过劳动得来的低微工资；另一部分是通过向大家征收的用来救济他们的基金。这项基金在去年(1818 年)达八百一十六万八千三百四十英镑，能够救济十一分之一的人口，即全国总人口一千零十五万六百一十五人中有九十四万零六百二十六人得到救济，其中五十一万六千九百六十三人经常得到救济，四十二万三千六百六十三人得到临时救济；全国总人口中有六百万人没有任何财产。每年每人几乎得到八英镑十四先令，以后就能够满足于一种从工资中减少同样多的款额工资，这八英镑十四先令是他们的主人从他们的工资中克扣出来的，同时又通过这些受救济的工人的劳动使工厂主赚得新的利润。从这种罪恶制度下产生的危害和不合理现象之中，我们绝对不应该忘记工厂主为了能够把产品卖给外国从土地所有者手里夺取一部分收入的卑鄙手段，他们这种做法完全无视国家利益，只凭损害社会上其他阶层的利益来获取自己操劳的报酬。

一般说来，当人们发现雇用童工并且让很小的孩子就进工厂参加他们父辈的劳动的时候，往往把这看成是对国家繁荣的一些

贡献，但是，工人阶级和雇用他们的那个阶级的斗争结果，必然是工人阶级为了补偿雇用他们所支付的工资，拿出所有的劳动。如果小孩子完全不参加劳动，就必须在他们的体力发育成熟以前由父亲赚到足以养活他们的工资；否则孩子们就会夭亡，劳动不久就会陷于停顿。但是，一旦孩子们赚得自己的一部分生活费，父亲们的工资就会减少了一些。这并不是说，他们的劳动使穷人阶级的收入有了提高，他们用劳动换来的收入还和从前一样，同时国家内部的总劳动价格依然未变，而只是他们的劳动加强了或工价降低了。因此，对于国家来说，穷人家的孩子被剥夺了人生的唯一幸福——童年的享受，这对于国家毫无益处，因为孩子们的体力和心灵是应该在自由快活的气氛中成长的，叫孩子们从六岁或八岁就进入轧棉厂，叫他们在经常充满棉毛和尘埃的空气中工作十二小时或十四小时，叫他们还不满二十岁就在那里染上结核病，这不论对财富的增加和国家的工业都没有任何利益。如果算一算这种办法扼杀了多少人命，就会感到实在令人发指；但是，这种随时可以看到的罪行却丝毫没有受到应有的惩罚。

同样，人们有时认为，允许工人阶级不遵守宗教法律所规定的休息日是减轻工人阶级痛苦的办法；实际上，这却使工人阶级的状况更加恶化。工人阶级被迫用自己的全部劳动换取自己的生活资料，他们用六天的劳动赚七天的生活必需品，是因为他们不能再多做。一旦休息日的规定取消了，他们就必须无休止地天天劳动，才能挣得现在所挣的每周工资。诚然，首先废除休息日的国家，一定能够通过降低物价来扩大自己的市场，但是，这等于向其他国家的全体工人宣战，剥夺他们的饭碗，迫使他们屈服在同样的条件之下。不过，一旦其他国家的工人放弃了他们唯一的享受，这种革新者的利益也就随即消失，市场也就随即缩小，只是使劳动变得更加难堪罢了。

星期日休息，并非只是希伯来人的规矩，也绝不是只属于一个国家的为了守清斋、作苦修的宗教形式；它是一种施惠法，无疑地，各种不同信仰的人，犹太教徒也好，伊斯兰教徒或基督教徒也好，遵守本宗教的教规都是件好事。但是这种休息日并不是专门让人们进行祈祷和举行宗教仪式的，它也是为了使人们享受一下消除疲劳和娱乐的机会，以便使奴隶和工人也有时享受一些人生所必需的正当娱乐——舞蹈、歌唱和愉快的欢笑。上帝十诫中规定星期日休息并不只是对教徒的诫命，而且是给予为犹太人服务的奴隶和外国人享受的；这不仅是对人，同样也是为了替人劳动的牛和驴休息，以便使牲畜也尝尝生活的好滋味。

很难理解这种施惠法怎么竟会被一个基督教国家破坏了，很难理解为什么在这个国家里竟会把休息日、欢乐日变成了悲惨的苦日子。这种所谓苦行主义造成了很多不幸的后果。关于高尚娱乐的禁令给群众的性格涂上了忧郁的甚至有时是可怕的色调。禁止喧哗的活动，就是迫使他们在醉酒中寻找安慰。事实上，遵守休息日的规定由于不准参加公共娱乐越来越变质，因而酗酒的坏风气也就更普遍，本来遵守休息日制度应该能够保持的道德，反而因此被败坏了。[①]

① 最近，天主教神甫也学了英国清教徒的苦行主义，他们禁止人们在休息日进行各种消遣；因此他们就违反了星期日休息的有益的规定，并且完全违反了他们的教会一向实行的规矩。

但是，也许有人说，如果一个国家的全体工人每周劳动七天而不是六天，一定会做出更多的工作，从而生产更多的财富。如果每个人不是劳动十小时而是劳动十二小时或十四小时，如果使人们不按日劳动而是按劳动任务进行包工，人们就会发挥全部积极性和更高的热情来参加工作；如果每个孩子都从小就开始劳动，如果每个老人一直劳动到死，生产一定会大大提高。阿瑟·杨格就是这样批评法国的，他谴责法国人怠惰，并且拿小地主和英国的大农场主作了比较，估计了小地主所损失的时间，或更正确地说所赢得的用于享受的时间。

这种诡辩抹杀了我们在叙述财富形成史时所承认的一项基本原理：人是为了使人能够休息而劳动的；一项劳动永远要求有与之相适应的休息，因为劳动预先为他准备了享受。一个人能够使十个、百个甚至一千个人有机会休息，这应该归功于文明进步；也就是说，一个人在休息的时候就能用一天的时间消费别人用十天、一百天甚至一千天的劳动所创造的东西。

这种不平衡的现象，既不是社会的目的，也不是政治经济学的目的，而且不仅不是对财富的保证，反而是对财富的浪费。如果剥夺穷人的童年和老年的休息，如果剥夺短工夜间的休息时间而让他劳动，如果为争取生活资料的奔波被剥夺了参加宗教仪式的时间，那么，干这些事情的那只手同时也必然给富人纸醉金迷的生活平添新的享受，助长他们的懒惰，使他们能够吞噬新劳动所生产的一切产品。当然，他们本人绝不会因为你给他们提供了新的享受而感谢你，因为他们付出的代价太高，然而享受得并不太称心；他们甚至不知道他所穿的布比以前更精致和所用的钢制品比以前更漂亮，能够有这种享受和满足了新的愿望，是由于几百人被剥夺了睡眠时间才创造出来的。

此外，富足并不是社会组织的目的；社会的财富只有当它能为每一个阶级造福，才是人们所期望的。只有当加强劳动就能够提高各个阶级的享受的时候，这种劳动本身才是国民的幸福。反之，如果不考虑从事劳动的人，而只考虑那些应该享受的人，这种劳动就会变成可怕的灾难。

第六章　论利率

工资和利润是构成每件物品价格的因素。工资代表制成这件物品的直接劳动，利润代表为完成这件物品，为使最后的工作能够顺利完成所进行的准备工作的报酬。人们经常把这种报酬分为两部分：一部分是资本家的利息，即资本的纯利、一切劳动和投资者使用的技巧的补偿；另一部分是商业利润。商业利润就是上述这种补偿本身，不过它在与所运用的资本额相适应的情况下，也具有工资的性质，因为这部分利润的消长是同熟练技巧和劳动劲头有关的。

商人很少能分清自己的利益是由于损害别人还是由于财富的共同增长而得到的，他们往往把自己的利益和资本家的利益对立起来，他们认为利率愈低，商业对国家愈有利。诚然，当一项营业的利润是资本的百分之十的时候，他们很希望把其中的百分之六七装进自己的钱包，而只给资本家百分之四或百分之三，这样就要比资本家和他自己各取百分之五强得多。但是，大家知道，这种利益是某个阶级以损害另一个阶级的利益而获得的，因此，国民收入实际上毫未增加。

利率低只证明下面两件事情中的一件：不是为了某种需要的资本增加了，就是对原有资本的需要减少了。这两种情况一种是繁荣的途径，另一种是引起灾难的途径；但是，在人们确切知道这两种情况哪一个占先以前，在人们确切了解这两种情况怎样搅在一起的时候，人们无法从低利率中得出别的结论，只能说资本家损失了自己一部分收入。如果这种低利率是资本过剩的结果，尽管利率降低了，社会的总收入却有所增加，更大的资本给资本家带来更大的收入。至于商人，他们会获得双倍的利益：既从更大的资本上获得利益，又从利率上获得利益。资本家的一部分收入转到商人手里；这部分收入可以代替商人所取得的利润，可以使他们以更低的价格出售商品，从而扩大他们的营业。如果低利率是由于商业停滞造成的，资本家这部分收入就会消失了，因为商人从中得不到任何利润；低利率不能增加他们的任何收入，国家也就受到损失。

根据这种情况，人们就可以了解为什么有不少立法者力图规定低利率，或者企图彻底取消利率是不合理的了。取消利率的企图，以及以借口高利贷而禁止一切利息的企图，一般说来，都是由宗教偏见引起的，都是企图把希伯来法律应用到现代欧洲的恶劣手法。这种结果只会使有关双方都不得不蒙上一层神秘的面纱，来罗致自己的利益，这只是某些人对付老实人的骗局；或者，尽管资本在本国同样稳妥、有利，却迫使资本家把能够在他附近运用的资本用到国外去。规定低利率是不合理的，因为既然资本能够取得的利息是有变化的，并且要看市场上的需要，那么运用资本的租金当然应该随着这些需要和利润而变化。总之，降低利率的企图本身就是一种卑劣的手段。这种利息是国民收入的一部分；单就这一点来看，利息愈大对国家就愈有利。反之，国家资本的收入降低是对国家的一种危害。不错，这种危害有时是一种比它多无数倍的好事的征兆，即资本本身增大了；但是，与此同时并不能真正增加实物，因为拨动时针不等于时间过得快。

如果利率低是资本过剩的结果，那么尽管按照每一千银币计算的比例收入有所减低，但由于总的收入更大了，一切新资本所生的利息就会使国家更为繁荣。然而，不管资本所有者是否更富有，使用这些资本的商业总是会根据这些资本带来的有利条件而有所扩大。厂主和商人有了更大的资本，就要在更适当的时机进行自己的买卖，而且无论是买或卖，他们谁都不急于进行，谁也不是非得立刻赔钱甩卖不可。用更大的规模来进行一切工作，既省时间又可以节约种种杂费，对于大资本的买卖和小资本的买卖所需要的时间和杂费都是一样的。

对于工业生产来说，在需要有限的时候，这可能是适用更多流动资本所能产生的唯一好处。但是，最经常发生的是，需要或市场上的需求可以扩大，流动资本的增长可以做更多的活动。因此，虽然按比例的利润要少一些，总的利润却会增多。当社会有两千万流动资本（一半资本，一半利润）可以得到百分之十的利息，如果有四千万流动资本，利息只是百分之八，而且还是资本家和商人的收入各半，原来是一百万法郎现在就可以增加为一百六十万法郎。利率低几乎经常可以使厂主在自己的生产中运用更多的固定资本，进行更细致的分工和购买机器，从而使自己产品的成本进一步降低，这一点我们在下一章还要论述。

流动资本的增加可以引起利率的减低，同时可以节约工业管理费用，和其他国家比较起来，对本国是一种有利的了，因为流动资本的增加可以降低生产成本，可以不顾虑自己对手来扩大市场。但是，如果把一个国家看成是绝对孤立的，或者把整个商界看成一个整体，那就只有在资本增加而运用资本的范围也同时扩大的时候，资本的增加才是值得向往的。那么，只要资本的利息降低，就说明运用的资本与资本总量的比例减少了，而这种低利息总是会对某一个人有利，而对另一个人有害，这样就既可能使本国人减少收入，也可能使外国人被迫停止劳动。

第七章　论劳动分工和机器

资本积累和利率降低几乎永远决定着工厂主采取两种通常是相辅而行的手段，即劳动分工和使用机器。这两种手段都是为了降低生产成本，从而扩大市场。劳动分工要求企业具有更大的规模，因为每个工人只能做一个工序，而且要经常做这种工序；这样的企业一方面必须有更多的流动资本，另一方面要有更多的机器以代替或减少劳动力。增添机器经常要求进行耗费巨大的设备，而这种垫支只能零星地收回来，这样的企业当然也要求掌握一部分可以从当前需要中拨出的闲置资本，以便用来产生永久利润。

正如我们已经谈过的，日益加强的劳动的分工是生产力提高的主要原因。一个人能把他专心从事的工作做得更好；到最后全部工作的工序都变得非常简单的时候，他的劳动就可以完全胜任愉快，可以非常迅速，甚至使人眼睛都跟不上，使人不能理解人的手怎么会这样灵巧和迅速。

由于这种分工我们往往认为工人就是一架机器，的确，一架机器可以代替这个工人。很多用于技术方面的重大机械发明，都是工人或者雇主这样观察的结果。但是，由于有了这种分工，人们的智力退化了，体力衰弱了，健康和活泼也受到了影响，失去了一切他可用以生产财富的力量。

人的智慧愈用愈发达；一个国家需要把人们变成公民，而不是让他们变得像火或水所推动的机器似的人。劳动的分工给小得可怜的童工都能做的十分简单的劳动工序带来了价值；实际上，小孩子在他们任何能力还没有发育成熟的时候，在完全不体会人生享受滋味的时候，就注定要开动一个机轮，扭动一个龙头或者操纵一个线轴。有很多袖章、别针、棉纱和棉丝织品都是这种劳动的细致分工的结果；但是，如果由于劳动分工使无数人失去了精神生活，这种代价该是多么严重和多么令人痛心啊！

每进行一次劳动分工，就必然有一部分国家资本固定起来，这并不只是用在一架机器上，而是为了使工人本身能够熟练地掌握他所担任的工序。他必须进行一定的学习，花费一定的时间，在他还没有取得收入的时候就消费一定的生活资料，然后才能获得这种熟练技巧，才能算比普通人高一筹。制别针工人、织布工、纺纱工，总是比普通小工懂得多些，因为他们在掌握本行技术中下了很多的工夫，经历了很多的困难。但是，人们并不那么关心为培养这些工人所用去或消耗的资本，因为这往往是用他们自己的少量垫支或者他们父母的一些小积蓄来进行的。但是实际上他们却是用去了一定数额，他们必须在自己的普通工资以外赚回这些钱。在历次商业危机中，往往会发生完全相反的事件：手工业工人比农业工人泥水匠的小工工价还低；他所获得的熟练技术只能作为弥补他这种劳动不足的价值，来获取和自己的生活资料价格相应的工资。

虽然工厂工人的全部活动成为单调的操作势必妨害工人的发展，可是说公道话，根据优秀的法官（专家）的观察，英国工场手工业的工人在觉悟、教育和道德方面都胜过农业工人。这些优点当然应该归功于无数的教育方法，因为在这个国家里，人民中的各个阶级都能受到教育。他们经常在一起，不那样劳累，彼此交谈的机会较多，在他们中间思想传播较快，他们一受到刺激，由于竞争心的驱使，很快就会比任何其他国家的工人都先进。这种精神方面的利益比财富的增加更具有特殊的重要意义；正如另一方面，由于建立很多工厂而产生的道德堕落现象，比任何生产的提高所能补偿的损失更大一样。他们既被剥夺了使生活有意义的一切享受，同时又被迫过一种缺乏道德的生活，这是一种不幸，因为这会使国家多一个对国家没有感情的公民，使国家多一个对现行制度毫不留恋的公民；同时，如果这个人不能通过自己的劳动产生与他消费相等的消费品，如果这个人不能赚回为培养他用去的积累的资本，就是一种折本的经济投机。

用机器代替人的劳动和雇用及培养新的工人是相似的。利率低同样要求设法使过剩的资本用于更有利的生产方面。由此而提高的生产，如果是由于需求引起的，并且与消费的提高相适应，那就同样是有利的；但是，如果生产的提高只是由于资本的增加，而不是由于收入的增加，如果它只是利用发明家跟同业作对，甚至夺走同业的主顾，那么一般说来，只能引起灾难。

随着技术和文化不断革新，带来很多应该做的工作，而劳动力却十分不足；穷人阶级所受的压迫极其严重；在农业方面，荒地非常多，在城市里，没人经营的行业也很多；人们供应国王为作战征用的无数壮丁，似乎总也无法抽出足够的人力，可是，一个从他那个行业被解雇的工人，往往有十个其他工人在等着补他的空位子。今天的情况就大不相同了，今天已经是人浮于事了。其中有些原因我们已经谈过，我们还要谈另一些原因；就目前说来，毫无疑问，谁也不会反对，只要被机器代替的人能在其他地方找到工作，这种代替就是有利的事情；但是，最好使一个国家的人口都是由公民组成的而不是由蒸汽机组成的，尽管前者所织出的布匹要比后者贵一些。

细致的劳动分工，始终和大量的流动资本与运用大量的固定资本有关，分工是对企业家有利的，可以使他的工厂兴隆起来，不用说这对社会也是有利的。如果他扩大生产是由于一种更大的需求，就必然会赚钱；因为虽然大量的流动资本可以维持更多的工人，然而他却仍然把工人的工资保持在原来的水平上。虽然，他由于制造机器需要运用新的资本，他却仍然向资本家交原来那么多的利息；虽然他是从更大的款项取得这项利润，他却仍然给自己保留着同样比例的利润。

如果厂主扩大生产不是由于新的需求，而是由于资本过多，资本的主人肯于以更低的利率供他运用这些资本制造使他能够廉价出售产品的机器，从而可以到遥远的地方去寻找消费者，虽然也能够给国家带来利益，不过，外国的生产者就要遭受损失。他使资本生产了收入，如果没有他，这些资本就要被积压起来；尽管他使国外的竞争者失去自己的工资，本国人的工资却不会因此有所减少；至于他本人，虽然要支付给借给他资本的人一笔利息，却可以从同一项新的资本中生产一笔商业利润。

但是，如果工厂主在需求没有增加，资本也没有增加的情况下，只是单纯地把自己的流动资本变成机器，按照他的生产规模，由于用盲目的机器来代替工人，而解雇一些工人，也不扩大自己的市场，那么这只能增加他个人的利润，因为他买得廉卖得贵。可是，不管他个人得到多大利益，社会却肯定要蒙受损失。

不过，这三种不同的情况绝不会单独出现，需求稍稍提高，往往会引起远远超过它的生产的提高；用于添置新机器的资本，一部分应该是新资本，另一部分应该是从工资中扣除的流动资本；由于这种种不同情况的结合，结果使工厂主本人很难弄清是他引起了需求，还是需求来找他。

一个食品价格低廉的国家，比较适于发展需要大量劳力的工业，因为这种工业会增加该国的食品消费者。同样，一个资本利率低的国家，比较适于发展需要大量资本的工业，需要大批垫支的工业。因为这种工业可以使积压的资本生息。但是，调拨资本比移动工厂要容易得多。一个殷实的城市可以把它的剩余资本转用到贫穷的城市去；但是，工人由于被机器所代替而被解雇就有饿死的危险。

粮食或资本的富裕是指导一个国家的工业人员走什么方向的

良好标志。但是，在一般情况下，同一地区对工业具备这两种优越条件是很少有的。殷实的城市有充裕的资本，即使粮食很便宜，生活水平仍然是很高的，因为租金太高了。如果要在这样的城市建立工厂，那就应该建立需要资本多、需要科学成就多而需要劳动力少的工厂。反之，要在运输条件困难的穷乡僻壤，或者粮食无法出售，但由于缺乏消费者而农业萧条的地方设置某些工厂，就应该建立需要劳动力多、需要资本少、需要科学成就少的工厂。因此，钟表和珠宝业显然适合于日内瓦；这种工业愈先进，就要求更多的资金和更高的技巧，同时它更适合于一个富庶而生活高昂的城市，此外，这个城市也就更应该不开设织花边、织布和织毛呢的工厂，因为这些工厂所需要的一般工资在物价中占有比资本的利润更大的比重。

第八章　论廉价生产竞争的结果

如上所述，生产者彼此间为了争夺主顾而展开的竞争总是要求企业不管商业领域的需求如何，以更低的生产费用来进行生产。我们也指出过，需求不增加，则竞争只能使某几个个别人发财致富，而使所有的人蒙受损受。所以人们有理由加以反对，即使后来通过这种收入可以产生一种需求，也不应该使新的生产创造新的收入，因为这种需求仍然不能吸收这种收入。诚然，从这些致力于低价产品的生产者从事的生产中产生的新收入，必然比新生产少。这种假设本身，道理已经十分明显；不过我们还要举一些实例加以说明。

竞争的结果首先就是降低工资，同时使工人的数目增加。假设一个布厂有一百个工人，每个工人每年挣三百法郎；他们的年生产可能是一万欧纳布匹，他们的收入和他们的消费将达到三万法郎。十年以后，在同一个工厂里，每年只挣二百法郎的工人有二百个，生产就会提高一倍，他们就会生产出二万欧纳同样的布匹。但是，他们的收入和他们的消费只能提高到四万法郎。因此，工人的收入并没有随着生产的提高而增加。

在同一个工厂里，拥有十万法郎的流动资本，每年给工厂主增殖的利润是一万五千法郎，厂主从中给资本家支付了百分之六的利息，也就是说他拿出了六千法郎，他个人还剩有九千法郎。资本的增加和利率的降低，使他有可能扩大他的营业，并且能使他只满足于一项小小的利润，因为他所运用的资本数量更大了。他在自己的工厂里投入了二十万法郎的资本，只付出百分之四的利息，或者说只给资本家八千法郎；他自己只剩下百分之八的利润，可是他认为自己的营业很不坏，因为他的收入从九千法郎提高到一万六千法郎，而资本家的收入也由六千法郎增多到八千法郎。同时他们的生产也提高了一倍；而他们的收入以及随之而来的消费，只不过是五与八之比，略微提高了一些罢了。

工厂主还利用充足的资本给他的工厂增添了新的、相当先进的机器，以便使他的年生产再提高一倍。他用了二十万法郎的资本，目的是要取得更高的利润，因为这样他可以和第一批的二十万法郎得到同样多的利润（这二十万法郎已变成流动资本），就是说，他自己得百分之八，资本家得百分之四，合计是二万四千法郎。

但是，这时候的消费降低了。十年前，产品为一万欧纳布匹，代表消费的收入是四万五千法郎，就是说：工人得三万法郎，资本家得六千法郎，而工厂主得九千法郎。现在，产品是四万欧纳同样的布匹，代表消费的总收入只是八万法郎，就是说，工人的收入为四万法郎，供给他流动资本的资本家的收入为八千法郎，供给他固定资本的资本家的收入也是八千法郎，而工厂主的收入为三万二千法郎，其中一万六千法郎是流动资本的利润，另外一万六千法郎是固定资本的利润。生产增加了三倍，而消费连一倍也没增加到。当然用不着计算那些制造机器的工人的消费，他们的消费已经包括在购买机器的二十万法郎中了。而且这种消费已经是同样情形的另一个工厂的收支的一部分。

但是，当生产提高三倍而收入只增加一倍的时候，就必须在其他某个地方有一个收入增加三倍、生产只提高一倍的工厂；否则就会给商业造成商品过剩，造成销售的困难，以致最后遭受损失。每个工厂主都要依靠陌生人，依靠外国的；他总是认为在某种其他行业里会有一些他所不了解的新收入；但是，所有的工厂都是一样的，每个外国都有联系，并且互相比较各国的价格，那种最初只适用于一个工厂的计算，很快就会适用到整个国家；最后适用到人所共知的整个世界市场。

我们方才所介绍的事实是普遍存在的；任何工厂如果不是在既对所有的工人保持同样的工资，又能雇用新工人和使用更多资本而对各项资本支付同样利息的情况下扩大自己的工厂，那么他算一下本厂的总账，也会得到同样的结果。如果他不仅仅考虑个人，而且也考虑他在国内所经营的企业部门，他就会看到同样的结果。商业可能扩展，但是这种扩展是以缩减从前每项工资和每一千法郎的利息为基础的，可是，消费却不能以和生产同样的速度增长，所以，总的结果绝不是更大的繁荣。

这个计算彻底推翻了政治经济学方面一个为大家特别坚持的公理，即：最自由的竞争，决定着工业的最有利的发展；因为每个人对自己的利益比庸碌无能和漠不关心的政府了解得更透彻，而每个人的利益就是大家的利益。这两个公理本身都正确，可是它的结论却是错误的。包括在所有其他人的利益中的个人利益确实是公共的福利；但是，每个人不顾别人的利益而只追求个人的利益，同样，他自己力量的发展并不包括在与他力量相等的其他人的力量之内；于是最强有力的人就会得到自己所要得的利益，而弱者的利益将失去保障；因为人们的政治目的就在于少损失多得利。在这各种利益互相竞争的斗争中，不合理的事几乎常常在邪气占上风的情况下得到社会力量的支持，而社会力量自以为是大公无私的，事实上它也会干出这种事的，因为它不问青红皂白，总是同情强有力者。

再拿上面提过的那个工厂来说，我们就会看到个人利益乃是一种强取的利益，个人利益常常促使它追求违反最大多数人的利益，甚至归根结底可以就是违反全人类的利益。

社会自然发展的结果引起了资本的不断增长，社会组织的缺点（我们将在其他地方讨论这种缺点）则导致工业人口的不断增长和劳动力的过剩。工厂主和他的工厂就处在这两种进步力量的中间，在他的工厂里他只运用十万法郎，和一百个年工资三百法郎的工人。另外一个资本家还供给他十万法郎，运用这十万法郎当然是对他有利的，因为我们已经看到，这十万法郎会使他的收入从九千法郎增加到一万六千法郎。对两个资本家来说，降低利息也是有利的，因为，如果不这样，就会有一半资本积压起来，如果同意改百分之六的利率为百分之四，那么加在一起的收入还是从六千法郎增加到八千法郎。就工人阶级的利益来说，同意降低工资也是有好处的，因为他们的实际人数增加了，或者由于机器的发明对他们所需要的劳动量减少了。假使工人阶级依仗人数比以前多而来破坏这些机器，那将为社会力量所不容许。因此，每个人都为了自己的利益放弃一部分收入，迟早会使那个企图让人们为之牺牲一切而自己获利的人也看出，只要收入减少人们就买得少，工厂的生产和市场的需求也就不成比例了。

不管人们从什么观点来考虑财富的发展，都永远会得到同样的结果。当财富逐渐地均衡地增加时，当它的任何部分都不是过分迅速地发展时，这种增加才能造成普遍的福利；但是，只要有一个齿轮比其他齿轮快，先完成了自己的任务，就会产生灾难。我们曾谈过消费比收入形成得快和生产比消费大的灾难；刚才我们看到了由于一种节约而形成的超过工业需要所能运用的资本的灾难和由于人口增长超过劳动需求所产生的更大灾难。因此，从各方面看，每个个人的行动都企图加快机器的运动。也许政府的职责就是延缓这种运动，调节这种运动。

只要人类的活动是增加每个人的财富而不是争夺财富，只要是人同自然斗争而不是同另外一个人斗争，那么在创造财富方面绝不是没有发展余地的。因此，把科学应用到技术方面并不只限于机器的发明，在工作需要超过人类所能提供的劳动力的时候，机器的好处是很大的。利用科学还可以发现原料、染料以及更可靠更经济的保存方法；利用科学还可以生产物美价廉的产品。科学保护了工人们的健康，同时也保护了工厂的产品，从而不只是增加了财富的数量，而且也增加了财富给人类带来的福利。

同样，当国家还只是遵循自然界的指示（吩咐）并利用气候、土壤、位置、原料所提供的自然界的优点时，它没有使自己处于反常状态，它并不去寻求那些使人民群众真正贫困的虚假财富。对于国家来说，国家成员的高超的能力，是一种天赋的优越条件。对于某些地区来说，大自然似乎很大方，似乎给这里的居民保留了劳动的技巧、智慧、体力和恒心，甚至不需要通过教育就能得到发挥。但是，另一些特点或道德，即热爱秩序、节约、俭朴和正义，正如促进社会的幸福一样，对于财富的增加也是有效的动力。这些道德几乎永远是由公共组织来培养的。宗教、教育、政府和荣誉感在改变人的本性；因此，它既能培养出优秀的公民，也能够产生不良的公民，它们可以使这些人靠近或者远离政治经济学所应追求的目标。

聪明而勤劳的民族用同样多的力量可以做出更多的工作；俭朴而廉洁的民族用同样的收入可以得到更多的享受；自由和热爱秩序的民族用同样的资本可以获得更多的安全保障。只要人们不利用社会道德沽名钓誉，任何一种社会道德都会行之有效。一个有良好组织的民族，只要不忽略需求和劳动之间的基本比例，就会成为最幸福的民族。如果它们堕落下去，利用压低工资的卑鄙手段掠夺同自己竞争的民族的主顾，那么，无论智慧、俭朴或自由，都不能保证使自己免于苦难。

第九章　论政府规定的专卖权

如上所述，商业财富的发展不需要政府干预的说法是绝对不正确的；政府对商业财富发展的自由竞争完全任其自流，并不会因此就杜绝某种压迫或使多数人免遭过分的痛苦，也许由于财富的发展，普遍的困难和最后的破产会轮到地位最高的人身上。如果政府对财富的欲望加以调节和节制，它就可能成为一个无限慈善的政府，不过，当科学还不发达、人们还不能看清政府所应确立的目标，或者应该按实际要求走截然相反的方向时，是很难做到这一点的；人们只要看一看各国政府在财政发展上所进行的工作，大都会发现，不是依靠一种错误的学说就是出于冒险，没有别的。

一般说来，在商业财富中，政府只注意商人；它认为这些人的利益永远符合国家的利益，而且几乎是永远根据他们的意见制定本国的法律。各国政府力求使商人能迅速地发财致富；往往给他们一种直接的专卖权，或者说为了保证他们能够进一步贱买贵卖而给予他们一种排他性的权利；即使希望卖得更贵，买得更便宜的人和那些抱怨既不能卖又不能买的人曾经迫使政府放弃这种如此偏袒和不合理的法律，然而商法中仍然保留着某些专卖权的残余。

这套立法学说，一直被说成是为了促进商业、工业和满足工商业需要的资本的增长。根据这种观点，几乎没有任何一条法律，包括自以为经验最丰富的国家在内，都不能不证明这种学说所追求的目的和实际的结果是背驰的。但是，我们刚才说过，如果政府既相当开明又相当仁慈和大公无私，能够让人们完全信赖的话，通过限制工业发展和制止不符合要求的资本增长，它就会给社会带来很大的利益。现在受舆论谴责的某些商业规定，如果它们应该被谴责为对工业的鼓励，也许它们会被证明是一种抑制。

在未开化的时代，政府曾准许某些人通过金钱取得出售某些食品或商品的权利，或者政府本身保留出卖这些东西的权利，从而使拥有专卖权的人获得了高额利润。人类知识逐渐进步以后，人们不久就认识到这种专卖权只不过是一种捐税，于是就不再把它看成给予商业的一项优惠了。

但是，这些从前领主在自己的领地内批准的、如今土耳其的巴夏还往往卖给出钱最多的人的专卖权，和商业公司的特权具有完全相同的性质，商业公司的特权是准许它们得到一种社会保证，有时是使它们能够进行一种无人与之竞争的投机买卖（如银行和保险），有时是特许它们在一定的地区（如在印度或中国）经商。人们所以给少数人以这样一种特别的优惠，使本阶级的其他成员蒙受损失，是由于在专卖权保护下的商业的特殊性质，由于这种商业需要大量贷款、巨额投资或者需要有强大的力量才能得到野蛮民族或野蛮民族政府的尊重。也许人们会说，这种优待是使这样的商业无法进行，使公众对它失掉兴趣的。关于银行专卖的好处，我们还要在另一篇里谈到。

一般说来，舆论是赞成用来作为商业公司专卖权基础的那些原则的。我们曾经指出，这种专卖权永远使消费者买到的商品保持高昂价格，一定要降低生产和消费，并且使国家资本走非常不利的道路；有时使国家资本过早地用在不合时宜的商业上，有时摒弃寻求出路的资本。我们也指出过，尽管有了使公司可以贱买贵卖的特权，可是由于公司的组成因素的关系，它并不太适合经营商业和专门搞经济；甚至使这些拥有雄厚资财和极大权威的团体几乎都以破产而告终。这即使不是由于管理人缺乏道德品质，至少也是由于他们缺乏警惕。关于公司的缺点，最近半个世纪来的经验并没有对亚当·斯密教导政治家的内容有所补充。

建立商业公司的目的，只是为了同毫不了解欧洲政治状况的国家进行贸易，在其他地方人们是不会接受他们的专卖权的；但是，有时由于某个外国政府的优惠，由于畏惧和由于希望建立同盟，也有时给某个优惠国的商人一些优待，使他们在接受这种规定的国家享受一种专卖权。这是最近半个世纪以来商业条约的目的，这些条约在最近半个世纪一直成为欧洲政策的主要着眼点。

对一切其他外国货免征或者减征进口税，不可否认，这是准许得到这些权利的国家完全控制给予他这种权利的国家的对外贸易。用同样价格进行生产的国家，由于少付这些税款，就可以按低于其他国家百分之五或百分之十的价格出售它的产品，从而使它几乎单独垄断了这项贸易。给予这种免税权的政府，无异于授予外国人以向本国国民征税的权利。于是，本国的税务机关或消费者就损失掉外国人所挣得的全部财富。

如果商业条约中规定互免关税，则有关国家必然会感觉到本国生产者所得到的专卖权使它付出的代价太高了，因为它是用给外国人危害本国的消费者的专卖权换取的，好像两国的商业没有任何关系似的。人们可以找到一种表面的理由，认为买呢料的人为制呢厂厂主纳了税；但是，叫英国的葡萄酒消费者蒙受损失，以补偿葡萄牙的布商应得的利益却是毫无理由的。

无须再追究旧商业条约制度中的错误了；今天，再也不会有人希望在欧洲还以不平等条件来签订这种条约，很可能将要签订的第一批条约就会有更广泛的基础，而且其目的是为了避免禁止贸易的学说所制造的障碍，因为工业不可能长期受这种禁止贸易学说的阻碍；此外，在开始消除两个邻国之间的障碍的同时，它们将逐渐习惯于把人类互相看成弟兄，尽管他们不是同胞。

任何商业条约都不能充分满足追求专卖权的商人的贪得无厌；因此，有些国家的政府就发明一种可耻的手段。就是说，通过殖民来建立新的国家，使这个国家的公民变成本国商人的顾主。禁止移民在这个国家建立任何工厂，使他们完全依附自己的母国；严格禁止他们进行任何对外贸易，要求他们遵守最苛刻的、最不符合他们本身利益的法规，但这并不是为了宗主国的利益，只是为了少数商人的利益。在一个新国家里，任何劳动都是有利的，因为这样的国家需要各种工作；这种优越性使殖民地繁荣起来了，尽管殖民制度使殖民地受到了各方面的损失。殖民地的未加工的产品适合于遥远地区的商业，所以它们可以经受价值极其悬殊的交换，在这种交换中，人们所取得的都是在自己本国所不能得到的东西。但是，殖民地的迅速发展必然要废除产生殖民地的那种制度，因为殖民地是由于与宗主国所奉行的完全相反的制度而繁荣起来的。人们在这些国家里奖励输出各种未加工产品，奖励进口各种制成品，而且这些国家向那些认为在它们与宗主国的贸易中（允许它们进行的唯一的贸易）是一种等价交换，并希望进行这种等价交换的人们提出了一份总账，根据这个总账可以看出，这些国家的损失是逐年增加的。

与此相反，如果根据我们所阐述的原则来考察殖民问题，我们就应该把它看成是一个旧国家为参与新国家的进步的一种强制手段。在法国，工业得不到发展，资本没有出路，劳动力过剩；至少可以说，它的经济、劳动和消费的发展迟缓了。但是，多米尼加却把法国的多余产品都吸收了去。为那些自己不从事任何劳动的人建立一个新国家是需要大量劳动的，因此，只好通过暴力掠夺来了奴隶。法国的商业建立了城市，并且把这些城市装备起来，在那里开设商店，养活城市居民。毫无疑问，一个这样开发殖民地的国家，使殖民地完全向对它有利的方向发展，是一定会赚很多利润的；但是，由于这种情况非常不合理，这样的利益便不能持久。另一方面，殖民地用以报偿法国劳动的收入证明：即使用耗费大量资金的方法，例如采用奴隶制的方法，来从事农业，也能够使一个国家富足。在古老的欧洲农业不能创造出大量财富，是因为所有的利益都被地租吞噬了。在一个拥有大量土地没有地租的新兴国家里，农业的利益是最丰厚的。

各宗主国在它们的殖民地保留着专卖权的全部利益，它们还大大缩小自己的市场；整个欧洲与所有殖民地之间所进行的自由贸易，无疑对双方都非常有利，因为这种贸易大大地扩大了欧洲的市场，同时也加速了殖民地的发展。然而，尽管具有绝对的自由，殖民地的工业却仍旧要在很长的时期内落后于欧洲。但是武力的威慑会使它们获得应该从正义和政治上获得的启示，殖民制度的寿命是不会太长了。

由于扩大生产者市场的其他各种手段不能满足需求，某些政府甚至贴补本国的商人，使他们有可能廉价出售；这一牺牲愈是令人惊异，愈是与最简单的计算相抵触，愈会使人把它归因于最高的政策。国家根据厂主的生产所给予他的奖金是一种奖赏，并且成为它的利润；因此，这种奖金就促使厂主进行一项不能产生任何收入的工业；如果这种奖金用于出口，则政府是靠牺牲本国的百姓来贴补本国的商人的，这样就使外国人能够从他们手里得到便宜的东西。曾经有人认为：他们往往是害怕外国企业的竞争，为使这些企业破产才使用这种手段的。但是，这种牺牲是很不符合他们的初衷的；一方面，为灭竞争对手的锐气，一连支付十年拨给奖金的国家，如果在第十一年上停止了这种做法，它就又会很快遭到对手和它竞争的危险；另一方面，如果工厂从市场所得的利润少得这项奖金就足以使它破产，这种工厂必然没有多大意义，而且它所要损害的对手也可能由于使自己的资本和工人摆脱了冒险的工业而额手称庆。

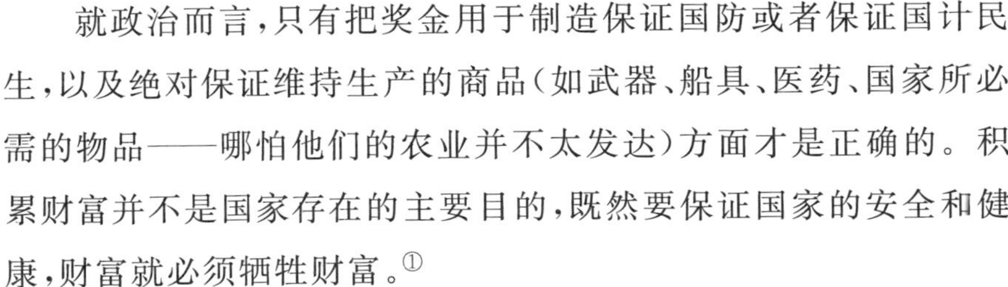

就政治而言，只有把奖金用于制造保证国防或者保证国计民生，以及绝对保证维持生产的商品（如武器、船具、医药、国家所必需的物品——哪怕他们的农业并不太发达）方面才是正确的。积累财富并不是国家存在的主要目的，既然要保证国家的安全和健康，财富就必须牺牲财富。①

不应该把奖金和退税混为一谈，退税也往往有许多相同的名称，但是英国人称为 drawback（退税）。当一宗国货出口的时候，

① 完全出乎我的意料，我认为所有的经济学家都反对实行奖金的办法，李嘉图却认为奖金是合理的（第 22 章）。但是，一般说来，他的学说是主张任何事物都是平行的，其间不会有任何危害；这未免把科学说得太简单了，因为这种说法很接近否认罪恶存在的谬论了。

把制造这种物品过程中本国已征的一切税款退回给生产者，是合理的办法，因为在运出一切进口货的时候都是这样。人们是根本不能向可以随便到什么地方取得消费品的外国人征消费税。如果不把生产税退还给生产者，就会缩小本国生产者的市场；而在这种货物出口时将已征说款退还给生产者，政府只是使他有能力以同等的条件同所有的对手竞争。

第十章　论法律对生产者增加的限制

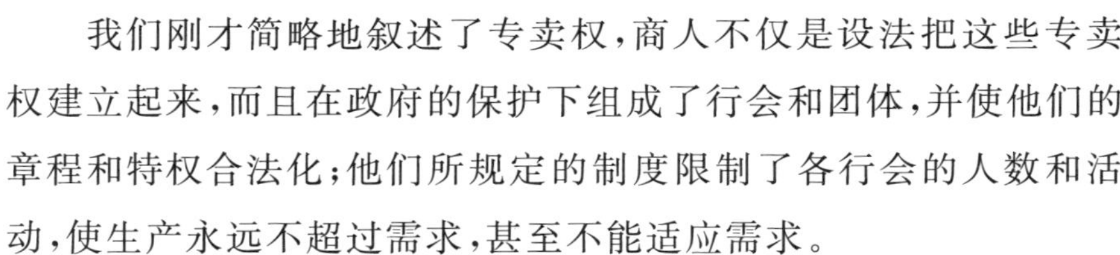

我们刚才简略地叙述了专卖权，商人不仅是设法把这些专卖权建立起来，而且在政府的保护下组成了行会和团体，并使他们的章程和特权合法化；他们所规定的制度限制了各行会的人数和活动，使生产永远不超过需求，甚至不能适应需求。

各行业分成了各种等级，任何人如果不属于被称为团体中的一个等级，就不能在这一行工作或出售产品。行会中有各团体的代表，代表执行行会首脑的职务。各团体的代表负责维持行会的秩序，一旦有人违反行会的规章，就由他们处以罚款。一般说来，各行会中师傅的数目是固定的，只有师傅能够开设店铺，只有师傅能够做自己的买卖。每个师傅只能培养一定数目的学徒，向他们传授本行的手艺，而且某些行会只能收一个学徒。每个师傅能够掌握几个工人，工人被称做伙计，一个只能有一个学徒的行业里，也就只能有一个伙计，或者只有两个。非本行的学徒、伙计和师傅不能做该行的买卖和工作；任何人不经过一定年限的学徒生活就不能成为伙计，不经过同样的年限当伙计并且没有在本行做出出色的工作或者本行的特定工作(应当由行会首脑评比),也不能成为师傅。

根据这种组织,我们看到各个行会的新人完全掌握在师傅手里。只有他们能够收徒弟,但是,他们并没有必须收徒弟的义务;所以,他们收徒弟的时候得给他们钱,而且往往要出很多钱;一个青年如果在进入某个行业以前拿不出学徒费用和在学徒期间的一切生活需要,他就不能入这一行;因为在四年、五年或七年的时间内,他的全部劳动所得要完全归师傅所有,学徒时间多长,他就在多长时间完全受师傅的支配。师傅随便转个念头或只由于学徒的某种轻浮行为就随时可以拒绝学徒出师挣钱。

学徒变成伙计以后,就稍微有些自由了;他可以和本行的任何师傅订立合同,为他工作,也可以由这一个师傅转到另一个师傅那里。由于当伙计必须通过一段学徒,所以他也就开始享用让他吃过苦头的那种专卖权,因为他知道,他的工作几乎完全有把握得到较好的报酬,这种工作离了他就不行。不过,要想升到师傅的地位还要受行会头的控制,所以他还绝不能认为自己的命运已经得到保障,他的职位已经稳固下来。伙计一般都是当了师傅以后才结婚。

有人为了能够制定出使一部分人完全受另一部分人控制的法律,而向政府提出学徒制和行会的一切规章;为避免外行工人做他所不熟悉的手艺,或者避免不讲信用的师傅欺骗消费者,这种规章是必不可少的。但是,只要略略分析一下,就知道这种主张是站不住脚的。事实证明,只有竞争心才能给工人以适当的教育;而漫长的学徒阶段,往往会使人迟钝,和损害人的积极性;只有消费者能够自己决定什么对自己合适，他有权放弃行会制度所奖励的生产而去找一种对行会不利的生产；总之，任何狡猾手段只能由买主来防止或者进行最有效的惩罚。

工业的进步在取消行会以前就被他们破坏了。一般地说，他们所规定的制度只在城圈范围内实行，至于城关地区就被看成是特权地区了，在城关地区的职业是完全自由的，在实行行会法以后出现的行业，一直处于无人干预的状态；无论是在法国和英国，绝大部分大工场手工业都摆脱了学徒制和行会的控制。而且，因为这种学徒和行会制度的不合理情况使他们不能在本乡自由发挥特长，不能运用自己认为已经掌握的本领，已经激起了人们极大的愤怒。

在法国，行会在革命时期被取消了，一般说来，要求恢复行会的只是那些维护旧规章和维护过时的不合理的事物、不容许别人思考的人，他们不论在政治问题或宗教问题上都喜欢说：placet，quia absurdum（正是因为不合理我才高兴）这句话。但是，人们从未把这一切特权势力看成是人口增加和工业迅速发展的障碍，而且，也很难看到这一点。这些制度都是在一些小自由商业共和国以及自由的团体中产生的，在这些地方，立法者本身也是从事本行业的人，因而把自己的行业置于这种法律保护之下。毫无疑问，他们十分关心自己所取得的专卖权；但是，自由民的经验永远比对营业一窍不通却硬要插手的大臣——立法者更值得重视。

如果人们希望以过剩人口来弥补这种缺陷，是完全无法避免使穷人阶级遭受贫困的。如果人口确实过剩了，无论立法者如何处理这个问题，劳动工资也必将由于竞争而降低。如果一个人的劳动不足以维持自己的生活和享受，那么，唯一使他免遭痛苦的方法，就是不让他降生。任何政府，无论多么有经验，多么勤恳和仁慈，都一定不会充分了解劳动需求和劳动者的人数的比例的，因而也就无法限制人口的增加。最明智的办法就是要让人们充分了解自己的处境，让人们凭父性的慈爱和家族的荣誉去自行处理。在任何情况下，公民如果没有办法养育子女是绝不想结婚的，他们必定要在能够使子女幼年不受罪，以后也不堕落，而在有劳动能力时能够找到职业时，才肯生儿养女。穷人和富人一样也有一笔收入，穷人也必须使自己家庭能适应自己的收入。

我们在论述领土财富时已经说过，当农民同时是土地所有者的时候，就会使人口增加和分割土地，直到能够使孩子们通过劳动可以获得温饱为止。而且土地只能分到这种程度，从而人口也就不再增加了；至于短工，他们只是靠工资为生，他们也想给自己的子女留下一笔和自己一样的收入，把子女培养到有劳动能力的年龄。可是这个阶级人口增长的速度同劳动的需求完全不成比例。在靠商业财富为生的人们中间，也有同样的情况。

一个工人只要有一种劳动特长，就能得到一笔固定的收入，他知道这一点，也使自己的家庭人口适应这笔收入，反之，如果这种劳动价值是由竞争决定的，那么，这种价值将会无限地降低，但是他除了劳动力以外，没有任何东西，这是他唯一的依靠，也是他要留给子女的东西；可惜，他失算了，他两个儿子的一天收入不及他自己收入的两倍，他本打算把自己的孩子安置在和自己同样的地位上，实际却使他们陷入比自己更加窘迫的境地。

工人的利益要求没有人同他争饭碗，要求没有只凭劳动力和热情、用比他更低的价格出卖自己手艺的人和他竞争，正如土地所有者的农民的利益要求没有只凭劳动力和热情想从土地上取得比他更多的粮食的人来和他争自己的土地一样。整个社会的利益也绝不是使一切都陷入互相竞争的状态，也绝不是让某个行业付出的劳动，以及从农田里所得到的生活资料多多益善；因为社会成员本身就是互相竞争，迟早要使每个人都落到最穷困的地步，使多十倍的人口来分享只增加四倍的收入的。

诚然，无论是想当工人却没有技术、还是想当农民而没有土地的人，他们的利益都和这种法律所容许的无休止的竞争相矛盾的。社会应该在这种互相对立的利益中作出抉择；但是，社会保证所有权的最强烈的动机，是因为它这样做只能危害那些它要阻止诞生的人，如果它挑起普遍的竞争，那就是危害它要使之死亡的人。

毫无疑问，无论从理论或实际方面来看，行会的建立都会阻碍而且一定会阻碍过剩人口的形成。同样毫无疑问，这种人口在目前是存在的，它是现代制度的必然结果。

根据所有行会的章程，几乎是任何人不经过二十五年就不能当师傅；如果他自己没有一笔资本，如果他没有足够的积蓄，就得当更长时期的伙计；有很多，甚至可以说绝大多数工匠都当一辈子伙计。但是，实际上几乎不当师傅就结婚的人是没有的，即使他们本人冒险要结婚，任何家长也不肯把自己的女儿嫁给一个毫无地位的人。

出生的数目并非只取决于结婚人数多少。一个做父亲的知道他应该培养子女，但是又怕子女多了会使自己破产，每个要去当学徒的儿子，在将近二十岁以前要完全依靠他过活，而且还必须设法给儿子筹一笔钱拜师傅，好让儿子进入社会；因此，做父亲的就必须设法少生孩子，不然他的财产就不能满足需要。所以城市人口的增加不是来自最低阶级，而是来自工人中较高阶层，因为只有当师傅的才能结婚，而这些人家庭人口的增加是永远和他们的财富相适应的。事实上，城市人口永远没有过剩的时候，一般总是要到乡村去招募工人。

另一方面，手工业者现在的生活更加贫困，他们活一天算一天，始终不能以自己的劳动所得对自己的最低生活获得更有力的保障，在任何时候也不能确定自己是应该做单身汉或是结婚，由于对这种不稳定状况习以为常，并且认为这是他整个阶级的自然状况，所以，他不但不放弃各种娱乐，和各种家庭的慰藉，而且只要一赶上好年头他的劳动工资提高了，便立刻结婚。况且，他结婚是很容易的，因为他的妻子和他一样，也在工厂里劳动；两个人从前分别住在两个地方，现在认为可以生活在一起了。同样的工厂也在等待着他们的孩子，他们的孩子一到六岁至八岁，工厂就雇他们。如果这个工人为养活自己的孩子没有花很多钱，那么，对工人来说达到劳动年龄的儿子一挣到工资，收入似乎就增加了，这可以说是奖励增加贫苦工人的一项奖金。在不景气的年月，找不到工作的时候，英国各本堂区和穷人收容所以及教养院就都要维持不应诞生的家庭，因而这些家庭都苟延残喘地受罪。

诚然，由于穷苦工人结婚而引起的人口增加，是今天社会中的一大灾难。英国从事农业的只有七十七万一百九十九户，从事商业和工业的有九十五万九千六百三十二户，属于其他社会阶层的有四十一万三千三百一十六户。在总共二百一十四万三千一百四十七户或一千零十五万六百一十五人中，有这样大一部分居民靠商业财富为生，这真是太可怕了。[①] 幸亏法国还远非如此，并没有这样多的工人依靠远方市场上的得失，这些工人即使在最繁荣时期也只能勉强过活，而且每当竞争对手的工业有了新发展，或者用死劳动代替活劳动的科学有了新发明的时候，他们又要受到新的威胁。但是，多芬省的制呢工厂的工人(在 1819 年)每天只挣八个苏；他们比棉纺厂工人的工资还要低，最近几年，我们看到梳羊毛女工每天挣的还不到四个苏。那么，防止新的一代的出生，以免使他们过这种悲惨的生活难道不是一种合乎人道的迫切义务吗?

现在的问题完全不在于恢复行会，行会只是偶然能够产生立法者所预料不到的某种好处。况且，自从机器大大改进以后，所有和机器一样工作的人都摆脱了它们的势力。但是，在行会所能产生的影响下，我们必须从今天同社会所遭受的灾难进行斗争的方式上吸取教训。就是说要根据这种经验研究立法当局给竞争规定的界限，以便立法者从而能保证每个工人都有一定的劳动特长，保证他一生能够有适当的收入，并且使他了解：如果他建立家庭会有怎样的命运。关于这种经验带来的后果，我们在谈到人口问题时再讨论。

第十一章　论关税

我们曾简略地叙述过各国政府所采取的各种保护商业的措

---

① 本书第一版发行以后，英国人口不断迅速增加，这的确是令人痛心的，因为财富的增加远远赶不上这种速度。伦敦和一些大工业城市的人口一直继续以这种步伐增长；并且贫无立锥的人数目增加了，而小有资产者的人数却似乎减少了。

施，一般说来，这些措施都已经过时了；但是，几乎各国君主还一致把他们在本国边境设置的关卡看作保护本国工业的必要措施。他们所采取的一般方式，都是利用关税来防止本国工业应用的原料出口，使商人转售这些原料时，由于买价低获得更多的利润；同时也防止外国工业产品输入国内，或者至少对外国产品征收较重的进口税，以便保护本国生产者的利益。

在原料和加工品之间的第一个区别，一般说起来似乎很简单，实际上并非如此。除掉采石场的大理石、矿山里的矿石和森林的木料，没有绝对的原料——只要这些材料离开原产地，它们的价格就已经包含一部分人的劳动价格了。一切农产品的价格，主要都是由人的劳动价格构成的。但是，以后每个劳动者都认为以前的人只是给他准备原料的。麻是浸麻工的加过工的材料，是纺纱工的原料；根据一般的原则，浸麻工希望麻能够出口，而纺织工却希望禁止麻出口；因为对纺纱工来说麻纱是新加工品，而对织布工来说却是原料，对织布工来说，布匹是加工品，对印染工来说，布匹却是原料；印花布或色布是印染工的加工品，而对时装商、修饰工或成衣匠来说这又是原料。最后的人总是要独占他以前参加过劳动的人所进行的贸易。他通过禁止出口扼制住前一工序的工业，从而也减少了前一工序劳动者所能作的工作量。如果全面来看关税法，我们几乎常常可以看到，各种禁止工业品出口的禁令是互相矛盾的。

再说，事情也只能这样，因为这一原则的禁令所依据的原则本身就毫无根据。商业并不是依靠生产者，而是依靠消费者获得利润的。一切利润如果只是从生产者身上赚得的一点节余，那只不过是把收入挪挪地方而已，不是真正的利润。如果织布工的布卖价比较高，商业就有利；但是，如果他按同样价格卖出自己的布而得到的利润更大时，那是因为他用的纱比较便宜。这样，赚钱的就不是商业和国家，而是织布工自己，他所赚得的利益要由纺纱工的损失来补偿。这个道理无论对哪一种生产都同样正确。[①]

技术方面所需要的原料，都是来自土地的产品，因此，原料是土地所有者财富的一部分，或者是农夫财富的一部分。如果输出原料没有任何利益，那么，谁也不会考虑禁止出口的问题。这种禁止出口本身就充分说明，把这些东西卖给外国生产者会得到更多的报酬，或更多的利润，但是，法律却缩小了他们的市场，违反了我们上面所说的作为商业利润的基础的原则：使各项产品获得最高的价格。禁止出口的法令一定会产生这样几种结果：首先是原料价格降低，因为这种价格已经没有买者的自由竞争来支持了；其次是生产量降低，因为生产量今后只能适应于国内的需求；最后是质量降低，因为没有适当报偿的工作，永远不会做得细心。

但是，如果每个新的操作者把他前面的各个工序都看作只是给他准备原料，这些原料一旦受到出口的限制，这种限制会给整个

① 就原料价格的降低这一点来说，这种主张用关税来保护生产的原则在任何情况下都能适用；但是，如果原料价格的降低，是人们用更快更省的办法取得的，就很难估计关税保护生产的作用了。尽管原料价格较低，而每个生产者所得的收入和他以前所得的收入一样，对社会仍然是有利的。那么，消费者的节约则是一项纯利；如果由于生产者提高生产、消费者厉行节约得到一项较高的收入，那就更加有利了。但是，如果通过一种更快更省的办法，降低了社会中某一阶层应得的利益，而且这种利益是它应分的收入，或者强迫社会的某个阶层为了获得同样多的利益而增加劳动量，那么，消费者所得到的便宜必须由生产者的损失来补偿，而就道德方面来说，生产者的这种损失更为令人痛心，对于社会也更为不幸，而且远远超过由于节约得来的好处。

生产带来多么严重的打击就很难设想了。如果装饰工能够做到禁止色布出口，他就同时打击了印染工、织布工、纺纱工和漂洗工；他所要得的收入是从这些人的收入上抽取的，但是，他并不一定能够使用这些人的一切产品；他所加给这些人的损失，远远超过他个人所想得的好处，因为他所得到的只是由于他对这些人的支付较低；但是在他所阻止生产的产品方面他却什么利益也得不到。

禁止进口和禁止出口是同样不合理，同样危险。禁止进口是为了使国家获得它还没有的工场手工业；绝不能否认，禁止进口对于新起的工业等于最大的奖金。也许这种工场手工业只能生产该国某种商品的全部消费量的百分之一。这样一来，一百个买主一定会互相竞争，以便从唯一的卖主那里得到商品，而被卖主拒绝的九十九个人就会被迫用走私的货物来满足自己。在这种情况下，国家的损失等于一百而利益只等于一。不管这种新的工场手工业给予国家什么利益，毫无疑问，要弥补这样巨大的牺牲，这些利益是微不足道了。在任何时候都可能找到比较节省的办法来使这种工场手工业活跃起来。

此外，必须考虑到，建立令人头痛的海关制度，派经济军队和另一支同样强大的防止走私的军队驻守国境线，都会造成本国百姓养成违反命令的毛病等等严重的不良后果。特别值得注意的是，毫无选择地盲目生产，绝不是国家利益所在。应该注意使自己的商品或粮食比竞争对手的质量好，制造那些不管获利多寡，却是本国安全所需要的重要产品。最后，永远不要忘记，我们发展商业的目的是按照全国人口来增加国民收入，从而使全国人民能够过富裕生活。一个工厂的产品无论多么精美，工厂主所得的利润无论多大，如果工人的工资不能维持温饱，或者只有使人民过痛苦生活才能存在的话，那么，它就绝不算是兴隆的工厂。

如果保护关税制度大力奖励新兴工厂，则需资浩大，也一定不会使新兴工厂得到已经发展起来的工厂的利益，或者至少是它所加给消费者的牺牲，对新兴工厂毫无好处。如果是从事出口工业，政府只要使它得到国内市场专卖权，它就会放弃原来的作风，而采取不太有利的作风。任何出口工业都显然是绝对不怕在自由市场上同外国竞争的。即使加上运费它还能够在远地经得起竞争，那么，在当地就更没有害怕竞争的理由了。但是，不许输入那种只由于禁令才获得某种信誉、而进口又确实不利的商品，却是最常见的事。

政府建立保护关税制度的目的，是为了增加本国工厂主的人数和生产力。值得怀疑，政府是否完全懂得它为了取得这种利益（工场手工业的发展）而付出的代价，以及它加在消费者身上的——本国的百姓，还没有生下来的、生产阶级的身上——可怕的牺牲。但是，他们却这样做了，甚至比在政治经济学的理论家所想象的还迅速得多。在一定时间内，他们使消费者怨声载道，但这些怨言转眼就停息了，因为他们不再遭到损失了，而且受到鼓励的工厂很快就供应，甚至大量供应国民的需要。但是，各国政府为了在各地建立工厂而进行的竞争，在欧洲的商业制度中，产生了两种令人惊奇的、令人意想不到的效果：一种是丝毫不考虑消费的比例而是无限制地增加生产；另一种是力图使各个国家彼此孤立，只求自给自足，而拒绝一切对外贸易活动。

在各国政府这种兴办工厂的热情还不大的时候，要建立一个新工厂总要先克服无数的偏见和民族习惯，就是说要克服人类智慧的惰性。为了克服这种惰性，必须使投机者看出有利可图。所以，如果不是先有了十分明确的需求，新工厂是不大容易出现的，而且必须在供应市场的工厂建立以前就有市场。但是，各国政府由于热情很高并不会这样做的，他们首先订购袜子和帽子，指望以后找到穿袜子的脚和戴帽子的头。虽然他们已经看到本国人民依靠外国货而穿得既非常齐整又经济，然而在本国却照旧不减少衣物的生产。在战争时期，人们没有能够确切地估计这种新的生产；但是，在和平时期，他们却发现各种物品都多了一倍。各国之间的交通愈便利，要使这些没有订货而制造出来的各种物品出手也就愈困难。

这时，急于收回自己资金的商人，被迫赔本甩卖大量货物，因而最初遭受牺牲的消费者得到了意外的利益。工厂主扬言甘愿损失巨额资本，因而大商人便一反常规，拼命地储存货物，等将来有好机会时再卖。其中有很多人为了把无限制地储存起来的货物转给零售商，不得不再一次遭受类似的损失，然后由零售商转给消费者，零售商也要受类似的损失。厂主、批发商、零售商，都普遍感到困难。长期的节约和劳动的结果，只一年的工夫就完全赔光了，不错，消费者得到了一些便宜，但是这种便宜连他们自己都感觉不出来。为了贪便宜而积存了多年的货物，却使自己陷入困境，而且还要延长消费和生产恢复平衡的时间；虽然他们所用的衣服和设备比较精细，比较时髦，他们却没感到比从前更富足，因为，一切虚荣享受的价值只在于价钱贵和稀罕，而不在于货色的质量。

在欧洲的旧组织中，并不是所有国家都要求各种工业：有的全力从事农业，另一些则专务航海，而第三种则专门发展工业。这些工业化的国家，即使在它们最繁荣时期也不那样令人羡慕，人们绝不会花费很大心血争他们的地位。华贵的丝织品、家具和风雅的装饰几乎都是那些永远不能享受这些东西的贫困和落后的居民阶层生产的。尽管这些不幸工人的管理人有时会大发横财，但是人们也常常看到他们破产。

国家在各方面的发展应该顺乎自然，企图制止它几乎永远是不明智的，强使它前进也同样是危险的；由于欧洲的政府都想压制天性，它们过去要求过多的劳动力，今天又认为人口过剩了，同时它们在可怕的饥荒面前表现束手无策。

这种工业人口的产生和供应他们需要的责任，迫使这些政府改变它们的立法宗旨。根据重商学说的精神，为了向外国多售商品并依靠外国来发财致富，它们曾大力奖励工业。今天，它们找到了几乎在各地普遍采用，或者是生产者到处要求的保护关税制度，于是它们不再依靠外国的主顾了，他们只设法在本国为自己的工人寻找消费者，也就是就，要力图自给自足，与外国断绝往来。这种几乎是欧洲各国所奉行的政策破坏了一切商业利益，妨碍了各国从本国的气候、土壤、位置以及本国公民的固有民族性等等方面的优越条件中获益；这种政策也使人与人之间发生了直接的冲突，并且破坏了消除民族隔阂和加速世界文化发展的联系。

毫无疑问，在财富增长的自然过程中，在资本还不够雄厚的时候，最好先在邻近进行贸易，不到远处去。进出口贸易是用资金的调换来代替外国资本和本国资本的，所以，一个资本有限的国家希望把全部资本都用在对内贸易或自己的直接需要上，因为在一定时间内，同样的资本在较近的市场，可以周转数次，如果用在远地的市场上，就连周转一次也会有困难。

前面已经讲过，资本能够超过目前的需要，同时也可能低于目前的需要；在资本超过目前需要的时候，国家首先在资本家的收入方面受一部分损失，如果资本家把自己的资本用在一种以后找不到充分市场的生产方面，国家所受的损失更严重。因此，关闭自己对外贸易的大门对于国家来说是危险的，因为这样就会迫使国家进行可以就是把它引向灭亡的错误活动。如果资本享有最大的自由，它们就会用到有利可图的方面去，而这种利润正是国民需要的标志。

此外，各国在考虑本国的产品和需要的时候，几乎常常忘记附近的外国人是比遥远的本国人更方便、更有利的生产者和消费者。对于德国商人来说，莱茵河两岸的贸易，要比巴拉丁纳特（法耳次）和勃兰登堡市场之间的贸易更为重要；对于法国商人来说，则比阿尔萨斯和普罗文斯市场之间的贸易更为重要。

各国政府利用关税制度来鼓励各种生产，使劳动力的供求之间发生了极不调和的现象，因此，每个政治团体必须首先考虑所辖成员的生存，并保持一切盲目建起来的栅栏，而不能先考虑他们的富裕。即使有最可靠的理论，人们也永远不能由于将来一定会得到某种好处，就先叫人眼前受害。在人们采取某项决定的时候，如果由此可能引起无数家庭的贫困和死亡，而这些人又是在法律和现存社会制度保护下从事工业的，就更不能采取这种决定了；必须首先考虑拯救受难者，然后才能考虑未来的问题。

但是，如果人们考虑一下欧洲工业的发展过程，几乎都相信这种普遍竞争不久就会见分晓，这种竞争在任何地方都不会再继续下去了。人们天天都能听到建立能提高生产的新工厂或者改建旧工厂的消息，但是，我们也同样天天听到这样的消息：某个自由贸易市场封锁了，在从前一向不曾考虑兴办工业的国家，也决定要做到自给自足了，并且，用一句既不确切又庸俗的话来说，是再也不做 tributaire des étrangers（**外国的贡臣**）了。每个工厂主不再去考虑他所了解的本国，都去考虑他所不能了解的世界，对他说来，世界日益缩小了。于是，灾难普遍化了，每个工厂主都损失了一部分资本，各地工人的工资普遍下降，连最贫困的生活也不能维持。不错，有时人们也听到在某一州的工业又有了起色，所有的工厂都忙碌起来，但是这种昙花一现的繁荣，正是投机冒险、盲从和资本过剩的后果，而不是由于有了新的需要；只要看看商业世界，谁也不会怀疑，工业利润降低的数字远比产品的增加要多。

在不能向任何外国出售商品的时候，应该怎么办呢？到了人们只能考虑本国产品和本国需要，明知国内不能购买自己货物，可又不能指望任何国外市场的时候，该怎么办呢？谁能够对那些为大大增加生产而付出巨大努力的勤苦的工人们说："我们弄错了，我们不需要你们，你们不应该活着！"这种错误的政策带来的后果可能即将来临，这种灾难实在使人不寒而栗。一旦如此，国际间所树立起来的栅栏将会因为人们感到已经无力维持而倒塌了。那些企图夺走别人饭碗的人所进行的竞争也将停止；人人都要依靠那种由于土壤、气候的性质以及当地居民的性格而变得比较更有利的工业了，人们再也不会为利用各种外货、自己不制造自己所穿的鞋而感到遗憾了；但是，在达到这个地步以前，谁能知道由于实行这种错误制度，还要使多少人丧失生命呢？

第十二章　政府对商业财富的影响

在前面几章里，为了使政治家重新考虑一个重大问题——政府是否应该加速商业财富的发展，我们已经谈了很多。商业所创造的财富比土地所生产的财富更为可观。其中最重要的是，商业财富运用起来比较方便；在战争或者急需的时候，商业可以提供一个单纯农业国所不能提供的力量；但是，商业在增加商业财富的同时，更增加了需要商业的人口；商业使人类中人数最多的一个阶级处于风雨飘摇之中，使他们日益严重地处于依附地位，使他们道德更加堕落，减少他们对祖国、对社会秩序的深厚感情。商业可以在外国找到本国的自然条件所不能供应的资源；另一方面，商业也会使本国依附于外国，它不是凭它的智慧来保障自己的生活、从而使每个人都信赖它，而是把本国的繁荣寄托在别人的错误和缺点上。商业是国际间的一条纽带，它可以促进普遍的文明；但是，商业也同样能够挑起每个人反对所有人的不可告人的竞争，它只是把一个工厂主的繁荣建筑在自己同行破产的基础上。

我们还从未见过这样美好的社会：土地财富或者商业财富能够满足本国居民希望从这些财富中得到的一切幸福。在每个国家里，我们都可以看到严重的错误和明显的不合理现象，可以说人们所受的灾难都是由于这些错误和不合理现象引起的；要确切地划出它们的恶劣后果的范围，不是一件容易的事，而且经验还不能使我们充分了解这两种财富之一，如果没有另一种将会产生怎样的

结果,或其中之一怎样在适当的时机由另一种产生出来的。但是,今天被认为比其他任何国家都繁荣的国家,无疑地要算是北美联邦,那里人们的幸福却完全是依靠迅速发展土地财富。

有人说,很多移民把英国的所有工业都带到那里,应该为美国人高兴吧?对他们来说,让甘愿以低得可怜的工资从事不适于人类劳动的、旧大陆的人来为他们服务不显然是更好的事情吗?那么买者是贡臣呢?还是正相反,生产者是外国的雇工呢?

前面多次引述过的那些专门帮助我们了解美国的最新著作,对这个问题的答案,可以消除各种怀疑。费朗先生曾经在 1817 年 6 月,受三十九户英国家庭的委托到美国去,这些家庭由于人身自由和政治自由受到妨害,以及受到各种苛捐杂税的压迫,迫切希望改变一下环境,他们想了解在美国什么地方定居比较合适。费朗先生根据自己的观察所得,非常忠实地向他的委托人先后作了八次报告。最后一份报告是 1818 年 4 月写的。费朗先生怀着向往新的国家的热情和为英国的贫困的情景而伤心的心情到了美国。但是,他的一切幻想逐渐云消雾散了:缺乏文化享受和精神生活的苦闷,代替了他最初的心情,他又回到了英国,情愿在那里度过自己的晚年。

当然,人们可以把费朗先生的评断归因于他应该克服的旧习惯的影响,归因于他受到一些偏见的熏陶感染,对不习惯的事物感到刺眼。但是,他所介绍的情况,可以使我们从中吸取政治经济学方面的最重要的教训。他的文章告诉我们,完全采取人们一贯奉为圭臬的学说产生了怎样的后果,而且世界上似乎只有这个国家最适于实行这些学说。

美国人遵循了新的原则：只顾生产，不考虑市场的问题，而且大量多生产。因为他们身后有一片广大的陆地，很多可以航行纵横的河流，他们的人口可以无限制地增加，随时可以向新的地方扩展，人口的增加和财富的增加同样迅速；对他们说来，土地几乎不值什么，最肥沃的土地的地租也差不多等于没有，日益增多的农产品似乎一直在等着用来购买日益增多的城市产品，而日益增加的人口总可以迅速得到丰富的劳动报酬，好像人人都随时有机会就业。

但是，美国各地商业的特点是各种商品都超过消费的需要。特别是英国人，往那里输入的各种各样的商品太多了。他们为了使一切批发商、零售商大量囤积货物采取了长期赊购办法。他们的仓库永远是堆得满满的，甚至远远超过销售量；经常的破产就是这种不能变成收入的商业资本过剩的结果。最近纽约公布了1817年破产的债务人名单中，达四百多人。[①]

无数的大工厂已经建立起来，主要是在最近一次战争中建起的，但是，由于这些新建工厂一开始就采用了最先进的机器，这在一个劳动力奇缺的国家里，就有双重意义。直到现在，这些工厂雇用的工人人数仍然很少。在美国最大工业城市有**美国的伯明翰**之称的宾夕法尼亚州的匹兹堡，在四十一种不同行业、拥有近二百万美元的周转资本中，只雇用一千二百八十名工人。但是，这些工厂已经感到极大的困难；在劳动力供求失调的情况下，各方面都向国会呼吁，要求实行和欧洲从前实行过的类似的

① H. B. 费朗：《美国见闻录》，第209页。

关税保护制度。[1]

美国的人口和财富的增长非常迅速，而且，所有的社会组织还有加强这种速度的趋势，其最引人瞩目的后果是关于美国居民精神的牺牲普遍具有竞争狂。国内停滞不前的现象和守旧的人已经完全绝迹：没有一个美国人不想发财致富和力图进步的。他们生平所考虑的头一件事就是要挣钱；在这个世界上最自由的国家里，同利益比较起来，所谓自由已经毫无价值了。人们都是满脑袋的算盘，甚至连小孩子都要盘算，他们不断地利用土地财富进行投机，这种计算精神窒息阻碍了智慧的发展，妨碍了人们对艺术、文学和科学的爱好；甚至还腐化了自由政府的工作人员，这种精神使他们表现出一种不太名誉的、追求地位的贪婪，使美国人的性格印上了永远不可消除的污点。

被邀住到一个美丽国家的几十万人，可以和几十万人做出同样多的事情，这是一件十分惊异的事件，甚至可以说是世界上绝无仅有的事件，人们无须制定所应遵守的规则，也无须谴责坏事。就目前来说，美国人也许只应做他们现在所做的事情。只有在他们再一次变成保守派、至少是进步较慢的人，除非他们在增长人口和发财致富的目的之外还有别的目的，他们才能够开始认识文明古国的各种道德、各种高深的概念、各种崇高的思想。在这个时代，如果让他们缓和一下这种飞跃发展的步伐，那么不等他们采取另一种步骤，他们就会蒙受严重的灾难。这是一切旧国家永远不应忘记的具有教育意义的重要经验。但是，各国在获得美国这些成

① 费朗：《美国见闻录》，第 206 页和 209 页。

就以前，都不应该忽略自己并没有美国人那些优越条件；这些优越条件并不因为费朗先生所指出的任何缺点而被抵消，旧国家不应该妄图采取自己力所不及的、没有广阔活动余地的工业。

人人知道政府应该奖励商业，以便使它及早得到发展，或者使它赶过农业；但是，许多著名经济学家都认为政府不能这样做，或者认为政府往往会因此做出危害自己的活动。的确，政府给予工商业的大部分优惠，除非另有打算，否则，其结果常常是和预期的相反。但是，政治经济学大部分是精神科学。除了考虑人们的利润以外，它也应该先考虑到影响人们情感的事情。不管人们怎样唯利是图，绝不是他们一看到自己的利益就势必坚决去追求这些利益。有时候，国家需要有些变乱，以便使它从麻木不仁的状态中清醒过来。在一个讲究计算的民族中，一点点分量就能够改变天平的平衡，如果偏见和老习惯使这种天平锈住失灵了，那么，微小的重量就不足以使它恢复平衡。因此，精明能干的行政人员，有时为摧毁旧习惯，或者改变一种有害的偏见，就必须容忍一种真正而又适当的损失。

如果由于根深蒂固的偏见，而不顾一切有益和勤劳的职业，如果一个国家认为只有在高尚的悠闲中才有地位，如果科学家本身在舆论的影响下不敢大胆采取实用他们发现的科学知识，也许应该对人们所要建立的工业给予完全特殊的优待，不断地使一个过于活泼的民族的思想只关心为它开辟幸福的职业，使它把科学发现和技术紧密地结合起来，最后使人们产生追求他们能够凭自己的财富和自己的勤奋劳动所能争取得的巨大财富，从而使他们产生一向过清闲生活的人的欲望。

亚当·斯密曾向进行这些工作的人提过反对的意见，他认为，一个国家的商业资本是有一定时间限制的，而掌握这些商业资本的人，始终希望用这项资本获得最大利润，不需要任何新的鼓励，他们就可以自然地努力增加这项资本，或者把它用在可以得到最大利润的流通途径上。但是，国家的全部资本并非全是商业资本。一些公共组织在某些民族中所培植起的闲散倾向，不只是束缚着人，而且也束缚着财产。这些人由于懒惰，不仅浪费时间，而且也浪费金钱。国民财产的年收入，在取得和开支之间能给它生产一笔巨大的资本，它可以加到供应工业的款项上，也可以从中减掉；一般说来，人们越是力图不让人浪费它，就越浪费得多。在南方各国，当资本不能满足国家工业需要的时候，所有贵族的收入，却在保险柜里牢牢地锁了几个月，然后逐年把它耗费在毫无用处的奢侈生活方面。但是，为了使家长养成节约的习惯，这里需要提醒他们勤俭一些。法国或意大利的大领主当了工厂主以后，也给土地财富的收入找到了有利的途径，他在把自己的积极性同变得更为勤劳的民族的积极性结合起来的同时，也给这个民族增加了从前积压着的财富的全部力量。

一个过于麻痹的民族，即使可以从新工业中得到最高额的利益，也不能使它去做这种尝试。只有事实才能引起个人利欲。法国的工业在卢卡这个小国里建立了十多个新的工业部门，它在这里使本国和企业家都获得了很大利润。绝对的自由并不足以使人们决心开办工业。爱丽萨公主的热情和积极性使人和资本都发挥了自己有利的作用，这位公主在自己的小王国里召来了几个工厂主，给他们金钱和住房，因而他们使本国工厂的产品赶上了时代，如果没有她，这些资本也将永远被积压起来；可是她却使一个衰落的城市繁荣起来。只是后来由于新的政府采取了相反的政策，这种繁荣才没有继续发展。

政府一旦要保护商业，往往操之过急；并且不理解真正的利益所在，往往利用专横的暴力危害大部分私人的利益，同时几乎一贯完全不考虑消费者的利益，而消费者的幸福和整个民族的幸福却是一致的。但是，我们不应该从此得出结论说，政府永远不会对商业做出有益的事情。不是的，正是政府可以培养浪费或节约的习惯，正是政府可以给予工厂和工业活动以荣誉或丧失信用，正是政府能够把科学家的注意力引导到使科学发明应用到技术方面去；政府是所有消费者中最富裕的消费者；它是奖励工业的，也只有它才能为工业找到主顾；除了这些间接影响而外，如果政府再能修筑道路，开凿运河，建设港口，使交通便利，保证所有权和正确的司法，不加重百姓的赋税，绝对不采取有害的收税方法，那么，它就是给了商业卓有成效的帮助。政府这种有利的影响，将会补偿由于很多不适当的措施、很多专卖权和很多禁令所造成的损失；唯有这样的政府，不是依靠这样的禁令，而是取消这些禁令，商业才能大大地向前发展。

第三篇第十章　第 155 页补遗

在所有奴隶制国家里，只要农夫在劳动中没有像强迫他们从事劳动的人所要求的积极性和热情，他们就会受到残酷不堪的刑罚，但是，无论如何，人们也不能够从他身上达到任何目的。尽管如此，领主兼谷物商在农业方面除了施加于奴隶身上的棍棒而外，用不着花费任何投资，也绝对不应把他和生产谷物的农民等量齐观，或者遗憾的是，正好相反，从纯物质方面来说，在波兰和苏联南部通过黑海出口大量谷物的地区，农民的地位是非常自在的，现在这些地区的谷物价格最低，任何文明国家的农业也不能跟它们竞争。人们可能喜欢看看有关这些新地区的事实，这些事实对于全世界的工业有很大的影响，但是，我们在这里不谈这些问题了，因为这样可能打断我们的思路。

这些辽阔无边的广大平原伸展到各方面，位于黑海之北，是世界上最适于种植谷物的地方。土质肥沃，有一部分是流经这里的河水所形成的冲积层，有一部分是多少世纪以来的大牧场，形成了厚厚的一层土壤。没有一块会妨碍犁铧的石块，也没有一点会妨害开垦的树根。俄国和鞑靼地方的大荒原遍地覆盖的是绿草而不是森林，稍稍加工就能耕种，而且可以不施肥料，只要播下麦种，一般都能有十五倍的收成。

但是，这个富饶的地区，千百年来一直惨遭哥萨克人和鞑靼人的蹂躏，几乎完全变成荒野。在这里，农业还能发展的很多世纪，人口也还能迅速地增加。直到今天，这个地区的唯一工业就是加工出口的谷物，和为了下一代生产更多的谷物而生养孩子。在这里，没有任何城市、没有任何工商业人口来消费这些田地所生产的果实，只有几个领主，每个领主掌握着几千户农民。

在靠近比萨拉比亚附近的波兰地区有这样一种风俗，领主给每户人家一所茅屋，或者十四莫格可耕的土地(约等于十公顷或者二十五英亩)，另外还准许他在公共牧场上牧放家畜。领主所要求的唯一义务，就是每户农民每年必须给他做四十八天农活；这期间短工有时还要自备畜力；其余的时间都由农民自己支配，都属于这户农民所有；土地的一切产品和家畜的收入也都属于他自己。农民生活非常富裕，丝毫也不用顾虑儿女将来成家立业的问题；因为只要有结婚的儿女要从这个家庭分出去，领主就很快再给他们一些土地和另一所茅屋；领主吁请邻近各国向这里移民，因为他明白，增加财富的唯一方法就是增加农民的人数。[①]

领主的收入就是所有农民在四十八天中在领主的自留地上的劳动所生产的小麦。所生产的全部小麦专为出口，因为农民自己的土地就足能供给当地全部人口食用。领主为得到小麦所付出的代价，只是把一块贫瘠的土地永久让给农奴。所以，他可以不论价格随便售出粮食。事实上，一俄石（俄国的量谷器[②]）足够种二莫格土地，或者说大约一公顷半的土地，每俄石小麦在通常年份可卖十五法郎，在粮食较贵的年份，可以卖四十法郎，而今天售价却只是三法郎五十生丁至四法郎了，运到敖德萨以同样低的价格还找不到买者，可是在小麦价格如此低贱的时候，居民仍在进行开荒，

① 我们借此机会更正一下本书第131—134页所谈的事情。俄国沙皇曾赐给本国的领主一些农奴。沙皇尼古拉在加冕的时候，曾经把上千的农奴分配给高级军官，有的是永久性的，有的条件更加苛刻，有一定的年限，在这些年代农奴都痛苦不堪，他们的权利完全被剥夺了，整个省份的居民都遭受过同样的贫困，而且把这看成是快乐的标记。

② 根据罗伯特·汉密尔顿著《商品导论》（*Introduction to merchandise*），爱丁堡，1820年。chetwert（俄石）等于五温彻斯特的 $5\frac{528}{1000}$ 蒲式耳。一俄石为二奥斯曼（osmin），每奥斯曼等于四施特维利克，见《干量器》，第299页，俄国条。

根据这种价格每八蒲式耳的一夸脱上等小麦在敖德萨要便宜五先令，一百六十斤的一百公升要便宜二法郎十生丁。

继续争取迅速的发展，以便能够大量供应文明的欧洲为俄国人和波兰人而敞开的各市场。

第五篇　论货币

第一章　货币——价值的标志、抵押和标准

财富不断地通过货币的媒介从生产者手里转到消费者手里。一切交换都是以这种形式实现的。不论是生产资料由一个所有者转到另一个所有者手里，还是土地或流动资本改换主人，也不论是劳动力被出卖或者消费品本身转到应该使用这种物品的人手里，都要用货币作媒介。货币促进了一切交换；货币是每个进行交换的当事人所希望的一种媒介物，每个人都要通过它来得到自己所直接需要的东西，货币属于不变的计算媒介，人们可以用它鉴定以它为唯一标准的其他一切价值。

货币同时起着几种作用；它是其他一切价值的标志，是其他一切价值的抵押，又是其他一切价值的标准。就标志而论，货币代表着其他一切种类的财富；把货币从一个人的手里转到另一个人手里，就是转移一种对其他一切价值的权利。短工所需要的并不是货币本身，而是以它为标志的食物、衣服和住宅。工厂(场)主用自己的产品所要交换的并不是货币，而是再生产所需要的原料和满足享受的消费品。资本家借给商人的不是货币，而是商人以后用

这种货币所立即购买的一切东西，因为商人在存留货币的时间内是不能得到任何利润的；只有使货币脱手，或者使这种标志换成实物，他的资本才能生息。金钱和资本这两个词由于语言上的滥用产生许多混乱和错误，几乎成了同义词。的确，金钱代表着其他一切资本；可是金钱并不是任何人的资本：实质上，金钱本身永远不能生产财富，只有把它脱手之后才可能增加财富。

货币不仅是其他一切财富的标志，而且还是其他一切财富的抵押；它不仅代表其他一切财富，而且和所代表的财富等值。如同其他一切财富一样，货币也是由它所完全补偿的劳动而产生的：为了把它从矿里开采出来，曾经花费了种种劳动和垫支，这种价值与它在社会上所代替的价值恰好相等。货币给商业提供了一种代价很高的便利，因为像其他财富一样得来的货币是唯一不因享受和流通而有丝毫消长的财富。货币无论是来自用它获益者或肆意挥霍者的手里，都绝对不会有什么伤损。社会为取得货币而付出的高昂代价，初看起来似乎是一个缺点，然而对于货币持有者来说，正因为如此它才成为一种不可损坏的抵押。它的价值并非产生于轻率的契约，契约也不能夺走它的价值。虽然货币的宝贵程度也会按照它在市场上流通量的大小而有所增减，但是它的价值与从矿里开采相同数量的金银所用的价格永远不会相差很多。

最后，货币是一切价值的共同标准。在发明货币以前，一袋小麦和一欧纳[①]呢料的价值是很难比较的。衣服和食物是同样重要的生活需要，然而人们取得衣服和食物的方法似乎也很难比较，有了

① 欧纳(aune)，古长度名，约等于1.188米。——译者

货币这个共同的、不变的单位以后，这一切就都可以进行比较了。

在某些情况下，构成货币的这三个特点可以在某个国家的贸易中分别存在。银行券和票据只是价值的标志而非抵押，由于这些关系的混乱，很多政府便把银行券改为纸币，它们之间的实际差别又几乎总是使那些对于交换的标志和抵押分辨不清的国家最后破产。

另一方面，我们可以把几内亚商业中充当一般交换手段的金粉看作是价值的抵押而非价值的标志：金粉完全没有数量单位，它在人们的意识中不能代表某一单独物品或其他一切物品的价值；只是由于金粉是人们任何时候都想追求的东西，它才成为一种可靠的交换手段。

由于金粉没有数量单位，使用金粉代替货币的非洲民族曼迪果人就制定了一种和普通商品完全不同的价值标准，这就是他们称为马居特(macute)的一个抽象量，这个马居特与任何单独的东西都不相同，它在任何地方也不具体存在，它也不像名义货币那样包括数种实际的货币数额，而只是人们想象出来用于比较的一个名词。人们说这头牛值十马居特，这个奴隶值十五马居特，这个玻璃项链值二马居特；实际上这些物品都是互相直接交换的；马居特既不能付出也不能纳入，只不过是用作计算实际买卖的物品的价值。可见，马居特虽然不是价值的标志，也不是价值的抵押，却是价值的一种标准。

第二章　论财富与货币之间的比例

我们已经谈过财富通过劳动和节约的形成，及其供人享受的永恒目的，并先后分别说明了由农业土地产生的财富和通过商业从工业中产生的财富；指出了财富在公民中间怎样进行分配，讲述了财富如何通过紧接着再生产之后的消费来完成它的使命。但是，所有这一切由劳动所产生、为享受所消费的物品，都是通过交换而转手的；而货币几乎永远是交换中的媒介和共同标准。如果不同时从买者手里交给卖者一笔被认为是等值的银币，就没有任何财物会从卖者手里转到买者之手。自然，同样的银币留在买者手中和留在卖者手中情形就截然不同，因为卖者又变成了买者；他的银币要转给别人——别人再转给另一个人。同样的银币在一年内完成一二百次的支付任务，是毫无困难的。而且出售物品的活动和支付物品价格的货币活动，除了方向相反而外是始终一样的。

某些政治经济学作家看到这种最初的相等感到十分惊讶，他们曾认为流通的货币总值和出售的物品总值必然相等，但是他们忘记了，在商品转手一次的时间内，一个银币可以转手一二十次。他们的假定是不值一提的；这正如看到由一家商店往另一家商店一包包运商品时每个搬运夫只扛一包，就假定商业活动中有多少包货就应该有多少搬运夫一样。这个比喻再恰当不过了：每一货包通过买货包的银币由一家商店转到另一家商店，和用搬运夫扛走货包的情形完全一样；而同样的银币和同样的搬运夫以后每天还要对新的货包进行同样的工作。但是，在货包数（更确切地说是货包的变动）和搬运货包的搬运夫人数（或者是买货包的银币数）之间必须保持一定的比例。商人加快或延缓货包的交换肯定要取决于买卖双方的便利，而不决定于搬运手段。增加这种搬运手段——银币的数量并不会比增加另一种搬运手段——搬运夫的人数更能扩大商业活动。

分配同等数量的财富绝不需要使用同等数量的货币；因为交换次数的多少主要决定于财富的性质而不决定于财富的价值。所以，国家的货币充斥绝不表明国家的财富也必定丰裕。货币少也绝不是一定贫困的标志；但是，每种财富所动用的货币比例却是值得研究的。

在财富流通中需要货币最少的是土地财富。实际上，土地财富所产生的收入大部分被生产这些收入的人自己消费掉了，不能成为任何交换的对象。一个自己有土地的农人，吃的是自己收获的小麦和自己的牲畜的肉，喝的是自己酿造的酒，穿的是他的妻子用自己种的麻和自己剪的羊毛织成的布，住屋也不花房租，因此他除了付税款几乎永远看不到一块银币。城市中的工人就不同了，他的处境是极为困难的，他需要得多，享受得少，而且经常受着贫困的威胁，他只有依靠手上的钱才有吃有穿有住。和农人相比，他那微薄的生计所动用的货币流通的次数要多一二十倍。

土地的产品大概有一半不动用一块银币就转到消费者手里；另外一半在被买去以后也很少再转卖，通常这些物品只须一次交换就能从农人手里达到消费者手里。其中只有很少一部分作为商品积累并转手几次的产品须要动用几次钱。

但是，土地生产的收入还只是领土财富的一小部分；土地所有权和土地上的一切改良工程，才是真正的公共财产。但是这种所有权的转移非常缓慢，而且只要求数目极微的货币。有一种惯例所不断加剧的传统感情，使土地祖祖辈辈一直保留在一家。甚至在法国土地交易额高达数百亿的时候，每周支付这些交易所需要的全部价款，至多也不过是几百万或几十万银币。

除了每年的收获和土地以外，还可以把经营土地的流动资本看作是领土财富，这种资本就是家畜、农具和种子；但是，农场主这项资本的流转是非常缓慢的，而且完全不需要大量货币，因为这项资本只须很少的交换就可以在农场自行消耗和再生产，最多四年才能有一次相当于全部地价的银币的移动。

这样重新分析了领土财富的各个部分以后，就可以看出，纯农业国只须保有极少量的货币就够了，它们完全不需要大量的货币；如果让这些国家使用货币或银行券，而不让它们使用银币的话，它们将会更加无法处理。但是，这些国家的货币虽然这样少，却可能是非常富足的，全国居民可以过着非常富裕的生活，每年有积蓄，尽心竭力为子孙劳动，向国库缴纳大量的赋税。而且，这些国家绝不缺乏支付这些赋税的货币；一旦国库有了剩余货币，它们也能把这种剩余输出国外，换成货币的标志。它们之所以只有极少量的货币，是因为它们的财富性质用不着更多的货币。这样的国家可能有很多金矿和银矿，但是必须使全部矿产出口。

必须指出，在一个纯农业社会里，人们不仅不知道怎样利用货币，而且也不知道怎样利用流动资本。经营土地需要的是固定资本，因为人们可以对土地进行这种投资，却不能把这种资本再从土地上抽回来；至于流动资本即购买和代替每年收获的资本，很快就会在这个国家达到饱和状态，因为财富的一切发展必然会促使耕种方法发展，但是粮食或家畜在贸易中却不会有相应的发展。节省出一点小资本的乡下农人所经常储存的也是现钱；此外，这个国家在流通方面用的钱很少，流通的速度也极缓慢。

由此可见，一个纯农业国，尽管它很富，然而要它临时征收一笔特别税，或推销大量公债，或一次卖掉大量的土地，却是很困难的，这并非由于它缺乏财富和信用，而是由于它不需要发展实业因而缺少货币和流动资本的缘故。强制它接受实际的货币或协商通用的货币，正如给它搬运工人搬运它所没有的货物一样，丝毫也不能促进它的繁荣。人们常常说这样一句连他自己也不了解其意义的话：Mobiliser ses terres pour les mettre en valeur（动员它的土地来经营土地），这等于要一个国家用田地交换田地；也恰恰是要这个国家有和从前同样多的土地和流动资本。流动资本并不是一块 terre mobilisée（动员起来的土地），而是一种可以消耗的财富，而且只有在人们消耗它的时候，才能从中取得利益，得到享受。

流动资本所占的微小比例即领土财富所需要的货币的微小比例，也都说明，不仅是纯农业国，就是半工业半农业的国家出卖土地同样是困难的。只有有了流动资本，土地才能出卖；这种资本在纯农业国固然十分微小，在半工业半农业国家要改变这种资本用途，使之从商业转到土地上去，也是非常困难的。在一般情况下，人们对习惯的力量是估计不足的；习惯力量束缚着人们的资本，要使这一小部分资本脱离常轨，就非有一种十分明显而又长期摆在眼前的利益不可。

商业财富所引起的货币和资本的流通速度是与此完全不同的。商品生产者所消费的那部分年产品极少，几乎微不足道；所有其余部分都要通过需要货币的交换分配出去。制帽小工难得一年为自己做一顶帽子，他每天的生活却要他必须出卖劳动购买面包，这两样都要用钱。

全部情况远不止此，农业交换的对象只是农业收入的一部分；商业交换的对象却是全部商业资本，而且这种交换还不断变化。在毛呢生产过程中，羊毛商必须有一笔流动资本，这笔资本应当与它所要交换的牧人的羊毛等值，而且全部交换都要用货币来进行；工厂主还必须有另外一笔更高的流动资本，以便使羊毛商的流动资本变现；批发商要有第三笔资本，零售商要有第四笔，这里还没有把那些担负准备工作的梳毛工、剪毛工、染色工以及为消费者运送毛呢的车夫和委托商的辅助资金计算在内。这些资本中的每一项都是可以消费的商品，其中大部分都还没有完工，总要通过货币从一个加工者手里转到另一个加工者手里。毫无疑问，这种货币的价值和被它拖入流通的资本价值是绝不相等的，可是，这个资本价值与货币价值之间毕竟应该有一定的比例；商业如果没有一定比例的货币就会陷于萧条，货币超过这个比例就不能得到任何利润。商业要求毫无阻碍地把生产者所生产的商品即时送到消费者那里。如果它缺乏这样的运输力，它就必须到外面去雇；如果运输力太多了，它就一定把他们辞退，而且，决定这种活动的并不是运输的人力。

第三章　货币和资本的基本区别

货币在政治经济学中所起的十分重要的作用，和货币用以刺激交换、保障交换并作为交换标准的各种特点，阐明了一个错觉，这种错觉不仅欺骗了普通人，而且欺骗了大多数政治家，使这些人把货币当作劳动的动因和一切财富的创造者。因此，为了很好地指出这些错误并且明确下述的原理，我们在这里多费些时间是非常必要的。在当前的文明时代，没有使劳动发挥作用的资本，就不能完成任何事业；但是，这种几乎一向是由货币所代表的资本，却与货币完全不同。增加国家资本是对于生产的莫大鼓励；而增加货币却不会产生这样的效果。资本有力地促进着财富的每年再生产，产生一项年收入；而货币却依然不能生产，它不产生任何收入。资本之间所进行的竞争推动着国家的每年生产，为金钱利润奠定下基础；但是货币的多少对于确定这种利润却没有任何影响。最后，积累的资本可以由政府借来举办国家事业；而用以调拨资本的货币只不过是契约的工具而已。

一种惨痛的经验曾使欧洲所有居民看到一个文明国家处在饥荒和普遍穷困时期是怎样一种状况。在这些痛苦的日子里，无论是谁都不会不常常听到这样的话：人们不缺少小麦，也不缺少食物，而是缺钱。实际上，许多小麦仓库直到下年麦收时都是经常满满的；把存粮按比例进行分配，应该说是足够食用；可是，穷人没有进行交换的钱，没有购买粮食的能力。他们不能用自己的劳动挣钱，或者说他们得不到足以维持生活的钱。没有钱，自然财富就大量堆在那里，还有什么现象比这更能证明人们是在金钱中寻找财富而不是在可消费的资本中寻找财富的普遍偏见呢？

但是，在饥荒年份缺乏金钱，其实只是缺乏使工人劳动和工人赖以购买自己生活资料的工资。只有在积累资本（即以前的劳动果实）的人利用资本一方面供应原料、一方面供给工人生活资料的时候，工人才能劳动。没有需要劳动加工的原料，就不能进行劳动，不能产生成为一部分财富的任何实际利益。没有养活工人的食物，工人就绝不能劳动。因此，不预先储存一笔消费品形式的资本以提供劳动的原料和工资，任何劳动都不能进行；假使工人自己出这种垫支，在这件小事上他就具有资本家和工人的双重身份了。

因此，在饥荒时期所缺少的是以金钱来调拨的消费资本，而不是金钱本身。钱本身在欧洲丝毫没有减少；在几个感到迫切需要的市场上，钱的数量甚至还有所增加，只是它不像资本流转得那样快。实际上这种可消费资本有的被各种灾难、战争、歉收破坏了，有的还没有摆脱能够发挥作用的束缚。因为资本在供应生产以后必须等待消费者并与消费者的收入进行交换，而且，资本在没有完成第二种作用以前是不能再开始第一种作用的。但是，灾难没有打击资本，却破坏了收入。收入不能按照常规代替流动资本了，消费萎缩了，生产也随之萎缩下来，金钱不再能支付工资了。

工人需要资本家，资本家也同样需要工人；因为如果工人没有工作，资本家的资本就不能生息；资本家所期望以及他赖以维持生活的收入，是从他使唤别人所进行的劳动中产生的。既然资本家企图利用生产活动得到一笔收入，他就必须用他的全部资本使别人劳动，而不让任何一部分资本闲置不用。假定这个资本家是制呢厂的厂主，他拿出十万里弗开办工厂，在这十万里弗全部变成商品以前，或者说没有使用上他的工厂售出商品换来的新的银币以前，他是绝不停工的。如果有人问他为什么他停工了，他会像工人一样回答说：缺钱，钱周转不过来。

但是，这也不是缺钱，而是缺少消费或消费者的收入。厂主在开始生产时，曾以为他的制品是适应市场需要的，并且预料一旦毛呢织成，马上就会被消费者买去，用消费者手里只充作收入标志的钱来替换他的资本，变成从他手里领取工资的新工人的生活资料的标志。消费者所缺少的并不是钱，而是收入：一个人今年遇到了歉收；另一个人从他的资本中只得到微不足道的一点利润，或者说从企业每年再生产的收益中只拿到极小一部分；第三个人除了依靠出卖自己的劳动力没有其他收入，而他又找不到劳动场所。要不然就是这三种人实际不那样穷，但工厂主认为他们富裕，就按照实际并不存在的收入进行生产。

我们已经谈过，收入的各种不同来源是可以消费的实物；它是由劳动产生的，是满足享受的；很明显，收入和由工厂主以工资或原料来支付的垫支属于同一性质。并且，对于收到垫支的人来说，垫支已经变成了收入。货币只不过是收入的标志和标准。货币所应替代的资本也是由用于消费的实物组成的，并且不断地增加。货币只是资本的象征，它在商人的资金中只占很小一部分。我们曾假定制呢厂厂主有十万里弗的资金，可是我们十分清楚，这笔资金怎样通过继续不断的出售而增加了，这个厂主只能把以货币形式存在的产品在自己手里保留一个星期；我们也知道，这种产品只不过是他的资本的百分之一。事实上，假定他把五万法郎用于住宅、厂房和固定资本，再假定资金的全部利润是百分之十或者说一万法郎；另一方面，假定这一周的产品立即转到支付现款的商人手里。那么，他每周用流动资本的五十分之一（或一千里弗）作工资和垫支就够了；并且，只要这个厂主向商人陆续发出毛呢，商人每周还会以百分之二十的利润偿付给他同样数目的货款。他在这一千二百里弗中每周要留二百里弗作自己的收入，付出其余一千里弗作他所雇用的人们的收入；他永远无须看到他的十万银里弗财

产，全部流通就完成了。

增加国家资本是对于劳动的莫大鼓励；因为这种增加有时是表明收入增加了，因而也意味着消费资料增加了；有时是说明这些资本一旦被利用，它们的主人就可以得到利益，因而每个资本家都千方百计为这些资本创造能够得到销路的新的生产。资本家把这些资本发给工人，就使工人得到一项收入，因而有能力购买并消费上一年的生产，资本家在下一年的生产中也可以从工人身上得到他理应得到的、依靠收入增加的资本。但是，虽然资本家把这些资本分配出去，然后又以供一切交换用的货币收回来，他所要得到的却不是货币。我们假定的那个每年以同等生产量营业的厂主，当年向按照自己财力购买呢料的毛呢商发出两千四百欧纳呢料；这些呢料共值六万里弗，或者说一欧纳值二十五里弗。他用四百欧纳呢料换成满足他本人及其家庭消费的一切必需品、享受品和奢侈品，用两千欧纳呢料交换原料和准备在当年进行再生产同等数量的生产；实际上，下年和以后的每一年，他仍然要以同样条件交换二千四百欧纳。他的资本和收入完全一样，实际上是呢料而不是金钱；归根结底，他的营业永远是以呢料制成品换取制呢原料。

如果呢料的消费量增加了，他的营业周转量也不是每年两千四百欧纳，而是三千欧纳呢料了，那么毫无疑问，他就要预雇更多的劳动力，他的工人的劳动量也要更多。反之，只是货币增加了，消费或决定消费的收入并没有增加，劳动和生产就不会增加。

我们曾假定，这个厂主每周从购买他的产品的商人那里收到一笔一千二百里弗的货款，因此他只将其中一千里弗用于营业就够了。如果这个商人不按照常规，改为每隔十五天向工厂取一次货，那么，为了使厂主维持工厂的同等生产水平，就应该一次给厂主两千四百里弗。如果这个厂主根本没有这样一个向他预先订货、按时取货的商人，而必须等候买主的话，如果他像很多工厂那样，要在每季一次的市场上去出售他的制成品的话，那么，为了维持同等的生产水平，他就必须在每季一次市场上卖得一万五千法郎的货款。这样，虽然他的营业次数没有增加，他的货币却多多了，他的利润则相应地减少了。在第一种情况下，他的工厂的全部周转额，用从他手里出去又回到他手里的同等数量的二百四十枚五法郎的银币就可以实际完成；在第二种情况下，他必须有四百八十枚；在第三种情况下，他必须有三千枚银币才能完全维持同等的生产。第一笔款的利息在他的利润账上几乎不算什么；最后一笔款的利息对他就是一个沉重的负担了。他的固定资本总是固定不变的五万法郎；但是还必须有每周同他的工人共同消费的以及投到生产呢料、购买羊毛和储备金方面的五万法郎。前一笔款总是以同样的设备来代表，后一笔款总是以同样的两千欧纳呢料来代表；但是，这时他必须在出售到消费这一期间额外有一万五千银法郎的储备金；假如他的利润每年同样总是一万法郎，那么现在他的利润和资本之比就不是百分之十，而只是百分之八点六七了。

如果再站在商人或消费者方面考虑一下，那就不致认为在同样的周转中使用更多的货币会增加任何商业财富或生产活动。现在就分别谈谈这个商人的各个买主。买主所取得的收入中没有不包括一部分实物收入的；但是，他们的全部收入则都设法以金钱来取得。这个买主可以出租他本人开发的农场，另一个买主可以把他从商业中得到的资本放出去生息。但是他们不会因此变富，也不会增多开销；他们不会向商人买更多的呢料，商人的营业也不会有任何扩展。

对个别人能够发生的事情也会在一些国家发生。如果一个国家的国民收入或者各种事业的全部利润去年和今年一样，都是五千万法郎；但是它去年的收入是供人们消费的食物和商品，而今年的收入由于贸易方面的某种情况和交换中的某种利益，有四分之一或三分之一是由国外输入的金钱，这个国家是不会因此变富或变穷的；它的消费仍然不少于五千万法郎；至于它所进口的货币，显然是由于周转中的某种迟缓而需要的，否则它会重新把这些货币输出国外去。增加国家的货币而不增加国家的收入和消费，对于国家的繁荣是毫无意义的，这绝不是鼓励生产。

我们已经谈过，每当涉及私人利益问题的时候，几乎所有表示缺钱的情况都是缺乏资本而不是缺乏金钱。在个别人的私有财产方面是这样，在政府管理公共财产方面也是这样。金钱只不过是政府财政力量的标志：政府在平时通过金钱动用一部分国民收入，在保卫或拯救国家的危急时刻动用一部分国民积累的资本。但是，这种收入和资本都是可供消费的、适于维持生活和从事生产的实际东西。国家所应做的事情，就是要国家的行政人员、审判官、士兵、海员、武器制造者、军需供应人以及一切为国家从事公益活动的人在其工作期间能够从本岗位满足食、衣、住的需要；应该向一些人供应他们为别人制造武器所需的物资，应该向一切人供应他们为国家工作而实际消费的消费资料。

所有这些东西都在私人手中，这是他们的劳动产品，应该把这些东西交给政府掌握，再由政府转给政府所雇用的各种工作人员。

如果用货币进行这种转移本来是特别便利的，但是它能够而且有时实际上是直接转移的。转移的便利程度的大小并不改变东西的性质。管理和保护人们所需要的是可消费的东西和劳动，而不是金钱，这正如人是以同样的东西来生活一样。政府需要从一个地方拿到这些东西而供给另外一个地方。政府通常是通过金钱来完成这个工作的；缺乏金钱而不缺乏物资，政府仍然可以完成它的任务；可是不缺乏钱而缺乏物资，就不可能治理或保卫国家了。

政府平时的支出只是国民支出的一部分，所以，这项支出应从收入中支付；但是在危急时刻，由于生存比财富更为宝贵，当然应该从几个世代积累的资本或财富中支付。这种资本的消耗是以发行公债的方式进行的，看来这些公债似乎只是向握有货币的人索取的，其实借出资本的人绝不是握有货币的人，而将来也绝不是把这些资本还给他们。

国家借来的是制鞋的皮革，做衣服的呢料，制造子弹的火药和铅，制造枪支的铁，供应工人和士兵的食粮。国家所借来和消费的就是这些积累的储存物资，这些物资一般都不能用于再生产，至少是不能用于可供出售的再生产。国家绝不会一次完全清偿这些东西，而仅仅是按照国家所得的资本的利润比例从同样物资的年产品中或以价值相等的其他物品逐年偿还一部分。金钱在这种借入和偿还中只不过是一个便利处理和结账的手段。它只是使其在以下这些人手里迅速地流转：首先是债权人，以后是政府及公职人员，再后转到卖给政府物资或劳动的人；偿还时也是一样，从纳税人手里转到政府，然后再转到债权人手里。大宗或小宗借款都同样不一定需要更多的金钱，只是要它流转得更迅速一些罢了。

本章开头所讲的那个工厂的整个流转情况完全适用于这种流转。如果国家借入的四亿法郎流转得十分正常，十分迅速，以致国家在收到这笔公债的那一周就把它利用上，而且确信下一周还会收到同样多的款项，同样能够使用上，那么，同样的银币如此川流不息，全部公债就都能推销出去，并且只须支出八百万法郎的货币或一百六十万枚五法郎的银币就够了。如果支付、供应和偿还迟缓，以致妨碍同样的银币在当年周转四次以上，或者说同样的银币从进入债权人的钱柜到它从国库中出来的时间要经过三个月的话，就必须有一亿法郎的货币或者两千万枚五法郎的银币才能推销和支付四亿法郎的公债。最后，如果一次全部推销完这项公债，如果人们在支付这些钱以前就集中起四亿法郎，而且把这些法郎付给了外国，致使银币需要经过很长时间才能完成周转然后回到本国，实际上就必需有四亿法郎的货币才能推销出这四亿法郎的公债。

当公债券跌价时我们曾见到在国家所负的大量国债与流通的货币之间的假定比例关系的一些非常奇怪的计算方法，好像国库所欠的每一枚银币必须在什么地方有它的货币代表，又好像在只用过一次、作一次支付以后就可能被别人输出、熔化或代替的银币与在每天各项交易中所需要的银币之间，在世界上所有买卖各种物品的人们之间，自然就有某种比例似的。这种令人不可理解的学说如果不是以十分荒谬的理论为基础的话，我们是不会驳斥它的。

有一种普遍的错误看法，就是认为债权人真正拥有大量的货币和一种非常迷惑人的东西；实际上，这种看法并没有更有力的根据。

今天,欧洲已经有巨额的财富形成,并且垄断了商业,有了这种商业,公债才能推销出去。银行家的贷款已变成一个新的力量,而银行家则成了政府和资本家之间的经纪人。他们是用尚未付款以前就把公债转卖出去的手段来购买公债的,他们还负责寻找债权人;债权人是拥有商品贮备而特别愿意让政府消费这些贮备以换得一份年息的,他们不肯留给生产工人来消费,因为工人要到下一年才能使他们得到更多的商品。

一切契约的工具始终是货币;而似乎只是货币商人而不是其他什么人的银行家本人握有的货币,在数量上并不比其他公民的多。假定最富有的银行家确实有五千万法郎的巨额财产;我们只要看看他的总账,就会发现这项财产包括以下几部分:英国的有价债券一千万法郎,荷兰的有价债券一千万法郎,法国的有价债券一千万法郎,维也纳的有价债券一千万法郎,散布在欧洲各个市场上的票据九百万法郎,实际货币最多也不过一百万法郎。这笔财富是用来求得巨额借贷的;这笔财富是很容易得到的,但是,这笔财富不是金钱;当这个银行家要放款时,必须先推销他皮包里的有价证券,购买他所没有的银币。这件事他要靠每个公民口袋里的银币来完成,而这样的银币绝对不难找到。但是,在以后偿还时,他却要依靠积存的商品和人们更愿意拿来生息而不肯继续用在实业中的物质资本;如果本国没有这种物质资本,或者除非使工业完全瘫痪,这种资本在国内就不会达到与借款所要求的数量相等的数量,那么国家有息证券一定会跌价,并且无论提供什么保证,公债也不能推销出去。

第四章　利息是资本的收益，不是金钱的收益

没有推动劳动的资本就不会有任何劳动，没有加工用的原料和供工人吃的食物就不会有任何财富的再生产，所以，供应原料和食物的人就是参加再生产的最重要的人；在大多数情况下，这种人是生利事物的原因，他有极为明显的权利分享其中的利润。但是，出借资本的人却是提供以货币为标志的原料和食物的人。他借出了一个生产力非常大的东西，或者更确切地说，他借出了唯一具有生产力的东西；因为，一切财富都是由劳动产生的，而一切劳动只有有了提供食物的工资才能推动，所以，他出借资本就是借出了劳动，或者说借出了一切财富再生产的第一因素。

因此，诡辩家们给**高利**（usure）这个词下了一种令人可厌的定义，同时他们用这个名词概括了以金钱换得的一切利息，他们说金钱不能产生任何收益，又说没有任何利润就谈不到分享利润，于是他们就硬编造出一个荒诞的理由。按照他们的说法，仿佛同样有理由可以禁止支付地租或劳动的工资；可是，如果没有经营土地和推动劳动的资本，劳动和土地就都不会产生收益。

然而，诡辩家们关于金银本质上是不能生利的说法却是正确的。人们自己把金银保留起来，金银的确是不能生利的；只有当金银变成其他某种财富的标志，而且是特别能够生利的财富的标志的时候，金银才不再是不能生利的。如果诡辩家们真相信他们禁止取利的学说所依据的唯一原则的话，他们就只有宣布在债权人

所放的高利是迫使债务人从借入到归还这一期间把借来的东西原样放在保险柜里时，才是犯罪行为；因为只要人们把金钱留藏起来，就无法产生任何利息，而且，债务人同侵权人一样，只有使金钱转手，金钱才能产生价值。

此外，按照这些诡辩家现在的宽宏大量的说法，仿佛绝不应该认为教会没有以最明确、最坚定的态度宣布过禁止任何放款取息，因为，今天的教会并不是不知道它在未开化时代以不易理解的委婉言辞所宣布的决定；虔诚的信徒对于任何放款生息的禁令的呆板理解，曾十分严重地影响了天主教国家财富的发展，这种理解使人民中间产生了严重的浪费习惯，因为节约并不导致富裕，而用积累的资本生息，又只会增加犯罪的机会。

既然金钱本身不能生利，而且金钱只有充作其他价值的标志时才能生利，那么就可以非常明显地看出，只增加价值标志而不增加实际东西，是不能产生任何利益的。不错，如果你仅仅使一个国家增加货币的数量，就是使这一个国家取得这种货币所代表的和存在于其他国家的财产的手段。但是，如果所有国家同时增加了货币数量，那就等于你对任何国家都没有做什么。今天，标志和实物之间存在着这样一个比例：一枚二十法郎的货币几乎相当于一袋小麦。但是，如果你用魔棍一挥，使世界上的货币立刻增加一倍的话，由于人们在交换中所得到的东西和原来一样多，就必须用两枚二十法郎的货币而不是用一枚这样的货币来代表同样的一袋小麦。一个工人自己消费的小麦数量丝毫未变，所以他的工资也必须提高一倍。很明显，银币是多得多了，而所办的事情还是那些，除了货币的重量和数量，所流通的任何东西都没有变化。

资本家需要有人使用他们的资本，以便从中获得收入；所以，他们要以一定的价格把资本贡献给愿意使用资本从事劳动生产的人，工人和他们的雇主需要资本来进行生产；并且，在计算好他们从资本中所能得到的利润以后，他们也拿出一部分利润来，这正如在所有交易中出让人和需求者根据一个平均比例达成协议，他们之间的供求力量经常是平衡的一样。这种交易的基础永远是对消费所要求的和代表人们用来进行劳动的原料及工资的资本数量相对的劳动量。需要量大，生产力小，利息就相当高；反之，流通资本多，而使用资本的人少，利息就很低。利息永远取决于人们所说的市场上的金钱的数量，因为金钱虽然绝不是资本本身，却永远是资本的标志。

如果由于魔棍一挥，无须国家任何支出金钱就增多了，或者突然发现了蕴藏丰富、伸手可得的金银矿，同样使金钱的流通量增加了一倍，利率却不会因此有任何变化。不错，那时候就需要双倍的银币；需要双倍重量的金属来生产同样的产品和代表同样的价值；但是，双倍重量的金属对于我们前面当作例子的制呢厂生产的快慢毫无影响，因为这个工厂仍然需要用支付两千欧纳呢料的价值来支付当年在该厂制两千四百欧纳呢料的工人的工资，至于每欧纳呢料售价是二十法郎还是五十法郎，都没有关系；厂主与工人之间每周的银行业务是二百四十枚五法郎的银币还是四百八十枚五法郎的银币也都无关重要；利润总是所运用的资本的百分之十；资本家和厂主之间的分配也始终是以厂主所能支配的劳动和资本家可以寻得有利市场的劳动之间的比例为基础；假使在货币突然增加以前给资本家的分配定额是百分之四，增加以后的比率仍旧不

变。

但是，我们曾经假定，国家货币无偿地增加多少，货币的价值就降低多少。当这个以适当的价值换来的货币，和通过对外贸易或矿业生产所获得的货币大量涌入市场而丝毫没有损失比例价值的时候，利率也同样不会改变，因为资本在数量上没有任何增加，仅仅是改变了形式。

每个厂主和每个商人的一切流动资本在它从买者手里回到卖者手里的过程中，几乎都是相继以货币形式出现的。但是，厂主的这部分资金即商人以货币形式所掌握的资金，通常在营业资本中只占极小的比例。这项资本绝大部分是储存于他自己的或他的债务人的仓库中的实物。另一方面，为了临时增加货币数量，每个商人几乎永远可以自由决定他是薄利抛售商品还是提前向债务人索取欠款。他可以这样随心所欲地掌握金钱的数量；但是这笔钱绝不增加他的资本，而且是用他的资本买来的。如果这种活动是同时由几个商人在一个城市进行的，就是这个城市买了它邻近城市的钱；如果这种活动是由法国、英国或德国的许多商人进行的，就可以说是法国、英国、德国买了钱。事实上，各个市场就要有特别多的现款来办理支付；但是，尽管银币非常充斥，用于出借的贮备金却不会因此有所增减，利率也丝毫不会受到影响。熟悉商业市场活动的人十分清楚，市场上的银币可能很多，而资本却非常稀少，同样，银币可能很少，而资本却十分充裕。

所以，认为在任何情况下大量输入货币会降低利率，或者认为输出货币会提高利率，都是绝大的错误。货币和其他一切通过劳动取得的价值完全一样，也是一种财富，它也和其他价值完全一

样，是流动资本的一部分。如果货币是以赠与或贡税形式输入的，国家没有因此支付任何费用，而且货币本身也丝毫没有贬值，当然会增加本国的流动资本和降低市场上的利息，正如只有付出或者只纳而不进的贡税能提高利率一样；如果同样的款额是以物资交给本国的，会同样降低本国市场上的利息；如果国家无偿地拿出本国的物资，就会提高本国市场上的利息。反之，如果货币是用完全另一部分资本买来的，那么，资本的总数依旧不变，利率也绝不会因此受到任何影响。

根据这些原理，我们可以了解：金矿或银矿并不比一切其他工业更能使国家致富。从矿里开采出来的贵重金属也完全和其他一切货物一样，是用劳动资本的代价换来的货物。除了从地下开采矿石的劳动以外，开矿，修建巷道，设置精炼炉，样样需要巨大的垫支。这种劳动及其收益恰好由生产的金属来补偿，国家在这方面所得的利益和开办其他任何工厂一样。而且，这种劳动可以产生远远超过企业家的垫支及劳动本身所值的收入；但是另一方面，这种产品也远远超过市场的需求，于是，该矿企业家的处境恰恰与制造厂企业家的处境一样，由于发现了经济的生产方法，成品产量大大超过了当地的消费能力，他不得不降低价格出售给远地的消费者。实际上，贵重金属的买者就是整个的社会。社会需要每年有人供给它一定数量的贵重金属，这个数量应该与金银首饰业中用去的和货币因磨损而消耗的数量相等。如果供给社会的贵重金属多了，贵重金属的总量的价格就要降低，和其他一切供过于求的货品一样。最后，采矿企业家的收益可能低于他们的开销，他们所生产的白银可能使他们的成本过高。人们甚至可以看到，这是他们

相当普遍的命运。采矿业的不正常的利润，恰恰像开彩中的巨额彩金引诱赌徒那样引诱着企业家。虽然一般的收益低于他们在其他任何工业中所得的收益，但意外的利润仍然鼓舞他们继续努力；他们几乎都和买彩票的人一样，原想中头彩，结局却破了产。因此，用于开矿的固定资本的价格降低了，第一个企业家完成的工程势必减价出让，而新的采矿者依然抱着发财的希望，这并不是因为该矿变得更丰富了，只是因为他无须偿还该矿已经用去的一切垫支。

根据这些原理，还应得出这样的结论，人们对腓特烈二世和伯尔尼州缩减国家需要的货币提出的谴责是没有根据的。有人认为，这两个政府采取的储蓄措施，使国家工业蒙受了致命的打击，因为它们减少了供维持国家工业用的资本。一个政府为了节约而实际减少它可以在国家名义下进行的消费，因而也减少它应有的再生产，这绝不是指责这两个政府节约的理由。这两个政府完全没有自己的收入，它们只是分享公民的收入，它们少浪费公民的收入，就是给每个公民保留下更多的可消费收入。如果它们用当年节约出的收入支付下一年的费用，就是又给每个公民保留下更多的能在下一年自由支配的收入。所以，有利于每个政府的节约，也有利于全国人民，绝不应该因为减少国家的消费就指责节约的政府。

减少流动资金更不能成为指责它们的理由。我们在前面说过，货币绝不是国家资本；至多也不过是国家资本很微小的一部分，在这种形式下取代它并不比在其他任何形式下更难。在腓特烈抽出一部分流通的银币时，由于国内对银币的需要没有降低，便立刻有另外的银币代替了它们。不错，国家是闲置了一部分准备将来应付战争的资本；但是这部分资本是从收入中扣除的，并没有在任何地方造成亏空，何况这部分资本还是在繁荣时期积累起来的。既然现在各国经常是用资本而不是用收入作战，腓特烈如果没有这项积蓄，就必然要在穷困和灾荒时期发行公债，来剥夺各州同样数量的工业资本，而且还得另付一笔高昂的偿金，因为没有这样的代价债权人是绝不肯出钱的。国王的积蓄形成了一项新的资本，他利用这项资本毫无损失地支付了绝对不会产生收益的支出。如果他指望以发行公债的手段来偿付这种支出，他就必须剥夺一部分商业资本。

但是，人们却可以根据安全和自由的原则，而不是根据政治经济学原理，谴责利用同样手段的瑞士各共和国。这些共和国没有足够的力量保护它们收藏的宝物，就引起了邻国的垂涎，甚至可以说是因此招来了使它们遭到牺牲的攻击，而且这些宝藏终于落入它们的敌人之手。由于这些宝藏使各共和国政府不须向百姓征税，不须向人民作财政报告，它也巩固了贵族政治的霸权。瑞士各州公民完全应该制止他们的政府积蓄财富，而且很可能无须多大困难就会成功；但是，他们不应该为此援引政治经济学的原理。

第五章　论货币铸造

贵金属是衡量商业界的一切价值的共同标准；各国政府通过铸造货币使贵金属更适合这项任务了。贵金属的重量和成色都是以完全一致的形式和国家保证通过铸币而确定的；人们只要看到币型的压痕，就可以知道贵金属的分量和纯度，每个人按照一个公分母出售他的任何东西时，都可以得到这些金属。

精炼贵金属到一致的纯度，然后按照国家规定的币型造成重量完全相等的铸币，确保它们的纯度和重量，确保未扣出所含成分的一丝一毫，这种工作就是各国政府专营的一种专利工业。这是为了社会利益而尽心经营的事业。造成铸币的贵金属的价值实际上高于同等重量的金块或银块。造成铸币的贵金属，在生产者看来，既有金块银块的全部价值，也有金块银块造成铸币的劳动；在买者看来，它既有买者在金块银块上所享受的全部便利，也有按照最精确的规格鉴别完全经过称量和检验的金块银块的便利。

货币铸造一向是政府的专利事业；这种有益工作的报酬必须由政府自己确定，而不能由竞争来确定；但是，像在一切独断专行的事业上经常发生的情况一样，政府在这种事业上也常常交替地陷入两个对立的极端。

政府有时在货币铸造上擅自抽取和它付出的垫支绝对不成比例的利润；它不是变更铸币的重量，就是改变它的成色；它以七两重的银币兑换半斤白银，甚至还说这七两与它收到的那八两价值完全相等。如果贵金属仅仅在这个政府享有专利权的本国境内流通，这样专断地确定铸币利润的规定还可能得到遵守；但是，铸币在外国人民之间也必须像本国公民在交易上那样使用；在外国人看来，政府对货币的合法保证是货币的真正价值；如果本国公民把自己的银币寄给外国人，使他们由于受到损失不久就知道这种银币的真正价值，那么用这种银币购买的每种货物将会按照政府寻求过多利润所引起的铸币贬值比例立即涨价。

也有时候政府用铸造货币的一切费用向公众送礼，它用重量和成色相等的铸币交换制造货币的金属块。这就是陷入另一个极端了。铸币同时具有两个使它的价格高于金属块的特点，一个是生产铸币所需的大规模劳动，一个是对于使用货币的人有更大的便利或更大的享受。如果政府完全不要求收回这些合理的费用，就会产生两个相当严重的弊害：一个是在交换中只要稍有差别就能使铸币输出国外，按金属块的价格卖给外国人；另一个是总会激起需要贵金属的金银工匠熔化货币的意图。无论在前一种或后一种情况下，如果铸造货币不要加工费，加工费就算损失了。熔化铸币和出口铸币是被禁止的；但是，为什么叫人受这种违禁事情的诱惑呢？为什么颁布使人无法遵守的禁令呢？

经验证明，外国人绝不会不考虑精度和铸造的实际价值的。荷兰的杜卡特[①]，威尼斯和佛罗伦萨的赛千[②]，因为保证黄金中不含任何杂质，都按高于金块的实际价值的某种价格支付。西班牙的银元——比塞塔，法国的银币，尽管受到货币税的限制，却在半个欧洲流通着，因为这是一种非常便利、铸造精美、令人信任的铸币。既然外国人都同意支付货币的加工费，本国公民就更没有任何理由拒绝了。铸币税只要不超过铸造费用，就是一种完全合理和容易征到的税。

人们对这个问题的重视远远胜过实际情况，当人们认为政治经济学的重大目的在于把贵重金属保留在国内的时候，更是如此。人们说得很对，如果货币税使十五两银币和十六两银块的价值相

① 杜卡特(ducats)，古代铸币名，初为银币，后为金币，十三世纪初，见于意大利。以后欧洲许多国家都铸造这种货币。——译者

② 赛千(sequins)，古威尼斯的金币名，曾流通于意大利威尼斯及近东各国。——译者

等，那么，在流通中的同样价值的铸币就比白银少十六分之一。要想了解人们在这方面会受到多大损失并不是一件容易事，但是，要想了解为什么怕蒙受这种损失的人却能够同时欢迎目的在于尽量少用贵金属来满足流通需要的银行券，就更为困难。

造币厂引起的另一个问题更难解决，甚至使人一时感到莫名其妙。这就是两种贵金属的比例关系以及从两种中决定选用一种或者兼用两种当作货币单位的理由问题。

金银这两种贵金属都可以无限地碎分，而在重新接合时又可以毫无损耗；不管人们保存多少时间，它们总不会腐烂，并且可以恢复原来的纯度和完全相等的量。这正是使金银最适于作其他一切价值的共同标准或本位的特点。此外，应该说金银还有另一个特点，若不具备这一个特点，其他一切特点就不能成立了，这就是金银的数量都比较稀少，从矿藏中开采它们十分困难，开采所需费用相当巨大。第三种贵金属是铂，它具有同样的优点；如果人们真的也用铂铸造货币，同样不会扰乱世界的金融制度。

假使世界市场恰好需要同等数量的金、银和铂，或者市场的需求与生产毫无关系，这三种贵金属就都恰好与它的稀少和开采所需的劳动相适应。所以，假使银比金多十二倍、十四倍或十六倍，或者从矿藏中开采银比金容易十二倍、十四倍或十六倍，人们就只能根据这种情况规定银价，因而比价就是：一两黄金等于十二、十四或十六两白银。但是，生产困难或者原料稀少，只是每种物品价格的两个因素之一；另一个因素是需求，这个因素并不取决于前两个因素，而且谈到贵金属的特殊情况，需求数量本身就是一个非常复杂的问题，甚至使人很难估计。

在确定这三种贵金属之一——铂的价格时，人们更加清楚地看出需求的影响。铂的矿藏量可能比金更为稀少，而在生产力方面铂矿比金矿更低；要想大量开采铂，也许只有用比开采黄金更高的价格才能得到。但是，铂没有光泽，几乎没人用它作装饰品；任何国家的币制中都不用铂，因此它的消费量极其有限。人们只是开采了矿藏不深或需费较少的部分，所以在贵金属的开采中开采铂矿是需费较少的。

相反，金和银是有双重需求和双重消费用途的，这种双重的需求量和消费量现在已经很大，可能还要日益增加。用金银作装饰品也好，甚至作器物也好，都是有益于人类的。不断变化或可能增加的需求取决于生产的水平，但是这种生产要求付出规模较大的活动和在较深的地层内采掘，只有在开采费超过产品价值时才可以停止开采。贵金属矿对于金银工匠，和其他一切矿对于这些矿产品加工的人们一样，或者甚至和一切工厂的情况一样。归根结底，还是消费决定生产；除了用于铸币以外，金和银的比例，一方面取决于金银工匠所加工的金银的多少；另一方面取决于根据两种矿的深度及其稀有程度所需的开采费用。

但是，更大量应用贵金属的另外一种用途是铸造货币。铸造货币对金属的需求是非常复杂的，而且这种需求决定这种金属价格的因素的方式很不固定。

如果从世界市场上抽象地看人类社会，它是制造铸币的贵金属的需求者；但是，它并不太关心贵金属生产的数量，如同它不太关心两种贵金属在流通中的比例一样。社会只是由于这两种贵金属非常稀少才用它们作货币的。就货币在世界上流通而论，一百万斤黄金或一百万担黄金都同样可以够用。每斤黄金在前一种情况下比在第二种情况下恰好多买一百倍的货物。如果黄金不是大约为白银的十五分之一，而是三十分之一或六十分之一，也不过是两种金属之间的比例改变了，其他一切仍旧不变。因此，虽然以货币形式消费贵金属的唯一消费者只是社会，但是社会对于这种金属却不感到有任何需求；它对这种金属的生产几乎是漠不关心的。

但是，这种矿藏的所有者和企业家却完全不是这样漠不关心的。即使他们的企业的发展使他们的生产价格降低了，他们也总有把握使这种产品在另一方面得到畅销。他们从矿藏中开采出的黄金可以使流通的货币的总值降低，但是，他们肯定能用黄金换得一定比例的铸币。发现非常丰富的锌矿的人盲目地生产出超过消费所需求的锌，他的锌就推销不出去。可是，发现金矿的人却可以用这样开采出的黄金去换取任何商品，而且他不等社会提出任何需求，或者不容社会拒绝这种不知怎样使用的黄金，就使黄金进入流通了。

假定世界市场只有五百万斤黄金和七千五百万斤白银铸造成货币，而且这两种数量的价值和现在一样，是相等的；假定矿工的劳动又给市场额外送来一百万斤黄金或一千五百万斤白银，或者是相等于没有任何销路的一千五百万斤白银的新产品，那么，虽然货币的总量增加了十分之一，它的总值仍丝毫不变；从前流通的每一斤黄金和每一斤白银只等于原来价值的十分之九，矿工所生产的一百万斤黄金，只要用他们开采之前的九十万斤黄金的价格就能从他们手里买去。这是无关紧要的，只要他们的开采费用还不到九十万斤黄金，他们仍会继续努力开采；而且，尽管社会丝毫不要求增加这些贵重金属，但是它一向殷勤接纳贵金属进入流通，却

完全等于一种需求。

我们所假定的使货币年产总量增加十分之一，可以完全是黄金，也可以完全是白银，也可以是金银各半，但是，这项年产品并非必然使前一种金属和后一种金属的价值关系发生变化。这两种金属在流通中是互相补助的，造币厂为了不致时而多用前一种金属铸造，时而多用后一种金属铸造，也绝不按照一成不变的规则安排每年的铸造工作。在我们假定的情况下，这种贵金属不值以前流通的价值的十分之九。金银矿的生产将随着开采费用高于这个比例而更活跃，或低于这个比例而更萧条。到市场上的金银数量将由开采费用决定。不管怎样，这个数量的金或银是一定要铸成货币并且在社会上流通的。政府有时这几年多铸一些金币，另外几年多铸一些银币，商业将毫无区别地把这些金币和银币接收下来。白银对于一切小交易更便利些，黄金对于大批转运更便利些；但是，大多数付款都不计较用金或用银。金或银将按照矿业每年产品的多少而在市场上互占优势，但是衡量的一般标准绝不会因此发生任何变化。

正是这些变化才使人伤脑筋，正是这些变化才使商业不能稳定，并使交易变成侥幸的投机活动。只要矿业生产不正常，送到市场的贵金属量时而超过需求，时而低于需求，就会引起这种变化。如果银价经常有百分之十的上下波动，以银为不变基础的一切账目势必混乱。人们在采用一个共同标准的时候，必须不顾这个标准所遭到的一切变动。他们不问金银价格的波动，专门注意商品价格的波动，犹如商人在量呢料时不考虑因潮热所造成的偶然延长而只看布的尺寸一样。但是，只有当这个量少到最低限度的时候，不问金银价格的波动才不致发生危险。

实际上，这个量永远比我们为了便于说明而假定的量少得不成比例。那些矿藏不仅远远不能一年生产目前流通中的贵金属的十分之一，而且它们还得额外补偿一项相当可观的、我们并没有设想到的消费，这就是货币的磨损和遗失，以及被所谓财迷收藏起来的贵金属。在近东所有专制国家中，普遍有这种财迷，人们向那些国家寄出很大的数额，却永远不会从那些国家再流出来。此外，由于贵重金属在生活上有许多用途，也造成一种消费，而且数量很大，甚至使人今天很难确定矿业生产是否能够补足这种消费量，是否低于或高于流通的贵金属的总量。

但是，努力进一步减少这种波动的机会，对社会是非常有利的；达到这种目的的方法之一就是同时毫无区别地利用金和银当作共同标准，并确定出它们之间的法定比例。这和为了使钟摆的长度不变就用各种不同金属制造钟摆的杆或轴，以便使一种金属因发热而产生的膨胀校正另一种金属的膨胀差不多。

假使政府只选定一种金属作货币本位，而且像有人曾多次做过或建议过的那样，宣布另一种金属是商品，被选定的本位就会受矿业年产品的一切变动的影响。反之，假使政府采纳并依法规定认为在世界商业中占统治地位的某种比例，例如现在通行的十五比一的比例，而且宣布凡是一两黄金的债务都可以用十五两白银正式偿付，十五两白银的债务也可以用一两黄金正式偿付，犹如法国的情形一样，那么，商业的共同标准就不会取决于金银矿的年产量，而是取决于这两种产量所受到的变动之间的平均比例了，于是，人们所要求的本位就会更加稳定。

实际上，无论金币占四分之一或八分之一，其他部分都是银币；或者与此相反，银币占四分之一或八分之一，其他部分都是金币，似乎都不会妨碍货币的流通。只要这两种金属之间的比例相距不太远，造币厂就可以按照金银块的价格并且在以较便宜的价钱就能买到手的情况下，不加区分地选择利润大的一种来铸造金币或银币；但是，如果比例过于不平衡，甚至达到无银币找零、无金币付给行商的程度，在交易中就要给前一种货币或后一种货币贴水，黄金在意大利就常有这种情况；如果在商业中不断发生这种贴水现象，那就是通知政府应该改变法定比例而适应矿业的比较利润所建立的比例了。

再拿第一假定来说吧，流通总量为五百万斤黄金和七千五百万斤白银。在一定的时间内，一百万斤黄金被消费掉了，银矿又生产出一千五百万斤白银。如果这两种金属都有法定时价和法定比例，那么，流通的总值绝不会有丝毫改变，两种金属之间的比例也绝不会有丝毫改变，因为公众对于在这种限度内使用金或银是不理会的，白银的消费会随着白银的生产而相应地增加。从此以后，就是九千万斤白银和四百万斤黄金流通了，对于商业来说，这和从前的比例是完全一样的。可是，如果两种金属之一被宣布为货币，而另一种为商品，那么，无论是前一种或是后一种金属的消费，就不能根据它们的生产而调节了；金价将高于银价；因为政府为了完全维持本国的金币必须付给矿业家以更高的价格，以便使他们继续开采金矿。而且，如果黄金是共同标准，一切商品就会更便宜；如果白银是共同标准，一切商品就会更贵。

所以，同时采用两种金属为本位的好处就在于使造币厂可以按照某种金属特别多而使消费适应某种金属的生产；因此，尽管在生产价格上出现了差别，两种金属的市价之间实际上却始终保持着原有的比例。与此相反，许多经济学家所宣称的以两种金属中某一种为商品标准的主张，是有缺点的，这就是造币厂不考虑矿业生产的变化而每年铸造固定数量的金币和银币，以致有时这一种金属特别多，有时另一种金属特别多，两者之间的比价将会出现非常严重的波动。

除了这两种贵金属，各国还用铜铸造支付小宗款额的辅币。可是铜并不具备其他任何贵金属适于作货币的那些优点。由于铜矿非常丰富，铜的开采费用不大。铜价远比银价为低，以致把铜从甲地运往乙地都十分困难，耗费也十分巨大。但是，对货币来说，这种转移却是必不可少的，因为只有转移才能使其数量适应流通的需要。造成铸币的铜是绝不能出现在商业世界市场上的；并且，即使某地铸成货币的铜太多了，它也没有任何自动流出的机会。铜也没有可以进行正规和便利精炼（永远使它能恢复原状的精炼）的那些优点。铜的成色可能有好有坏，对金和银却不能这样说。这两点理由就使铜无法保持一个固定的价值。所以，铜从来没有因为它本身的价值而被看成是一个共同标准，只能被看成实际货币的一种小数额的标志。

所以，实在说来，铜币仅仅是一种比纸印的银行券花费较多但略为坚固、较难伪造的银行券。为了使人们可以经常随意用铜币兑换银币，政府必须按照交易需要只发行最小数量的铜币，并且必须宣布：铜永远不能正式用来支付流通中的最低银币的高数额。有了这些谨慎的措施，铜也不过有一种优等银行券的优点和缺点。反之，如果一个债务人可以用铜清偿应该用银清偿的大宗款额，如果政府为了在货币铸造方面获取更大的利润而多发行铜币，那么，铜或铜币就只能被看作是一种耗费巨大、徒增不便的纸币。

有人讨论过一个国家的小额货币应该用纯铜还是用含银的铜铸造的问题。这很难说是政治经济学方面的问题；应该用什么铸造，要看便利与否或有利与否而定。含银的铜币可以更正确地适应它的价值，它既不会使钱袋过重，也不致小到有丢失的危险，所以这种货币比较方便。可是另一方面，这种货币即使不给制造伪币的人提供更大的利益，也至少会给舞弊者造成很多的便利。在一般情况下，纯金属一眼就可以看出，如果是合金，最有经验的人也难以判明其中每种金属的比例。从道德方面说，这种不引诱人犯罪的理由当然是非常重要的；但是，一个国家肯使用更能引人犯罪的银行券，却不肯使用一个苏[①]或两个苏的方便的钱币，那就令人很难理解了。

诚然，政府本身就经常使人有理由不信任它。大概正是为了避免当局滥用权力，才从商业中排除了这种非常易于改变成色的货币的。人们已经看到：具有前所未见的纯度的镀银货币在皮埃蒙特，在意大利管辖下的奥地利国家，在教皇管辖下的各个国家以及其他许多国家中日益增多起来。当局从铸造货币的活动中抽取了百分之六十或百分之七十的利润，他们却宣布这种经常耗损的货币和以前的货币相同。于是，从前的货币被熔化或者输往国外去了；金和银不见了，流通的只是一种有名义价值的铜币。这种货币的基础与其说是信用，还不如说是欺骗；因为人们并没有向公众说明这种币型始终未变、在新制出时也有同样光泽的货币，却减掉

① 苏(sou)，法国铜币名，等于二十分之一法郎。——译者

了几分纯银。所以，人民抱怨当局本身犯下了它所惩办的制造伪币的罪行。毫无疑问，只有从商业中排除一切成色低的货币，才能制止重新发生类似的可耻弊端。但是，我们认为，现在已经可以用理智和正义指导政府，而不应该再像孩子们用最无害的游戏掩蔽最危险的游戏时就禁止他们做这种游戏那样来对待政府了。

第六章　论票据

有些疑虑重重的政府几乎一向禁止本国货币输往其他国家，它们认为金银是国家的全部财富，如果有人把银币带出国境，就会使国家破产。但是，用现金购买或交换商品的商人，一般都懂得他在做什么，不应认为他买东西就是做赔钱生意，因为人不会由于偿付债务而破产；而且，如果不是买东西或偿付债款，银币是很少能被输往国外的。

在中世纪，欧洲几乎普遍存在这种禁令，因此促进了票据的发明。票据可以说变成了世界广大市场的货币，况且，即使输出货币不被禁止的话，使用票据也是非常有利的。货币转移从来就是一种耗费巨大的清偿方式，而且有无数危险；票据不仅使两个国家之间，而且使几个国家之间有了清偿债务的便利可靠的方法，此外，票据也起着货币的作用，甚至比货币本身所起的作用还要优越。

一个波尔多商人在巴黎卖出了酒，然后在那里购买了花袖边；他把买酒人的一张付款通知给了花袖边商，他就这样用他的债权偿付了他的债务。这还绝不是一张真正的票据，只不过是一种简单的财产过户单。只要持票人愿意并且经他本人签字，还可以重新转让，这是一个十分有利的发明。人们有时把这个发明归功于十二世纪在法国受到迫害的犹太人，有时又归功于十三世纪在托斯卡纳受迫害的皇帝派[①]；前者和后者都是企图隐匿财产免被税务局查出而使用支票的，他们的支票传遍了半个欧洲，并且达到了他们的目的。假定上面那个在巴黎售出酒的波尔多商人在巴黎没有应偿付的债务，他把在巴黎取得的定期支付的票据形式的债权卖给他的某个同行，或者用它偿付其他债务。假定他在巴黎的债权是一千二百法郎，他把这个债权转让给某个伦敦商人，偿付了同样数额的债务；伦敦商人又在原票据上签了字或作过**背书**以后转给阿姆斯特丹的某个商人，因为他是阿姆斯特丹商人的债务人；这个荷兰人又把这个票据转给某个德国人，德国人再把它转给某个意大利人，于是，这张票据在被寄回巴黎使第一个债务人应该在巴黎清还债权人全部欠款以前，可能已经游遍整个欧洲，而前前后后清偿了许多笔一千二百法郎的债务。

在这一系列的活动中，票据始终代表着欠第一个出票人的那笔钱，至于这笔钱原来是发售商品的价值，是以前由另一张票据形成的债权的价值，还是以现金存放起来的银币的价值，都是无关紧要的。使票据有价值的仅仅是接受票据的人的确信，和票据指定付款的人愿意并且有能力按照票据支付，如果这个人无力这样做，出票人也会按照票据偿还。这种确信通常叫做**信用**，背书人越多，信用也越好。如果票据到期还未偿付，每个背书人都可以要求他的让受人出钱偿付票据的全部价值。

① 中世纪反对教皇的派别。——译者

现在欧洲的货币交易大都用票据进行；以这种形式支付的债款可能比用货币支付的还要多，至少在支付稍大一些的款额上是这样。票据是定期支付的，因此在票据到期以前转让时，一般都从票据的价值中扣除票据还要流通期间的利息，这就是所谓折扣。接受别人转让的三个月期限的一千二百法郎票据的人，只当作一千一百八十五法郎来接受，扣除的十五法郎是三个月的百分之五的利息。所以，这个人没有任何理由像对待现款那样急于使票据脱手，因为票据是有价证券，在他手上存留期间能使他得到正常的利润，如同他放出同样款额所生的利息一样。所以，大部分资本家不把钱放给银行家或商人，而是自己经营票据贴现；签发票据对于商人来说已经变成了一个方便的借款方式。甲给他的对方乙签发了一张为期三个月的票据，已接受了，资本家丙办理了这张票据的贴现，并当作有价证券把它保存起来。乙以后又给甲签发了一张同样价值、同样期限的票据，同一资本家或另一资本家也以同样方式办理了贴现，并且也当作有价证券把它保存起来。这种手续等于甲和乙两人互相成为连带责任者从丙那里借来了期限三个月的两张票据的价值。正如银行家所说的那样，从流通中取利，资本家们的信用已经变成他们的一项资本了。

票据是要用金钱购买和清偿的，它起着金钱的作用，而且它只有通过清偿它的钱才能存在，它经常被看作的数量与它所代表的金钱完全等值。人们把资本家的金钱财产或债券财产看成一个、看成完全同样的东西；当人们想估计一个国家的货币时，几乎总是要了解资本家以有价证券方式所掌握的票据的数量。但是，这种概念不是没有根据的；在一个国家流通的货币与在该国起着类似作用的票据之间，不能确定任何比例关系；因此绝对不能根据票据的充斥来推测货币的充斥或稀少。票据只是对他人财产的一种权利。这种权利也可以用一切其他财产、商品、其他债权甚至不动产来担保；这与用货币担保是一样的；虽然票据到期要用金钱来偿付，但这笔钱甚至在支付前夕还可能不在付款人手里；在票据流转的三个月期间，最后清偿票据的这笔钱也许已经清偿了三十张类似的票据。一般说来，票据只不过是比其他一切债权更易于转让的债权；不过，由于任何债权都定有一笔债务，都享有一笔物质财产的权利，所以，在取消一切债权和债务以后，实际资本和人类的财富恰恰仍然和原来一样。

虽然票据不被计算在人类的财富之内，却是这个国家或那个国家财富的一个非常重要部分。日内瓦的资本家不出他那块直径两里欧的小小土地，就可以对存放在阿姆斯特丹商店里的香料、伦敦印度公司的布匹、波尔多的酒、里昂的丝绸享有所有权或分享这种所有权；这一切都是以不同市场上的票据形式装在他的皮夹里的。试问：在日内瓦是不是有相应的货币来代表这一切价值呢？绝对没有。这些价值是不是用日内瓦的拨款转让的呢？更不是。这个日内瓦人是分别在阿姆斯特丹、伦敦、里昂和波尔多的一笔实在的、可转移的、商业的资本的共有者；在前几章中，我们曾尽力使人们了解到这种资本绝不是货币。他通过票据把这笔资本从一个市场转到另一个市场，最后仍以票据形式掌握这笔资本；而且当他一旦用这些票据兑现以后，他还会很快地再换成新的票据。

票据在商业流通中有两种完全不同的意义；票据可以当作商品在同一城市中卖钱；也可以充作金钱由甲市转让到乙市来支付

货款。在前一种情况下，票据要求有较多的货币来支付用票据进行的交换；在后一种情况下，票据使其所代替的一部分货币在票据所清偿的交换中成为多余的。第二种情况似乎比第一种情况影响的范围更大；在票据尚未发明以前，商业流通上所需要的货币很可能远远高于现在所需要的货币数量。

虽然票据可以代替货币，虽然票据甚至在某种程度上是商业上通用的货币，但是，票据与货币却有着根本的区别：票据是定期支付的，定期支付使票据可以贴现，因而也可以使票据占有者获得一笔利息。下面即将谈到的真正的货币、银行券和纸币，流通得都很快、因为只要它们的持有人把它们存在钱柜里，它们的利息价值就损失掉了；而票据却通常是留在某个资本家手中的，因为在这个票据到期以前，保存它和使它流通都同样有利。

第七章　论银行

人们正是因为把货币和资本混为一谈，才往往认为可以利用法定纸币增加国家资本；但是，法币并不是由耗费巨大的劳动所创造的，它绝不是像金银那样可以充作它所代表的价值的抵押；所以，法币往往在使人错误地认为得到了财富以后，而使国家破产。

纸币首先是由银行想出来的，而银行本身的创设则是一系列的综合和研究的结果。如果先看看法国的一个古老商业城市用很少的银币做了一桩需要大量货币的事情的方式，人们或许就能够更好地理解为什么今天有那么多的国家要用纸代替金币的道理和幻想了。

里昂商界有这样一种习惯：一切付款只在四个固定的时期来

进行，以三个月为一期的这四个固定的时期是按照古时著名的定期集市确定的。在办理偿付的三天里，这个城市的一切营业都同时进行结算。每到这个时期，人人都有很多应该收进和付出的款项。但是，在付款即将来到的前几天，所有商人都集中到交易所去，办理他们的所谓**转账**；也就是说，他们彼此间互相拨款，清偿账目。甲欠乙的债，乙欠丙的债，丙欠丁的债，丁欠戊的债，戊又欠甲的债，结果，所有这些债务通过转账，不用支付任何款项就都还清了。如果戊与甲完全没有债务关系，人们就责成甲通过各个当事人连续的转账向戊付款；仅仅一笔支付就还清了四份账目。所有这些只是为了转卖才购买的商人，也只是为了付货款才肯收款的；如果把这种可能进行的一切转账进行到底，人们就会惊奇地看到，用多么少的现款清偿了多么巨大的营业额！①

可是，彼此间的一切欠债并不是相等的，所以尾欠额就会在转账中引起一些困难，甚至有时发生错误。转账银行的创设弥补了这一缺陷。有人组织过某些专门为愿意委托银行的商人服务的转账银行。这些银行家就是商人的出纳员，不作其他业务；他替商人办理收款和付款；而当他同时为很多商人办理这项业务的时候，他就往往是向自己付款。因此，他完全没有必要把他所应有的全部资金存在柜里。如果他所办理的每一笔十万法郎营业额经常有五万法郎是付给他本人的，并且为支付这些款项又只是把款项从甲的户头转到乙的户头上，他就可以更有利地利用这五万法郎，因为

① 据苏恩统的著作第三章所述，伦敦的银行家彼此间似乎每天进行这种十分相像的活动。

他用不着这笔钱来付款。这样，他可以少用一半货币供本国商人周转，而把一半放债生息。由于有了迅速而又便利的短期利息，甚至在某个特殊情况下，必须向他的委托人以外的人支付款项他也完全可以立刻付给他们，苏恩统告诉我们，伦敦的银行家已增加到七十个人，他们每天办理四五百万英镑的支付，算来每年至少需要十五亿英镑，但是这个惊人的流通量只用一千二三百万英镑的现金或纸币就完成了。[①]

但是，这种业务并没有为银行家所独占；它在大多数商业国家中都被政府扶植下的国有企业垄断着。一个银行家的营业范围愈大，他的支付必然愈少。假使伦敦七十个银行家的全部营业都由一个银行家办理，他们相互间的一切支付将完全取消了。因此人们认为，仅由一个国家银行代替各种不同的银行，就会大大节省货币，并且获得很大的利润。这正如为经常办理转账而随时支付一样。每个商人通过它在银行账簿上的户头，只要记上一笔借或贷，就算支出和收入了，无须支付任何现款。管账人在银行立有户头的商人之间的工作手续，极其容易地代替了出纳员的手续，多么不同的尾欠或期限都不妨碍他们彼此间相互转账。

但是必须指出，我们所以说明转账方法的初步手续，又谈了只作出纳员的银行家的手续，主要是为了更容易了解这项交易，并不是要说明它的全部活动。在热那亚、威尼斯、阿姆斯特丹、汉堡各地，欧洲最老的银行都不是为了办理转账而开设的，只是为了储存

① 亨利·苏恩统：《英国纸币的性质与效能的研究》(*Inquiry into the nature and effect of crédit*)，第 4 章，第 154 页。

和更好地、更安全地保管商人自己所不能完好保存的现款，以及避免与外国货币或旧货币相混杂，因为这样的货币经常要破坏流通的货币，在一些小国家中更是如此。

国家银行家以最严肃的态度作出确切的保证，要完好地保管每个商人存在国家银行金库里的全部金钱或金属块，商人往国家银行存现是为了可以在银行取得一个转账的户头，以便有人催他结账时，他能立即用这些钱或金属块转给他。银行并不从这种交易中提取实物利润；它只用债权人所支付的税款作为本银行的经营费用。但是，要认为一个完全受政府支配的机构肯于放弃看来无损于人的如此巨大的利润，恐怕是对它过于相信了。1609 年开办的阿姆斯特丹银行，至少在 1672 年以前是一直非常忠实地履行着它的义务，把委托它保存的巨额存款完整无损地存在它的金库里；所以，这个银行毫无困难地支付了所有债权人因路易十四的迅速逼近而要求同时提取的全部存款。这件事情巩固了它的信用，并且使它得以在接近下一世纪中叶时滥用这个信用。从这个时期起，阿姆斯特丹银行开始把库存的死资本出借给印度公司、荷兰和西弗里西亚群岛各省以及阿姆斯特丹市四个财团。当这个长期隐蔽的秘密于 1794 年法国入侵后被迫暴露的时候，这家银行已经借给上述四个财团一千零六十二万四千七百九十三佛罗伦[①]了。由于四个财团无力偿还给它，这家银行就被它们拖倒了。

1619 年成立的汉堡银行比较忠实地履行了它初创时期的规定；直到 1813 年 11 月 4 日夜，达乌元帅命令扣押它的存款以垫补

① 佛罗伦(florins)，荷兰的货币单位，也叫盾，等于 100 分。——译者

围城费用以前，代表银行金钱的存款一直在它那里原封保存。当时的数额达七百四十八万九千三百四十三马克。

这两家欧洲最著名的存款银行的破产，证明了在现代要用怎样的代价才能博得我们或许过分引为自豪的信用力量，证明了即使最谨慎地使用这种信用也有多大危险。在创办存款银行和拨款银行之后不久的一个发明，很快就使这种信用的利用及其危险越出了范围。

像阿姆斯特丹银行这种性质的银行只为在银行有一个公开户头的人服务。很多商人都可能在该银行没有户头，至于不经商的人尽管也需要支出和收入，但是他们几乎永远不会开立户头。为了推广转账的简便方法，使它也适用到这些人身上，有人创办了票据银行或流通银行，这两种银行后来在欧洲变得非常普遍。这种银行开出的票据是从银行取款的拨款单，持票人凭票可以立即取到现款。每个人凑几张票据自己就可以清偿尾欠；至多不过需用少许货币。一个人收到票据却把原票据转给别人而不提现是更为方便的；虽然有了票据每个人都可以随时取款，却没有人想这样做；因为人们觉得什么时候取款都来得及。

直到现在，银行只是简化了支付手续，省去了不必要的货币转移，而且只用较小数额就能使流通便利，如果没有银行，这无论如何是办不到的。但是，这样一笔微小的不生息的货币用到商业上去，必定有人从中得利，于是以前不生任何利息的一部分资本就可以变成生息的资本，也必定会使人获得这笔资本所生的利润。在处理里昂市的转账时，每个商人都从这种交易中取得应有的利润：每个人只是在每年四次、每次三天的时间内才需要把钱存在柜里；因此，他便赚得了一年其他时间的利息；转账简化了他的各种手续，同时不多几个钱为他办了巨大款额的事情。在伦敦及有只为商人做出纳员的银行家的其他各地，银行家就是利用由此节省出的货币做买卖赚钱的。在阿姆斯特丹、汉堡、鹿特丹、纽伦堡等等设有存款银行的地方，人们庄严地放弃了这种利润，而由于货币没有流通，仍旧留在该地没有动用，也就不能生利；但是，人们并没有始终不渝地忠实履行这个条件。流通银行建立以后，立即公开地宣称它们要取得这份利息，而且说明它们的目的恰恰就是要取得这个利润。

银行都在商业中发行它们的银行券，因为这种银行券实际上可以按照存户的意愿随时兑取现金，而且它和现金的价值完全相等，所以，银行要求的利润也与现金的利润相等，并且能够毫无困难地得到这种利润。银行使银行券流通的惯常方式是对长期的商业票据办理贴现。持有一张三个月的票据的商人就可以按照票据价值领到扣除三个月的利息以后的银行券；他这是用证券交换证券；人们所交换的票据往往不能当时兑取现金，可是他拿到的证券却是凭票即付的。这张证券所代表的钱从此实际上就转归票据持有人所有；但是，银行家却利用这笔钱不立即要求提取的机会转放给别人而自己从中取利；这就是他的利润所在，也是他对社会的贡献所在。

银行所取的利息并不是银行实际付出的金钱的利息，而是每个票据持有人当时就能取到而实际上并不在金库里的钱的利息。银行家的天才就在于正确地估计市场上的现时需要，以便经常在金库中保存一笔和每日所需求的款额相等的钱数，但是，为了谨慎起见，除了这个数额，还应该有足够的应付一切特殊金钱需求的准备金，和定期、迅速、可靠的进款，以便应付由于偶然丧失信用而引起的大多数票据持有人来提取现款的要求。

使人类的意志和心情能够服从计算，一向是一个难解之谜；但是，在关系较多的公众的事情上，是可以有把握地找出这种意志和心情的平均比例的。一张一千法郎的票据明天将要转到一个陌生人手里，对于这一个人是不是要把这张票据换成货币是最难断定的事。但是，如果在同样情况下不只是涉及一个人的意志，而是关系两千个人的意志，那就是可以预见的，而且所需要的货币数量可以相当准确地计算出来。

货币的总量同时在几个流通系统内流动，可是并不是每个流通系统都有同样多的银行券。银行券仅仅是用来避免辨认和运送巨额款项的危险和困难的。用款的商人在银行券上所获得的唯一好处也正是这一点。他可以用五百法郎和一千法郎的银行券更好、更正确地支付；运费低，辨认也省时间；但是，如果他必须用小票面的银行券来支付，那么辨认所需时间将和辨认货币所需时间一样多；票数越多伪造的危险也越大，破损或丢失的危险也越大。因此，人们对于这种绝非抵押标志的价值所造成的某种忧虑总感到无法摆脱；没有一个人会不喜欢二十法郎的硬币而喜欢二十法郎的银行券的；不乐意要五枚二十法郎的硬币而情愿要一百法郎的银行券的人也是很少的。不管银行企图发行多少小票面的银行券，只要可以随时兑换，这种银行券的流通量总是不会很多的。[1]

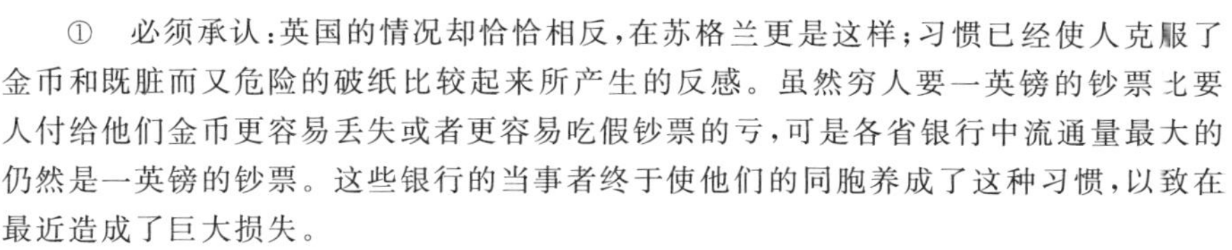

① 必须承认：英国的情况却恰恰相反，在苏格兰更是这样；习惯已经使人克服了金币和既脏而又危险的破纸比较起来所产生的反感。虽然穷人要一英镑的钞票比要人付给他们金币更容易丢失或者更容易吃假钞票的亏，可是各省银行中流通量最大的仍然是一英镑的钞票。这些银行的当事者终于使他们的同胞养成了这种习惯，以致在最近造成了巨大损失。

但是，我们已经指出，在交换的一般进程中，赢利活动是由向工人支付工资的工农业企业家开始的。不管这个企业家是农场主还是工厂主，都不妨用银行券来领取自己的资本；可是他不能用银行券来给他的工人开支。所以，他必须立即把银行券送到银行去兑换货币。因此，绝不应该使银行券流通到这方面来，银行券的迅速回笼只会造成损失，不会产生利润。

工人用自己的工钱玛依①和德尼埃②购买生活资料；任何银行券也不能在这方面流通。

工资是工人的收入；但是并非只有工人用这种零碎钱来消费自己的收入。最富的人和最穷的人一样，都是用零碎钱一项一项地小量购买各种生活资料的。即使有某个大地主从农场或资本中所得到的收入是银行券，甚至他有时用银行券来偿还他的供应商的账目，银行券的流通量也绝不会大多少；这个大地主也好，他的供应商也好，他们都要尽快地把银行券拿到银行去兑换。所以，绝不应该使收入中有银行券流通。

但是，生产的商品并不是立即转到消费者手里的，各地商人彼此间要两次、三次交换这些商品。交换是定期进行的，交换中的综合支付产生了一项新的贸易即票据商的贸易，也就是人们所说的银行业。这些商人之间的一切交换都要用巨额款项；其中每一项收款都是为了偿付价值大致相等的数额；他们中间的每一个人都在柜里存有一笔价值大致相等的银行券和货币作备用金，以便支

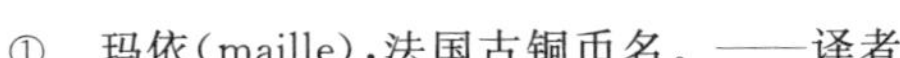

① 玛依(maille)，法国古铜币名。——译者

② 德尼埃(denier)，法国古币名。——译者

付尾欠;如果他们任何人对于银行都不怀疑,也许没有一个人想把银行券换成现款。只有这样才是没有欠缺、没有顾虑地运用银行券的流通系统。这个流通系统将使某些银行券退到资本家与银行家之间的交换中去,这对资本家说来是他进行投资,对银行家说来是他支付利息。在其他一切贸易中,银行券都是流通不开的,即使偶然落到别人手里,也会立即回到银行来兑现。

的确,除了商业而外,在政府收入的流通过程中也吸收一定数量的银行券。各省的收入上缴国库时都要用银行券,国库对供应国家工程的商人及企业家的一切支付,也同样用银行券,这种形式对政府是很方便的。政府所需要运转的货币比整个商业所共同需要运转的还要多;政府就在这种情况下建立了一个新的银行业部门,而且在这个部门可以用银行券获得与银行家同样的利益。但是,经过这样的大量流通之后,政府的收入还要归到消费者手里;为了发军饷或各省长官的膳费,必须把银行券换成货币,因为所有领取薪金的人都是用货币作收入的。

如果银行是具有卓见而且行事谨慎的,它们所采取的票券流通方式必然是使这些票券只进入两个对自己有利的系统。一个是办理票据贴现;而票据正是商人和银行家之间的交易所产生的巨额交换的结果;而且,除非出现了伪造票据,或者在营业上发生困难以及从事力所不及的营业的人用票据进行的投机活动——用现成的话说就是经手三分利——等等情况,票据的总数应该是十分准确地代表着仅在商人手中以大宗款额流通的、可以用银行券来代替的货币总额。

其次,银行还对政府公债券和外省的税务债券办理贴现;银行通常是在收到公债券以前就预先付了款。如果这个预付只是短期的，譬如三个月，就能适应这些债券在债券巨头手中流通的时间，绝不需要兑换；但是，几乎没有一个银行不多少受保护它的政府支配的，没有一个银行不在对政府的债券办理贴现时，把期限延长到大大超过国家巨额收入的流通期限的。结果这样发行的一部分银行券一旦到了零用银行券的人们手中，就会立即迅速地回到银行兑取现款。预付政府税款的英格兰银行如果使用现款，它就必须有本行票券价值的三分之一甚至二分之一的储备存在金库。法兰西银行虽然比较慎重，它只对有三个签字的有价债券办理贴现，而且期限绝不超过三个月，但是它仍然必须有同样多的储备，这可能是因为对政府债券所进行的严重投机活动，使金融市场发生了急剧波动的关系。如果银行确知只对大商业的债券办理贴现，那很可能只须有相当于流通量十分之一的货币储备，就足以保证自己稳固了。

第八章　信贷绝不创造它所支配的财富

仅就银行家办理信贷一方面来看，好像他们拥有无穷无尽的资本可以供给商人应用。因此，信贷也就好像有了一种创造力，一些投机商人确信，每发出一张银行券就等于给国家输入一笔金钱，使国家增加了财富。他们沉迷于对他们本人和对过分信赖他们的国家同样危险的幻梦里，他们主张开办银行来增加商业资财，供应农业企业，推动各地的劳动生产，最后增加国家资本和活跃工业。

在亚当·斯密的时代，就有了经过非常深入研究的银行理论；

我们不能说这门科学从这位哲学家以后就再没有任何发展，也不能说这门科学已经没有可以改进的余地。但是，自从他的作品问世以来，草率建立的信贷企业却比以前更为迅速地相继产生了；这些企业几乎把所有国家都相继拖进了可怕的灾难和破产的深渊；尽管有了这种沉痛的经验教训，还是每年都有同样威胁国家财产的某种企业产生。虽然我们不能对亚当·斯密关于银行和信贷业务的分析作何种补充，可是至少也应该力求明确地把他的原理加以阐释。

首先，必须根据事实指明：信贷绝不创造任何新的财富，毫不增加社会资本，信贷只能使一部分不生息的社会资本产生收益。一般说来，信贷只是转移财富；把一个人的财产支配权转给另一个人，而每个人的穷富还和从前一样。有信用才有资格借款。但是，找不到债权人却不能借款，因为不存在的东西是绝对借不到的。一项宣布取消债务的法律可能引起社会骚乱，却不会使社会破产。这项法律颁布以后，将会产生一种普遍的抢劫现象；债权人的财产都要被债务人夺去；但是，国家的财产仍旧和过去完全一样。这时候一切实物的所有权都由两个或少数几个人来瓜分；一个人掌握着这件物品，另一个人取得了这件物品的所有权；可是权利越大，物品的价值却越小；如果取消了这项权利，这件物品就恢复了它由于这项权利而失掉的一切。取消债务不仅会动摇人们对财产的信心，还会完全破坏遵守秩序和实行节约的精神，正如在政府毫无力量制止暴行的国家中普通抢劫所造成的严重后果一样。国家的破产并不是因为财产在一种情况下由被窃者手里转到强盗手里，在另一种情况下由债权人手里转到债务人手里，而是因为财产被强盗滥用了。

假定一个人有一块值两万法郎的土地，同时他欠另一个人一

万法郎的债，这时候债权人和债务人的财产加在一起仍然只有两万法郎，这是人们可以理解的；可是人们绝不肯同样认为银行和国家信贷的问题与这种事情完全类似。

一个银行有了流通证券，它就觉得真有一笔可以运用的新资本；其实这笔资本并不是银行的，而是有权从银行保险柜中提走银币和把银币委托银行保存的人们的。一般说来，为了争取和得到这种委托，银行对债权人提供了一项抵押。英格兰银行是用它的按货币计算的股票底本作抵押的。当英格兰银行于1694年建立时，这项底本达一百二十万英镑；可是英格兰银行的业务性质是把金钱收进保险柜，而不是从保险柜里拿出去，而且它把这笔保证基金也借给政府了；所以，只有用它的利息保证补偿它对持有银行券的人可能造成的损失。英格兰银行以这种代价获得了一定年限的独享的特权，每当它重订关于这个特权的契约时，都增加一次底本，到1797年，这项底本已经达到一千一百六十八万六千八百英镑了。

作为银行信贷基础的这项资本是因，而不是果；这项资本是由股东们的一部分财产组成的，而且绝不应该把这项资本与在票据持有人提取以前一直存在银行和银行可以放款取息的钱混为一谈。

这笔钱是银行在流通中实际增添的唯一一部分资本。这是在大商人的保险柜中会死放着的钱，银行用银行券替下它，把它从钱柜里拿出来，然后再放出去。银行就是这样用一只手借入，而用另一只手放出；借入时不付利息，放出时则收取一定的利息。然而，如果这种经营是无限制的，就等于是创造新的财富；事实恰恰相反，这种经营只限于保险柜中的这些商业所不可缺少、然而又是它的一种损失的死钱，或者一向大量流通的款额。某些城市有这样一种习惯，人们收付款项总是称量一个盛一千二百法郎的口袋，而不清数法郎。这些重量完全相等的口袋经常不解开地从一个商人手里转到另一个商人手里。所以，银行也只能把人们从不解开的口袋里的钱通过信贷弄进它的钱柜，然后再放出去。[①]

① 议会两院所属各委员会于1826年6月1日提出的关于苏格兰银行和爱尔兰银行的报告，使我们明确了两个王国银行券流通情况的真相。

但是，这些委员会似乎认为苏格兰各银行的信贷创造了促进工业的资本，它们对这种方法倍加赞扬，说"这是令人叹服的精确方法，它可以节约资本，激励企业精神，并且维持国家的道德传统"。但是，这些报告也同样告诉我们：苏格兰银行只是一只手借入，另一只手放出，而丝毫没有使国家资本增加。

苏格兰银行共有三十二家，其中三家在法国法律上称为股份有限公司。所有资本雄厚的银行都在各小城市中设立了支行或分行，总共有分行一百三十三家。在苏格兰，总共有一百六十五家银行发行银行券。在作报告的那个时期，银行券的流通总额达三百三十万九千英镑，其中有二百零七万九千英镑是五英镑（或一百二十五法郎）及低于五英镑的银行券。苏格兰的银行家为了把其他一切货币排除出苏格兰国境（仅留少数银质先令，以便使这项巨大款额能够流通），就办理了三项业务：第一，前面已经提到，是用他们的银行券办理票据贴现；第二，完全仿照储蓄银行的做法，接受一切稍有积蓄的工人和穷人的小额存款；最后，向一切实业家开放账户，即使他们没有任何不动产，也兑换他们用两道正式签字所保证的票据。各银行的存款总数估计为两千万英镑到两千一百万英镑。银行对这笔存款按百分之四付出利息，可是它们早已把同样的款额按百分之五的利率放出去了。

我们从这两种业务上可以看到，苏格兰银行并不是别的，只是放出和借入的事务所。毫无疑问，这是对国家非常有益的，同时它也给小资本家的金钱找到了用途，给借款的实业家找到了他所需要的款项；可是，这项交易可以不用银行券而继续进行，收付利息之间的差额就足以保证银行在交易中获得利润。但是，苏格兰银行主要是利用这种放款事务使得其他一切货币在它们的国家完全绝迹，同时使国家得到利益的。所有大小债权人阶级和所有债务人阶级都积极支持他们的信贷；无论是债务人或者是债权人都固执地宁可要一英镑的银行券，而不愿意要叫做金镑（sovereign）的金币；不仅如此，当议会惊悉这种剧烈变动不仅动摇了银行的信用，而且震撼了整个英国商业，因而将要重新使黄金流通和禁止发行低于五英镑的银行券的时候，竟激起了全苏格兰的愤慨，仿佛有人对苏格兰进行了莫大的侮辱，于是，两院各委员会只好决定允许苏格兰银行维持现状，并限制对英格兰各银行实行改革。

在停止付款时期伦敦银行于 1797 年 2 月 26 日公布的账目，使人感到非常惊讶，因为这个如此自命不凡的金融力量与商业的关系竟是那样无足轻重。这家开设在世界上最大最富的城市里、属于全英国而不专属于伦敦的银行，当时每年办理的商业票据贴现仅仅是三百万英镑。这家银行为政府效力是远远超过它为公众服务的。但是，这家银行在停止支付以前的最后五年中，它的整个流通量从来没有超过一千一百四十九万七千零九十五英镑；在同一时期，它的库存是六百二十七万二千英镑的现金或金属块。因此，这家银行发放的信贷在国内流通中所增添的全部资本从来没有超过五百二十二万五千零九十五英镑。它给政府的垫支却远远超过国民收入的流通所需要的银行券；因此它所发行的银行券不断回行兑现；而当它的库存减少的时候，就立即被迫停止支付了。

有关法兰西银行的统计数字，也提供了一个与此相近的结果：法兰西银行的银行券在同一时期流通的价值很少达到一亿法郎；该行用作应付流通的货币资金大约是四千五百万法郎。所以，该行为了把资本再出借给商界而向商界借入的全部资本至多为五千万法郎到六千万法郎。这可能是法兰西银行对公众服务的最高点了。[①]

世界上最强大的两个商业国家所取得的这个具有决定意义的经验，应该使投机商人清楚地看到并确切地相信：银行绝不是能够随意投出鼓励工业的、具有无穷无尽的新财富的分配者；银行所能

---

① 巴黎的商业绝对不能和伦敦的商业相比，但是，在对商业贴现方面法兰西银行却高于伦敦银行。这个差额可能是由于那七十个银行家在伦敦代替英格兰银行的一部分营业，以及更多的银行家在各地进行类似的营业的结果。

投入流通的资本（即它从人们永远没有清数过的口袋中所能拿出来的资本），是非常有限的；而且，它为给自己吸取其他某一部分货币而作的一切努力，只要是要求它立即办理支付，对它说来就是十分有害的；只要是法律迫使国家接受它的银行券，对国家也是有害的。

但是，人们要开办贷款银行、地方银行和为鼓励工业而供应资本的银行那种歪风肯定还没有过去。每天都有某个新的投机者带着庞大的计划出现；他将同信任他的人们一起破产，这已经是一个大不幸了；如果他能把国家最富的资本家们拖进他的企业就可以使他的投机活动成为一家国有企业，那么，当他发出的证券从四面八方回到他这里兑取现金的时候，立法机关就必须设法使他的企业免于倒闭；他可能仿效前人的做法，采取强行流通他的银行券的危险手段，这样一来，就会有无数人要陷入纸币泛滥的灾难之中了。

让那些意图支持工厂的银行企业家好好想一想：假定他们借给一个厂主一万法郎，这个厂主绝不会一次花完，也不会每次一千法郎分十次把它花完；而是第二天就要换掉他的银行券，以支付给为他修建厂房的瓦工以及他的工厂的雇工；支付这一万法郎不可能完全用金币，而必须用一部分小额货币；并且，尽管银行使一百法郎的银行券同样流通，它仍然必须在厂主把自己的资本换成商品以前换掉这些银行券。但是，只有在兑换成货币以后才能使用的银行券以证券形式保留下来，是没有任何好处的。除非银行券的数额很小，并且在一切生活用品的交易中能代替货币，这些银行券将不等流通到制造业中就会完全回到银行来兑现，希望政府永远不要让这样的事情发生。

让地方银行企业家想一想，他们所指望的放款对象——大地主们借款开垦土地也罢，进行建筑也罢，或者支付其他债务也罢，他们终归是要把流动资本变成固定资本的。因此，他们在银行方面所处的地位远远不如工厂主。金钱对他们说来是不流通的，金钱通过他们手以后就不能再回去了。今年支取十万法郎货币的工厂主，下一年还要支取这些，而且以后每年都是如此。但是，一个最谨慎、最善于经营的地主就不同了，如果在今年把用于农业工程上的十万法郎按百分之十的利率放出去，而且他由此每年得到的货币收入增加一万法郎，这样他就算作了一宗十分有利的事情。因此，如果银行借给他的十万法郎都是一千法郎的银行券，他第一天就会把它们兑成现金，或者由别人兑换成现金，以便付给工人工资；即令他以后要做银行的债务人一百年，也永远不会再有一张银行券在他和农民手上以及他们出售产品的市场上流通。

最后，政府应该注意，不容许作为国家一项财产的货币被无清偿能力的人借走，是政府为保护国家财产必须严格履行的义务。银行的业务是经常借入国内流通的货币，并妥善地安排作为偿还货币保证的银行券，再把货币放给外国人以收取利息。每流通一张银行券，就有相应价值的银币流出国外。为了放出银币而借入银币的银行家们可能是人们一致称羡的财力非常雄厚的人，换句话说，他们能够用大批不动产作履行自己保证的抵押，而不致触动国家的命脉，即使如此，也还有他们已经倾其所有而仍然不能使他们输出的货币返回本国的情形。

一个与银行公司完全相同的股份公司在秋收后向政府提出要

求，说粮仓里储存的小麦要等到六个月、八个月、十个月和十二个月以后才能陆续消费，现在闲置无用，几乎和银行家口袋里的钱一样不能生利；不妨在这段时期把这些小麦暂借给它，它可以交给粮仓若干以优质土地为抵押的债券，并且负责在每个星期六赚回足够供应人民下周食用的小麦，政府由于过分信任这个公司，认为它在任何时候都相当稳固，就满足了它的要求；一个地方银行提出抵押，同时许诺只要需要货币，它随时可以使所有的货币重新输入国内，于是政府也准许它把所有的货币运到国外去；如果说前者是愚蠢的，那么后者也是同样愚蠢的。

在平时和和平时期，货币可以用一种标志来代表；但是，当一切信用票券在危险时期变得无用时，使原来的货币重新出现，以便保卫国家或在国内贸易中作一切价值的标准，这对于稳定社会秩序也是十分重要的。取消抵押，只在商业中留下标志，有使所有契约当事人犯最大的错误和使一切财产转移变成不可靠的投机交易的危险。一个国家没有货币就不会知道它有什么；在战争时期，它很可能看到它原以为是财富的一切，突然都变成无用的废物；在和平时期，它很可能把本国的整个对外贸易建筑在空虚的数字上，而且也很可能做出看来有利而赔本的出售。现在俄国、奥地利和丹麦的情况，甚至已经明确地给我们指出，以不断变化的纸币作为共同标准的交易，最后会变成什么样子。

人们绝不能用禁止出口的办法把通货封锁在国内；只要不驱逐它，它就会留在国内，只要把它输出而不能兑换，它就会回来；但是，这种通货一旦成为无用之物，就不能再留它了。在各种不同的流通系统中，人们可以使通货时而充满这一流通系统，时而充满另

一流通系统，多余的通货就会立即逃到外面去。另一方面，人们也可以开辟新的流通系统；只要流通系统空着，通货就会立即从外面跑进去填满它。

我们说过，用银行券代替经常装满的钱袋就是充满一个流通系统。政府允许发行一千里弗和五百里弗两种银行券，就表明政府同意这样做。但是，政府只是到此为止，禁止发行任何更小的银行券，禁止使用在流通中分成更小数额的货币。后来，政府准许发行一百法郎的银行券了，这说明政府准许，甚至是迫使流通中没有分为更小数额的所有一百法郎的通货输出国外。最后，政府准许发行五法郎的银行券了，这说明政府准许，甚至是迫使所有的银币输出国外，结果将只能用铜币找补纸币的尾欠了。的确，只要这种小票面票券随便流通，可能没有人表示异议，而且不会发生什么影响；但是，政府不应该允许做这种实验；因为这种流通如果失败了，会使企业家破产；如果成功了，则会使国家遭受损失；此外，如果是在成败两可之间，而且指望从银行借款的有关人的热情来维持一种"半流通"的话，这种实验就会使企业家和这些关系人蒙受损失，最后还迫使政府用一种非常有害的方式来保护信贷。

李嘉图曾这样论述银行：[①]"货币完全由钞票组成时，是最先进的货币，不过这种钞票的价值必须与它所代表的金额的价值相等。用纸代替黄金，等于用耗费很少的代用品代替耗费很大的代用品；这就使国家能够在不使个人蒙受任何损失的情况下用国家

① 法译本第 27 章，第 242 页；英文原本第 25 章。（中译文参阅李嘉图：《政治经济学及赋税原理》，商务印书馆 1962 年版，第 308 页。——译者）

从前用于流通的一切黄金换来原料、器物和粮食，利用这些物资增加国家财富，提高全国人民的享受。”

海军将军安逊到中国旅行的时候，看到了西江沿岸有一些显示中国威力的防御工事，虽然远看这些工事的外表非常威严，实际却是用纸糊的，安装的大炮也是用硬纸板做的。中国人的想法几乎和李嘉图先生一样。**“用纸代铜制造大炮，等于用另外一个十分经济的代用品代替一个非常不经济的代用品；这是使国家并使个人不受任何损失的做法，看来这样做能把从前造大炮所用的全部铜料换来原料、器物和粮食，既增加国家财富又提高全国人民的享受。”**当然这在和平时期，确实很妙，但是一旦发生战争和受到威胁，人们就会看出，犹如银箔不能抵银币使用一样，硬纸板大炮也不能抵铜和青铜制造的大炮用，而且为了这种可笑的节约会牺牲国家的安全。

美利坚合众国也曾经历过这种危险的考验。在独立战争时期，美国的纸币迅速贬值了，它只是在彻底破产而丝毫不差地用实物清偿债券以后才摆脱困境的，因此受了很大损失。今天，美国人对他们的政府完全信任，美国非常迅速地繁荣起来，以致又出现了代替旧银行券的银行钞票；但是，它们所采用的无节制方法具有严重的缺点。花旗银行继续兑换它发行的凭票即付的票据，以便使人丝毫不能把这种票据看成纸币。但是，花旗银行几乎在所有的城市里都设有办事处，而且只是在各州首府清偿银行券，美国人把建立银行和根据每个公民的信任发行银行券的权利看作是美国人的一份自由权。在俄亥俄州的一个仅有一万居民的新兴城市辛辛那提，就有两家以契约保证的银行和一家无契约保证的银行，[①]另外还有一个花旗银行办事处。这四家银行争相发行银行券，而且票面价值非常小，相当于法国七苏、十三苏、二十六苏和五十二苏的票券在那里普遍流通；这些票券使所有的硬币完全绝迹了，仅有西班牙银元——比塞塔还可以偶然见到几块；事实还不止于此，每个人都可以随便把票券剪小到二分之一、四分之一、八分之一。甚至常有这样的事情，只要银行券票面价值的一半够支付一次，[②]就有人把银行券剪成两半。

当银行券票面可以如此缩小，特别是在普通工人日工资为五法郎以上的国家里容许票面如此缩小的时候，就必须使这种票券进入这些最后的流通系统。美国在第一次经济危机时期曾受到这种票券的严重威胁；1812 年又受到这种严重威胁；而且，美国甚至在完全和平和繁荣的时期，失掉了它最为可贵的商业来往的保障。银行家的破产频繁了；由于流通着种类繁多的票券，人们经常有收到没有价值的小票或者由于银行突然倒闭而遭到破产的危险。此外，由于票券只能在原发行地兑现，人们还会因距离票券原发行银行的远近而蒙受百分之十至百分之四十的额外损失。因此，如果使充作其他一切价值的标准完全失掉精确性和稳定性，各种商业和各种财产就会永远处于债券投机状态。这种每日必见的普遍的债券赌博现象，可能就是所有的访美外宾一致谴责美国唯利是图的商业那种贪婪的缺点的重大原因之一。毫无疑问，发行银行券和供应流通的货币比较起来，是一个更为经济的手段；但是，就安

① 有契约保证的银行，如同信托公司一样，银行家们只以他们的投资为抵押，没有契约保证的银行，是以银行家本人及其全部财产为抵押的。

② 费朗的第五次报告，第 253 页。

全、正常和道义而言，这是非常拙劣的手段，一个国家用这种节约方法来损害对它最有重大关系的一切，可以说极其失策了。

此外，法律丝毫不应管理私营银行的原则是完全错误的。这些银行借用的国家货币——公共财产，现在是，而且应该永远是受最高当局的监督的。在大城市里，土地的价格相当高；街道和广场所占地皮都具有很大的价值，人们完全可以把这种价值的损失与国家货币价值的损失同等看待。无论是前一种价格或后一种价值都不产生任何收入。然而，是不是准许人们在大街或者广场下面凿洞建造仓库呢？作为维护国家安全和财产权利的法官难道不应该制止他所显然不能准许的一切类似的凿洞工程吗？在批准这样做以前，不是应该保证绝不能因此而产生任何危险和造成破坏官衙的塌陷吗？货币是商业通行的大道；每一家私人银行用钞票代替硬币的行为，都等于在这条大道下面凿洞。这是以节约用地来危害安全；政府既然不能用其他方法保证官衙免于任何塌陷的危险，就永远也不应该准许这种强占财产的行为。

如果美国银行只办理票据贴现，它们的业务就要非常少了：大家知道，在西方新殖民地的远方票据是不会很多的；可是，它们可以用不同的形式放出自己靠群众信任而获得的资本；而且它们的信用会是由此得到它们的债务人积极的支持；反过来再用如此轻易得到的资本去刺激它们的债务人进行冒险活动，如果要使这些人用自己的资财去冒险，他们就会犹豫。在美国引起大量破产现象的这种不合理的企业经营精神（esprit imprudent d'entreprise）和各种商业过剩之所以能够存在，毫无疑问是由于银行数量的增加和骗人的信贷极易成为实际财产（fortune réelle）。

不仅是美国，甚至英国和欧洲大陆上的普遍经验都证明：只要这些以贷款银行出现的银行用贷款代替实际资本，就是仍然走破产的道路；但是，绝不应该把这些银行和另外一些像意大利的高利贷者和当铺那样用利息借入货币再以货币形式放出利息的银行混为一谈。如果这些银行在把资本从一个富足省份转到一个穷困省份，而从利率的差额上取利，它们就是赢利的企业；如果这些银行的唯一目的是使穷人摆脱高利盘剥，它们就是救济性的银行。从这个角度来看，某些发行票券的银行，例如苏格兰的一些银行，虽然它们像流通银行那样有一些缺点，但它们却可以说是有益的；它们几乎毫无利润，或许在发行票券方面还要亏本；它们只是按百分之六的利率把资本放给苏格兰穷人使用而取得一定的利息，因为在伦敦这些资本的利息仅仅是百分之四；同时，这些银行一方面使没有找到债权人的苏格兰企业家赚了钱；另一方面也使那些在伦敦找不到借款人的伦敦资本家得了利；这些银行的票券的流通只是为了掩饰它们交易的真正目的，并且可能欺骗一切有关的人。这种说法同样适用于北部的某些银行。

但是，谁都知道，约翰·劳所创立的银行制度在 1716 年给法国带来了怎样的灾难。劳起初经营流通银行，他发行凭票即付的票券，而且当时曾宣布他将用他的票券使法国资本增加一倍，以致鼓励了商业、手工业和农业。1789 年印制的第一批纸币[①]在特别银行也是凭票即付的；但确凿的事实却是人们从来没有准备支付

① 这里指法国资产阶级革命政府以国家财产作担保所发行的纸币，于 1789 年至 1797 年间在法国流通。——译者

这种纸币。马利亚—德勒西亚[①]在七年战争期间建立的维也纳银行所发行的票券当时是凭票即付的，人们曾认为该行增加了一千二百万佛罗伦的流动资本；这家银行于1797年不得不请求用命令停止支付现金。在1657年成立的斯德哥尔摩银行，以存款利息百分之四、放款利息百分之六赚得了非常大的利润。可是，在查理十二世死后，第二个银行与第一个银行合并了，在它开始发行票券并向政府和贵族放款以后不久，就不得不要求依靠法律免于支付了。实际上，这家银行仅担负以铜币清偿票券的义务，这种票券就是该王国的通用货币；到了1762年，由于这种货币日益减少，这家银行所必须清偿的货币大约只剩原来保证的百分之九十六了。1736年创办的老哥本哈根银行在1745年停止了支付；1791年成立的新哥本哈根银行在不多几年以后也停止支付了，这两家银行从前都是保证凭票即付的；而且都曾自以为它们财力十分雄厚，企图把它们想象中的资金借给政府和私人，结果它们都破了产，也使国家破产了。并且，在1813年10月，人们需要付出一千八百倍丹麦钞票才能兑换一枚银币的现金。叶卡捷琳娜二世于1768年在俄国建立的银行，当时已经发行了四千万卢布凭票即付铜币的纸币，这家银行很有远见，它没有再发行新纸币，维持了十八个月。可是，1786年这位女皇又创建了贷款银行，这个银行把纸币贷给地主时要求以土地作抵押，贷纸币给房主时要求以房产作抵押；纸币流通的总额达一亿卢布，她不过只准许它发行三千三百万卢布。贷款银行将其中的两千二百万卢布放给了大贵族，结果只是助长了大

①　马利亚—德勒西亚，德国女皇，匈牙利女王（1740—1780年在位）。——译者

贵族的奢侈；将其余一千一百万卢布放给了首都的两个房产企业家。由于这种放款措施不当，国家的工业或财富并没有增加丝毫。但是，这家银行却没有从此停止发行新的纸币。到1810年，它的流通款额已达五亿七千七百万卢布；虽然这家银行在名义上一向以铜币即时支付这些卢布，但由于这种货币的输出和熔化已被禁止，而且减少了很多，作为银行货币的俄国卢布只相当于银卢布的四分之一①了。

尽管这些银行是根据完全自愿的契约而建立的，可是很多银行遭到可怕命运的惊人事例，已经足够使人决定把这些银行完全取消。不过，如果这些银行仅仅量力办理短期商业票据贴现业务，它们是可以给企业家带来非常合法的利润，对商业相当有益的；它们降低了一些利率，并且在调节利率和统一利率上起了更大的作用。如果没有这种银行，它所办理的一切票据贴现很可能被不同的商业公司抢过去；那时候，借款人将不会那样有把握地在需要时就能找到贷款者，特别是在贷款条件方面，将更要由贷款人任意决定了。

但是，银行是为政府服务的机构，它的靠山要比商业的靠山大得多。只有银行能够垫付政府所经常需要的巨款，只有银行能够为各省的税务债券办理贴现，只有银行能够协助签订借款协定以及充当国家及其债权人之间的中介人。从国家方面来看，银行是非常重要的；财政部长很难离开银行的帮助；但是也正因为银行是

① 关于银行史，特别是关于俄国银行史，可参阅H.斯多希先生的一篇卓越论著：《政治经济学讲义》，第6卷，第119—252页。

国家的一个力量，它才能变成一种危险。正因为银行能够大力帮助政府，政府才对它非常袒护。英国的一般政治经济学说，特别是关于货币的学说比任何国家的学说都更全面更先进，但是，皮特先生在1797年却要求停止支付银行券；有一届英国议会对此表示同意，有一届议会宣称：即使银行券兑换黄金时要亏损百分之二十五，它的原有价值也没有减少；从此以后，英国就有二十四年的时间用纸币代替了信用票券。

第九章　论银行券变成纸币的危险

在有全国流通银行的国家里，为了保证一切财产的安全，必须对于银行券变成纸币这种十分危险的过程以及为这种改变进行解释的诡辩进行严肃的研究。在这样的国家中，政府把银行看作是可以任意采掘的露天矿藏；它们按照需要随时发行新银行券。但是不要多久，人们就不再信任这种银行券，而且立即到银行去兑现。政府感到束手，就采取惯常的手段，横不讲理了。它们拒绝立即支付，并且命令全体公民要和接受金属货币一样接受这种变成**纸币**的银行券，规定一切债务人使用这种纸币清偿债务。

一个国家的货币与这个国家的财富以及财富的流通活动有着一定的比例关系。同样的银币一年内可以进行许多不同的交易；但是，在按金钱出售的价值的总额和用以支付这些价值的银币的数额（这个数字是随着银币流通的速度而增多的）之间，却有一种不可缺少的等差。如果各项交易一年的贸易额是五亿法郎，那就要有五亿法郎的货币由买者手里转到卖者手里，同时要有等值的商品或劳动从卖者手里转到买者手里。可是，在第一个数额中，已经用于一项交易的同样银币，还要用到第二项交易上，然后再用到第三项交易上。由于谁也不能把这些银币消费掉，所以每个人收到这些银币随后还使它们脱手；商品的情况就不同了。如果每枚银币一年用于十项交易，那么售得五亿法郎的商品只用五千万法郎的银币就可以买进来。如果每枚银币用到五十项交易上，这同样的数字用一千万法郎支付就够了。[①]

无论如何，人们也不能精确地计算出一个国家所进行的交易次数和全部成交所用的货币量，也不能准确地知道货币的流通如何迅速。对于这几个不同问题的推测意见是非常分歧的，程度的严重也使人感到惊奇，这是我们必须加以警惕的、从所谓数学政治中得出结论的许多例子之一。可是，不管这些数额如何，可以肯

① 为了使人更易于理解，我认为应该把这种等差的说法简化一些。实际上，商品也是为了出售才购进的；可是，一匹毛呢料一年不会转手四次以上，而一枚银币却往往转手一百多次。用交易次数除作为从生产者和消费者之间交易对象的一切出售物品的总值所得的值，和用银币转手次数除在同一期间购买这些物品的银币总值所得的值相等。

票据使这种等差有了一定的改变。凡是以票据购进和支付的商品都绝不应算入这种货币流通的总账中来；因为这是类似用毛呢料交换小麦的直接交换；但是，如果票据是以货币（银行贸易的对象）买进和转让的，票据就起着商品的作用，因此也就应该把它当成商品。我们在其他地方谈过，如果把票据当作货币使用，那么，由于票据有利息，在流通中绝不会像货币那样迅速。

我们常常听到一些对政治经济学一窍不通的人这样说，他们没有看到货币及其支付的商品在十分迅速的流通中出现这种等差；我们甚至还看到他们给这些问题著书立说，并且根据这种谬论制订使全世界繁荣的银行计划。按照他们的说法，在贸易中流通的货币是或者应该是和货币所购买的一切商品的价值相等的。但是，在同一期间，商品只转一道手而一枚银币转十道手的过程是非常明显的事实，只这样一提就够了，无须再作任何证明。

定，它绝不取决于这个国家所有的货币量。这个国家的制成品和所需要的产品都不会因为货币或代表货币的东西十分充足而有所增减。在这样充足的情况下，握有货币的人也不会为了使他们的闲置资金生息而过分急于脱手或过分拖延出手。

不管这个比例如何，它却在政府不加干预和毫不了解的情况下确实建立起来了。即使这个国家用于流通的银币过多，也绝没有理由说存有银币的人愿意把它在钱柜里比平时多存些时间。任何无益的停滞都会使他损失利息；因此，他总要使这些银币流通，而且，在国内找不到有利的用途，总会有人把它输出国外。如果禁止出口，就会有更多的闲置银币留在国内，结果，不是不能使用这些银币的人蒙受严重的损失，就是由于银币跌价而引起走私活动。当禁止出口的措施非常严密、以致完全不能出口的时候，国内流通的全部货币势必跌价，而且要一直跌到不能超过的等差为止，也就是最后跌到用流通次数去除当年出售和支付的货币总量所得的数值为止。

发行纸币并不能使以前国内发行的纸币所进行的买或卖有所增加。但是，如果货币流通的速度仅仅是商品流通速度的十倍，就必须使发行的一千法郎一张的纸币办一万法郎的事情。由于这种情况绝对不会发生，每张一千法郎的纸币就使二百枚五法郎的银币变成废物。于是人们就要以低价使这些银币脱手，这个低价可以从兑换中看出来。英镑在巴黎的牌价所以只是二十四法郎或二十三法郎，就是因为银行券使英国基尼亚[1]变成多余之物，它在伦敦的售价低于巴黎。总会有人计算伦敦的兑换价格和巴黎的金价

① 基尼亚（quinées），英国旧金币名，合今 21 先令。——译者

之间的差额；并且，一旦这个差额除去支付走私费用之外还有余利，就必然引起走私活动，直到把多余的基尼亚完全输出为止。

货币与商品等价的学说，已经由亚当·斯密阐述得非常透彻，似乎再也没有什么可以怀疑的地方；但是，在上世纪末，这种学说却受到一个政府御用的作家、议会议员亨利·苏恩统先生的攻击。苏恩统先生极力证明，银行供给政府巨额资金是明智的行动，议会准许银行停止兑现也是明智的行动，一切能够认真负责的人就是表现了伟大的爱国主义精神，因此，苏恩统先生认为他已经胜利地驳倒了亚当·斯密，他指出了亚当·斯密的很多错误。

苏恩统先生是以一个真正的事实为基础的，这就是货币的流通速度并不经常一样。当信用没有丝毫损失的时候，人们都尽量少存货币，以免损失呆滞资本的利息；一旦信用降低，正如人们所说的，银根吃紧了；人们宁愿损失一定的利息，也要把钱存在柜里，而不愿在债务人到期不还欠款的情况下去冒意外的危险。苏恩统所作的结论是很有道理的：如果商品的流通不变，在商业丧失信用时要比它保有信用时有更多的现金才能使货币相应地流通。我们前面指出的那种等差，恰恰与这个假定完全吻合。

但是，苏恩统又说：因此，在丧失信用的时期，最好发行新的银行券，或者像在1793年那样发行财政部证券（政府债券，差不多就是承认清偿的那种债券），用以代替每一个人从流通中所收去的票券。我不否认这个办法在危机时期能够成功；但是，这种办法的危险性并不因此而减少。

丧失信用有很多原因，后果也十分不同。如果丧失信用仅仅是由于商业呆滞，而突然地接连不断破产已经使人普遍感到恐怖，甚至认为尚在营业的商店也将倒闭，那就会发生银根吃紧，人们都要增加自己的储蓄，以备不时之需；不过，由于和过去比起来没有更多的理由来怀疑政府或银行是否稳定，人们将会不加选择地一起搜求银行券、财政部证券以及银币。如果政府为了支援商业而发行的新票券恰恰能补偿从流通中被提走的票券和货币，新的票券就绝不会使债券加速丧失信用，而且可以把商人从窘迫的危机中拯救出来。

但是，如果对银行或政府失去信用，如果是内乱、外敌入侵使人害怕国家灭亡，如果是因为作了力所不及的事业或因为不合理的法律而引起人们害怕一切权利都将失掉保障，一切契约都将不能履行，以及不能使银行家履行保证的时候，那么，每个人就要针对他所害怕的情况而做一些储备，并且要储备现金而拒绝接受票券；人人都有这样做的权利，因为他在银行存的现金当然是属于他的。在这种情况下，银行必然由于不能借入而完全停止发放贷款；它应该按照人们的要求不折不扣地将它的票券兑现。毫无疑问，票据持有人当中一定有人受些损失；这是一种不可避免的不幸；造成这种不幸的责任不在于银行而在于资本家。因为银行只能放出别人借给它的钱；而资本家或者由于没有足够的款额应付当时的需要，或是由于他认为人们对这些款额所给他提供的安全没有充分保障而不肯再拿出现币。银行在这方面只是起债务人和债权人之间的中介作用；强使银行在它贷款减少的时候向商业放款，等于谁也不肯拿钱而强迫一个经纪人去用金钱兑换纸币。

以前，是银行用票券代替每个商人为意外之需而存在钱柜中的储备的；只要每个商人重新进行这种储备，银行的业务就算停止

了,它的票券也必定回笼。银行只能在它的债权人向它提回银币以前利用存放于银行的银币。债权人重新提取这些银币时,银行的责任非常明确,必须如数交还,而不应考虑从银行借出银币的那些人对银币的需要。

可是,绝对不应该认为,减少或停止银行的贴现会发生和人们的不满相等的不幸。商人的数目即要求贴现的票据的持有人的数目,从来就不太多,以致使人认为在银行减少贴现时他们的痛苦就是国家的灾难;这时候,商人将像人们在许多没有银行的商场所做的那样,彼此接洽商议;如果他们拿出的是需要高价贴现的票券,他们就总会有办法度过必须等待的两三个月;况且,在那里大叫大喊的并不是他们,而是要进行新的投机活动、用经手三分利的手段的人,以及依靠别人资本赚钱而突然遭到别人拒绝的人。无论是在国内或是国外,只要发现借款的门径,只要商业找到新的出路并且有获得巨额利润的机会,市场上就必然需求巨大的资本。穷人和富人一样,都希望从看来有利可图的投机事业中捞一把,如果可能,他们将直接借款进来;如果他们有信用,他们将会更方便地从自己的对方取利,接受他们给自己开发的票据,前一章已经说明了这种办法,而且也指出过,一个资本家对这样的票据办理贴现时,一般说来,等于他方便、稳妥地把他的钱放出去生利。对于一个银行说来,情况就不同了。一个资本家所放出的钱是他自己的,是他愿意出借的,要用来贴现其他长期票据的。银行只能放出非它所有、随时可以被人提回去的钱,这原是与它交往的商人的巨额储备或者是进行流通的钱。对于资本家说来,他把一张一万法郎的票据分十次或一万次支付都没有什么关系;人们把他借出的银币都

换成大苏[①]，也不会损害他的事业。可是，对银行说来，最重要的是来银行借款的人不是为了用银行的票券兑换银币；以及它只对流通于唯一的一个流通系统中的银行券办理贴现。如果人们给银行送来的票据不是从商业中产生的，而是在只有人告借、无人放出的时期所用的借款手段，银行就应该拒收这种票据。

诚然，这种拒收会使借款投资增加困难，促成公债券跌价；更正确地说，这种拒收会使公债券保持在实际价格上——从公债券与人们所提供的资本的比例中产生的价格上。绝不应当把资财卖给无力偿付这种资财的人，而应当卖给愿意以此建立一个永久债权的人。在推销大批公债券的时候，如果银行不缩减它的贴现业务，那么，不仅是银行的一切票券不等几天就会完全回到银行来兑取银币，而且从银行借过银币的人，也会因为意识到三个月以后将无力偿还银行而把他们认购的公债券亏本转卖出去，以致给证券交易所造成新的波动。

虽然英格兰银行停止支付对于我们说来不过是一件外国的事情，但是，对于一个精于财政工作的国家成功地实现了停止支付的诡辩，则必须加以探讨和批判。类似的情况在一切有银行的国家都会出现，并且，在任何国家中，持有应该贴现的票据的人和不愿意亏本的银行家都会和英国的票据持有人及银行家有同样的想法。在法国也出现过类似的情况，银行不顾商界的叫嚣而毅然采取了明智的、诚实的态度；它立即缩减了它的贴现。银行的规定是不收三个月以上的证券；在一个萧条时期，它把这个期限减为四十

① 大苏，价值两苏的铜币。大苏相当于一便士，小苏相当于半便士。——译者

五天；如果丧失信用的情况进一步加剧，还可能减少到三十天、十五天，甚至完全停止贴现；票据持有人可能会因此受到一些困窘，但这是丧失信用的结果，而不是银行停止支付的结果；银行在尚未取得信任的时候，是不能希望人们对它信任的，可是它至少可以很好地履行它的一切保证，这样，在恢复安宁和繁荣以后，它会由于它始终承认本行的票券，甚至在危机最高潮中也证明这种票券一直与其所代表的金钱相等，而得到丰厚的报偿。反之，如果人们不走这条道路；如果在银行信用降低时强迫它继续办理贴现，使它减少准备金，或者给它造成一个可以逃避支付见票即付的票券的期限，那么发行纸币就是不可避免的事了。

但是，即使一个银行履行其支付全部见票即付的票据的义务十分明确，即使股东以其全部财产作抵押或给政府一笔大资本作为这种义务的担保，即使他们在最有利的时期担着风险所获得的利润是合法的，即使他们所请求的停止支付的行为完全等于破产，那么也还是不够的；为了迫使银行履行它们的义务，还必须考虑这些义务是否可以实现。这是正确的，也是使立法当局必须对一切流通银行的建立加以干预的一项重大理由；如果银行家不能保证在必要时把货币收回来，就必须禁止他们把属于公众的货币完全弄走；其次，这也是禁止它们的小额票券流通的一项重大理由，因为这种小额票券会使金币，甚至银币都完全流出国外；最后，这也是禁止建立像在英国那样急剧增加的地方银行的理由。

但是，在人人都要把银行券兑现时，收回金线以清还一家银行的银行券的困难情况，绝不像人们所说的那样严重。我们已经看到，法兰西银行的流通票券的总额超过该行的准备金，但从未超过五千万法郎到六千万法郎;在英国从未超过五千万英镑到六千万英镑。毫无疑问,这两个数字是巨大的;可是,只要拿这两个数字和高达九百万英镑至一千万英镑的美洲贵金属矿的年产量比较一下,与法国和英国的年收入比较一下,或者与这两个国家每年的税收比较一下,再或者与最小的战争使这两个国家支付的对外费用比较一下,人们就会看出,只要在丧失信用时不轻率地发行新的票券,那么要收回一家银行的全部票券并不困难。

如果英格兰银行在 1797 年老老实实地这样经营业务,它就不应当用它的等于空头支票的票券,而应该用它所掌握的一部分国家有息债券购买物品。购买这种债券的人为了付给该行黄金,会向大陆要金块,而且这些金块在他们想用某种东西进行交换以前,会立即转到他们的户头上去,这样一来,谁还能怀疑伦敦商人在欧洲各个不同的商业市场上掌握着超过一千万英镑至一千五百万英镑的款项呢?谁还能怀疑这项款额本身就是不同市场经常欠伦敦商人的呢?

于是,事情就会完全是另一个样子了:伦敦的金价可能会比汉堡、阿姆斯特丹和里斯本高百分之二、百分之三或者甚至百分之五,而实际上黄金在伦敦的价格却低百分之四或百分之五。在英格兰银行停止支付的时候,尽管战争还没有结束,从伦敦向巴黎私运基尼亚的活动就已经非常活跃。如果英格兰银行老老实实地买回黄金来清偿该行的票券,金路易[①]、金拿破仑[②]、西班牙银元——

① 金路易,法国旧金币名。——译者

② 金拿破仑,法国旧金币名。——译者

比塞塔、五法郎银币就会走相反的道路，而从法国转到英国去。采取后一种办法并不会比采取前一种办法更费时间或者更困难，而这家银行只用很短的时间就能把事情办得清清楚楚，英国商人和往他们户头上过货币的大陆商人结账时，也不会更困难。这些商人作为支付垫金的汇票就会在国外市场上有百分之五的跌价；这恰好等于奖励一切英国商品出口的百分之五的一项奖金。这样一来，就会有更多的商品获得售出；银行也恰好可以偿还商人这百分之五的差额。这就是它损失的总额，或者就是银行收回它的全部货币的价格。假设这家银行在其准备金之外还应清偿一千万英镑，它的损失也仅仅是五十万英镑，同它的资本金或者同不久前获得的三百八十万英镑利润比较起来，简直是微乎其微了。

诚然，在危机时期，起初不得不压缩该行的贴现，后来又断然停止该行的贴现，使这种办法的实施有了困难，而且必然使该行不履行它的义务。只要票券不能流通，它最好是用银币或基尼亚来办理贴现，而不用票券。该行这样办理贴现虽然毫无利润，但是用票券办理贴现则肯定会亏本。英格兰银行在决定停止支付以前，为了用四里弗和四镑二先令的价格收回的黄金，而以基尼亚的形式按三里弗十七苏零十德尼埃和半镑的价格放到商业中去，大概很早就亏本了；它的损失很可能大大超过收回全部流通的票券的损失。

银行经理们的艺术主要在于懂得如何判断商业危机。如果这种危机是由于商业破产而产生的，危机不久就会自然停止；如果是由于突然对资本有了新的需求而产生的，银行家就应该注意永不供应这样的新资本，分文不放给那些在流通中抓钱的人，并且只与那些对实际票据而非虚构的票据办理贴现的人进行营业活动；最后，如果这种危机是由于国家政局不稳而产生的，银行家在时局未稳定以前就应该停止一切发行，而且他们这样迅速履行自己的义务，对稳定政局所起的作用，将比任何人都大。

自从本书第一版发行以后，一个新的、比以往任何一次都更为剧烈的危机动摇了英国的银行贸易，使一半以上的地方银行家陷于破产，使所有其他银行家蒙受了巨大的损失，最后，政府终于不得不收回货币，禁止较小的票券流通。但是，在这种英明的措施中，必须同无数的私利、偏见以及比利益更为顽强的习惯势力进行斗争。

在英格兰银行停止支付期间，英国的地方银行无限地增多了。由于纸币到处都是，各郡的人都特别欢迎自己所认识的银行的钞票，而不喜欢英格兰银行的。这些地方银行家通过办理贴现和存款，使所有小商人都乐于要他们的钞票；甚至在英格兰银行恢复支付的时候，他们还在继续营业，而且相当得利。他们的银行券——大部分是一镑的银行券，在消费者、商店主、手工业者之间几乎普遍流通；虽然一英镑大约值二十五法郎，但因为英国物价普遍上涨，英国消费者不像法国人从前对一张五法郎的纸币那样看重一个 pound note[①]。结果，英格兰银行投入流通的票券不过两千万镑，而私营银行发行的票券的总数竟高达八百万镑。

在平时和和平时期，这种完全由纸币形成的流通并没有引起任何埋怨。地方银行掌握着所有小商人、富裕的个人和很多的农

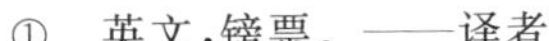

① 英文，镑票。——译者

场主的存款，每当他们需要钱的时候，就支给他们纸币，人人都认为建立这些银行是一个极其便利的创举。并不是说这些银行过分轻率地开立户头不会不助长经常冒险的企业经营精神，不会不使人们认为资本非常富余，以致把商业推向盲目从事投机活动的道路，用国家有息债券进行赌博，最后造成非常痛心的结局，而是作为银行家服务对象的那些人（即令这些人的贪心可能使银行家破产）对此鼓掌称赞；这些银行家虽然由于这些人的盲目信任经常破产，可是立刻就有另外的银行家代替了他们。

但是，当赌徒转卖以过高价格买进的东西的时候，那种在狂情驱使下所进行的国家有息债券的赌博和美洲的矿业股票的赌博，使他们马上就破产了。赌徒们只是在耗尽了银行的贷款以后才宣告失败的；所以，投机活动的每次破产都会使某个银行亏本，同时也使市场上需要的金钱增多，使依赖银行家支持的程度加深。但是某些银行家彻底失败了。于是，产生了普遍的恐慌，人人都要把他的票券换成黄金，人人都想提回自己的黄金，实际上黄金原是属于他的，因为，我们已经谈过，黄金属于银行券持有人所有，不过是存放在银行里罢了。

但是，被提回的全部黄金都流到王国以外去了，而且不可能使它马上回来。银行家们以最大的牺牲尽力应付公众的需求，他们变卖自己所掌握的英国或外国的有息债券，推销各公司疯狂增加的所有股票，这样一来，就使在投机竞争中飞涨的证券猛烈跌价——跌到应值的价格以下。巨大的款额都被首都银行和地方银行在这个时机弄得没有了；这些银行的经理们，甚至也常有他们的朋友们竟以亏本百分之二十到百分之二十五的办法拼命供应当时的需要，搜罗足以应付当时支付的货币。但是，不应该只以破产的银行家数字来判断灾难的大小；坚持抗灾的人大都与失败的人同样受到了损失；只不过是有些人已经一贫如洗，另一些人尚有余物而已。

但是，社会的各阶层都同时受到打击；困窘、损失、恐怖，使人们犹如陷入最严重的政治变乱之中。国内最富之家约有七百户落到穷困的境地，穷人用地方银行券积下的全部积蓄都成为泡影，富人存在柜里供日常需用的全部钱财也同时不翼而飞了；并且，绝大部分厂主因为没有支付工资的货币，都停止了营业。在这种灾难之下，突然化为乌有的国家资本如果只损失千、八百万镑已经是次要的事情了。

毫无疑问，银行的创办可以大大节约，并且使国家的生产资本随着银行所发行的全部通货而增加一份价值。但是，节约和提高生产的好处是什么呢？财富是社会的目的还是达到社会目的的手段呢？如果财富只是一个手段，而且应该完全用于谋求福利，那么，社会除了用财富谋求所有人们的安全、一切财产的稳定以外，还能用它做什么更有利的事呢？国家的硬币是国家一切支出之中最有用的东西，是国家的一切贵重物品之中最为理想的东西。有人说，货币什么也不能生产；但是，难道稳定和安全都什么也不是吗？货币的确什么都不生产，可是，英国人在伦敦市内建立的那些大公园也是毫不生产的，而且还占据着能生产几乎等于伦敦全部流通货币那么多的价值的土地；然而居民却认为：清新的空气、散步场、眼睛的享受也都是产品，而且这种使人获得健康和娱乐的财富绝不是无益的。

把财富的增长当作社会的目的，那总是为了手段而牺牲目的。人们生产的增多了，却付出了更多的人命和更严重的灾难的代价；土地里收了较多的小麦，却失去了在那里愉快生活并要保卫自己的农民；工厂生产出了优质纺织品，可是从事这种生产的工人却穿着最粗糙的布料；利用银行券代替全部金银使工业发展了，可是晚上睡下时还是百万富翁，一觉醒来就会毫无缘由地变得一无所有。如果有人要这样谈国民经济，他一定是认为人类组成社会不是为保障自己的幸福，而是为了用低廉的价格生产金属扣或者棉布的。

第十章　论纸币

纸币和银行券的基本区别是：前者是强制流通，而后者是自愿流通的。政府发行的各种分期支付的证券，无论有息或无息，例如英国的财政部证券和法国的清偿证券，虽然在任何地方都不是立即支付的，也绝不是纸币，因为每个人都是自愿接受它，人们把它的价格当作某种债权；这种证券也不像货币流通得那样快，而且绝不会和货币竞争，因为人们可以直接拿这种证券去交换动产或不动产，犹如用小麦去换毛呢，用房屋去换租金一样。但是，这种证券绝不会有我们在用流通速度除全部货币所得之商，与货币所购买的、用流通速度除一切商品所得之商之间那样大的等差，而这个等差决定着一个国家所必需的货币的价值。

另一方面，一切强制流通的钞票，即令是立即支付的钞票，应该一律视为纸币，因为，自从强制人们接受这种纱票、并以法律宣布它和银价相等以后，这种支付显然毫无意义了。事实上，俄国和瑞典的银行对各该国的纸币仍然是以铜币立即支付的。归根结底，铜币只不过是另外一种协定通用的货币，到了国外，它的价值绝不会比纸币的价值更实际些。况且这种铜币还是禁止熔化或输出的，因此，用铜币兑换纸币并没有任何实际价值。

同样，奥地利及其他国家流通的、时价高于内在价值的铜币或铜质货币，同样被看作是纸币的辅币。这样的货币只是一种标志，它的全部价值都是由强制人们接受它的法律而来的。我们的关于纸币的一切理论，都同样适用于这种货币。

每发行一次新的纸币，就会使等量的货币成为多余的东西，甚至使这些多余的货币完全流出国外。如果政府适可而止，还可以维持纸币的流通。在这种情况下，危险要比痛苦大，英国就曾有二十四年处于这种情况。英国自己发行了一种纸币；如果人们考虑一下它冒这样大危险所取得的利润是多么微小，就会奇怪为什么英国竟做出这样错误的事情；英国由于无法使票券超过流通所能吸收的数量，它已经从流通量过大所造成的危险方面得到了相当的教训。①

其他国家的政府没有这样谨慎，或者说它们与更困难的处境作过斗争。没有一个政府不是为了一时需要而牺牲未来的安全和放弃它对属民所应主持的正义的；没有一个政府不使本国的钞票超过货币的名义价格两倍、三倍甚至往往十倍、二十倍的。除了我们在论银行时所提到的那些国家，人们还看到西班牙那种叫做

① 本书出版时，英格兰银行对它的即付票据是始终不支付的。议会命令该行恢复支付的决议，从1819年2月起就开始讨论，两年以后才生效。直到现在，几乎全部流通还都是以纸币进行的。

vales reales[①] 的纸币，1805 年，这种纸币的流通量达一亿两千万比塞塔，其中有百分之五十八已经遗失。在 1819 年，由于这种纸币的遗失率达到百分之八十八，它的流通量至少应为两亿八千万比塞塔。撒丁国、教皇国、那波利国，也都发行过本国的纸币，革命以后，它们才摆脱了由此造成的困难。

不管发行纸币的办法怎样不受欢迎，人们却永远不能保证政府不这样做，因为这种办法诱惑力很大，在人们起初毫不理会因而也就无从拒绝的情况下，政府已经从他们身上征得了一份税。当国内没有可出口的货币时，发行新纸币就是向拥有纸币的人们征税。假定某个国家的流通量是五千万法郎，而该国政府另外又发行了两千五百万法郎，那么，这七千五百万法郎和那五千万法郎的价值恰好相等。所有存这种纸币的人，实际都损失了票面价值的三分之一，也就是被政府剥夺走了三分之一；但是，由于市场上的价格不会立即稳定，这些纸币还必须经过一些时间一道手一道手地转移出去，毫无疑问，这些纸币是要继续贬值的，但不会跌到它的实际价值的水平；因此，受到损失的人都不能立即意识到从他手里夺走的一切骗局可以维持一些时间；雇佣作家和自充明公的人尽力维持这种骗局；这种损失是由于投机和缺乏信任造成的，但是另一方面，由于盲目的信任，人们一直以高于纸币所值的价值来接受它；在这些纸币贬值的过程中，不等它达到第一次发行时所规定的价值，就往往又有第二次、紧接着是第三次发行，使这些票子的实价进一步降低。

① 西班牙文，意思是“实票”。——译者

但是，纸币这样流通无异于制造普遍的破产，人们可以看到，各地纸币与白银或与商品之间的比例每天都在下跌；纸币持有人认为充作标志的纸币所代表的价值毫无抵押的意义，又害怕把它存在手里再受新的损失，就急于使它脱手。每个人自己受损失，同时也使别人受损失；由于价值的共同标准没有了，在市场上也就无法辨别赔赚了，甚至往往在卖出时很有利，最后还是赔了账。这时候，铸好的硬币消失了，商品只是单方面输往国外，换不回东西来，本应创造巨大财富的办法所产生的却是破产和混乱。

法国的流通资本有两次几乎全部被纸币毁掉了，第一次毁于约翰·劳所创办的银行，第二次毁于纸币[①]。当纸币贬值时，人们卖出东西以后再想买回来，总得多花很多钱，因此，人们交换一次受一次损失；多少世纪积累的一切产业，接二连三地受这种打击，最后终于化为乌有。于是，每个人都要想方设法使具有实际价值的东西避免一再跌价。我们曾经看到，到第二阶段，可以出售的一切，都是在贸易中从来没见过的东西，它们也都变成出口的对象了。各种各样的商人的，甚至还包括书籍商人的仓库里的货底都被搬出来了；旧家具也要被输出国外。商业呈现一种虚假的繁荣。全国人民卖出了无数东西，而收到的钱却是毫无价值的纸币；最后他们会发现，所有的物质财富完全变成了四百五十五亿七千九百万法郎的纸币，到1796年9月7日取消这种纸币的时候，一百法郎纸币只值三苏六德尼埃。

奥地利纸币的跌价也引起过同样性质的出口，这种出口给工

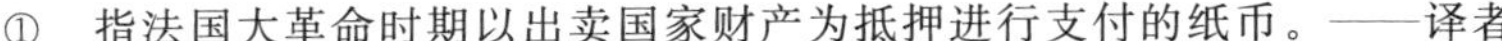

① 指法国大革命时期以出卖国家财产为抵押进行支付的纸币。——译者

厂带来了虚假的繁荣，看来这个帝国好像获得了一切经济利益，实际是由于管理不善失掉了一切经济利益，这种出口成了阻碍它向前发展的主要障碍。俄国商人在贸易中发生的错误，也使他们亏本出售，斯多希先生利用一份十分惊人的圣彼得堡出口商品表指出，纸币的名义价格从1803年到1811年增长一倍，商人在第二年实际上几乎以降低三分之一的价格出售了所有的商品，换句话说，他们是亏本出售的。

英国政府坚持停止支付银行券，从而把国家置于纸币的危险影响之下，似乎确实有一种秘密理由，就是说，它企图以此激起大量的，而要使全国付出牺牲的出口，如果它公开向议会提出要求，议会是很可能不同意的。银行券的强制流通始终使英国的兑换保持在平价以下。这等于给所有外国买者从英国提取商品时的减价优待——减价百分之二或百分之五。毫无疑问，这种减价提高了他们的需求，可是，这完全是一种奖励性质，因为这是国家为使本国商人赚钱或继续出售[①]所作的一种牺牲。

当一个国家不幸陷入纸币制度的泥坑时，不经过巨大的努力是不能拔出脚来的，因为任何姑息只能延长灾难和加深灾难。纸币是一定要贬值的；货币几乎马上就要从各方面跑来填补纸币在流通中所留下的空隙。同时，政府必须尽力弥补它所做的，以及它

---

① 毫无疑问，还有另外一个对银行经理们影响更大的理由；但是，由于这个理由是完全属于个人方面的，就不大可能是出于英国政府的本心。在自己的金库中不存准备金的银行已经从这个准备金的全部利息中增加了自己的利润，同时也提高了它的股息。我们谈过，这笔准备金经常是六百万英镑，因此，停止现金支付，股东们每年就可以赚三十万英镑。

使别人做出的非常多的不合理的事情。纸币变成了国债;这种债务同其他一切私人财产一样神圣。在国家需要时,它却可以独占。非常明显,除了英国,任何其他政府也不能偿还这笔债务,因为英国发行的纸币并未超出适当的限度,而且英国无须付出多大用费就可以使银行恢复支付能力;但是,它在任何地方都承担得起这种债务,并且保证支付利息。不进行这种支付,是政府在公众信用方面的一种欺骗。可是,无论这种违反保证和破坏国家名誉的行为给社会带来怎样的危害,让日益跌价的纸币继续流通总是一个更大的不幸。法国通过 1796 年 9 月 7 日取消纸币的措施,使它又从它所经历的骚乱中迅速地站起来了。但是,在纸币流通期间,家家户户都尝到了痛苦,一切财产都蒙受了损失。

政府的第二种义务就是按照跌价的比例调整用这种骗人的钱币欠下的债务的价值。法律几乎一直准许用纸币清偿用白银欠下的债务,也就是说法律一直支持使一切私人违约的做法,支持一切骗人的支付——在流通中以名义价值代替实际价值的必然结果——的做法。但是,强迫人以实际价值清偿以名义价值欠下的债务,可能是人力所不及的。可以强制债权人受损失,却不能强制债务人没钱还债。假使这样做了,这种不合理行为就变得与第一个办法同样不合理,而且使社会蒙受的损失可能更大。英国经受过 1813 年对大陆和平的最初打击。那时英国人还没有正式的纸币;由于黄金出售和出口是被禁止的,人民群众完全没有估计到纸币会跌价,而且在任何地方都没有这样考虑过。他们一直把这种纸币看成一种价值不变的票券,丝毫没有注意外汇的跌价,他们只觉得一切物价都贵了。当时的一切定期契约都是按实物价格的增涨而签订的。从前只付一百英镑的地租，农场主却答应给一百二十五英镑，其他一切契约当事人也都是这样。（英格兰）银行的票券的发行量，绝没有超过流通的需要，当和平恢复了人们的信用以后，特别是当和平使英国停止向大陆支付巨额补助金以后，（英格兰）银行的票券几乎立即回升到平价的水平。这种涨价既然绝不是取消纸币的结果，改变以另一种价值欠下的债务时也没有法律干涉。没有公布任何减价的标准。答应缴付一百二十五纸英镑（值一百银英镑）的人必须拿出值一百二十三镑或一百二十四镑白银的一百二十五纸英镑。对于这样明显的不法行为却不能进行任何合法的控诉，甚至受到这种不法行为危害的人对它都没有清楚的了解。但是，没有任何力量能够迫使往往没有资本的实业家拿出一笔资本来。只需两三年的时间，所有农场主就都被迫宣告破产，而且几乎是所有地主都不得下降低地租。在此期间，农业受到了早就应该使它恢复的骚乱。因为一个国家把衡量一切价值的标准弄得摇摆不定以后，对国家财产有多大危害，在用纸币代替现银时所不可避免的货币价值的波动也就有多大危害，而且，无论纸币的时价是表示有利或亏本，情况都是如此。

第六篇 论赋税

第一章 谁应该纳税

国民经济学的最初目的是为了增进国民财富;但是,各国政府注意研究这门科学的目的则在于分享国民财富和掌握大部分国家年收入。各国政府日益增长的需要和庞大的军费,迫使国君向所属百姓征收他们所能承担的最重的赋税。赋税本身一直是一种令人起反感的东西,现在简直变成使人不能忍受的重担了。今天,政府在赋税方面的整个任务已经谈不到如何使赋税不增加人们的痛苦进而嘉惠于人的问题,只要能使它尽少地造成不幸就算很好了。

魁奈医生派的经济学家只把土地的纯收入看作财富的唯一源泉,他们也认为实行单一税制有利。他们很有理由地指出,政府应该直接向最后纳税的人征收;因为,如果这种税是征自一个公民,他纳税以后,就要从第二个公民手里得到补偿,第二个人又要从第三个人方面得到补偿,这就不只是引起一个人的反感,而是同时引起三个人的反感,并且第三个人越是必须为前两个人补偿他们所垫付的利息,他的反感越深。经济学家根据同样的理由把从土地收入中征收的赋税称为 impôt direct(直接税);把其他一切赋税称为 impôt indirect(间接税),因为这种税完全是间接从应该最后纳税的人手里征来的。他们的这种学说已经过时;他们的定义已经没有人承认;但是,他们所采取的名词今天仍然普遍应用。

我们非常了解,劳动是财富的唯一源泉,但是,劳动所生产的收入并不是由一个公民阶级所独享,而是要分配给全国所有的阶级。收入有各种不同的形式;赋税也应当随之而分门别类。公民应该把赋税看成是自己对政府保护他们人身和财产所付的报酬,使每个人按照他从社会所获得的福利,和社会为他所付出的费用纳税,是合理的事情。

社会事业费绝大部分都是为保护富人反对穷人而支出的;因为,如果听任双方量力行动,富人将会立时遭到抢夺。所以,为了维持这个有利于富人的社会秩序,不仅要他们按照他们的财产比例纳税是应该的,即使超过这个比例也是应该的。从另一方面说,赋税征自富裕的财富较之征自穷人生活所必需的财富也更为合理。但是,穷人也享受着社会组织的保护。他所有的一份财产,或者他以劳动果实所获得的某项收入,也是在政府保护下享用的。他纳税是对他的自由的一种保证。他是为维持政治秩序而负担纳税的义务的,他用于纳税的东西,正是他在法律保护下所获得的享受的合理价值。

公共工程费、国防费和司法费,绝大部分都是以土地财产,而不是以动产为主要对象;因此,要土地所有人相应地比其他人多纳税也是合理的。但是,穷人固然从社会组织中分享了某些福利,而有钱的人——资本家、商人和厂主当然要比穷人所享受的福利多得多。我们不妨这样说,穷人嫉妒这些人要比嫉妒地主更甚,这些人的财富可能因一时变乱而立即毁灭。这些人为了使这笔财富生利，他们本人、他们的代理人或债务人，都要与他们所雇用的穷人进行争夺；他们有时把非常苛刻甚至往往极不合理的条件强加在穷人身上。但是，要达到这个目的，单凭他们自己的力量是不行的，他们必须依靠社会力量；如果一向以维护既定社会秩序为己任的政府不考虑双方的权利，不经常大力支持富人反对穷人，那么，富人就无法维持他们赖以直接或间接取得一切收入的行业。地主必须按照超过他们收入的比例纳税，以补偿为他们直接支付的费用；资本家也应该按照超过他们收入的比例向政府纳税，因为没有政府他们就不能存在。

人人应该按照收入纳税，以维持社会秩序这个赋税的一般法则，经过这样稍加修改以后，人们就可以接受了。财富种类很多，其中只有收入是应该纳税的；因为政府要利用征收的税款支付非生产性的费用；如果政府的一切支出不是从它所重新产生的而且专门用于消费的资金中取得的，那就是浪费这些税款，也就是说，它将使整个社会陷于贫困。政府所取得的那部分财富，毫无疑问，对于这个人是收入，而对另一个人则是资本，因为我们谈过，财富有两种不断彼此交替的变化；但是税款必须从把财富看作是收入的人那里取得，而不是从把它看作资本的人那里取得，以便使前者由于支出一部分收入而同样能够节约其他部分，不致损失用于再生产的资金。

赋税是满足国家岁出用的；对于每个纳税人来说，纳税就是分担他个人以及和他属于同一社会组织的人所付出的共同费用。从本质上说，这种费用和其他费用并没有很大区别。财富的目的永远是为了享受；如果说一个人的资本是应该用于生产新的财富，而他的收入是用于或者应该用于消费和满足他的享受的，那么，每个纳税人用税款所买到的就是享受了。因为，公共秩序、正义、人身和财产的保障，是享受；使人得到便利的道路、广阔的散步场、适于健康的饮水的公共工程，是享受；公共教育，无论是儿童教育或者使成年人获得文化生活的教育，也是享受；最后，国防也是一种享受，而且只有得到这种享受以后，其他一切享受才能完全得到，因为国防是社会组织给予每个人的利益的保证。

因此，虽然纳税是一种损失，但是这和用钱购买所需要或所希望得到的东西也是一种损失一样，如果这种东西使我们得到的享受超过我们因付出一件东西而失去的享受，这也就是一种利益。只要社会组织是良好的，事情就一定应该这样，因为群策群力追求一个共同目的，无论如何要比个人分别追求节省得多。每个纳税人用自己的税款从道路、运河、公用水井、人身保障和公共教育中所得到的享受，远比他自己用钱直接获得的这一切多。如果从他身上所征收的、用于满足社会享受的赋税，实际上也用在社会享受上，而没有满足统治者的私欲或者逞一时之快，而且应该享受的人能够用自己的收入来购得这些享受的话，那么，从他手中所取走的税款就可以说支配得正当。对很多公民说来，一辆马车也可以说是一种很大的享受。但是，如果他的收入不够买一辆马车，他就不能得到这种享受；假使他一定用自己的资本去购买马车，那无异于堵塞他将来一切享受的源泉。同样，一座富丽的剧场对全国每个公民来说，也可能是一种最大的享受，但是，如果为了购得这种享受，他们必须破坏资本，为了获得眼前的享受必须放弃将来的生活时，他们也就必须放弃这种享受。

每个人的享受应永远以他的收入为标准；同样，税收对于每个人所提供的公共享受也应该永远和全民的收入相适应。

第二章　赋税怎样触及收入

赋税必须从收入中并且按照收入的比例征收这个原则是绝对没有人反对的；但是，即使承认这个原则，要确定能够纳税的收入有多少以及用什么方式才能使这种收入按照累进率征到，仍然有困难。

我们在第二篇中谈过，收入是增长出来的财富，是土地和人类劳动的产物，这部分财富可以用于消费而不用于再生产，这样用并不减少财富原有的资本；我们也谈过，如果土地不适于耕种，或者积累起来的各种产品不能随着消费用相等的产品来代替，或者最后，自食其力的人以及他们的继承者不能再开始劳动或者不再能完成同样的工作，消费就会超过收入，同时也会破坏资本。

所以，必须用一部分年产品使土地经常保持同样的肥力，用另一部分年产品替换人的劳动所积累的资金，使它保持同样的比例；用第三部分年产品维持全国一切参加劳动的人的生活，使他们保持同样程度的力量；如果年产品不分别用在这些方面，国家就会很快地陷于贫困、破产甚至灭亡。

因此，最重要的是不应该把年产品和收入混淆起来。不要浪费总产品中应该用于保持土地肥力的那一部分，也不应对这一部分征税；不要对用于代替固定资本和流动资本的年产品征税，因为一切劳动离开固定资本或流动资本就不能完成；也不应该对参加劳动的人用于维持生活的年收入征税。但是，怎样才能区别这些不同的部分呢？

人们不是只把地租——农业的纯产品，和金钱的利息——资本的纯产品看作收入吗？那么，可以征税的对象就太少了，这等于豁免了人数最多的、其享受获得国家保障的各个阶级向国家纳税的义务。农场主和地主，商人和资本家，都同样是政府法律保护的对象，同样是政府施惠行为的对象。工人本身也有权利从国家组织中要求一份（享受）；国家所维护的正义和所保护的国家荣誉，以及改进国家卫生状况，使所有居民获得幸福或快乐的公共工程，对他和对其他公民一样，人人都同样享受一份。

劳动是公共财富的源泉；劳动产生收入，这种每年增加的财富，并不仅限于以地租转入土地所有者和以利息转入资本所有者手里的部分。农场主的收入或者说农场主经营土地所得的利润，也能够和土地主人（农场主所种土地的地主）的利润一样高；商人的利润一般都比借给他资金的资本家所得的利润更多；甚至有很多工人的工资，特别是有特殊技能并且从事像美术、学术方面较高级职业的工人的工资，足能使他们过十分富裕的生活。既然社会中这些不同的成员都不拒绝为自己的奢华享受花钱，他们又怎么能为享受中的第一种享受——秩序、正义和安全而拒绝纳税呢？

不错，在很多国家里，工人阶级的工资仅能勉强维持生活；政论家把一切从工人阶级的工资中扣除的部分都看成是利润，他们认为富人的纯收入是社会的唯一目的，同时，在这样的政论家眼里，工人只是生产财富的工具，一旦不需要他们的时候也同样可以取消他们。在这样令人伤心的社会组织中，人们只以少花钱而又能维持生活的标准来计算粮食，每天所需要的劳动只以体力不完全被消灭为限；在这样的国家里，当然会发生这样不合理的事情：向得不到任何享受的穷苦的工人要钱来维持对他们毫无保证的秩序和正义，维持他们所不关心的国家荣誉。但是这并不是说，国库不应该从穷人的收入征税，而是说把穷人的地位贬低到使他的收入不能超过他的生活所需的这种剥夺不合理。

进一步说，公民并不是根据收入来源而被分成穷和富的。虽然很多穷人家庭的工资收入仅能勉强维持生活，但是也有不少穷困地主家庭的地租收入和资本家家庭的利息收入并不比工人用劳力所得的收入多。如果对前者完全豁免赋税，那么后者的赋税将会特别沉重。赋税一旦接触到纯产品，势必同时减少生活所需和工业生产；使土地所有者和资本家死于饥饿，与使受雇阶级死于饥饿同样不合理，同样残酷。

每年增加的国民财富，凡属于不进行再生产的可消费部分应一律征税；增加的国民财富可以完全用于消费，一切消费都应该按一定的比例增加整个的享受。国民收入是通过四个阶级共同的行动产生的，这四个阶级是：主人，资本家，所有通过某一行业使资本生利的人，短工。国民收入要以地租、利息、利润和工资等各种不同的名目在这四个阶级中间分配；国民收入在任何地方都应该用来购买享受，在任何地方都应该提高公共秩序中的共同享受；在任何地方都应该按照它所提供的享受征税；如果赋税接触到生活需要，以致使纳税人无法生活时，则应对这部分收入免税。

根据人道的原则，应该说最重要的是永远不能使赋税触及纳税人生活所需的收入，因为，如果社会组织这样剥夺了纳税人的一部分生活所需，使他挨饿，还要向他侈谈什么社会组织中的享受，那就极其荒谬了。同样必须指出，每种收入中，总有一部分应该留下来，不能动用，如果税务机关一定要触动这部分收入，必将破坏可征税的部分本身，这等于剥夺走将来的收入。

只有这部分必不可少的、不能动用的收入能使财富获得价值，应该由所有人保留它，使它生利，使它具有再生产的功能。这部分收入和任何种类的收入都绝对不同；税务机关对此滥用职权行为所产生的恶劣影响也不同于其他。

土地的纯收入是一切收入中需要它的主人费心费事最少就能产生的收入，也是政府认为最不必惋惜的收入。的确，不管地主受到怎样蹂躏，他们既不能把土地运到别的国家去，也不能把土地毁掉，但是，压迫地主只能产生一个结果，那就是他们停止改良他们的土地。任何其他公民阶级也不像地主这样完全受税务机关的支配。所以，亚洲一些专制政府把土地所有权完全收归国有，剥夺了地主的全部土地。就是在我们欧洲，也有很多地区赋税已经相当沉重，严格说来，土地的主人简直成了税务机关的佃户。

最专制的政府也不能这样对待资本家的纯收入。资本家随时可以使他们的财产逃避苛刻的捐税，税务机关即使获得了原来没有掌握的、能了解他们收入的种种便利条件，可是为了不使他们的财富外逃，仍然要规定永远不能对他们征重税。

商人、工厂主、农场主、一切用资本营利的人，对于土地都比资本家有更强烈的感情；至少后两个阶级是很难离开故土的；反过来说，他们的利润却是他们劳动的唯一报酬，如果税务机关从商业、工业和农业方面都能征到相当多的一部分利润，以致使其余部分只能补偿这些行业的冒险，生产就会由下降而很快地完全停顿。在查理五世及其继任人的大臣们执政时代，我们就见过由于生产而繁荣的地区没有人生产、闲散怠惰又成风气的现象。那么，当一个人不能用他的劳动增加他的享受，而只能失去他仅有的财富的时候，他仍然坚持劳动又有什么用呢？

但是，如果说有一部分国民收入是税务机关只能十分谨慎地触动、以免破坏用于再生产的不可缺少的那部分的话，这部分收入当然就是工资了，也就是所有靠劳动维持生活的人的收入。这部分收入应该由工人消费，而且只是为了维护他们的生存，实际上他们是国家的活资本。

为了能够继续生产，为了使对于工人是收入、对于支付工资的人是资本的工资能够使后者获得所期待的收益，并且使他们逐年维持社会的发展，工资中必须有一部分用于维持领取工资的人的生活、精力和健康，触动这一部分工资的政府是不幸的，它牺牲一切(il sacrifie tout ensemble)——既牺牲人又牺牲未来财富的希望。

这一区别使我们可以了解，那些尽量降低工人阶级的工资来增加厂主、商人、私有者的纯收入的政府，实行了多么错误的政策。税务机关并不是只要求分享后三个阶级的纯收入；而是要求所有公民都按收入的比例牺牲一部分享受(de ses jouissances)，以便保证社会秩序、正义和维护国家荣誉的享受；但是，对于得不到任何享受的人又能要求什么呢？如果国家的一切生产都是用机器或者是利用变得和机器一样的人来进行的，那么，到什么地方去找以前从一个国民阶级的收入中所征收的、供消费用的那份巨大的税收呢？

这样区别还远不能使人真正了解哪些项目是可以征税的东西，尤其不能使人获得对这些项目征税的手段。不过，根据上述情况，不妨规定简单几条规则，以供选择各种征税方式时参考。

第一，一切赋税必须以收入而不以资本为对象。对前者征税，国家只是支出个人所应支出的东西；对后者征税，就是毁灭应该用于维持个人和国家生存的财富。

第二，制定赋税标准时，不应该对每年的总产品和收入混淆不分；因为每年的总产品除了年收入还包括全部流动资本；必须保留这部分产品，以维持或增加各种固定资本、一切积累起来的产品，保证或提高所有生产工人的生活。

第三，赋税是公民换得享受的代价，所以不应该向得不到任何享受的人征税；就是说，永远不能对纳税人维持生活所必需的那部分收入征税。

第四，绝不应该因征税而使应纳税的财富逃出国外，因此，规定赋税时对于最容易逃税的财富应该特别缜密考虑。赋税绝不应该触及保持这项财富所必需的那部分收入。

第三章　论与收入相应的单一税制

努力把一切工序变为最简单的公式，普遍实行自己的规定，用简单方法完成最复杂方法所完成的一切，是人类的一种天性。这种企图简化一切、整理一切、概括一切的天性，无疑是很多科学最重要的进步的原因。但是，不应该不加考虑地单纯寻求这种方式；

这样的天性与其说是我们之长，不如说是我们之短。而且自然界的抽象事物往往比我们思想中的抽象事物少。

因此，在人们企图实行单一税制的时候，给社会带来的痛苦几乎永远多于慰藉。毫无疑问，简化税务机关与纳税人之间的关系是有利的事情；毫无疑问，取消可以随意更改的轻率规定，定出恒久不变的规则，是值得向往的事情；毫无疑问，为了供应国家支出，按照收入的比例缴纳一种单一的、人人相等而又与收入相适应的赋税，似乎比财政艺术所发明的多种赋税更合理，更简便。但是，前面所提出的赋税法则，都不能适用单一税制；我们认为应该保护的大部分收入，都不会得到单一税制的保护。如果我们不愿意使某种规定所涉及的人起反感的话，这种规定越是严格，也就越应该坚持；单一税制即使能够实行，比起多种赋税来，也是害多利少的，因为多种赋税是适应各种不同的财富的。

我们说的是**即使**单一税制**能够实行**，是的，我们的第一个怀疑就是能不能知道利用一项法律规定，或一项按比例的税率就可以触及每项收入。为了实行单一税制，是应该在公民得到这项收入，从它一产生就对个人的收入征税呢，还是在个人支出这项收入把它变成消费时对它征税呢？这两种方法可以说是一而二、二而一的，因为，支出是收入的最精确的标准；假使有几个吝啬鬼消费得少些，有几个浪费之徒花费得比收入多些，对于整个社会来说，似乎是微不足道的差额。但是，如果像我所想的那样，这两种方法同样不能适用，那就只有采用过去实行过的，按照每种财富的性质征税，用各种不同的税补偿每种财富的不同的差别。

第一种方法是在收入一产生就对它征税。这是本章所要讨论的唯一方式。以下两章将讨论关于某些收入的个别来源的赋税，然后，在第六章再谈关于支出或消费的一般赋税，到那时候就会看出：仅仅采用这一种方法，也同样不是不合理，就是行不通。

假定在私人支出和公共支出的比例中，使公民用自己收入的十分之九满足自己的享受，用十分之一完成纳税的义务，以维持公共秩序所给予他的享受；那么，不论在社会中怎样产生的收入，都应向税务机关缴纳十分之一。但是，财富的种类不同，如何能够触及并征到这十分之一呢？

我们已经谈过，第一种收入是土地所有者的收入。造成困难的并不是这种收入，至少在出租式的经营中是这样；它和资本、每年的垫支以及一切其他部分财富有着明显的区别，而产生这第一种收入的契约，也往往是不难了解的；即使有人把这种契约隐藏起来，土地本身是逃不过人们的眼睛的；的确，各国政府是很少注意保护土地所有者的；几乎一切土地所有者的收入都是从它们一产生就被瓜分了，几乎每一个人所纳的税都超过我们所假定的要向他们征收十分之一的比例。

固定资本、机器以及各种工厂所产生的收入，和上述收入十分相似，尽管用作补偿被消费的原始资本的部分在这里和收入混在一起，要对它征税也没有多大困难。这项资本的所有者要比土地所有者更容易遭受当局无理对待；如果使这项资本的所有者过于难堪，将对国家有很大的危害，因为这样等于阻碍财富的再生产；不过，他们并不是很难触及到的。

一旦涉及流动资本所产生的收入，困难就大多了。正如前面谈过的，流动资本所产生的收入分为两部分：一部分称为利息，应转入投资人之手；另一部分称为利润，要留给利用资本的人——工程的包工企业主、农场主、工厂主、商人等等。税务机关要区分这些收入，必须首先了解它们属于什么人；然后才能迫使获得这些收入的人让出相应的一部分。

利息是一个固定量，几乎在所有的类似交易中经常是相等的，这个固定量并不受任何事态变化的影响，把它与地租相比较，似乎还应该是一个很好的征税的项目。但是，资本过户是一种秘密交易，国家当局几乎没有任何办法来发现它，如果当局不采取严密的措施，甚至根本找不到它；只要当局对它征税，秘密契约、欺骗和各种诈术就一定会增多起来，人们一定会用这些手段来逃税，家庭和睦和财产安全也会因此遭到破坏；如果当局追究这项资本，就一定会使一大部分资本流出国外。

资本的利润是一种更容易逃脱的财富。同一企业、同一商店，去年获得利润，今年可能亏损。但是，如果商人把他的全部利润完全看成收入，在赚钱年份不增加任何资本，在营业亏损年份却抽资本去弥补损失，他不久就会破产。他的真正收入是营业得利和亏损年份之间的平均收入；但是，这种平均收入连商人自己也无法知道，那么，要想对它进行监督的国家当局又怎么能对它估价呢！此外，如果其他纳税人只是为逃脱税务机关的要求而企图隐蔽收入，商人却有一种特殊的隐蔽的理由。商人无论有多少财富，总要有一个空名；他们的破产永远是决定于他们竞争对手的意志的，只要他们的竞争对手对他们的收入彻底了解，就能同样毫无困难地了解他们的营业活动，从而可以完全有把握地选择最危险的时刻，拒绝为他们垫款或者要他们还债。在商业上，同行是冤家，个人之间的互相牵制非常严重，只有通过秘密手段才能改变这种情况。相反，一切赋税，本质上都是公开的；对收入、对商业利润所征的税，是公众衡量商人财富的天平，也是商人最害怕的一点；一般说来，他们可以毫不犹豫地接受最不合理的赋税，却不肯接受会暴露他们真实财产的调查。

最后，谈到最末一项收入了，这项收入是分配给全国最大多数的公民的，因此，这也是国民收入中数量最大的一项，虽然个人的一份非常小。如果忽略了这一部分收入不对它征税，税务机关就会失去它最大的收入；这项收入就是各种劳动的工资。有一部分工资经常以各种不同的形式混进其他种收入之中，有地的农人在他的土地上当然会同时得到地租、利润和工资；农场主一定会同时得到利润和工资；土地工人则只能得到工资。因此，工资是所有参加土地生产的人共有的收入，仅仅这一个阶级就占了法国总人口的六分之五。城市手工业者大多数也往往把他们的小本营业的利润和他们自己的工资混在他们的收入之中；厂长、商人和他们的营业员，他们的所有属下，都是既依靠体力或脑力挣得工资，同时也依靠利润维持生活；非生产性工人，无论他们属于哪一阶级，也无论他们用什么方法从别人的收入中取得自己的收入，也是以工资来取得的。

但是，如何能够直接触及到作为收入来源的工资呢？要在什么时候对它征税呢？如果每天向穷苦工人按他的工资的十分之一征一次税，将会引起他多么大的反感呢？如果考虑到他的年收入只是逐日获得的，因为他每周挣十法郎就迫使他每年纳税五十法郎，岂不是一定要他受破产的痛苦吗？此外，假使再根据每个人的勤勉和才干而提高赋税的话(这确是工人提高工资的因素),那岂不是鼓励怠惰和恶习而破坏秩序和生产吗?

因此,人们只能直接对土地、房产、工厂和其他固定资本的收入征税;任何其他收入都是一产生就能逃避政府监督的,而且只有到另一个时期,也就是在税务机关对于这种收入确实尽到保护义务的时候,它才可能分享这种收益。

所以,为了使各项赋税单独看来比较轻微,如果这一项赋税不能触及各种不同阶级,则有另一种能够触及得到,政府就认为必须增加赋税的种类了。政府一方面对收入征直接税(所得税);一方面对支出征消费税,它在什么地方可以拿到一点东西,就从那里拿;但是,它几乎永远不能够估计出向每个阶级征收多少,因此也不能够维持公平所要求的平等比例。但是,纳税人宁愿忍受这种较大的麻烦,却不肯把他们的收入非常明确地报告出来,因为,连他们自己对此也不清楚。

对于这样盲目地什么地方有财富就在那里征税,亚当·斯密也规定过赋税的某些规则,如果政府无意加重赋税所引起的已经相当严重的危害,也不想激起和它所取得的利润不成比例的赋税的不满,它就应该遵守这些规则。

任何赋税,使百姓向税务机关缴纳的收入越多,危害也就越大;任何赋税,要钱越少,越是好税。征税时期越使纳税人感到困难,危害越大,征税时期越使纳税人感到方便并且有能力缴付,也越是好税。

任何赋税,要求人们接受的监督越严,对公民自由的破坏越重。越是坏税;任何赋税,使人产生隐瞒的企图越少,使人受到的监督越少，自愿完纳的成分越大，越是好税。

这些规则应该和前一章末尾所提出的规则综合运用。遵照这些规则，即使不能使赋税变成一件好事，至少也能使它产生的坏事减少到最低限度。

第四章　论土地税

赋税最容易触及的收入是土地收入，因为，这种财富不能逃脱人的眼睛，即使土地所有者不作任何报告，人们也能够知道它的价值；如果在收获季节课征土地收入，人们可以完全有把握地找到土地所有者有缴税能力的恰当时刻。但是，关于征田赋的方式，经济学家也有两种主张：一种主张是从总产品中征实物；另一种主张是从土地所有者的纯收入中征现款。这两种方式在欧洲同时实行过很多次，前者叫做**什一税**（dime），后者叫做**土地税**（contribution foncière）；这两种方式由来已经很古，而且几乎在所有承认政府权力的农业国家中都存在过。

什一税可以说是在生产者没有土地所有权以前，于丰收时向生产者课征的一种税。什一税所依据的规则十分简单，十分普遍，由于这项税只适用于丰收季节，所以不会引起很多争执和反感，这就使它显得很公平。实物税比金钱税需要更多的税吏和粮仓，但是，由于这种方式非常简单，耗费并不太大；而且，只需政府不过分急于获得存粮的利润，而使佃户（农场主）在有利的出售的时机以前能够享用有存粮的利益。什一税非常简单，所以是最容易缴纳的一种赋税。急于用钱纳税的农人，几乎常常须要在不合适的季节出售自己的产品。如果政府容许佃户一个缴纳什一税的期限，它可能从这个宽大措施中抵补上征税所需的全部费用。

由于什一税有这些优点，很多政治理论家都倾向于这种方式，认为它是国税。此外，一个有势力的集团曾经坚决维护这种税，因为这种税一般都是为他们征收的。这个有势力集团随意从犹太教的制度中恢复了符合于自己利益的制度，他们对其他制度故意略而不谈，一味要求实行什一税，好像是根据神律制定的一种不可转让的权利一样。但是，付洗或祭祀在同一经卷中也有明文记载，他们却从未要求恢复这种制度。另一方面，反对神职界（僧侣界）的人却猛烈攻击什一税，因此，关于什一税的恢复和废止，几乎经常是引起政党纷争的问题。

由于什一税含有某种程度的犹太教的迷信色彩和贪心，它在所有分大小什一税的国家中都改变了本来面目。什一税可以在每年农收季节——刈草期、大秋和葡萄秋征收而不致发生多大困难，因为这些收获都同时进行，而且什一税税吏完全可以看得到；但是，当对这个季节以前或以后的收获、畜产品征收什一税的时候，以及在英国由所谓副本堂教士对果品、蔬菜、家禽、家畜、奶品等等征收什一税的时候，却不可避免地要引起争吵、不满和愤怒；这种什一税在每个乡村中，都给副本堂和他的信徒们之间带来了纷争，同时也是当时有势力的教会产生敌对教派的一个主要原因。

如果大什一税是交给国家的，无疑它会是一种相当有利的赋税，而且会很容易地征收，既不致引起很多的不满，也无须支付很多费用。但是，这些优点，被这种赋税实际的不平等，以及它给生产造成的困难抵消了。

李嘉图先生却不是这样主张，他认为什一税是一项完全由消费者缴纳的平等的税收，对于生产毫无害处。李嘉图先生是由发表这种主张的著作第一版问世以后而声名大噪的，因此我认为，为了驳斥他的论断，必须详细地分析这部著作。

李嘉图先生主张**什一税完全由消费者缴纳，即令最坏的土地，它也和生产量有适当的比例，什一税是一种平等的赋税**。他这样主张所依据的原则并没有在论述这种赋税那一章（英文版第9章，第225页；译本第11章，第290页[①]）阐明。因此，我认为这一章简直令人不可理解。如果我们根据前面的叙述解释这种赋税，人们就可以看出，李嘉图先生之所以不主张什一税应由土地所有者缴纳，是因为他把地租看成是区别好坏地的唯一标准，什一税并不能改变这种区别。我认为这种论断非常荒谬，因为，我们在其他地方[②]已经谈过，地租并不代表这种区别，而是代表一种绝对不同的东西，并且因为什一税十分显著地使对坏地不利的区别加大了。

李嘉图先生还认为什一税不能由农场主（佃户）缴纳，因为，“如果总生产量的价格不很高，不足以补偿农人所支付的赋税，他就会放弃一种利润低于平均利润的行业。这就会在需求仍然继续不变的情况下使生产下降；物价将会上涨，直到从事农业和在其他任何贸易中投资能得同样多的利润为止。”（英文版第七章，第195页[③]）。

① 中译文参阅李嘉图：《政治经济学及赋税原理》，商务印书馆1962年版，第149页。——译者

② 参阅本书第三篇，第十三章。

③ 中译文参阅李嘉图：《政治经济学及赋税原理》，商务印书馆1962年版，第132页。——译者

尽管每个行业经常寻求平均利润，我还是要指出：这种平均利润是绝不存在的，因为各行业的利润每年都有变化，而人们对一个行业已经投下固定资本，老板和工人又都经过长期的学徒，要他们放弃这个行业得经过二三十年的时间。我要特别指出，农业是不能与任何产业相比的生产部门，因为一切农业投资，无论是固定资本或流动资本，永远不能用于任何其他产业部门；因为农业工人不能转入城市手工业，农场主本身也不能随便改做其他营业。当然，他们可以迁移地方，但是不能改变职业，由于农业人口远比任何其他一个单独行业的人口为多，所以用于农业的资本的利润永远低于用于其他任何一种机会相同的行业的利润。

李嘉图先生在他的全部著作里仅仅提到种植小麦一项，好像土地只生产小麦似的；实际上，农人并不是不种小麦就把土地撂荒的，农人是有选择地进行各种农业生产，因为同种植小麦比较，种植其他作物所需要的垫支有多的，也有少的，而什一税对各种农业生产一律对待。对农人说来，即使是生产小麦的费用也是很难估计的。在四年的四次收成中，他先后种小麦、红萝卜、荞麦和苜蓿四种作物，这四种收获是肥料和劳作的共同产物，绝不能严格地说，这些肥料和劳作属于这种产品或那种产品。

但是，如果今年要向一个佃户（农场主）征收他以前没有交惯的什一税，他就要考虑了。他不能指望地主同意相应地减低地租，他的租约是长期的，他必须等待几年才能和土地的主人重订租约。

要消费者补偿他所付出的什一税，除非在歉年是办不到的。他之所以要缴纳比种小麦需要垫支较少的饲料以及比种小麦需要垫支较多的酵母花的什一税，并不是为了逃避什一税而减少播种的;只是为了使他的资本和收入都不受什一税的钳制。事实是,他必须从年收入中得到所用的种子、肥料、生产粮食的劳动日的报酬,同时要获得挽具和一切农具的折旧费;他必须赚出他所要向地主缴纳的粮仓和草房、农舍的租金,最后还要加上他自己的利润。对于所有这一切,人们都要向他征收十分之一。如果他只有牧场,就绝不会向他征收播种、农作支出、耕犁、粮仓和饲草的捐税;但是,他已置备了这一切农业设备;如果他丝毫不用,他的损失要比缴什一税还严重,他只好任它损坏,并不加以修缮。于是,生产降低了,幸而降低还是缓慢的;他需要雇用工人的日数减少了,农业的工资也降低了;另一方面,小麦的价格却上涨了。这样,最初由农场主支出的什一税,便依次被他推到短工、消费者、最后是土地所有者身上;他降低工人的工资,提高消费者的粮价,利用自己的土地获得垄断价格的地主也只好按照这种垄断价格的利益的减低而满足一项较低的地租。每个人所担负的赋税是不平等的,而且很难预先规定出来。

但是,什一税以一种不合理不平等的方式打击着农业。赋税只应该从收入中征收,而什一税却是从农业的收入和流动资本中征收的。它不只是影响农场主的利润和地主的地租,而且也影响农场主为获得缴纳什一税的收获所投出的一切垫支。

肥沃土地在丰年生产的小麦十分之二就能够补偿这一切垫支;瘠薄土地在歉年的收获的十分之八也很难满足这种垫支。全部收入不够支付这些费用的情况并不是十分少见的。在任何情况下,什一税也不能少征。对于最好的土地,征土地收入的八分之一;对二等地减少一半;对三等地,因为没有收成,要从生产来年收获的资本中课征；什一税是最不公平的，它总是对穷人最为残酷，对于它最应该保护的人征的最多。

此外，收益越大的作物，所需要的垫支也越多。什一税对于牧场的收入不过征七分之一或八分之一，对一块麦田的收入，就要征五分之一。葡萄园的收入要征三分之一，酵母花、麻或烟草田的收入要征二分之一；菜园的收入要全部征收。这样，国家的利益在于对土地投出更大的资本而不断地提高总产品量。可是什一税却使农人不断减少自己的投资，并逼他不得不选种使国家收益最少、对于从事种植的人受罚最少的作物。

缴纳什一税的农人，每当他在自己田地上种植收益较高的作物时，必须事先商得什一税税吏的同意，要他只收一定数量的税款，而不是收获的十分之一。这种固定收入恰好就是土地税。为了使这种土地税和什一税能够相等，这种税必须从纯收入的五分之一提高到四分之一；因为，经济学家所谓农人的回收，至少要占去总生产量的一半。

土地税的目的是为了使税务局只从地主的收入中征税，在一般情况下，土地税只触及地主。土地税是根据土地的一般估价制定的，有时是根据地亩登记簿制定的，它要求每个农场主替他的主人按照纯收入的比例预付这笔税款，这部分纯收入是根据第一次估价计算的。但是，这种估价是固定不变的，农场主向税务机关缴纳的地租越多，向地主缴纳的就越少。这种固定不变的数字能使他扩大经营面积，改良他所耕种的土地，国家是不能与他分享这些垫支所得的收入的，因为国家并没有担负这种垫支。同样的原因，使这种税收不会浪费很多的费用。每个农人都十分清楚他应该缴纳多少，以及在什么时候缴纳；他绝不会希望逃脱税吏，他也没有任何办法能够逃脱得了。[①]

另一方面，土地税往往迫使纳税人在他正窘迫的时候来交纳。如果是这样，就是赋税迫使土地所有者或农场主变卖产品来换得税款，而且可能是在与他们最不利的季节变卖的，因此，这种税也能使市场在秋收以后立即发生饱和状态，而在年末闹饥荒。在这方面，托斯卡那的立法是值得学习的。托斯卡那的法律规定，土地税并不一次全部征齐，因为一次征齐会迫使农人和他的同行同时出售农产品；这种法律也不主张按月征土地税，因为这样会迫使农民要在他付出垫支和取得收入时同样去找金钱；托斯卡纳的法律

① 李嘉图先生仍然根据同样的原则主张：只要土地税随着地租的变化而变化，就只能用地主的收入来支付；否则就要由消费者来补偿。他说："如果第三等地是耕地中的最下等（意思是说：所以耕种第三等质量的土地是因为只种上等地和二等地不足以养活全国人民），尽管这样的土地不付任何地租，在规定出税率以后，除非小麦的价格涨到能够支付这种赋税，并且使农人得到一般的利润，这种土地是不会有人耕种的。因此，资本势必离开这块土地而去找营利更多的用途。这样，赋税也就不会落在地主身上了，因为我们曾假定地主是不收任何地租的。"（中译文参阅李嘉图：《政治经济学及赋税原理》，商务印书馆 1962 年版，第 153 页。——译者）

谁要说这种论断正确，他必定和作者一样认为：牧场不付任何地租，种坏地也不付地租，地主在这样的土地上毫不因为自己的所有权或者为垦种这种土地所投了固定资本而取任何补偿，土地是根据其收益程度按等级耕种的，农场主的所有利润都彼此相等，而农业的利润也和其他任何产业的利润一样，此外，农场主也能同样容易地变成织绸厂厂长，同样可以利用他的牛、耕犁和他的仓房来生产天鹅绒或绸缎。一个成衣匠在法国的服装不合时尚时，也同样能够不费力地去制燕尾服。这一切，仍然是原来那一套空想，只要人们看一看现实世界，而不看书本上所叙述的世界，就会感到这些空想毫无意义了。

为了说明农场主的资本如何能够使他变成工厂主，仅仅指出他卖掉牛、犁和仓房还不够，因为，他要想能够售出这些东西，必须有购买这些东西的人，而这个人还要继续利用这些东西从事农业生产，人虽然改变了，资本的用途并未改变。

规定土地税是分三次征收的，各次之间相隔一个时期，都在本国三种主要收获以后，即在大秋，酿酒季节和榨油季节以后，明白地说，八月一次，十一月一次，二月一次。在规定的三月份完纳全年赋税的人减税百分之五，另一方面，到期不能交税的人只有过年以后，才能够被追溯；但是，只要每一期的不幸的日子来到了，就是说，每到月底那一天，超过了他交纳税款的日子，他的债务就要按越过的期限增加百分之十。这笔罚金是收税官的一项利润，但是，地主很少有使自己达到这种危险地步的。

土地税越重，给市场和整个农业经济造成的混乱也越甚，因为它迫使农人或地主无论如何要变卖农产品来换取税款。同时，它也使农人或地主在某种程度上出让自己的所有权，打击农人的生产情绪，使他不肯付出可以为子孙增加土地产品的长期投资。

作为土地税依据的第一次估价可能往往是不公平或不平等的；但是如果第一次估价不正确，那么经过一个很短时期就难免产生更严重的不平衡现象，这是因为某一地区农业发展了，而另一个地区农业衰落了，或者是因为增设新的道路、运河和港口了，或者是因为移民使新的市场离得更近了。这时候，必须把起初认为十分合理的办法重新办理登记，然后对土地税进行比较平衡的分配。但是，土地税并不能和其他税收一样达到这种平衡。

一个以前没有征过土地税的国家，在制定土地税时，给纳税人的打击更加严重，而且要比他们自己所理解的严重程度大得多。土地税不只是夺走他们的一年收入，而且也夺走他们这笔收入所代表的资本。如果土地税规定征收纯收入的五分之一，那就几乎等于有五分之一的土地被国家没收了。那么，每个农场主（佃户）

等于有了两个东家:一个是名副其实的地主,得收入的五分之四,另一个是国家,得五分之一。如果地主有意更换农场主(佃户),他要指地借钱,他要出卖土地,他要把土地分给自己的子女,总要扣除税务机关所占去的那一份土地,这样,地主就只能有剩下的五分之四了。

毫无疑问,这样剥夺个人的财产是非常令人难以忍受的;但是,这种事情过去确实发生过,在今天以前,欧洲的国家很少不同时征土地税和什一税的;前者和后者产生了同样的效果,税务机关对于土地收入的五分之一的所有权是根据古代制度制定的。

那么,更正土地登记会产生什么结果呢?能够更合理吗?能够更公平吗?两个庄园一年同样被征一千法郎的土地税;可是一个庄园的收入不过三千法郎,而另一个庄园的收入却是一万二千法郎,一个庄园纳纯收入的三分之一,另一个只纳十二分之一。这种不公平现象显然十分严重;但是,也由于这种不公平现象,一个庄园是以四万法郎的价格购买或继承下来的,而另一个则是以二十二万法郎购买或继承下来的,可是两者都要从纯收入中支付二十分利息,那么,应该对谁赔偿损失呢?对土地还是对人呢?如果应该赔偿土地的损失,那就不用怀疑,对两个庄园都征纯收入的五分之一,必定缩减前者的六百法郎,减少后者的两千四百法郎。这就等于减少第一个庄园主人八百法郎的资本,他在购置土地、或者继承父产、或者与弟兄析分地产的时候,都没有得到这项资本。第二个庄园同时要损失他所付出的或继承的两万八千法郎,而且可能还要额外加上他向弟兄或卖主抵押出去的债款。

如果法律应该赔偿人的损失,就绝不应该改变由继承而分得的土地，因为每个人都是依靠法律生活和进行交易的。由于重新测量土地而被剥夺一部分土地的人会蒙受严重的损失，而且这种损失绝不会由同侪所得的意外利润来抵偿。没有理由使一个人得利而剥夺另一个人的利益。税务机关在共同所有人之间分去的土地，并不比它分享其他财产更有法律根据。

我们还可以再说一个理由，这种事并不属于司法，而是政治方面的，这种平均分配不仅不能满足土地的所有者，而且可能引起普遍的反对，因为无论谁都不会认为赚一千法郎的享受与赔一千法郎的痛苦是一样的。今天负担过重的那些人所得到的安慰远远低于他们的期望。另一方面，被免税的那些人经过这样税收分配以后也会认为遭到了最严重的压榨。

所以，绝不是用一个一般规定就能够纠正普遍不满的这种不平等现象的。但是，我们绝不可忽略另一章里所提到的责任问题，我们说过，必须尊重不可缺少的收入，以便不使土地所有者对自己土地漠不关心；政府必须采取逐渐减轻负担的办法来救济那些实际受到压榨的人，必须像填平百姓中间所存在的富豪和贫困之间的鸿沟那样，慢慢地、谨慎地恢复土地纳税人之间的平衡。

第五章　论其他收入的直接税

土地税只触及一种收入，但是按照支出的比例向公民征收的其他各种税，也落到了土地所有者身上；财产过户税不是从收入中而是从国民资本中征收的，这种税对不动产要比对动产重五倍至六倍。因此，地主要纳三次税，而其他公民则只纳一次；如果我们把这些不同的纳税方式归纳一下，就会看出，地主纳税为收入的三分之一，而其他人不过三十分之一，这是相当普遍的现象。

前面已经谈过，让从政府支出中得到较多的享受的人比别人多纳税来支持政府，是有一定理由，而且不会产生过大的不平衡现象的；既然税收能够同样无困难地触及资本家和地主，那就理应让资本家给予保护他财产的政府以直接支持。在大国中，很少有人作这样的尝试，它们认为只能利用调查方法了解公民的财产，而这种方法却又会引起最大反感；它们害怕资本流出国外从而丧失工业所必要的支持，它们甘愿放弃一个几乎无力开采的矿藏。但是，在欧洲，特别是在中世纪，出现过很多小商业共和国，这些国家依靠周围的、并不属它们管辖的农村的供应而存在。德意志帝国和汉萨同盟中的城市，意大利半岛的各共和国，瑞士的各共和国，都是广阔的商业中心，是富豪资本家的王国，他们的财宝引起了邻国的觊觎。这些必须依靠自卫抵抗有势力的君主的城市，从未在所辖的小小郊区内获得充分的收入。此外，这些城市的动产也往往给它们带来危险，它们必须进行自卫。在这些城市享受到自由和占据重要地位的人，必须为自己的市民权纳一份税，因为他们在别的地方是绝对得不到这种权益的。这些共和国曾力图寻求直接触及富人的收入而尊重商业的自由和信誉的方法。

有不少共和国只要求个人自报所有的财产；也有不少共和国甚至不想调查了解个人的财产；只是让公民自己估计财产，然后按估计数向国库缴税，而且不准任何人过问公民所缴纳的总数。在汉堡，公民自报的数字不过是他的资本的百分之零点二五，这还是经过宣誓承认的。在日内瓦，仅相当于资本千分之一（有时有某些出入)的所谓**保护税**(gardes),完全取决于公民的忠实程度。个人财产都由自己计算,不需他人作证,个人直接向国库纳税,别人也无权检查他所缴纳的钱数,最后,他在一项声明他已经纳过税的报告书上签字,就算大事完毕。在制定这种税制以后的最初几年,甚至连宣誓都不需要。

这种纳税的方式只能在共和国中存在,对于这些共和国来说,能够保持这种方式确是一个值得尊重的特征。但是实际征收时也必须十分谨慎。在日内瓦,资本家缴的税不过是收入的五十分之一,而地主则至少要缴二十分之一。这种比例当然不公平,但是,这却是唯一能够征得到的,而征一种税的首要前提就是要能够征得到。

在大国中,有一个拥有大量财富的资本家阶级,即国家的债权人。我们在讨论公债时还要谈到他们。他们的财产简直是维持整个社会的,他们比任何人都更关心保卫社会;要他们比任何人都多纳税也是很合理的,因为他们常常是掌握几乎全部社会财富的真正主人,同时,这样做也比较容易,而且用费较少;因为,这样做的时候,税务机关只须把已经掌握的收入扣留一部分就行了。

但是,正是因为这种扣留收入的方法非常便利,才特别危险。负债的政府很少有不滥用这种手段的。政府既然同时是债务人又是立法者,就很难决定赋税到哪里为止,违约从哪里开始;或者更确切地说,每当政府在对它的债权人的收入征税的掩护下,违背对债权人所作的诺言时,实际上就是一个违约者。

但是,在公民权利徒有虚名,公民特权又是人人对之垂涎的国家里,向国债的债权人征收一种自愿税(可能成为一项巨大的收入),我绝不认为是办不到的。在法国,凡是纳三百法郎直接税的公民都有选举权,凡是纳一千法郎直接税的公民都有国民议会议员的被选举权。这些职位已经相当崇高了,还可以更加崇高。为什么不让国债的债权人把国债账上百分之五的债权改变为百分之四的债呢?这样一来,有一千五百法郎国债的债权人,可能自愿减为一千二百法郎,就赋给他以选举权。有五千法郎国债的债权人,自愿减为四千法郎,就赋给他以被选举权。总账上百分之四的国债可以和其他收入一样转账过户,并且可以和他们的财产一样变成各种市民的权利。

在制定这样的法律的时候,可能不会有很多人自愿减少自己的国债,但是,每届选举之前缩减国债的人数就会增加,而且每项缩减都是不可更改的;每项缩减都可以做到不需要钱就清偿了债务;都有使国债更早结束的好处。还可以把国债推到外省,使广大国民对此感兴趣,消除外省纳税者很会自然产生的那种嫉妒首都或国外的债权人的心理。至于承认这种新选举阶级的政治影响,也同样可以保障秩序和自由。把自己的财产和生活手段完全交给国家的人,绝不会存心扰乱国家,他们是可靠的国家秩序、经济、公平交易的护卫者,是使各种权利得到尊重的保卫者,而只有尊重个人的权利,国家的信誉才能稳定。除了国家的债权人以外,没有多少人比他们更有资格成为公民,因为他们是自愿为清偿公债而纳税的人。

也曾有人试图对商业和工业的收入征直接税,将工商两界不同部门的从业人员分成等级,按等征收。为此,法国曾制定了营业税,这种营业税不仅包括商业和工业,而且包括绝大部分其他行业，其目的在于分享人们为追求利润而产生的收入，以及工人为追求工资而产生的收入。但是，从一个行业所能提供的营利方法到成为稳妥的所得，还有很大的距离，对于一个人的所得而实际可能是他的损失上征税是非常不合理的；尽管创建了根据租金规定的比例税（因为人们把租金看成是财富的标志），一个商人给予税务机关的部分利润和一个地主让给税务机关的那部分地租之间还是绝对不相等的。他们的产品也同样不相等；征得的营业税不会达到土地税的十五分之一。

人身税和动产税的基础也是非常不合理的，因此，绝大多数城市宁肯用某种消费税代替这两种税。

由此可见，各种直接税所触及的资本的收入、工业和商业的收入还是很有限的。由劳动直接产生的收入甚至还根本没有人考虑；有人认为，按工人工资的比例向工人征税，不是剥夺他的生活所需，就是使他得到挣一项更高的工资的手段，可是，提高工资会使产品价格上涨，并且会妨碍各种产品的出售。不仅如此，按照各人能挣得更高工资的技巧向他征税，等于惩罚他的勤劳、智慧和他所以高于同行的各种特长。如果不想打击他，就应该采取比较间接的方式来分享他用这些不同特长所获得的收入。

在法国，人们把门窗税也列为直接税。更正确地说，这是一种房屋消费税。因为统计门窗要比获得正确报告更容易。

几乎所有政府都对遗产、一切不动产的出售和过户课征重税；由于这些政府是对资本而不是对收入征税，就减少了财富的生产来源，这和不对收获而对种子征什一税差不多。但是，由于注册税一般是在人们缴纳最方便的时候征收的，又由于一个人对自己的全部财产很少连纳几次这种税，而且在规定这种税时又容易避免一切粗暴的方式，所以，成为法国一项最大收入的注册税，并不比其他较轻的税引起更多的不满。被这种税征去一部分资本的那些人，可能总有办法从他们收入中节约出的相等数额补上他们所失去的部分；这样，对于国家财富来说，所得到的效果和对收入征税（所得税）就几乎一样了。但是，对于抵押借贷税和司法证件的印花税，是不应该这样宽容的；因为这些税是从应该被看作贫穷标志的状况中，或者至少是在困窘而不是在富裕的时候征来的。对一个人的债务或诉讼费征税，几乎像对人的疾病征税一样不合理。

因此，不管财政家们怎样热情，不管他们怎样孜孜不倦，不管他们有多大创造天才，也不管他们这类人把某一国家的发明传给所有文明国家的时候做得怎样快，他们毕竟想不出方法直接触及最大部分的收入，正因为如此，他们才只能想出一种按照支出征收的比例税。

第六章　消费税

不能在刚一产生的时候就估价和征税的各种收入，都是用于消费的，而消费的时候是人们认为对这些收入征税困难最小的时候。对一切商品在有人购买利用时征税，是一定能够征得到的，这时候无须了解这种财富属于谁。这样征税无须任何财产报告，无须任何调查，也无须区分穷富；这种税并不向劳动课征，也不向应该提倡的事业课征。而且可以说每个纳税人都是在他有钱并且有能力购买被征税的物品时自愿缴纳的；纳税人就是在这时候偿还了商人垫支的消费税，可是他几乎意识不到自己在这时候缴纳了一份税。

但是，要想使消费税通过支出来相应地触及收入，还距离很远。要想使一切财富、受国家保护的一切行业都按其收入的百分之十向税务机关纳税，那就必须：

第一，公民无论住自有住宅或租赁住宅，都应按房租的百分之十纳税，住宅的消费是最慢的；可是它毕竟也是一种消费，房租表示住宅的一年的价值。不过按房租征税和其他各种消费税绝不相同；征这种税没有任何好处；征这种税必须进行令人起反感的调查；为了避免这种情况，有人创立了门窗税、烟囱税以及其他类似的税。但是，一般说来，实际征到的税还远远低于所要达到的比例，而且各部分消费也不是按相同的比例征收的。

第二，任何人还应按他所雇仆人和非生产性工人的工资的十分之一向税务机关纳税。非生产性工人所作的贡献应该认为是生产之后的最快的消费；尽管这些消费不生产任何可征税的商品，却是社会所保证的享受，得到这些享受的人应该偿付社会保证这种享受的费用。非生产性工人也以自己的一部分收入纳一份税，他们并不因此就具有双重身份，因为他们和其他公民一样，是按个人的享受而纳税的。

第三，还有其他一向不列为商品的物品，这些物品是供富人消费和享受用的，所以也同样应该征税。这种物品分两类，一类是狗、马、车辆；另一类是各种艺术品，如绘画、塑像。总之，对富人所购买的一切，和他用于享受的一切支出都要征税。

第四，一切供人们应用的商品，不分性质，不分外国产品、本国产品和家庭工业产品，都应按百分之十的比例征税。在外国商品入境的时候，征税当然是可能的，这是准可以征得到税的物品；虽然关税耗费很大，而且令人十分起反感，人们毕竟还能接受；但是，如果对国内的一切工业品或各行业的产品不纳税就禁止流通，那就很难想象要实行怎样的暴政。不仅如此，而且必须到家庭内部去进行监督，以便使每一部分衣物，使每个家庭所应用的织品都要纳税；这不仅因为这是每个人的一部分消费和享受，而且也因为忽略这一部分，就必然造成每个人自给自足的局面，因而给工业、商业以及使工商业生产能力大大提高的劳动分工造成严重的危害。

第五，一切用于消费和维持人类生活的物品，不问农业产品、工业产品，不问购买的或出售的产品，也不问使用产品的人是在自己的土地上、葡萄园里还是菜园里生产的，也应该同样征税。如果真要这样征税，那就几乎使每个公民时时刻刻忍受税吏的打扰了。

但是，只有能够触及上面所列举的各个消费阶级，消费税才能成为真正的比例所得税。只要忽略其中的一项，就会在消费者中间制造出非常不合理的不平衡现象。在当前的文明时代，财政家费尽心血才创立了四种消费税，即：盐税、关税、消费税和入市税。盐税包括税务机关掌握专利权的产品，如食盐和烟草；这两种产品都是为国家生产的，只能由国家出售，当然，国家也是利用公职人员或农场主按高价出售的，它对于所有经营这种工业或贸易，企图与它争利的人都将给予严惩。关税是对从外国输入的产品征收的一种比例税；消费税所触及的国内工业产品非常有限，这些物品税是在生产时课征的，这种税在法国只涉及饮料，被称为综合税（间接税）。入市税是在城门上对进入城市供城市消费者享用的农村产品征收的。

由此可见，富人的一切不能列入国内产品和国外商品中的消费都不纳任何消费税，在产品中除了盐和饮料，他们在城外消费的一切产品，特别是完全由他自己生产的产品，都不纳任何消费税；在商品中，一切在国内制造的产品不纳任何消费税，而且，根据现在普遍采用的保护关税制度，这种商品的数量极大。甚至在应缴纳关税的商品中间，供富人消费比起供穷人消费的商品，即使数量相同，价值却高得多，但也只征很轻的税，这是为了避免有人用欺骗手段逃税，或是为了避免有人在禁止某种商品入口时偷运入境。如果能统计一下富人收入的各种不同部分有多少因此而不纳税，人们就一定会看到富人纳几项消费税，最多也不过占他所消费的十分之一。消费税总是越接近穷苦阶级，越要随着收入而增加，而最不幸的阶级，即产业工人所消费的几乎完全是购买和运进城市的商品，他们收入的任何部分都丝毫不能逃脱消费税。

因此，像人们所一再重复的，取消一切直接税，而通过消费税来课征全国的全部收入，就是十分不合理和不近人情的主张了。这种主张几乎等于豁免了所有富人的纳税义务，而只向穷人征税。从很多方面来看，这等于恢复贵族不纳税的旧封建制度；而且这种新花样使贵族政治又进了一步，就是说，一旦成为富人，就能免除纳税的义务。

看来，提高消费税使它能够供应国家全部支出的主张（这在法国要征到两亿二千二百万法郎到八亿法郎），是有相当困难的，即令保持现有的各种消费税也十分困难。但是，在最近召开的一次专家会议上，通过了单一消费税的制度，出席会议的人都很有才干，有广泛的政治知识，如果这种税能够触及各种消费中最普遍的消费，即面包的消费，一切问题就都解决了。

一笔毫无意义的计算使这些人陷入了严重的错误。他们认为，法国有三千万以面包为主食的居民，如果平均每人每年按三百斤面包计算，总计为九十亿斤；每斤面包征税两苏，总计为九亿，除去一亿征税费用，就是所征的总数。

从哪方面来看，这种计算都是不正确和行不通的。首先谈谈它的基础：不分男、女、儿童，不分穷富，不分有无生存能力，都一律应该向国家纳税六百苏或三十法郎。这种税不论是一个苏一个苏征来的还是一笔征来的，总是使贫富如此不均的人担负完全相等的款额，天下不公平的事恐怕莫过于此了。

盐税虽然不十分重，但是由于它不平衡，并且使穷人极端贫困，也是相当突出的，而且这项所谓消费税也已经变成一种不问纳税人财富多寡、纳税能力大小，人人都不能免除的人头税了，最贫穷的家庭和最富的家庭消费的盐同样多，但是，穷苦人家买盐要从他生活必需的收入中扣出，而富人则是用他多余的钱来买的，几乎感觉不到任何困难。

然而，不管盐税怎样不合理，毕竟是能够征收的；可是面包税就绝对不能征收了。是否有人计算过法国有六分之五的居民是一两面包也不买的呢？他们吃的完全是自己的产品，或者是他们主人的产品。所有的农民，所有的地主及其仆人都是如此，而后两个阶级至少占小城市居民的一半。此外，也不应该把手工业者兼土地所有者的老板所供应的一切工人计算在内，这个阶级的人数远比人们想象的多。这样算来，到面包坊去买面包的，只是几个大城市的居民以及无产者中间总数约为五百万的最贫困的人了。

那么，怎样对其余的两千五百万居民每人征三十法郎的人头税呢？对奥维尼或巴社的对分制佃农的穷苦家庭所征的这种人头税，每户高达一百八十法郎到二百四十法郎，因为每户至少有六至八口人，而在儿童死亡率大的农民中间还不止此数；因此，要有一半甚至三分之二是不到劳动年龄的人口，其余三分之一还是包括女人和男人在内的，这些人连五法郎的银币都很少见过。人们所要征的税款恰恰就出在这些手无分文的不幸农民身上；当然，人们可以在磨坊等着他们的麦子，而丝毫不去考虑向他们征收的税款和他们的收入之间是完全不成比例的，毫不考虑他们没有任何方法用这份收入换钱，毫不考虑他们即使仅减少一点点收入就无法生活，人们把他们的小麦扣在磨坊里，向他们说：你们不纳税，就不能吃饭！

在政界供职的统计家眼里，一天两个苏是微不足道的事情，他们认为让那些从面包坊买面包的人毫无怨言地缴纳如此轻微的一笔税款并不是办不到的；但是，这两个苏对于一个家长说来，就是八个、十个、十二个，而且，在五百万到面包坊买面包的法国人中间可能有一半是工厂工人。多菲内省制呢厂工人和北部棉织工厂工人的工资，每天都不过区区八个苏；他们用这样可怜的工薪能否生活都值得怀疑，如果每斤面包由于要上两苏税而涨了价，他们就一定会饿死。

因此，把所有赋税改为单一的小麦消费税，是非常荒谬的，不可能这样利用消费税按比例地征收所得税。只能用消费税补直接税的不足；消费税尽量对逃过直接税的收入征税，但是，结果总是给社会造成不平等的负担，这种不平等又常常是对富人有利而牺牲穷人。所以，这些税和其他与此完全不同的、根据另外的原则规定专以富人为对象的赋税一样，都是不公平的。

制定消费税时不能了解这些税最后落到什么人身上，是一个极为严重的困难。立法者意图让消费者纳消费税，但是，消费税有时征不到消费者身上；也有时虽然由消费者缴出，可是他还有办法使他的雇主偿还他所纳的这种税款。要想使消费者缴付全部税款，必须使国家经济日益繁荣；因为，如果不能这样，如果消费者不比制定消费税以前更富裕，他就不仅不会比以前把钱多花在自己享受上，而且还要少消费一些。至于生产者，由于不能全部售出自己的商品，必然要减少生产，否则就不得不同意缴纳一部分税。如果不幸发生一场全国性的灾难、饥馑，或者只是商业不景气，消费就还要降低，这时，生产者必然急于抛售商品以缴纳全部税款，最后的结果则是不能从生产中获得利润，宣告破产，完全歇业。

另一方面，由于征消费税而提高了所有物价以后，自食其力的劳动者，以及在消费者中间人数最多的那个阶级的人，就不能在本行业中得到充分的生活资料，工人的工资也不能满足他们的有限的，甚至应该列为生活上不可少的享受（我们这样说是因为一个毫无乐趣的人绝不能长期维持他的生命或者劳动能力）。因此，工人就要尽一切努力来多挣工资；工厂主、商人也同样要为增加自己的利润而极力挣扎。既然总销售量降低了，他们为了能够生活，就必须使每件产品都获得更多的利润。这两方面的力量配合起来，就会使他们手里所生产的一切商品涨价，特别是生活所必需的粮食更要涨价，因为，卖粮食的人是能够控制不能不吃粮食的买粮人的。粮价上涨也必然反映到工资和利润方面。这样一来,社会就将混乱不堪,本国的生产要比没有受到这种制度压迫的国家的成本高,以致不能在国外市场上与外国竞争,出口被堵塞;新的需求找不到了,最后是国家陷入可怕的穷困。

李嘉图先生用了一整章的篇幅专论农产品税,而且一般说来,他想使人赞成这些赋税的理由,正是其他经济学家所摒弃这些赋税的理由。他确信,农产品税能使工资立即按照同样比例提高,因此,这种税绝对不会给穷人造成痛苦。李嘉图先生丝毫也没有摆脱作为他的全部学说基础的那些空想,这些空想同我们所要向读者介绍的事实是格格不入的。我们在其他地方[①]已经证明过他的原理的荒谬;在这里我们再扼要地谈谈他的论断所产生的后果。

他说:"如果农产品的价格不上升到足以补偿农人用于纳税的损失,农人就可能放弃农业,因为他从这里所得的利润低于一般水平。这样,粮食就会减产,一直到农产品的需求使农产品价格上升到使他能够得到在其他生产部门运用资本所得到的利润相等时为止。"[②]

岂有此理!农人会因为工资不够维持生活就去当律师或医生吗?就去当钟表匠或机械师吗?农人几乎在所有国家都占全国人口的五分之四,就是在英国,也占全国人口的一半,只要他们中间很少一部分人,占总数十分之一的人想要转业,就立即能够满足其他劳动所要求增加的人数,那么哪里去找一个容纳这样多的农业

① 参阅本书第六篇第四章。

② 李嘉图前引书第9章,第257页。(中译文参阅李嘉图:《政治经济学及赋税原理》,商务印书馆1962年版,第132页。——译者)

总人口的行业呢？农人的身体已经习惯在大气中生活，他们的手也比较粗壮，不能作任何细致的工作，他们的健康要求活动量大的劳动，他们的精神需要农田中的享受，他们是否肯把自己关在一个棉纺厂里呢？真是岂有此理！最后，农人会因为面粉税使面包价格从每斤四苏长到六苏就放弃农田而进入城市，一直等到农业工人的工资提高的时候吗？所有的工人，不问城市工人和乡村工人，显然都同样需要提高自己的工资，既然工资的比例丝毫不变，那么又有谁肯于放弃自己的职业呢？况且，李嘉图先生所期待获得的效果并不是要农人改变职业，而是要他放弃劳动。

我们千万不要相信平衡会自动恢复，这是危险的学说，我们千万不要相信在天平的任何一个盘上加上或减去一个砝码没有关系，因为马上会有别的砝码来平衡两个盘的重量！我们千万不要相信对生活急需品征收一种让穷人预先缴付的税，富人迟早会给他们补偿上！一定的平衡的确可能自动恢复，但必须逐渐恢复，而且还要经过一场可怕的灾难。一个确定不移的事实是，一个工厂的资本只能在厂主破产以后才能从这种工业上撤出去，工人也只有在死亡以后才算放弃了一种行业，至于较容易找到职业或转业的人都应该看作是例外，而不是常规，只要每天稍加注意摆在我们眼前的工厂所发生的事情，就会看到，不管一个产业部门怎样萧条，如果厂主还没有破产，他的工厂通常是永远不会倒闭的。人们从来不曾看到，一个工人为了避免饿死，在山穷水尽以前就放弃自己的职业，他一定会像遇险的船上的遇难者看到船只将要沉没的时候抓住一块木板那样，首先尽力挣扎。

假使对于主要农产品课税，不管这种赋税如何高，总有一天会

恢复工人的工资和必要的支出之间的平衡的；因为，如果这种平衡永不恢复，整个国家就会灭亡。但是，在这种平衡未能恢复之前，所有必须放弃的产业部门的商人的破产，就会剥夺全国的很多资本，而且这是不折不扣的纯粹损失，远远不是税务机关的税收所能弥补的。同样，工人由于找不到饭碗而死亡，从国家夺走的生命也要比最不幸的战争所夺走的多得多。政治上的平衡要通过这种种可怕的手段才能恢复；假使人们陷入科学的空想而永远不涉及决定人类幸福和生活的问题，结果就会这样，李嘉图先生用下面的话所说的恢复就是这样的：

“基于一系列的调节人口和增加人类的理由，最微薄的工资也永远不得低于天性和习惯所要求的维持工人生活的固定工资。人类的这个阶级永远不能承当任何这样沉重的赋税。”[①]如果李嘉图先生再补充这样一句话：“因为一场可怕的瘟疫要使一部分人死亡，而使其余的人在医院里衰弱下去。”他的论断就会完全变成另外一种性质了。

制定消费税，以及消费税在关税、盐税、消费税和入市税之间的分工，使欧洲布满了经纪人、盐工和职工所组成的无数队伍，这些人经常为了经济利益同每个公民进行搏斗，他们使国家当局在人民大众面前变得非常可恨，并且使人养成犯法、违背真理、不服从和骗人的恶习。赋税越重，花样越多，道德也就越加败坏。赋税在纳税者中间造成了一种最不合理的不平现象，它们利用令人起

① 中译文参阅李嘉图：《政治经济学及赋税原理》，商务印书馆 1962 年版，第 135 页。——译者

反感的调查破坏了自由，它们使工业、商业以及从事劳动和应该创造一切财富的工人的生存陷入危险境地。过去极繁荣的国家，正是受着沉重的间接税使各行各业全面破产的威胁的国家。

政府并不一定只要征收所得税和消费税，它们曾尽力对公民生活中使政府能够要钱的各种行为征税。它们曾制定人头税，迫使一无所有、社会丝毫不给他们利益的穷人和家资巨万而社会又为他们付出大量费用的富人缴纳同样的税款；它们鼓励了最危险的赌博、彩票、危害最大的不良嗜好，以便从中取利；它们出卖了免税权、专卖权、阶级特权、头衔以及司法职位等等。为达到我们论述的目的，并不需要完全看清这种令人头痛的迷宫；我们所阐明的原理就足以使人辨别各种不同的赋税：是建立在不合理的基础上的赋税，还是根据个人收入和支出而制定的赋税。

第七章　公债

每种征税的方法都有很多缺点，而真正公平、按比例并且收入极大而绝不损害国家的征税方法又不能找到，这种情况应该使我们进一步重视节约的重大意义，应该认识到节约是国家要求它的政府必须具备的最重要的品质之一。这种品质与其他很多品质完全不同，它不是一种自由政体的必然结果。是的，人们在共和国中可以看到这种品质，但是在贵族政体和民主政体中也同样可以看到。人们经常谴责老人有吝啬的毛病，可是当这种吝啬在长老会或者老人会议上，要保存公共财产的时候，却显得非常高尚。今天，整个欧洲所追求的君主立宪政体似乎是各种政体中最不节约的一种。这种政体使人们供应政府支出的义务不符合人们对这种支出所抱的愿望。独揽对外关系、维护所谓国家荣誉和国防的执政机关，认为，只要钱多，事情就比较易于进行，就更加稳妥。扩充职业，提高待遇和年金，可以促进政府的对外活动，也可以加速政府对内行动的效率，还可以使政府得到更多的人，可以相应地、合法地增加大臣、亲王和君主本身的待遇、采地、属民等等。寻求巩固的要求和以豪华为基础的政治信心，在君主立宪政体或专制政体中都同样应该存在，但是，君主立宪政府并不像专制政府那样，由于不能收支平衡就要停止活动；开辟财源并不是政府的事情。政府只要证明出或者使人民代表承认需要钱就行了，它可以把自己最难解决的任务委托给人民代表，它不再负使人民受苦的责任，它恰恰像一个败子依靠父亲的遗产所得到的收入那样，丝毫不加考虑地安心等待有人来供应它的支出。它认为它只有一件应该关心的事，那就是如何使它让人们替它清偿的账目获得承认。

我们并不隐瞒我们所选择的政府的缺点，为了使我们不陷入更严重的错误，还必须明确地了解这些缺点所产生的一切后果。我们曾看到，一个国家由于它的传统的自由而强盛的时候，在它完全享受着本国的优越条件的时候，它就沉迷在幻想之中，它野心勃勃，服从骄傲、嫉妒或复仇思想所给予他的种种启示。它以防患于未然，甚至以虚构的危险为借口，甘心进行耗费巨大的战争；尽管人们不遗全力地呼吁和平，它仍然顽固地坚持进行战争。它对人们说，国家的优越地位还不够稳固，国家的敌人还没有完全屈服，它认为已经完成的工程被摧毁了，无论如何应该恢复。但是，当前的收入已经枯竭，于是趁国家还正有威信的时候就大胆地求助于公债；政府随意支配它从商业中不断剥夺来的资本，把这些资本浪费出去，而只代之以将来支付的拨款单；这种野心使国家和议会发昏几个月，却给子孙后代贻害无穷。

对人类最有害的发明也许莫过于公债了，任何发明也不会包藏着这样大的骗局。政治所激起的野心是非常强烈的，应该通过协商或武力来决定的问题是十分重大的，如果是关系到每个人的富裕、关系到每个人的生存和荣誉的问题，无论付出任何牺牲都是理所当然，政府和人民必须保证每个人的富裕、生存和荣誉，因此，必须用尽自己的一切力量以后才能退让。要战斗到最后一兵一卒，要支出最后一块银币，要用尽一切可能找到的兵力或财力，不仅是为拯救百姓这样做，为了自己所要进行的一切战争和纠纷都要这样做。因为无论在哪方面，如果是自尊心受到损害，政府和人民就一定会把自尊心和荣誉混淆起来，而且它们确实心里想：已经无路可走，对一个国家说来，受辱毋宁灭亡，其实这样的话只是到绝路的时候才有道理。

如果有人能使国家得到完成这种超出人力的事情的能力，并且使国家在最需要的时候保存这种能力，无疑是对人类社会的巨大贡献，因为，只要人类社会的一个成员受到压迫，就等于动摇整个社会基础。但是每一个自卫手段都能变成攻击的手段，大炮的发明，在需要保护自己的阵地时，是一项有利于社会的发明，可是它在被用来摧毁自己阵地时就有害了。常备军的创建使一种纪律和另一种纪律相对立，使一个天才和另一个天才相对立；招募壮丁的发现，使一个国家的所有青年和另一个国家的所有青年彼此对立；群众起义和国家总动员的发明，使妇女和老人也要身临战场去支援作战部队，公债的发明保卫了同时也攻击了当前的一代，但是也攻击了和保卫了子孙后代的一切劳动和希望。军事力量变得日益可怕，但是，它们还保持着同样的比例；处在危险中的人民还没有进一步得到救援，而人类本身却受到了严重的危害，在这些艰苦的战斗中要遭受灭亡的正是人类自己。

公债使破坏性的支出得到满足以后，还有一种表面财富，即所谓**国家有息证券**（fonds publics），这种财富很像一笔由富裕的个人财产组成的巨额资本。有人说，甚至设法使人认为这样浪费国家的资本并没有多大害处；或者更确切地说，是以另一种形式生产财富的流通，其内容对于大国有出人想象的好处，人们说，这种非物质的财富在证券市场上从一个人手里转到另一个人手里，是有莫大好处的。

要想使大臣们相信浪费的好处，使投机者相信他们的买卖对国民有利，使国家的债权人重视他们在社会中的地位，使资本家随时出钱，从而获得对国家效力应得的、比商业利息更高的利息，是用不着多费唇舌的。所以，人人对这种难以理解的学说都表示满意，因为这种学说使国家有息证券显示了它的优点。

我们不再探究这些令人莫名其妙的理论了，我们要设法使人了解，国家有息证券并不是别的东西，只是一种空想的资本，它代表着支付国债用的一部分年收入。与此相等的一笔应称为公债的公分母的资本被浪费掉了，但是，国家有息证券所代表的并不是它，因为这项资本在任何地方也不存在。但是，新的财富是应该由劳动和工业产生的；而在这些财富中每年都有一部分预先指定给曾借出被销毁的财富的人了；这一部分要用赋税的方式从生产这些财富的人的手中夺取，然后交给国家的债权人，而且人们要根据本国通行的本金和利息的比例，对这种空想的资本制定一项债权人所应获得的年利。

如果每人都能够看到他所领取的公共收入各部分的全部过程，那么，认为公债中包括自己全部财产的资本家，在看到应缴土地税的农田、应缴间接税的商店（这些都是应该向他付利息的）时就可以说：**这是我的财产，由我的资本应取得的利息就是从这里来的！**的确，这个资本家与农人是土地的共有者，与商人和手工业者是商店的共有者，因为这些人都要付给他利息；这个资本家投到国家有息证券中的资本是以土地所有者的不动产或商人及手工业者的商店为抵押的，这些人用自己劳动所生产的收入只不过是对分制土地所产生的收入，他们和债权人各得收入的一半。

同样，如果借给一个商人或一个土地所有者资本，就有权享有这个商人的买卖或土地所有者的土地所产生的一部分收入，而且，自己增加多少收入也就给这些人减少多少收入；同样，如果你把钱借给政府，你就有权分享商人或土地所有者一部分收入，因为政府要利用赋税得到这部分收入来还你的债；而你所得到的财富，正是纳税人所失去的财富。

某些政论家和某些政府演说家曾经认为或至少曾经主张：国债是一项巨大的、随时可以动用的资本，是一个巨大的货币力量，是推动生产的流动资本的主要部分。他们简直是在说：英国的巨大贸易是它的庞大国债的结果，是庞大国债的丰富产物；这几乎等于说：一个商人企图利用自己的负债来满足他的债权人，而不是用自己的资产来偿还债权人的债务。人们投入有息证券的资本，如果没有任何变化，是毫无用途的，这样的资本对投资人来说，不过是证券持有人手里的对别人劳动的支票。如果人们撤出这种资本来经营商业，那也不过是用别的资本代替它，实际上任何东西也没有撤出；在有息证券中投过多少资本，其中就仍有多少资本，在工业方面留下多少资本，其中也仍有多少资本，所不同的只是两个投资人的名字罢了。旧的国债所有者以出售国债的所得用到工业上，并不是把国债的资本用到这种生产性的工业上，他所用的资本是购买国债的人的资本，这项资本可能已经用在银行或农业方面了，至少它是一项流动资本，因为，人们可以转移它。它可以改变自己的特殊用途，却不能改变推动生产的一般用途。原来的资本家一旦变成了国债所有人，他就不能用他有息证券中的资本做任何事情，因为，实际上不存在的东西什么也不能做。

可能有人认为无须谈这个自相矛盾的问题；因为，人们怎么会把债务和财富混为一谈呢？但是，一些大名鼎鼎的权威人士使我们不得不在这里多费一些时间，来讨论讨论语言所加强的一种偏见，由于没有明确的概念很难对它加以分析，而且很多的私人党派还在尽力推行它。

在公债的优点方面受骗最深的，大概莫过于亚历山大·汉密尔顿了，他是美国国库的第一秘书，是极有名望的政治家，在这方面，确实是一个值得尊敬的人。他向国会提出的报告中，鼓励美国人从事新的工业建设，他向议员们保证，在这方面绝对不会缺乏资本；更奇怪的是，他为了举办这种新的工业，他向议员们所提出的资源却是他们的债务，他要用这些债务使美国人进行新的工业建设。这笔债务有七千万美元，国库每年要付利息。他说：“目前美国有一种可以消除任何缺乏资本顾虑的资本，这就是国家有息债券”；他用了二十多页篇幅把负量和正量混而为一，把国家的负债和资产相提并论。[①]

如果一个杰出的政治家陷入严重的错误，人们至少应该研究一下他走入歧途的原因。汉密尔顿认为，国家的债权人一般都能够随时出售他们的债权，并把售价用于新的企业。他的结论是，公债是债权人获得利息的可动用的资本。这样说是不正确的，因为能够随时购买公债的资本才是唯一能够动用的资本。但是，买者的这项资本可以不买，使这项资本仍留在原来投入的工业中，这种资本能够转到卖者的手里而再投入工业，它并不是公债的资本，也不是以公债为标准的资本。美国的欠债为七千万美元，而它在市场上流通的有息证券的价值可能受百分之四或百分之五的损失。这说明什么问题呢？这只说明，在这七千万美元的证券的所有者中间，有二百万美元或三百万美元证券的所有人能够出售他们的证券，同时也有能够购买两百万美元或三百万美元证券的买主。只有后面这二百万美元或三百万美元是可以动用的；但是，如果有人把这些美元用于新的工业，如果有人把它们从它们的主人钱袋里取出来（这些钱是他们维持全部贷款用的），其余六千七百万美元债券的所有者当然就不能够再找到买主了，虽然人们并没有任何怀疑全国是有这种支付能力的。关于收入的支配总是一样的；但是，可消费的以及可以

① 《关于工业的报告》(*Report on the Subject of Manufacture*)，第1卷，第201页；《汉密尔顿全集》(*Works of Alexander Hamilton*)，纽约1810年版。

用于再生产的财富却不能与这种临时财富交换了。

如果在这个问题上再把外国人拉进来，公债的问题就更复杂了，但是并不能改变这个问题的性质。在美国发行这七千万美元的公债时，可以说外国人的钱占了其中的绝大部分。如果美国人从那以后，把外国市场上流通的证券用自己节约出的资本收回来，就等于他们偿还国债了；假使再过些时候，他们把自己的债权又卖给外国人，那就等于他们又借了款，在这种情况下，买，就是向外付款；卖，就是借款；因为，买，就是使本国的债权人代替外国债权人；卖，就是再找一个外国债权人而非本国债权人。

是的，国家有息证券使人们有了一个便利的借款方法，以国家名义进行借款要比用私人名义容易得多。我们不能否认这一点，但在另一方面，这种借款的方式却是很不经济的。关于这一点，我们举一个例子比较一下就明白了。

一个美国人所持有的国家有息证券应得二百美元的利息；那么，他也要向国库缴付二百美元的土地财产税。这两个数字可以互相抵偿，并且应该说是他自己给自己付出了利息，他的财产只限于他的土地财产；他对国库的债务以及他对国库所有的债权相互抵消了，这两个数字将被同时取消，他并不因此变得更富或更穷，他只是把他这二百美元从有息证券中得到的收入看作是四千美元的资本，并且丝毫不考虑他每年所应付出的二百美元也应该被看作四千美元的负量，是他应该从他的财产中扣除的。如果他有了意外的需要，他就要把二百美元的国债卖出去；由于国债是可以在世界市场上进行买卖的，就可能被一个阿姆斯特丹的商人买去，阿姆斯特丹的商人并不认识这个美国人，丝毫也不想知道他的支付能力，却把他自己掌握的那个人的财产以抵押的方式拿过来，这是国家有息证券的唯一优点，它们可以比私人证券更容易进行买卖。如果赋税和国债同时被取消了，他就会损失有息证券中的四千美元的空想资本；他会从他自己的财产价值中赚四千美元，这是他要缴纳二百美元赋税的空想资本；此外，由于使他出售国债的意外需要，他可能以自己有息证券而借入四千美元的债，但因此并不会比出售自己债权变得更穷或更富。

但是，政府为支付二百美元而征二百美元的税并不是没有损失的。为了取得纳税人的一部分财产，政府必须设税务官、税务员、会计和稽核员，另外还必须有还债人负责偿还这种税款的工作。政府做这些事情并不是不花钱的，而且在进行这些活动时总会引起比工作本身加倍的困难、痛苦和损失。假定政府向纳税人一方面征收二百四十美元的税，另一方面必须把他当作国家债权人而还他二百美元（根据征收和管理的各种费用，这个估计数字不能算过高），因此，如果纳税人或国债所有人认为他有四千美元的有息证券财产，按照百分之五的利息，他可以把国库押出的这笔财产的价格看作是四千八百美元，只有在他有了这个数目才能偿清同样的债权；而把他的债权取消，把债权和产生这种债权的赋税取消，绝对不会损失四千美元的资本，实际上他在这个互相抵消当中却要赚以四十美元的利息所代表的八百美元的资本。

一般说来，人们可以在原则上认为，拥有两千万法郎收入而没有欠债的国家，要比一个拥有三千万法郎收入而负有一千万法郎债务的国家更富，因为，管理费是与总收入额一起增长的，并且是全体人民的损失，也是一个私人的损失。但是，无论对于国家或者

对于私人，一项巨大而不能随意动用的财产往往会造成一种骗人的信誉，而较小的和没有被抵押的财产却不会这样骗人。

私人债权和国家债权完全一样，无疑是个人财富的一部分，但是私人债权绝不能称为国家财富，因为私人债权绝对不能增加国家的年收入，它只能改变这种收入的分配。国家拥有各种物质财产，加上公民对他人的债权，减去他人对公民的同样债权，由于正量和负量相等，于是两者互相抵消，只剩下了物质财富。如果私人债权和国家债权都被取消，那就会使财产受到严重的破坏；将有一半家庭为另一半家庭而遭受破产，而国家却不会因此变穷或变富；国家的收入依然完全如旧，这些人所赚的正是另一些人所损失的。是的，国家违约永远不会有这样的结果，因为虽然政府取消了国债，仍旧保持属于债权人的赋税。政府对债权人失信，等于政府向别人要求债权人的财产。

无论公债怎样有害，只要现代国家中有一个最强大的国家发行公债，所有其他国家也就会相继发行。新的战争武器是不同的，一个国家用收入绝不能抵抗其他国家的资本，正如别的国家用大炮进攻，而它只用刀枪抵抗一样。它甚至连负担轻的借款方式也不能选择；可是能把偿还期限推得最远的国家却可以用同样的利息借到巨额款项。在这种可怕的竞争的面前人人都得退让；而逐渐改进的财政艺术只给人民带来了更沉重的负担。

最早的公债是查理五世和弗朗梭瓦一世发行的，是有期公债，国王许诺给予每个预付给他巨额款项的人以一定的收入，而且不多几年以后一定偿还这项收入的原本和利息。在发行公债的当时并没有得到多大帮助，利息却相当重，但是恢复和平以后不久，国家终归完全清偿了债务，它的一切权利又恢复了，人民感到轻松了，支付这些费用的担子都落到被贪心拖入战争的人们的身上了。

以终身年金的方法来借款确实是财政中的一大改进和信贷方面的一项进步。国家的收入不再交给借款人了；国家的账目更有条理更加正规了，还账的期限更长了；而且债务显然将逐渐减少，每死去一个债权人，国家就摆脱一项债务；虽然终身年金的利息比永久利息高得多，但是，借款的条件对于国库却不是不利，这种借款的主要条件是随着债权人的死亡而消灭，这就保证了一项完全合理的原则，使偿还债务的全部责任只由从中得利的当代人来承当。

后来，财政工作有了进一步的改进，人们就把终身利息改为永久利息，这可以说是当代人在使他的后代破产；当代人借债，把人家借给他的一切完全挥霍掉，不留下任何财产，却让以后世世代代的人负责偿还这笔债款。

为了使这种做法稍稍具有道德面貌，曾有人极力为之诡辩。有人主张政府不应该奖励破坏财富的投资，这种投资等于欺骗家长，并使他们重视自身的利益而轻视后代的利益，这等于消灭国家资本，只顾目前而牺牲将来。有很多人几乎都这样说，我们是为了爱子孙后代才给他们留下大批债务而不自己清偿。

如果人们确实知道公债绝对不是一项资本，那么，谴责终身公债是破坏资本的说法可以不攻自破。终身负担的利息在债权人死后就取消了，同时又恢复了它以前所具有的资本的价值，但是这个价值的一部分是给它应担负的地租，这一部分又回到地主那里来了。同样，国家的债权人损失多少资本和利息，国家也就得到多少资本和利息，国家不会随着这种终身债务的虚构的资本的消灭而更穷。

国家利用终身借款鼓励自私心理的说法是非常正确的，这差不多和它制定僧侣的薪给、圣职禄以及各种职位和终身年金一样。拥有这样一笔收入的人如果还没有结婚，当然只会想到自己；如果他已经结了婚，天性的爱情要比利润的引力更为强烈，利润，是人们总能得到的，即使国家不给他们机会，他们也能得到；而且，用终身利润投资的人完全有办法自己节约来恢复国库所不肯偿还他们的资本。

某些政府用永久借款代替终身借款以后，就认为自己已经完全摆脱了偿还终身借款的义务，而且还认为，只要它们按期付息，就算完全遵守了信用。但是，国家的新需要很快就会迫使它们每年增加有息证券的债务，把债务留给后代而心安理得的政府，在看出加给后代的重担使它们本身失去信用时，也开始考虑后代的利益了。一项只能增加而不能减少的巨大债款，不能不使人们所需要找到的新的债权人感到担心：必须向他们表明以后一定偿还；必须给公民规定出期限，不管这个期限多么远，必须使他们知道向他们要求的费用要用多长日期，偿还的办法就这样发明出来了。

这种办法起初仅仅是由用来清偿一切债务而通过节约积累起来的少量资金所组成的利息的巧妙结合，它使国家得到在终身利息相继取消时所能得到的利益。终身利息的取消是一种十分合理而且能立即实现的偿还活动。但是，每项终身债权的取消都给国库带来直接帮助，而每项节约和偿还银行所进行的每项赎买并不减轻国家的负担，只有偿还的能力因此提高了。

虽然利息和资本都应该在同样年限内还清，但是在与债权人订立借贷合同的时候，可能由于运用那种用于支付利息和资本的方法而获得一项比通过终身利息所能得到的资本更大的资本；毫无疑问，这就是使人喜欢分年偿还而不喜欢终身利息的一个理由。但是，不管人们要求给资本偿还银行有怎样的自由，这种银行永远是国家的一部分，必须受法律约束；经验证明，在饥荒的年月，在国家危难的时期，向偿还银行借款，随意运用资金，都是非常便利的办法，任何一个政府也不能对此毫不动心，永远拒绝不用。

发行公债的政府是浪费它这样得到的资本，同时宣布后代是永久债务人，他们应当以纯劳动所得偿还这种债务。一个沉重的负担就这样落在后代的身上了，世世代代压迫着它。这样，困难就会临头，商业可能改变新的方向，竞争的对手可能把我们挤垮，被先期出售的再生产可能不得实现；这没关系，我们仍然将永远担负力所不及的债务，这项债务把尚不存在的东西都抵押出去了，甚至把人们也许不能完成的、将来的劳动都抵押出去了。

由于必须偿还这项债务，就会产生这种或那种苛刻的捐税；捐税只要名目繁多，哪一项都是有害的。它们压制工业，破坏已经被预先出售的再生产。已经支付的越多，支付的能力就越小。一部分收入应该来自农业，而税收却破坏了农业；一部分收入应该来自工业，税收却迫使工厂倒闭；另一部分收入应该来自商业，捐税却使商业陷于长期停滞。灾难越来越严重，各种收入将越来越少。最后，可怕的失信违约的时刻必定到来，到这时候，人们甚至要考虑，为了再次设法拯救国家，是否应该提早采取违约的办法。再也没有使公民避免破产的机会了；但是，如果游手好闲的债权人先死去，从事劳动的债务人还可能保命；如果穷困的债务人先死了，债权人的最后希望也要随着穷困的债务人的死亡而归于消灭，债权人不久也必然会死亡。

无论如何我们不要激起民愤，不要引起广大群众的不满，因为这种情绪会使人们的愤怒越来越激烈，因为愤怒的是政府，而不是广大群众；无论如何我们也不要在怨恨中寻找安慰，不要看着同胞受罪而自己称快。如果给全世界作出光辉的榜样，并且通过自己的经验，使我们看清事务的大国由于容许本国政府挥霍无度而应受惩罚的时刻真的临近了，[①]这个大国虽然外表上还非常繁荣，它的困难处境却告诉我们，只要我们跟着它学习，就会遇到危险，只要所有自由的人民并不像专制君主那样轻易背弃自己的一切保证，而时时记得节约和自由对自己同样重要，无理由的战争，庞大的计划，恣意挥霍，要求大量发行公债，而发行公债以后势必日益加重捐税，那么，无论是怎样堂皇、怎样稳固的富豪，都会在捐税的重压下破产。

但是，文明的社会看来和没有生命的大自然一样，受着牺牲个人而维护整体的一般规律的制约，这些规律使人们通过到处打击

① 尽管现在英国又受到了新的损失，英国商人的妄想也已经同时云消雾散，它的财政状况却比七年前本书初版问世时有了好转，这是因为有一个明智而节约的内阁老老实实地采取了改变旧日浪费习惯的作风，这个政府一方面大力节缩支出；一方面取消了工业方面的最沉重的赋税。但是，尽管这个内阁如此能干，它也只能在国民收入增加的情况下完成这些改革，英国国民收入之所以增加，是由于它在南美洲打开了贸易的大门。今天，英国工业的不可抗拒的发展，使各个市场都达到了饱和状态，工厂获得了大量财富，可是使工厂发财的商业却变成工厂破产的原因，新的危机又在威胁着这个国家，新的困难又包围了英国的大臣。也许他们已经看到穿过暗礁的通路，但是，完全不了解暗礁秘密的人所看到的则只是航海的危险。

人类的灾难来共同追求一个一致的目标。直到现在，我们仍认为政治经济学的目的是增加财富，积累资本。我们曾经指出，这些资本要求人们参加劳动，使人类普遍过富裕的生活；我们一贯认为，财富和资本的增加就是**繁荣**，破坏财富和资本便是**灾难**。但是，我们已经看出，资本的积累是能够比它所生产的需求增加得更快的，在这种情况下，资本所生的利息就要减少，从而更能推动生产，同时也使人更少地消费资本，每项流动资本变为固定资本时，无须有相应的消费就能创造将来的一项生产，即使社会不能向新的地区发展，也继续繁荣一个时期，并且要在新的土地上诞生新的人，很快就会由于资本积累而出现生产和消费之间的可怕的不平衡现象。

看来，这些可怕的灾难似乎负有恢复人类社会秩序的使命，正如雷电、冰雹和暴风雨可以恢复空气的清新一样；正如瘟疫、战争和饥馑能够维持新生的人和土地所能提供的粮食之间的平衡一样。

这些丧失理智的大臣们的挥霍无度，某些政府的这种耗费巨大的奢华，庞大的军费支出，以及在战争以后财富所遭到的破坏等等，可能是恢复下述三种平衡不可缺少的东西，这三种平衡就是：生产与消费之间的平衡；资本与所需劳动之间的平衡，资本与所需劳动和由此产生的收入之间的平衡。于是人们为了使社会成员按适当比例分担所受的损失而作的努力就毫无效果了；相互之间的保证只是以后产生痛苦的东西。命运之手用这个可怕的灾难所打击的地方，财富和人必定一起消失；人是非常软弱的，无力同这些严酷的规律相抗衡，他必须低头，必须屈服。他绝不能支配这些盲目打击人类的灾难，这些灾难是与自然结合在一起的，同疾病、衰老以及死亡一样，这些灾难综合在一起，将要变成非常严重的不平事件。在饥馑时期，对于活下来的人来说，瘟疫可能是一件好事，因为瘟疫使注定要死的人所消费的生活资料节省下来，但是，怀着这种希望、使自己的同胞遭受灾难的人是不幸的！同样，有时为了恢复创造性的劳动必须破坏现有的财富。这时，国家可能向前发展，但是，为了达到这个目的而把祖先建筑的城市烧毁的人是不幸的！促使政府强占财产和挥霍无度的人是不幸的！即使灾难对我们有利，我们也绝不应该寻求灾难，我们要寻求国民的财富、健康、自由、幸福。如果贫困、疾病、压迫、灾难是为了使人们恢复勤劳、恢复人口、恢复他们的勇气和陶冶他们的性格所不可缺少的东西，没有我们，强大的自然规律就会给他们造成足够的不幸。

第七篇　论人口

第一章　人口的自然发展

我们给政治经济学下的定义是：研究一定的国家绝大多数人能够最大限度地享受该国政府所能提供的物质福利的方法的科学。事实上，有两个因素是立法者必须永远同时考虑的，即如何大量增加幸福和如何使幸福普及到各个阶级中去。如果财富对人口有利，立法者就应该设法谋求财富，如果人口可以分享财富，立法者就应该设法增加人口；立法者只有能够普遍提高所属人民的福利，他才能够寻求财富和人口。也只有这样，政治经济学才能真正成为造福于整个人类的学说，这门科学绝不包括最后不能给人类带来幸福的任何问题。

人类由一个家庭开始，经过繁衍，逐渐散布到全世界。人类经过很长时间才与地球各个部分所能提供的人的生活资料适应起来，这种自然的作用不断在新的国家发生；一个在荒野地区建立的殖民地、一个从野蛮社会过渡到较文明的社会的国家，绝不能一步就使它们所能养育并使之过富裕生活的居民散满各地。世界曾多次遭受灾害，很多地区曾先后变为荒凉地区，以后为了慢慢摆脱这种情况，我们也往往看到人口日渐增加的景象；我们经常把人口的增长看成是繁荣和政治清明的标志，所以，我们的法律和制度都是为了促进人口增加的，虽然加速繁荣的标志和繁荣本身的发展是截然不同的两件事。

大自然毫不吝惜地使各种各类生物迅速繁殖起来；虽然人类的繁衍最慢，可是在各种有利条件具备时，也能以空前的速度增加起来，但是，任何国家，任何时代，绝不会各种有利条件完全具备。如果所有的人都非常愿意建立家庭，都有建立家庭的能力，都在应该结婚的青春年龄结婚，而且一直生育到老年，那么，一个家庭很快就会变成一个民族，而一个民族很快就会遍布于全世界。毫无疑问，这样的繁衍，只须一个世代，人类就会增加到四倍，甚至可能增加到十倍。

但是，这样抽象假定的繁衍能力和事实之间存在着，而且必然存在着很大的距离。人并不是都愿意建立家庭，并不是都有建立家庭的能力，并不是都结婚，而在结婚的人当中，绝大部分又都大大超过了能够开始生育的年龄，还有一大部分未老先衰，很早就停止生育了。在人类的任何行为中，绝不应该把能力和意志混为一谈。人类的繁衍决定于意志，正是这种意志限制着人口的发展。

研究社会问题的时候，可以只把人决定建立或不建立家庭的原因简化为两个，而不考虑其他原因。这就是：婚姻生活和父爱的快乐，或者说情爱的快乐，使人建立家庭；顾虑需要和贫穷，或者说自私，使人决定过独身生活。人对于情爱和自己的利益是要加以衡量的。所以，考虑生活资料对于个人利益来说，和对于整个社会利益一样，是决定做父亲或者做独身者的决定性原因。

当一个男人结婚并且希望从夫妻之爱和子女之爱中获得幸福

的时候，他必须考虑这些由他决定命运的人也能获得幸福。我们在别的地方已经谈过，有一个共同的标志——财富，说明一个人对另一个人所能提供的全部物质幸福；但是，人们对于幸福的看法各不相同，都根据自身经历的愉快生活来衡量。毫无疑问，还有很多其他条件也是必要的，其中有一些可能更重要，例如道德、健康、气质等等；但是，我们不能明确判断任何一个条件，要了解我们能不能得到某种条件也不由我们决定。贫穷可以降低任何人的既有地位，贫穷是一个非常真实、人人知道的不幸，一个人如果希望从情爱中得到幸福，绝不肯故意使他所爱的人受穷；如果他是出于自私来保证自己幸福的，他绝不会使本人陷入贫困。一个丈夫要负责供给妻子儿女的生活资料；这种责任足以约束他不能任意而为。在结婚以前或者在做父亲以前，他总是要计算一下他和全家人能分享多少收入，他死后又能给家里留下多少收入。假使不考虑这些就盲目地建立家庭，他的轻率举动就得由顾虑收入不足而不结婚的人的过分恐惧来补偿；就社会整体来看，人们可以肯定，独身者只有在认为他的收入足以维持新地位的需要时，才能做丈夫或父亲。所以，人口只能由收入来调节；人口之所以有时超过这个比例，经常是由于做父亲的在收入方面失算了，或者更确切地说，是社会欺骗了他们。

事实上，一切民族都在不必改变社会制度的情况下很快就达到它所能养育的最多的人口，很快就达到用自己有限的、按实际情况分配的收入所能养育的人口。如果一种临时灾难、一次战争、一场瘟疫或一年灾荒使人口死去很多，随后就是一个国泰民安的时期，那么富人和穷人的收入就会超过人口，富裕的人就会依靠亲人的遗产变得更富，穷人就会以较少的劳动获得更多的报酬。于是，恢复人类繁衍的能力会立即发展起来，而且人们会看到，如何在很短的几年内就能消除几乎曾毁灭全人类的灾难所留下的痕迹。

很多国家的民法只规定长子有继承家庭全部收入的权利，因此，只有长子结婚，而其他各子则终身鳏居。但是，人口绝不会由此减少；四个儿子中只有一个结婚，还会留下四个儿子。既然他们的收入没有变化，人口也就没有改变的理由；只要不缺少生活资料，由四分之一的人延续家庭原有的人口是绰有余力的。

但是，无论基于什么原因，一个国家的公民要想依靠一种实际不存在的，或者已经停止了的收入建立自己的家庭，而且只增加人口，不增加维持人口的生活资料，这个国家就难免遭受最残酷的灾难。世界要消灭它所不能养育的人；出生的人越多，消灭人口的灾难——死亡率也就越大，以便永远维持同样的人口水平；死亡是穷困和灾难的后果，死亡之前总要经过长时期的苦难，这不仅对于已经死去的人，而且对于正在为自己生存而斗争的人都是长期的残酷刑罚。

国民收入可能是静止的、逐渐减少的、或是逐渐增加的，人们不只是应该希望人口自然地随着这种变化而变化，而且，只要社会组织没有缺陷，人口自然就会这样；但是，为了使人们获得幸福，最主要的是使人口随着收入的变化而增减；如果由于社会组织有某种缺陷，某些阶层公民不能了解自己的收入，立法者至少应该关心这些变化，不能刺激应该停止不动或应该减少的人口，不要使人口在国内引起人们所经常看到而且最害怕的灾难。因为，一场战争的损失或者一次瘟疫的祸患，比起使穷困阶级失去收入来，要算人

类的较小的灾难。那些由于穷困而身体衰弱以至死亡的人，甚至会羡慕被杀人武器夺去生命的人。

第二章　收入怎样限制人口

在把收入看作是人口的自然和必须的限制时，绝不应该忘记，我们称为收入的这部分财富，是每人用于每年再生产的垫支之外的部分，每年消费掉这部分财富的人并不会因此变穷；因此，某些人的收入是从土地的产品中扣除土地本身的价值和各种耕作费用以后的土地产品；另一些人的收入是从流动资本的产品中扣除流动资本本身和补助固定资本的补偿费以后的流动资本的产品；第三种人的收入就是这种固定资本的补偿；最后，第四种人的收入是人们所需要的劳动力。

收入的实质以及它与其他各部分财富的区别就是：虽然完全把它消费掉，并不留下任何亏空。如果土地所有者只满足于自己的地租，资本家和商人只满足于自己的利息和利润，工人只满足于自己的工资，就是他们把个人的收入完全消费掉，也丝毫不影响国家穷困。但是，一个土地所有者如果破坏自己的土地，不按照规定的方法乱伐自己的森林，卖掉原有家畜以后不添购新家畜，把自己的葡萄修剪坏，田地里不施用任何肥料，他就是把一部分资本当收入消费掉了。一个商人，如果他的支出超过利润，他抽缩自己的投资，或者增加自己的债务而不增加利润，他也就是亏了本。这样，不仅是他两个人受损失，国家也要因为他们同他们一起遭受穷困。就是能够充分享受自己收入还要比其他人更接近贫困的工人，如果不正确地利用这种收入,例如不能把收入用于维护健康和保持劳动力,也能使国家遭受贫困。因为工人的生命是再生产的能力,他戕害身体,毁弃生命,就等于浪费掉一笔使流动资本生息所不可缺少的国民资本,生命原是应该用来交换流动资本的。另一方面,如果他不是用一个生命而是用很多生命来交换流动资本,如果他不只是一个人劳动,而且有好几个孩子同他一起劳动来挣他一个人的工资,那么,这个生命所有的再生产能力,或者说他的收入,就是由于竞争而跌价了,虽然他付出的劳动还是那样多。他要想保持住个人的收入,只有他自己愿意劳动还不够;他的劳动还必须是人们所需要的劳动。

人们可以看出,收入与人口之间发生了任何不调和的现象,都一定会使资本减少或劳动的需求降低,而受损失的总是工人,被剥夺的总是工人阶级的收入。如果土地所有者浪费掉自己的财产,破坏自己的土地,那就等于减少应该用来交换劳动或劳动果实的收入;如果他借债,而且把这样得来的流动资本浪费掉,这项资本就不再推动生产了;如果他卖掉一部分土地,那就等于消耗自己用一部分所有权换来的资本。这样,用于交换劳动的资本就会减少,工人在下一年就要受损失。反之,如果土地所有者由于某种意外失掉自己的收入以后就开始节约,并且用剩下的、未被冰雹或霜冻夺去的收入维持生活,资本就不会减少,只是要周转得慢一些,因为富人的消费不会很快地代替这项资本;劳动的需求就会降低,工人当年就要受损失。

同样,如果商人或资本家耗费掉原为支付全部劳动工资的资本,出卖劳动力的人在下一年就要受损失。反之,如果商人或资本

家在受到损失以后并不和去年消费同样多的收入，他们也像消费者那样，减少资本的流通和劳动的需求，那么，出卖劳动力的人当年就要受苦。

如果土地所有者和资本家的收入恰好和当年的消费抵消，而资本毫无亏损，它的价值和周转速度仍然未变，但是提供劳动力的工人数在这时增加了，那么，工人依然要受苦，因为他们是付出全部劳动力来交换支付少量劳动的同样资本的。

根据这种解释，人们可以看出，穷人和富人一样，也有他们感到非常重要的收入，而且这种收入对于他们比对于任何其他社会阶级更为重要。这项收入应该和穷人的人口成正比，但是他们并不能决定这种收入，因为社会的每个较高阶级都能够破坏甚至毁灭这种收入。现代社会组织的巨大缺陷，就是穷人永远不能知道，他能指望哪一种劳动的需求，这就是说，他的劳动能力永远不能成为一项稳妥可靠的收入。

财富的发展，使工人聚集到大工厂里，他们的技能完全置于大资本家的支配之下，从这方面来看，财富的发展对穷人特别不利；因为大资本家们剥夺了穷人了解市场需求的一切可能性，虽然他们是为供应市场需求而劳动的。大资本家使工人完全不能了解需要工人产品的消费者的情况。在手工业者分散在小作坊里，依靠到附近城市出售自己的劳动产品的时候，他们自己很熟悉他们的主顾，可以说在主顾的收入减少时他们能够立即知道，因而也就立即知道对于他们劳动的需求减少了。一周只能工作半周的工人，处境是十分困难的，他们不得不忍受贫困，因此，他们当然就不想结婚，也就谈不到增加家庭人口了。但是，自从大量资本不是把手工业者，而是把很多的产业工人聚集到大工厂里以后，这些人就再也不了解数百里之外的主顾的状况了，在他们意外地被厂主突然辞退，以及结婚和增加家庭人口以前，他们并不了解主顾的困窘和他们的需求已经降低了。

农村鞋匠同时是小商人、场主和工人，不接到订货他是一双鞋也不做的；如果他看到只须一个鞋匠就能供主顾需要时，他绝不会使他的三四个儿子继续干他这一行；他能够预见到世界上没有他们的位置；但是，如果他在首都建立了一个制鞋工厂，一连几年每周都只向二十个鞋匠徒工要六双鞋，这些人就会认为有一个尽管肯定是低于店主但至少可靠的地位，使他们可以用劳动获得一项固定的收入。有了这种保证，他们就要结婚。假使后来工厂主没有经营好，破了产并且停业了，工人和他们的家庭势必成为这种错误的牺牲者，虽然这种错误并不是由他们造成的。

一个小庄园所有者或农场主，无论他们的知识多么有限，却十分清楚他们能在市场上出售多少小麦、酒和蔬菜；如果他们附近没有居民，距离运河和公路又远，他们就会顾虑将来家庭人口不增加、无法处理自己的产品而不多开垦土地。另一方面，如果他只有一小块土地，不能使他所有的孩子都在土地上劳动，他就不会生很多孩子，也不会使他的孩子都结婚。如果一个大农场主或大地主采取了耗费巨大的经营方法，需要很多的劳动，而且他一连几年为种植酵母花、精耕土地、管理葡萄园雇用着二十多个，甚至更多的工人，这些工人当然不如小农户幸福，但是他们却认为可以得到一笔可靠的劳动收入，他们会觉得这笔收入是他们自己的收入，而且在他们的孩子长到能够劳动的时候，也能作他们孩子的劳动收入；

有了这种保证，他们就会结婚。假使后来，土地所有者经营失败了，他觉得最好取消这一切投资，而只经营牧场以及几乎不用加工就能得到的土地产品，这些工人及其家庭就会成为这种失败的牺牲品，虽然这种失败并不是他们造成的。

因此，穷人愈是丧失各种财产，他们就愈弄不准自己的收入，而促进找不到工作、得不到生活资料的人口的形成。这种看法由来已经很久了，甚至流行到语言中，从拉丁语转到现代语言中来了。罗马人把一无所有的人称为无产者，好像他们比别人更有生孩子的使命似的。Ad prolem generandum①。

收入既然是限制人口的，当人们看到一笔极小的收入竟能鼓励人口无限增加的时候，就会感到莫名其妙。但是，绝对不应该忘记，每个阶层的穷富都是相对的。每个人的需要则取决于习惯和社会对他的地位所要求的义务。降低这个地位，不能履行这个地位的义务，就是每个人所谓的受穷。一个结了婚的人既然必须用他从前只为自己消费的东西来满足几个人的安乐，当然会陷于比较穷困的地位；但是，他具有这种地位的一切，毫无损失，因为社会是希望有变化的，它并不强迫他履行和从前一样的义务。一旦他的收入不足以维持他本人及其妻子儿女在已经习惯了的地位上的需要时，虽然一个生在他所降入的那个阶层的人认为他处于富裕地位，他却会感到穷困的全部痛苦。实际上，我们从未见过大地主要自己的儿子做农场主，农场主要自己的孩子做短工的；我们也从未见过大商人要自己的儿子做小商人，小商人要自己的孩子做手

① 拉丁文，意思是“应该传宗接代”。——译者

工业者，而手工业者要自己的孩子做短工的。只要家里的孩子除非过独身生活或进入比他父亲更低的行业中去并无其他道路的时候，就可以断定他是必须放弃结婚的。尽管动摇国家财富的革命经常发生，天天有富裕家庭从原来的地位变成穷苦家庭，却极少见到自愿从一个地位降到另一个地位中去的家庭；但是，如果上层社会各阶级的人口不从低层阶级补充新的人口，他们终归要逐渐消亡的。

但是，人间出现了一个经常一无所有的阶级，他们认为富裕就是生存，穷困就是挨饿，而人们使这个阶级的生活资料恰恰减到不能再减的程度，从此以后，处于这种地位的人就只能盼望他们所爱的人得到他们已得到过的事情。如果他们是活一天算一天的，只要他们的儿子也能够活一天算一天，他们就满足了；既然他们从没想了解过需要利用他们劳动的市场，他们也就丝毫不想为他们的孩子作这种打算；在工厂里每天只挣八个苏，而且经常挨饿的不幸工人，并不是自己不肯结婚，而是人们已经使他们只能考虑星期六领取一周工资的日子，再没有更长远打算的习惯了；这样就削弱了工人的道德品质和同情心；他当前遭受的痛苦就已经够多了，他丝毫不敢想他的妻子和儿女将来要受的痛苦；如果他的妻子也挣八个苏，他的孩子虽然年幼，却能使他从救济院、国家慈善机构或者像英国那样、从利用济贫税的本堂区领取某些救济，或者当孩子们到了六七岁也开始挣一些东西的时候，他的孩子不仅不减少他的收入，而且似乎是增加他的收入，可见，他家里的人口愈多，给社会带来的累赘愈大；国家就会在与生活资料不相适应的人口的压迫下遭受痛苦。

第三章　限制人口增加的绝不是土地所能生产的生活资料

英国哲学家马尔萨斯首先使人们注意到由于挣扎在极端贫困中的过剩人口所引起的灾难。他毅力坚强，学识渊博，研究事物极其深入细密，并且充满伟大博爱精神的思想。他叙述了所有野蛮、文明、古老或现代国家的情况。他指出每个国家的灾难和死亡的最基本原因，假使人口增加过快就能够破坏社会。1798 年，他的《人口论》一书初版问世后，立即引起政治家们重视人口增加过快的危险；在他以前，柏拉图和亚里士多德、孟德斯鸠、富兰克林、詹姆斯·斯图亚特、阿瑟·杨格和唐森虽然也都指出过这种危险，但是没有引起人们的重视。马尔萨斯指出，很多国家的政治制度和宗教制度都有使已经令人难以忍受的痛苦进一步加深的趋势，这就给政治经济学的主要部门指出了一个崭新的方向。他的著作连续再版五次，每次他都作了新的补充和修改，因而大大扩大了他的影响，他的学说也获得了全面的发展。但是，不管这种学说如何完备，在我们看来却不是正确的。马尔萨斯先生特别强调了一种他认为十分明显、十分普遍的主张；他毫不加考虑地以此作了他的理论基础，正因为如此，他才陷入了严重的错误，我们认为这些错误相当危险，虽然我们非常尊敬马尔萨斯先生，但是仍然认为对他的理论必须加以驳斥。

马尔萨斯先生主张的原则是：任何国家的人口都受着这个国家所能提供的生活资料的数量的限制。这种主张，只有就整个地

球或者对一个完全不能从其他国家取得一部分生活资料的国家来说，才是正确的；它在其他一切有对外贸易的地方都不适用。除此以外，最重要的是这种主张只有抽象的正确性，而且不能适用于政治经济学。人口从未达到过生活资料的最大限度，而且它可能永远不能达到这种限度；所有需要生活资料的人，都没有向土地要生活资料的方法和权利；另一方面，依法垄断土地的人也绝不想使土地所能生产的生活资料完全生产出来。任何国家的土地所有者都反对、而且必须反对专以增加生活资料为目的而不能增加他们收入的耕种方式。早在一个国家不能生产更多的生活资料使人口停止增加以前，人口的增加就由于人们无力购买生活资料或者不能进行生产生活资料的劳动而停止了。

马尔萨斯先生说，人口每二十五年要增加一倍，而且是按几何级数累进增加的，可是用于提高土地产量的劳动对土地生产量的增加却是递减的。即使土地的生产量在头一个二十五年能够增加一倍，第二个二十五年只能增加三分之一，以后只能增加四分之一，更往后就只增加五分之一，这样，生活资料就是按算术级数增加的了。在两个世纪中，人口增加的级数为一、二、四、八、十六、三十二、六十四、一百二十八，而生活资料增加的级数却是一、二、三、四、五、六、七、八。

这就是马尔萨斯先生学说的理论基础，在他的全部著作里，不断地引证这种理论，可是在我们看来，这是彻头彻尾的谬论。只是抽象地提出了人口的可能增加，并没有根据现实同动植物的积极增长相比较，因此他只看到了比较不利的情况。绝不应该这样比较粮食和人口的增长。

从理论上讲，植物是按照几何级数增加的，增加的速度要比牲畜大无数倍，而牲畜增加的级数又比人大无数倍。一粒小麦头一年结实二十粒，第二年就要结四百粒，第三年是八千粒，而第四年则是十六万粒。但是，要想使它能够这样增加，必须使它不缺乏营养，就是说，不能缺乏种小麦的土地；这个道理也完全适合于人类。

吃草的牲畜的增加速度当然比较慢，羊四年增加一倍，八年增加两倍，而且永远是这样四年一倍地增加，增加的级数是八、十六、三十二，到了第二十四年，按照马尔萨斯先生的说法，羊的头数同还没有增加一倍的人口已经成六十四与一之比了。

这种植物、动物和人类三方面的增加能力是假定的。植物、动物和人的真正现实的增加能力，都受人的意志限制。但是，在我们的社会里，并不是由随便哪一个人的意志，而是由土地所有者的意志来限制的。在土地荒废着的时候，土地所有者完全可以决定发挥或限制植物的增加能力；只要植物没有被动物吃光，土地所有者就能完全决定发挥或者限制动物的增加能力，可是，当人们只向他索取土地的果实而不给他收入作为交换条件的时候，他就会对动植物的增加能力都加以限制了。

研究一下人类历史就会看到，无论在什么时代和什么地方，总是人类的意志，或者更确切地说，总是人类自己给自己制定的法律是唯一限制生活资料增加的意志，也是限制人类繁衍的意志，因为法律就是人类这种意志的表现。人们经常看到，不幸的工人得不到或者不能充分得到自己劳动的工资，他们身体日益衰弱，挨饿和死亡；但是，在任何国家，从未见过人们的口粮减少到像一个被围城市的居民或者一只遇险的船上的船员那样少的。人们从未见过不是收成不好、而是人们不能更多的生产使人类的生活资料不能充分满足生存的人的需要的，甚至在生存的人由于穷困或者劳动阶级不能得到充分的工资而迅速减少的时候，也是如此。人口从未由于土地不能完全按照需要的比例生产新的果实而停止增加，人口也从未增加到使土地的果实不能再以几何级数增加的程度，因为这样增加的级数，无论对于人类或是土地的果实来说，都是假定可能的，而人类从不运用这种假定可能的能力。

由于天时不利而造成的灾荒，绝对不是马尔萨斯先生所说的人口增加的障碍。他的假定是不能生产，而不是应该产生的产品的损失。旱涝对于收成的破坏，绝不能证明下一年就不能生产比出生的人口更多的谷物。

但是，当穷人阶级得不到生活资料或者没有这种购买力的时候，人口的迅速增加就被迫停止，这是马尔萨斯所谓的人口增加的永恒规律，可是，富人阶级并不缺少粮食，贵族阶级并不愁没饭吃，他们的身份和特权都高出一般公民，国家的这种特权阶级里的人口总该是绵绵蕃息的了。

任何地方的贵族都拥有足够的生活资料，在他们的后代贫无立锥以前，他们的丁口总该是逐渐增加的了；可是事实恰恰相反，人们看到，世界各国的古老家族，都是传不到几代就灭户了，贵族阶级只是不断地从升为贵族的人来补充才得以保持自己的人口的。每个家长都不希望增加有辱门庭的后代。尽管某些家族分了很多支，可是已经绝嗣的家族数目要比这个数目更大，亨利四世时代的人的后代就已经没有他们祖先的人数那样多。这个人所共知的事实，应该使今天还为贵族受穷而惶恐不安的那些人放心了，永久继承权是不能保障贵族的财产的。关于蒙莫兰西家族的起源至少可以追溯到于格·加贝时代[①]，可是谁都知道，所有姓蒙莫兰西的人后来都以姓这个姓为无上光荣。蒙莫兰西家族的人从来不忧衣食，按照马尔萨斯先生的学说，这个家族人口必定是永远没有因为缺乏口粮而停止增加，它的人口应该是每二十五年增加一倍了。根据这种算法，假定这个家族的始祖生于公元 1000 年左右，到 1600 年时，他的后代应该是一千六百七十七万七千二百一十六人。事实上，那个时代整个法国都没有这么多人口。这个家族的人口如果一直这样增加下去，到今天，全世界将为一个蒙莫兰西家族占满了；因为他们的人数到 1800 年就应该是二十一亿四千七百四十七万五千六百四十八人。这样计算看来好像一个笑话；可是这确实可以使我们清楚地看到，一方面，一个家庭只靠人类可能增加的能力，能够增加多少人口；另一方面，也可以看到，人类的意志总是怎样限制这种增加的，人类意志所提出的这种障碍是不受生活资料的数量影响的；因为这种障碍首先阻止了社会最高阶层的人口的增加，或者说首先阻止了最不受穷困威胁者的人口的增加。

人在蒙昧时代是以渔猎为生的。鱼和猎物同人类一样，都是按几何级数增加的；鱼和猎物增加的级数也和人口增加的级数一样，达到一定水平就会自动停止。最初抗拒这个增加规律的是猎人，他们几乎不受社会法律约束，而完全按自己的意志在这种情况下限制家庭人口的增加，以免加重他的负担。那时候，猎人的收入

---

① 约在公元 987 年左右。——译者

非常不可靠，他们往往挨饿，但这绝不是由于他们的人口无限制地增加了；恰恰相反，他们的人口是完全停止不动的，到蒙昧时代的人和较文明的民族发生关系以后，猎人的人数减少得更快了。

文明的进步使游牧生活代替了渔猎生活，土地上保存得很好的天然产品，足以养活更多的人和牲畜。过去只能勉强养活五百西罗克猎人的荒野，这时可以养活一万鞑靼的牧民和他们的所有畜群。牲畜永远比人口增加得更快。人的成长需要二十年，而牛只要五年，羊要二年，猪有一年就够了。牛的数目六年可以增加一倍，羊四年可以增加一倍，而猪两年就能增加到十倍。一个牧人只要得到一块从前用于狩猎的土地，他的畜群的增加总会大大超过他的家庭人口的。

一个鞑靼民族形成以后不久，确实很快地增加起来；但是，人们永远也没看到鞑靼人的畜群能够把鞑靼地方的大草原上的草完全吃光；当一个单独家庭知道它生活在这荒漠的原野里必然要逐渐衰落，而它要接近其他民族又会受到压迫的时候，它就希望人口增加，以便可以得到一种自卫力量，实际上，它很快就达到了这种程度。但是，当达到它认为适当限度的时候，增加就自动停止了。在阿拉伯、鞑靼、加布尔以及上苏格兰等等一切游牧民族中都可以看到血统的自尊心，这种自尊心是反对分居和析产的。青年子弟离开本族族长就可以找到新的牧场；但是，他们宁肯留在一起却不结婚。由于风俗习惯，他们结婚都很晚，结婚以后子女也不多。由于一切游牧民族都极好战，他们的后代最近更加减少了；尽管游牧生活非常诱人，乐趣很多，以致在农牧人口各占一半的阿富汗人中间常见的情况，也是只有农民去做牧民，而没有牧民去做农民的，可是人们从未看到牧羊部落的羊群把牧场吃光过。

但是，从游牧生活过渡到农业生活，或者更确切地说，在被游牧民族遗弃的地方发展起农业民族，确实是一种文明的进步。从此以后，人们不再依靠植物的天然产品维持生活，而是以自己的劳动来生产和增加产品了。据估计，以前勉强能供养一户人家的荒芜牧场所生产的谷物和家畜，这时可以供养三十户人家。因此，当一个民族由游牧生活转入农业生活时，它等于获得比它原有土地面积大三十倍的土地。它之所以不完全耕种这块土地，甚至最文明的国家之所以仍然有荒废的用于牧场的广大良田，是因为人的意志和法律在任何地方都反对完全耗尽能够生产生活资料的土壤肥力。

植物增加的几何级数，比牲畜增加的几何级数更大。用普通方法播种谷物，一年可以增加到五倍，在同样时间内，马铃薯可以增加到十倍。为了生产同样多的生活资料，马铃薯所需要的土地只为播种谷类土地的十分之一。但是，即使在人口最多的国家里，人们也不肯把所有播种谷物的田地都种上马铃薯，把所有牧场都种上谷物，把所有用于狩猎的树林和荒野都改为牧场。这些都是各国的后备财富，如果国家改变了计划，它可以在某一年突然大大增加本国的生活资料；它可以按几何级数来增加生活资料，使生活资料大大超过一切可能的人口增加。

我们说国家改变了计划，是因为农业民族的意志把用土地生产或不生产的权利交给土地的主人了，土地是按照他们的利益来供应生活资料的；如果要求生活资料的人无须用个人收入来购买的话，则所有国家的土地所有者永远不会同意有人从他们的土地上取走生活资料。在罗马，有两万人挨饿，并且要求劳动，而罗马郊外有四十万土地工人，还荒芜着许多土地，按劳动力说他们足能使这些土地长满田禾，然而单单是他们愿意并不解决任何问题；只用自己劳动生产自己生活资料的土地工人，不能给土地所有者以任何利益。即使能给他一些东西，也不能抵补上土地所有者无须对土地加工就能得到的收益；所以，那里没有任何劳动，也没有生产任何生活资料，人口也就不应该增加丝毫，因为，旨在确立所有权的法律所表示的民族意志，反对人口这样增加。

第四章　国家希望人口怎样增加

我们论述土地财富时已经谈到，某些国家的经营方式十分残酷，它们给予家族虚荣的保证也完全违反公众的利益，因而使地主不肯采取较先进的经营方式，这种行为既不合理又不人道，而且与建立所有权的宗旨背道而驰。但是，一般说来，在指出社会制度与人口增加的比例不调和时，我们所听到的却是主张鼓励增加人口的多，限制人口增加的少。有时候，地主本应容许人们进行一种生产劳动，他却拒绝了，虽然这样拒绝生产劳动终归是有限度的。一个国家如果榨尽土地所能生产的全部生活资料，它是非常不幸的，因为那样它只能享受到质量最低的生活资料；把后备土地全部垦种的国家，也是不幸的，因为这样它就没有任何应付意外需要的后备力量。土地所有者是保护社会不受这种人与人竞争的危害的人。如果人们都被迫去到难以忍受的工厂里当工人，被迫付出最大强度的劳动而只能领取一份最微薄的生活资料来勉强维持生活，那就是使他们用生命竞争了。地主倘能使任何人都不卷入这种疯狂的竞争，对谁都是有利的，因为我们的制度使社会毫不需要的人口诞生，使某些阶级不能正确认识自己的收入和生活手段，以致有少数人不得不陷入这种竞争，已经是最大的缺陷了。

一个国家，只要它的能够给农业劳动带来丰富报酬的土地大部分荒废不种，而只生长一些天然产品，已耕土地又经营得非常不利，土壤不加改良，沼泽没有疏干，丘陵没有防止坍落的保证，农田没有抵抗自然灾害侵袭的设施，而且这一切之所以未能完成，仅仅是由于缺乏劳动力，那么，为了农民和依靠农民劳动而生活的全国人民的幸福，就应该增加农民人口，使农民阶级能够完成这些需要他们完成的任务，因为这里有他们的丰富的报酬。

如果消费者缺乏工艺品，或者他只能用和工艺品的价值绝对不成比例的高价才能买到这些工艺品，如果他由于买不到所需的家具衣物而不得不用自有的粗糙制品自给，如果他的享受由于所用器物不便和有则用无则缺而受到限制，就应该增加手工业人口，因为根据人们所感到的需要可以很明显地看出，增加这种人口不仅能够丰富他们的生活，而且可以提高其他阶级的享受。

如果一切劳动对农业和工业以及为工农服务的商业都迫切需要，并且同样能增进公共福利的保护社会行业感到人力不足时，就应该使人口继续增加，以便使国内秩序、人身和财产的安全得到进一步的保障，健康得到更好的护理，灵魂得到更好的食粮，智慧获得进一步的发挥，并且使社会有足够的力量可以征募消耗人口最快的陆军或海军的兵员，以抵抗外敌的侵略。

只要需要增加人口，人口就会立即诞生；但是，为了使人能够在所属范围获得一个固定的职业，绝不是只让人诞生出来就够了。有时候，虽然没有人耕种的肥沃土地很多，土地附近众多的人口却没有任何能够利用这些土地的机会。这些土地是少数家庭的财产，它被宣布为不可分割和不可出让，它只能根据长子继承制转给一个所有者，却不能长期出租，也不能当作抵押。土地所有者没有土地生产所必需的资本，也无力给有这种资本的人以任何保证，使他们在自己的土地上投资。因此，罗马的失业人口要求工作，荒废的罗马农田要求工人，都毫无结果；这是社会组织不良；这样的社会组织一天不改变，工人就有一天要困死在地边上，土地会因为无人经营而再变成荒野；这样，人口不但绝对不会增加，反而要进一步减少。

在工业方面也是这样，尽管波兰、匈牙利、俄罗斯等国的富裕地主需要各种奢侈品，尽管道路不便使远途运输给本国的工业带来较高的报酬，压迫和奴役终归要扼杀低层阶级的一切能力和经营企业的精神。在其他地方，使人破产的垄断权、不合理的特权、令人痛心的侮辱、无知、野蛮以及缺乏安全保证等等，都是使工业不能发展，使任何推动工业生产的资本不能积累的原因。在这种情况下，人口增加绝不能提高工业生产；虽然出生率在一定年限内增加了一倍或三倍，却不能多增加一个工人，而且只会造成速度相同的死亡率。这是社会组织不良，这样的社会组织一天不改变，人口就一天不应增加。

保护阶级是依靠其他阶级生活的，正像它依靠其他阶级来补充自己的人口一样。要想有众多的人口维护社会，并不是只多诞生婴儿就能解决问题的；没有一定的富裕财产，父亲就永远不能把孩子养大成人，国君也永远不能使他们成为士兵。在这种情况下，战争和海外事业将会吞噬掉整个人口；可是，如果社会组织良好，战争和海外事业只用多余的人口就够了。

最后，人口永远是按照劳动的需求来调节的。只要有劳动需求和供给劳动的充足的工资，挣这份工资的工人就会诞生。人口的发展能力是很大的，永远能填满空余的位置。工人所需要的生活资料也是永远能生产出来的，必要时还可以由国外输入。要求一个人诞生的同样需求，也会给他赖以为生的农业劳动带来报酬。如果没有劳动需求，工人在经过一场挣扎以后就会死亡，可是，在他的斗争中受害的并不是他一个：所有他的同事以及他的竞争对手都要和他一起受害。那时候，能够维持他生活的、他将无力购买也无法要求得到的生活资料，也就会停止生产。因此，国民的幸福决定于劳动的需求，而且是决定于不间断的经常的需求。因为，如果不是这样，如果需求是时断时续的，它就会在培养起工人以后，紧接着又会使他们遭受痛苦和死亡。还不如根本不使他们诞生哩。

我们已经谈过，劳动的需求是生产的动力，必须和供应消费的收入相适应；收入则是由国民财富产生的；而国民财富又是通过劳动才形成和增加的。所以，在政治经济学方面，一切都是互相关联的，人们不断地沿着一个圆圈循环，果要变成因，因又变成果。但是，只要此一行动和另一行动配合得好，各方面就都能前进；只要有一个运动落后，它本来应该和其他动作互相配合却脱离了正轨，那时一切就都要停顿。根据事物的自然发展进程，增加一份财富，就应增加一份收入，增加一份收入，就应增加一份消费，随后是应该增加一份再生产的劳动，和增加一定的人口；最后，这种新的劳动反过来又增加财富。但是，假使措施不当，以致这些活动中的某一环节加快了速度，不能同其他环节相配合，就会打乱整个系统，于是，预期使穷人获得怎样的幸福，反而给他们造成了同样深重的灾难。

只要一个社会所占据的国家有养育新人口的资源，能使这种人口过富裕幸福的生活，而这些资源却没有被利用起来，社会的目的就可以说根本没有达到。对全世界广施幸福是上帝创造万物的宗旨；一切受造物都有它的用途，人和人类社会必须适合造物的这个宗旨。

一个政府利用手段压迫本国群众，不顾正义和秩序，阻碍农业和工业进展，使肥沃的土地继续荒废下去，它这种暴政不只是犯了危害本国人民的罪，也犯了危害人类社会的罪，因为它使整个社会普遍遭受了痛苦。这种暴政破坏这个政府所占据的国家的权利，同时也破坏了所有其他民族的享受，其他民族有权利监督这样的政府。这并不只是因为北非国家组织了海盗队伍来抢劫欧洲人，欧洲人才能向他们清算抢劫的账目，也是因为这些国家使欧洲商业所需要的土地变成了一片荒漠，它们破坏了自由、安全、农业、商业和人口。欧洲人在这块非常良好的地区可以找到丰富的生活资源，这个地区的位置在交换欧洲商品方面也十分便利；只要非洲人回复到亚德里亚奴斯时代的状况，欧洲人就可以在非洲人的财富中为他们多余的工业品找到广阔的市场。阿尔及尔的国君或摩洛哥的皇帝的压迫，不仅使非洲受到危害，也殃及了我们的各个工厂。

现在有人很愿意提实际上一直没有人遵守的原则。哲学家和爱好自由的人们主张:一个国家没有任何权利干涉别国的内政,不管那个国家当局滥用职权的情况如何严重;只有当这个国家当局的行为威胁到其他国家的时候,外国才能过问。对于暴君比对于自由国家更为有利,人们相互间的需要以及彼此所能做出的好事和坏事,隔断了它们之间的来往,否定了这个对于暴君比对于自由国家更为有利的原则。恰恰是因为本国人民挨饿,我们才有权过问邻国人民滥用天赐产品的行为。由于一种对财产的不正确的尊重,连国君的地位也成为私有的了。但是,所有权本身的建立,是社会契约的结果;国家当局之所以负责保护私有权,是因为人们在法律和行政机关管理下的社会中,是按照个人利益来追求全体利益的,这种个人利益可能发生偏向,所以国家当局应该在必要时加以限制。但是,在独立国家之间所组成的广大人类社会中,并没有约束各个国君贪心的法律和总政府。这些国君的利益及其属民的利益并不一致;如果国君要维持自己的暴政,他们的利益就和属民的利益相对立;即使人们可以认为北非人对北非地区享有无限制的所有权,也不能把奴役北非人民的那些人的所谓权利混为一谈。

但是,当这些可居住的土地有四分之三因当地政府施行暴政而夺去它应养育的居民的时候,欧洲的很多地区却受到了与此完全相反的灾难的威胁;欧洲再不能容纳过多的人口了,欧洲的人口超过劳动需求的比例了,而且在这些过剩人口陷于贫困以至死亡之前,使依靠他们的劳动生活的所有阶级同样和他们一起遭了灾难。任何地方发生这样灾难,任何地方发生只靠出卖劳动力生活的人得不到工作，并且眼看着自己周围有丰富的生活资料而自己无力购买以致贫困而死的时候，造成这种不调和现象的根源，总是我们的法律和我们的制度。我们的政府在一种盲目的热情驱使下，破坏了自然建立的平衡。宗教的规矩、法律、社会组织都曾努力使社会毫不需要的人口诞生，同时，以增加财富为目的的立法者不是尽心竭力提高人类的幸福，而是一心想尽少地使用人类的劳动力来完成所需要的工作量。甚至在消费量已经大大减少、市场停顿的时候，仍然常常看到政府还在以同样的热情，一方面增加出生的人口，一方面继续缩减各行业所需要的劳动力。于是，有关社会各方面进步的比例遭到破坏，形成了普通的灾难。

第五章　宗教对增加人口的鼓励

宗教教育几乎一直强有力地破坏着人口和维持人口的劳动需求之间的平衡。宗教被看作是神的事业，因而也一向被认定为完善和千古不变的事业。宗教教士们曾竭力反对适应情况的所有改革，但是，在民法和政治法成为宗教的规定以后，宗教在社会发展中的固定不变的性质，就往往使这些法律背离其最初的目的。虽然还是那些条规，而立法者的本意则已完全被抛弃在一边。原期由此产生的好处，反而变成有害的事物。宗教是从人类起源时开始的，所以在人口迅速发展的时代，到处受到人们的欢迎，可是当家庭人口无限制地增加、出生的人只是肉体受罪而道德沦丧的时候，宗教却依然丝毫没有改变它的最初原则。

中国人认为，人生最大的不幸和最深的耻辱就是死后没有亲子为自己发丧。所有其他宗教几乎都认为家庭丁口无限繁衍是天赐之福。另一方面，宗教谴责一切越轨行为，却认为婚姻行为是完全合乎道德的。任性造成父子关系的人作出的冒昧行为中应受谴责的事情，只要领过婚姻祝圣礼，就算无罪了。

但是，不管品行纯洁多么重要，更为重要的却是父亲对于亲生子女应尽的义务。为贫困而生小孩，也就是为罪过而生小孩，纯洁无罪以及不损害别人的幸福和道德，就这样在一时的情欲冲动之下牺牲了。诡辩学家为了改正罪恶，甚至是为了防止犯罪而宣传婚姻的热情，他们奉劝夫妇无须顾虑将来、可以把子女命运完全托给上帝的冒昧，以及对社会制度问题的无知，使他们把婚姻所固有的一项美德——节欲，一笔勾销了。这种热情、冒昧和无知，正是人口和生活资料之间自然形成的适合遭到破坏的经常起作用的原因。

人们对人口抱有不同的观点，有时强烈地攻击天主教利用修会三愿使一定数目的人不结婚，有时又极力颂扬天主教早就着手制止人类的可怕增加的英明远见。谴责或颂扬，是同样没有根据的；既然有四分之三的成年人进入修会，其余四分之一足以维持同样的人口水平；既然每对夫妇预先知道有了虔信宗教过独身生活的人就一定有一笔收入，他们当然可以多生几个维持人口的孩子；这正如每对夫妇为了补偿国家因经常作战或向海外扩张的危险行动所造成的死亡而多生几个孩子一样。人们完全不是指靠这些人维持人口的，如果这些人和他们的弟兄一样都生育子女，那就会破坏平衡。

但是，人们对这些诡辩家的立法中最重要的部分的注意是非常不够的，我指的是被他们称为夫妻义务的那一部分。[①] 他们认为婚姻的唯一目的就是传宗接代，他们把自己教导独身者所应遵守的德行说成是罪恶。这种训诫是神师（听告诫的神甫）对做父母的人教导的话。这种训诫经常攻击我们前面所说的那种利益和情爱的普遍原则。我们的原则是为保护社会的，就是说，绝对不要使应该受到爱和保护的人受苦；不应该使这种人诞生：他们不能得到和自己同样生活的地位，他们不能得到免于困苦的生活资料和防止腐化堕落的自由。在经过改革的宗教里是没有人向神师们讨教的，但是，改革的宗教里的神师们所制定的伦理学对于触及这些困难问题的主张仍然顽固地坚持着，唯恐违反廉耻而陷于下流。诡辩学家论婚姻义务的旧学说，在英国教会中的影响尤其严重，这种学说的影响是与爱情的自然心理背道而驰，与父亲保护子女的天赋心理格格不入的。

如果没有人相信这些危险的偏见，如果不是宣讲神圣不可侵犯的权利的伦理来反对我们所说的对人的真正义务，特别是反对我们所说的生育子女的义务的话，任何人在自己地位上未得到可靠的生活手段以前也不肯结婚；任何家长也不会使子女超过他所

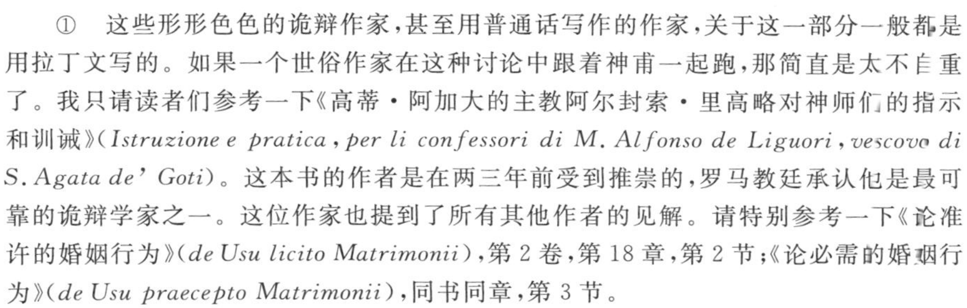

① 这些形形色色的诡辩作家，甚至用普通话写作的作家，关于这一部分一般都是用拉丁文写的。如果一个世俗作家在这种讨论中跟着神甫一起跑，那简直是太不自重了。我只请读者们参考一下《高蒂·阿加大的主教阿尔封索·里高略对神师们的指示和训诫》（*Istruzione e pratica, per li confessori di M. Alfonso de Liguori, vescovo di S. Agata de' Goti*）。这本书的作者是在两三年前受到推崇的，罗马教廷承认他是最可靠的诡辩学家之一。这位作家也提到了所有其他作者的见解。请特别参考一下《论准许的婚姻行为》（*de Usu licito Matrimonii*），第2卷，第18章，第2节；《论必需的婚姻行为》（*de Usu praecepto Matrimonii*），同书同章，第3节。

能给予适当教养的数目。家长当然应该希望子女对他们未来的命运感到满足；那么，当他的收入丝毫也不能增加的时候，他就应该使新生的后代恰好代替将要去世的一代，要使达到结婚年龄的子女恰好代替他俩的父母；应该使孙子孙媳转过来也代替儿子儿媳；应该使自己女儿在别人家里得到另一个人家里的女儿在自己家里所得到完全同样的命运；最后，应该使足够父亲应用的收入也能满足儿子的需要。

这样的家庭组成之后，它就会基于正义和人道，要求自己也像独身者节制自己那样实行节制。只要看一下各国非婚生子的数目多么微小，就一定会承认这种节制是相当有效的。在人口不能增加或至少增加很慢，甚至几乎看不出增加的国家里，在没有成立新家庭的新地方，一个有八个孩子的父亲就应该打算一下，是叫六个孩子夭折，还是使同代的三个男人和三个女人死去，或者是使下一代即自己的儿女的三个孩子因自己而不能结婚。第二种打算中含有和第一种打算同样不合理的残酷成分。如果说婚姻是神圣的，是使人们修德的最有力的一种方法，是用新生的希望补偿老年的痛苦，使自己度过愉快的青春以后，再享受荣誉的老年的最好方法，那并不是因为婚姻可以使性生活合法化，而是因为婚姻赋予家长一些新的义务，并且给家长带来最甜蜜的夫妻生活和最亲近的父子关系的报偿。宗教的道德应该教育人们，每个公民都有结婚的义务，每个公民都应该为此而努力，但是，只有他们完成了对亲生后代应尽的一切义务以后，才算达到目的；如果在他们得到了做父亲的荣誉，重新建起了家庭，在自己年老时，得到了这种支持和希望，如果他的财富丝毫不能增加的时候，他们同样必须和自己的

妻子像光棍和姘妇那样节欲。

个人利益强有力地使人反对这种无限增加家庭人口的行动，一种非常有害的宗教谬论却要人这样做；如果这类教规没有得到人们的严格遵守，是无须为之不安的。一般说来，两个要建立家庭的成年人，至少要生三个孩子；不过，人口的数字并不是那么确切，可能有时多一些或者少一些。政府只是应该教导不很明智的公民豁达一些，并且永远不要用成家立业的希望去欺骗人们，因为这种虚幻的建立会使他们受苦难、贫困和死亡的摆布。

第六章　政治对增加人口的鼓励

各国政府几乎都把增加人口当作巩固和保卫国家的方法。它们认为出生率高于死亡率永远是繁荣的标志；它们并不充分考虑它们渴望得到的新公民将来怎样生活和是不是有能够养活他们的某种收入，以及使他们获得工作的某种行业，它们只是竭尽一切力量鼓励结婚，使每对夫妇尽多地生育。为此，它们规定授予多子女的家长以荣誉勋章，发给金钱奖励，或者至少豁免他们的赋税。但是，政府所给予的这些恩惠绝不可能完全补偿教养众多子女所不可少的一切负担；而这种鼓励如果没有神职界的大力支持，也不会起多大的作用。

政府对移民制造的障碍带来了一种更为现实的不幸。人，特别是穷人，对于自己的习惯和出生地有着极其深厚的感情，他们往往只是出于一种出发点十分正确的严重畏惧心理跑到异乡；他们所以决心远离故土，只是迫于需要，在家乡找不到适当的工作和能够糊口的方法。迁移的手工业者是自己受苦同时又使别人受苦的人，他们只有离开祖国才算对祖国作出了最大的贡献；所有港口都应该允许这些不幸的人自由出入并给予各种援助，因为他们很可能是立法不当的牺牲者，他们是为了他们的弟兄而离开他们的弟兄的。

然而我们看到的却是，政府几乎到处施行严格的移民限制，想方设法阻止移民出境；在 1816 年欧洲灾荒时期，各国都无力养活本国的公民，政府理应采取措施，保护、帮助它所不能养育的祖国儿女顺利出国，并且保证他们能够繁荣发展；可是，它们却采取了特别严格的措施，反对招工人把本国公民送到美洲或俄国去，特权阶级的报刊还不断地宣传招工者如何骗人，和听信他们的人将遭受怎样的困难。

这些错误要同另一种更加普遍、更加危险的错误比较起来，还不算十分严重；更严重的错误是鼓励人们进行消费者所绝对不需要的生产；为了完成这种劳动，首先培养出一个新的穷人阶级，千方百计增加他们的家庭人口，通过保护关税制度和一种完全人为的方法，利用这些人使某种工业维持一个时期，以后又不得不把他们遗弃在困苦的境地，使他们同贫困挣扎。

所有的国家，都有一个被摈弃在其他社会阶层以外的阶级，这个阶级如果是农人，他们不是失掉了自己继承的遗产，就是失掉了自己的对分制土地；如果是商人或手工业者，他们就失掉了自己的微薄资本；他们不得不每天替外国老板卖苦力来维持生活。一个国家，如果这个阶级的人数不多，它就算是幸运的，绝对没有这个阶级的国家是没有的。这些不幸的人在生活没有保障的时候，既不考虑结婚，也不打算为供养他人而增加自己的负担。但是，一旦有新的劳动需求提高了他们的工资，增加了他们的收入，他们很快就会为满足这种头等自然要求，而在婚姻中寻求新的幸福。如果工资只是临时提高了，例如，政府大力扶植的一种企业突然大大发展起来，临时增加工资的工人有了富裕，都会享受一下结婚的幸福；可是不久以后，当企业不能维持而开始衰落的时候，他们的家庭由于与劳动需求不相适应，紧接着就会陷入最可怕的穷困。

各国人口过剩的原因，正是由于劳动需求的变化和贫穷的手工业者的生活经常动荡不定。过剩的人口既已来到世界上，在找不到维持生活的职业时，他们就只好满足于最低的、勉强度日的要求。的确，世界上最令人难堪的事大概莫过于自愿忍受这种状况了。在某些行业里，这些人不得不住在非常污秽、使人经常恶心的地方；在另一些行业里，他们的劳动可以引起痛苦的、不可避免的疾病；有很多劳动是使人感觉迟钝、精神颓废的，正如使身体衰弱下去的劳动一样；有很多行业只雇用童工，使儿童们一出生就陷入可怕的贫困，使他们只能活到十二岁或十五岁；舆论强烈谴责这种做法非常无耻，是完全正确的。但是，各个阶级永远不会有空位。一份非常微薄的工资，一份使人勉强维持生活的工资，就能使人忍受千辛万苦。因为社会逼得这些人无路可走；他们只有满足这种残酷的命运，不然就不要想活。

如果政府用这些不合时宜的鼓励，使不幸的工人在自己希望用劳动换得收入这个问题上受了骗，他们就有更要自我欺骗的危险；如果政府鼓励建立的社会组织是使一无所有的人增加人口，使

度日维艰的人增加人口，使对自己所供应的市场毫无了解从而完全听任老板摆布的人增加人口，就会发生这种情况。我们在讨论领土财富时已经谈到，这种听人摆布的情况是怎样随着农民从土地获得的直接利益的减少而日趋严重；我们谈过，农民在被迫完全变成一个短工时的地位是多么不稳定；我们也谈过，在这种情况下农业人口和所需求的劳动怎样不能适应。在讨论商业财富时，我们也谈过，手工业者对于本行所供应的市场越不了解，他的地位越加不利；他也越难断定要给子女留下怎样的命运，因而完全无法按照劳动的需求来增加家庭的人口。关于这个阶级不稳定的地位所产生的影响，以后还要谈，这里只是附带提一下。

公共慈善事业，也可以说是鼓励社会增加它所不能维持的人口的事业。这种慈善事业越正规，组织越完善，就会像英国那样，越会给社会带来严重的危害。不幸的人好像注定是受苦来的，他们从小就遭受贫困和痛苦，他们确实是最使人怜悯、最能引起善心人救助的对象。可惜，乞丐很快就理解这一点，他们把子女当作求乞的工具了。他们并不认为教养子女是难事，而是依靠子女来维持生活，他们越使子女受苦，得到的施舍越多。因此，举办公共慈善事业，只能增加个人的痛苦；救济院是按穷困家庭子女多寡分配救济品的，在英国，甚至在美洲的沿海城市，穷人都有权每周从本堂区领取救济，那么，济贫税不妨说是鼓励增加贫穷人口的奖金了。

当社会组织还没有分为劳动阶级和占有财产的某种阶级时，当广大群众还把劳动收入和某种土地或商业财富收入连在一起时，只是舆论就足以防止贫困的鞭挞（灾难）。农民变卖他父亲的遗产，手工业者浪费少量的资本，一向是可耻的行径。一个人偶然遭受意外危害而做了乞丐，或者他为避免做乞丐而至少降低自己的地位，他的邻人只要不是对这种情景的不断出现熟视无睹的话，就会立刻善心地来救济他。但是，在欧洲的现代制度下，特别是英国的现代制度下，短工人口数量很大，几乎完全代替了农民和手工业者，可以说几乎一切城乡中的生产都工厂化了，注定永远没有任何财产的人，注定永远不能掌握自己命运的人，对于沦为乞丐是不会感到任何羞耻的。他们怎么会把随时可能被老板解雇当作可耻的事情呢？老板解雇他们，大概不是因为破产而关闭了工厂，就是他用机器代替了人工劳动。群众是公道的，他们绝不会把自己造成的灾难看成是可耻的事情。

当舆论对于求乞现象不再谴责，穷困的原因日益增多时，虽然有更严重的灾难或更纯洁的受害者要求救济，人们的慈悲心也会很快就枯竭的。况且，这种增加乞丐的危险奖金，一向是使救济越来越感不足。这种灾难，在英国几乎已达极点，它一年要用八百多万英镑来救济九十多万穷人；如果没有一场可怕的灾难彻底改变这种制度，救济款额和穷人人口还有逐年增加的危险。

现在，有人提到取消所谓本堂区的救济，要把救济乞丐的事情委托给国家了。无论这种救济力量多么大，也绝不能抵消人们强加给它的重担；改变制度就会引起可怕的灾难；将要饿死的人数超出人们的想象；即使这些人甘愿死去，即使这些被置于社会保护之外的广大群众不能推翻使他们受苦的政体，国家也无力担负将落到自己身上的救济重担。应当寻求更好的方法。必须消灭的不是贫苦阶级，而是短工阶级；应该使他们回到私有者阶级那里去。[①]

只有当人们能够设法建立一个彼此关心的集体，来代替工业企业家和被他们雇用者彼此对立的制度，使农业工人分享土地收入，使产业工人分享自己产品的时候，英国才能安定，产业阶级才能幸福，才有实际而持久的繁荣进步。一旦老板体会到他和他所雇用的工人有相互连带关系，他就会看出：降低工人工资对他没有任何利益，而且会自动同工人合作，与工人分享企业的利润。但是，尽管我们看到了人们应该追求的目标，却不敢冒昧地指出具体实践的方法。

保护阶级的人口也给另一个社会阶层带来同样的灾难。战争经常使做父亲的认为，必须多生一两个儿子才能传宗接代；瑞士人到外国服役已经成风，于是引起了需要这种输出的本国人口过剩。苏格兰高地的人往往是为进行公私战争而培养的；在这些山野地区，必须出生足够的人口，来补充死于每天发生的战斗的人，以免农牧业陷于停顿，而维持全国的生计。如果在战争之后进入了平靖岁月，国家将会以人口过剩为累赘，因为多生育的习惯已经养成，而且根深蒂固，人们不因此经受一番痛苦，是不想改变它的。

战争使海陆军军衔增多了；复杂的行政使各种行政人员的职位增多了；对宗教的虔诚使牧师的位置增多了。所有这些人，都靠年金过活，相当富裕；在他们中间，谁也不了解或者不能确知供应

---

① 我在本书第一版中曾向立法当局呼吁，要阻止那些指望用孩子做行乞工具的乞丐结婚，立法当局应该在一般情况下向企图建立家庭而无养家能力的乞丐要求某些保证，以免家庭受累。但是，这些旨在制止当时极严重、极普遍的灾难的最后手段，没有获得人们的正确理解。我认为，这个看法在今天已经没有必要实现，值不得再提了。

他们生活资料的资金，他们希望自己的儿子继承自己的职业；他们往往按照目前的富裕情况来养育儿女和增加家庭人口，他们盲目地把希望寄托到未来。但是，他们一死，年金立即停止，他们的子女紧接着就陷入贫困，而且由于他们受的是放任教育，这种痛苦就会显得更加严重。法律和军事条令要求军官、职员、牧师……一切靠年金生活的人推迟结婚，尽管开始制定这些条款时显得十分严刻，但是它们能使一个痛苦最深的阶级摆脱困境，所以毕竟是合理的。

第七章　论机器的发明造成人口过剩

不仅是人口的无限增加会破坏劳动的供求之间的平衡，给国家造成灾难，就是在人口没有变动的时候，劳动的需求也可能降低。因此，消费可能中止，收入可能浪费掉，资本可能毁灭，从前有工作做的同样数目的劳动者，现在可能有些人找不到充分的工作。人口是紧紧随着应该养活他们的资本的周转而变化的。短工对得到最低工资的要求也比商人运用金钱还迫切，所以他们总是随着需求和资本的减少而屈服在愈来愈苛刻的条件下，甚至最后只好满足于一个勉强维持生活的、非常微薄的工资。于是，这个不幸的阶级的生活就没有任何享受可言，饥饿和痛苦，使他们的道德感情窒息了。他们不得不时时刻刻为生活而挣扎，他们的一切情欲必定集中于自私主义，他们都由于自己受苦而忘掉别人的痛苦；天然的感情变得迟钝了，恒久不变、劳累不堪的单调劳动损坏了他的一切智能。人们看到同类堕落到如此地步，以致甘愿接受牛马不如的生活，是会自己感到羞耻的；而且，尽管社会组织中有各种慈善事业，尽管人类从技术上得到种种利益，只要看到劳动分工和工业发明使我们同类变成什么状况，人们就难免要咒骂劳动分工和工业发明了。

野蛮时代常常饿死的猎人也不像经常被工厂解雇的成千上万户家庭的遭遇那样悲惨；因为，前者至少一生还保有他应付危难的全部能力和智慧。假使野蛮时代的猎人由于没有找到猎物而饿死了，那是自然界的必然现象，而且他根本知道这是必须承受的，犹如必须承受疾病和衰老一样。可是，和妻子儿女一起被工厂解雇的工人事先就失去了自己的精神力量和身体力量：他周围是一片荣华富贵景象；张眼可以看到处处摆着他所需要的食物；不让他终生从事劳动以换取面包的是那些有钱的人，所以，他谴责的是人，而不是大自然。

即令目前没有任何人会饿死，慈善事业积极救助一切贫困的家庭，沮丧与痛苦仍然会给穷人以非常有害的影响。精神上的痛苦传到肉体上，瘟疫杂灾相继而来，出生的孩子活不了几个月就会死去，取消劳动所造成的损害要比最残酷的战争还严重。此外，有害的习气，或者求乞、怠惰，都在居民中扎下了根；使商业走上另外一条道路，使时尚进入另外一个方向，甚至在死亡率使工人阶层大大减少以后，活下来的人们也无力抵抗外国人的竞争了。

研究降低劳动需求的原因，往往主要是纯政治方面的事情，而不是政治经济学方面的事情。这种降低也许不如失去自由或减少自由更现实。当一个国家开始把这种宝贵的财产让出去的时候，全体公民都会认为他的财产或劳动果实的保障减弱了，人人都要丧失一部分精神活力和勤劳意志。道德——劳动的伴侣——节制、恒心、节俭被懒散的恶习代替了，被放纵、怠惰和浪费代替了。商业、工业、勤劳，在人民一文不值而一切地位、荣誉为游手好闲的贵族所独占的国家里，是被人轻视的。令人灵魂堕落的宠遇、阴谋、阿谀和其他一切佞人伎俩，要比坚强的毅力、勇敢无畏的积极性和钻研精神更能使人迅速发财。阴谋家一天天地增加，他们看不起按正道取财的人，也看不起用自己的才干或自己的劳动而力求上进的人。

不过，有一个降低人口的原因是与政治经济学密切相关的。技术的发展，实业的发展，因而也是财富与繁荣的发展，发明出用更少的工人生产一切劳动果实的经济方法。几乎农业中的所有劳动都用牲畜代替了人，几乎工业中的所有工序都用机器代替了人。只要一个国家附近有一个足以使它的全部产品确实获得迅速而有利的销路的大市场，每一项发明就都是一种利益，因为这种发明增加劳动及其产品的数量，却不减少工人的人数。一个有发明创造的国家，早就成功地按照每项新的发明所节省下来的劳动力扩大了自己的市场。因此，国家就立刻把节省下来的劳动力，根据发明许可的范围，以更便宜的价格来增加生产。但是，最后又产生了这样一个时期：整个文明世界完全变成了一个市场，这时，在一个新的国家里再也找不到新的顾客。而世界的普遍市场的需求是各个不同的工业国家所争夺的精神数量。一个国家供应得多些，就会损害另一个国家。只有发展得普遍富裕了，或是穷人也能享受从前富人所专享的便利了，总销售量才会增加。

一个人用织袜机操作可以顶过去一百个人的手工劳动，只有

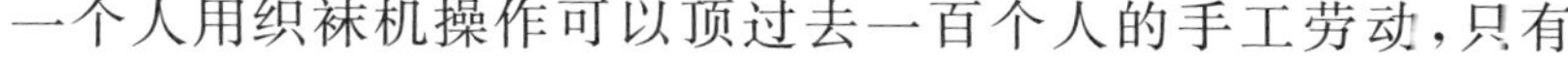

在文明的进步、人口的增加和财富的增长的同时，消费者的人数也随之增加，织袜机的发明才是对人类有利的。新兴的国家也用起欧洲人所用的东西了；从前只是富人穿的袜子，现在连最贫穷的阶级都穿用了。对于穷人和工人说来，穿这种袜子比用脚绊还经济，所以他们丢开脚绊，把他们从前买脚绊用的那部分收入买袜子了。但是，如果现在一个新的发明能使人用一部织袜机做出十年前用一百部织袜机所做的事情，这个发明将会成为国家的不幸；因为消费者的人数不能或者接近不能增加，生产者的数目也就必然要减少了。

从一般规律说来，在消费的需要超过居民所握有的生产资料的时候，任何机器方面或技术方面的新发明都是对社会有利的，因为这种新发明提供了满足现有需要的手段。相反，在生产已能充分满足消费的时候，同样的任何发明在我们现有的社会组织中[①]就都是一种灾难了。因为它除了以更便宜的价格满足消费者的需要以外，并没有给消费者增加任何享受，而且，令人愤恨的是，还把廉价的好处与人的生命等值看待。不仅如此，就虚荣心所调节的一切开销来说，前者的好处完全是虚假的，人们既然是在这方面一味追求标奇立异，以同样的价格换来的更精致、更漂亮的衣服就不

① 我们在其他地方已经谈过这一点，但是我们认为再重复一下还有其重要的意义。真正的灾难绝不是由于机器的改进，而是由于我们对机器的产品所进行的不公平的分配。我们越能够用有限的劳动生产出更多的制品，也就越应该增加我们的享受或休息；可以自己当家做主的工人，用机器生产两小时就能顶他过去十二小时的手工劳动，如果他不需要，他不需要更多的产品，他可以工作两小时以后就停下来。机器提高了工人的生产能力，强迫工人拿同样的工资，可是每日的劳动时间不仅没有缩短，反而更长了，这是当前的奴役工人的社会组织造成的。

会使任何人得到享受，因为这个价格与其他一切价格仍然保持着不变的比例。人们必须牢牢地记住，政治经济学上的需求，只应理解为对于所需求的东西有充分补偿的东西的需求。虽然人们提出的供应不足以支付它所要求的全部劳动，而对于人们所需要的东西，社会上却往往有一种相对的需求。如果这种需求和供应是决定一个能够满足供求的发明的，虽然这个发明使生产者暂时替少数买主付出更高的代价，它对社会也是有很大好处的。

当阿拉伯人的贸易从八世纪到十世纪把造纸方法从中国带到西欧来的时候，如果同样的阿拉伯人在一个毫无研究热情、毫无书籍需要时期，从同一个国家把印刷术也传到欧洲来(这似乎是非常自然的事情，以致要没有这种事倒几乎使人感到奇怪)，这个印刷术会使欧洲陷入——要是可能的话——比它现在更严重的境地；因为印刷术可能使抄写者完全灭绝。这些抄写者当时还保持着仅有的一点对书法的爱好。他们靠抄写弥撒经本和某些宗教书籍过活；他们必须从事某些研究，并且因此产生了研究更高深的学问的兴趣。他们除了抄录很多的祈祷书籍，还缮写了某些古典著作，供整个欧洲有阅读能力、为数很少的人需要。印刷厂主用两个比抄写者学识浅得多的排字工和两个印刷工，就能做出一千个抄写者的工作。因此，一家印刷厂就可能供给全部宗教书籍，还可能印些商业广告；但是，印刷厂白白使一切抄写者失掉了饭碗，却没有给另有需求的学者留下任何好处，而这些学者的有限需求也不能维持一个行业。在意大利和西班牙，不少省的印刷厂也没有产生任何其他结果。在十世纪，印刷不会像造纸教会人写字那样提高人的阅读能力。

印刷术只是在对文学的热情已经得到普遍发展的时代才发明出来，因此，我们要为文字庆幸，要为我们自己庆幸，要为中世纪那类的抄写者庆幸。虽然能买书的人不多，但是人人都希望有书；虽然抄写者的收入还完全不能算作他们的艰巨劳动的报酬，但是文学的爱好者却是用很大的一部分收入来满足他们的文学享受的。正当握有一笔新收入的新公众需要这种产品的时候，有一种惊人的发明使代替抄写者的人们能够在同样的时间内做出比抄写者高二百五十倍的产品。现在欧洲的印刷工人的数目比十世纪的抄写者的人数还多。印刷工人的数字是经常用来证实机器对于提高需求和生产的效果的；但是，不应该把因果混为一谈。

在发明印刷术的时期，人们对印刷术的需求并不像对书本的需求那样显著；每当一件发明节省了劳动力而使较贫穷的阶级能够享受从前富人专享的东西的时候，市场就会扩大；而且只要发明既有利于贫穷的消费者又有利于企业家，对工人就绝不会有害。不过，如果新的发明不能增加消费者的人数，即令为消费者生产出廉价物品，而因为消费者的需要已经满足，或者无论产品价格怎样低廉，却不是消费者所需要的，那么，这种新发现的有利于工厂主而与工人无关的新生产方法，只能产生垄断，并且会变成人类的灾难；因为这种发现只是在损害同行的情况下才对某个厂主有利，或者只是在损害其他国家的情况下才对一个国家有利。一种光靠使外国手工业工人遭受贫困和饥饿才能得到的国家利益，是不应该追求的；而且这种利益是不可靠的，由于各国人民之间的往来和工厂主的知识的提高，等不到一个国家从一项发明中取得巨大利润，所有其他国家就早已模仿去了。

人们回答说，从一项消费品上省下钱而保有同样收入的人，可以把他由于某一商品减价而省下的钱做别的使用，这样他就要要求一种新的劳动了。但是，在这个新的需求和到一定时期就会中断的劳动之间是绝对不相适应的。

一方面，消费者以同样价格能用到比较精致、漂亮的物品了。穷苦的工人虽然和他的父亲用去同样多的收入，但是，他穿的布料质量比他父亲穿的稍高一些，实际价值也稍高一些。不过，他本人却意识不到这种好处：和同等级的人穿一样的衣服，这在某种程度上说是一种社会义务；仅仅按照普通习惯穿衣服，是得不到任何享受的。他在这件商品上并没有省下可以作其他用途的钱。[①]

另一方面，一切商品的价格绝不是与该商品所需要的劳动成正比，而是与每年的劳动和用费浩大、往往是用外国材料建造厂房和制造机器的不再恢复的垫支成正比的；最后，还必须与流动资本成正比。所以，即令为了由一个人用机器来进行生产而解雇一百名工人，也绝不会有人把商品的价格降低百分之一。织袜机所节省的劳动力差不多就是这个比例，但是，用织袜机织的袜子不过比用针织的袜子便宜百分之十。虽然发明了纺丝、棉和羊毛的大纺纱机，人们却继续使用小纺车甚至纺锤，这就确凿地证明，用水火

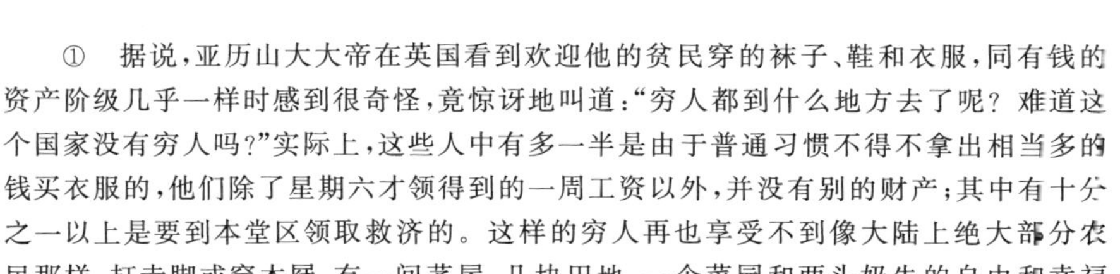

① 据说，亚历山大大帝在英国看到欢迎他的贫民穿的袜子、鞋和衣服，同有钱的资产阶级几乎一样时感到很奇怪，竟惊讶地叫道：“穷人都到什么地方去了呢？难道这个国家没有穷人吗？”实际上，这些人中有多一半是由于普通习惯不得不拿出相当多的钱买衣服的，他们除了星期六才领得到的一周工资以外，并没有别的财产；其中有十分之一以上是要到本堂区领取救济的。这样的穷人再也享受不到像大陆上绝大部分农民那样，打赤脚或穿木屐，有一间茅屋、几块田地、一个菜园和两头奶牛的自由和幸福了。

代替人发动这些机器所节省的东西，也不过是百分之十。在一切先进的工厂经常可以看到这种情况，虽然先进的工厂所节省的工资的比例是几何级数，它们却只是按照算术级数来降低产品的价格。

让我们用人们最熟悉的工业、按照最简单的计算方法把这种工资的节省和购买价格的节省来比较一下吧。为了更容易明白，假定一个工人用织袜机织出的袜子恰好等于从前一百工人织出的产品。如果这个工人不这样生产，主张使用机器的人当然有理由一定要他这样生产。用袜针织袜子的十万女工，每人每年织一百双袜子，共织一千万双，每双按五法郎计算，共值五千万法郎。原料的价值占五分之一；还剩四千万法郎应由十万女工平分，就是说，每人还应得四百法郎。

现在，一千工人用织袜机来进行同样的生产，而售价便宜了百分之十；每双四法郎五十生丁，共计四万五千法郎。消费者因此节省了五百万法郎；如果这笔钱专门做工资用，能够使被解雇的工人中有一万二千五百名得到生活，流落街头的就要只剩八分之七了；但是，实际情况并非如此。消费者素常是花五法郎买一双袜子，他始终要花五法郎，只不过是由于技术进步他穿上比较精致的袜子罢了。这种表现奢侈的进步多养活了十分之一的织袜者，或者说多养活一百人；再加上每年修理机器或制造新机器的一百名工人共养活一千二百名工人，而这项工资原是应用来养活十万工人的。

生产出来的一千万双袜子的价格不再像从前那样有五分之四是工资了。我们只能推测地分析一下这个问题，虽然我们并不认为这种假定的计算方法有多大意义。按照惯例：用一千万法郎购买原料,用三千万法郎支付织袜机和安装织袜机的厂房的固定资本的利息和利润;用二百万法郎做每年修理和更新机器费;用二百万法郎做流动资本的利润——大规模的生产,一向需要很多的流动资本的利润——,最后,用剩下的一百万法郎支付工人的工资。可见,从织袜工业中所产生的收入,与其说是增加了,不如更正确地说是减少了。

这个计算方法适用于一切先进的工厂,因为工厂主采用新机器和解雇工人时,是永远不考虑他是不是要赚一笔与减少的工资相等的利润,他所关心的只是能不能比他的竞争对手卖得更便宜。如果工厂主用蒸汽机代替英国的工人可以节约百分之五的话,那么,英国的所有工人就都要流落街头无家可归了。

此外,机器的进步和劳动力的节约都直接加速减少国内消费者的人数;因为人们使之破产的所有工人都是消费者。在大不列颠,农村中大农场制度的实行,使亲自操作而能维持温饱的佃农(fermiers paysans)阶级消失了;人口大大减少;而他们的消费量比人口减少得更多。做全部田间工作的短工只能获得最必需的东西,远不能像以前的富裕农民那样鼓励(encouragement)城市工业。

在城市人口中也发生了类似的变化。在机械技术方面的发明的最后结果总是把工业集中到少数更富的商人手里。这些发现让人们拿出大量金钱使用机器,也就是用巨额资本去做从前用巨大的劳动力所做的事情。这些发现使人力在大规模管理中大大节约了,使各工序进行了分工,同时使很多人工、日光、燃料和一切其他自然力普遍被采用上。小商人和小工业家消失了,一家大企业主代替了他们一百家；也许他们合起来还不如他富。但是，他们合起来比他是更好的消费者。他的奢侈对工业的鼓励，要比他所代替的一百户的温饱对工业的鼓励小得多。

只要总有新的需求使工厂繁荣，虽然劳动能力提高了，劳动者的人数也增加了，从农村中被赶出的人还可以在人口不断增加的工业城市中找到一个安身之处。可是，最后当世界市场的供应已很充足的时候，如果工人突然减少，短工从农村中被解雇，纺纱工从棉纺厂被解雇，织布工从织布厂被解雇；如果天天有一部新机器代替几个家庭而又没有任何新的需求使它们得到工作和餬口的手段；就可以说穷困到了极点，于是，人们开始对文明的进步感到遗憾，这个文明把很多人聚到一起，只是增加了他们的痛苦；而在荒漠中，它只能危害少数人。

最后该问：我们往何处去？(où l'on veut aller)的时刻终于来到了。根据最近的户口调查，在英国从事农业的有七十七万零一百九十九户；不仅从土地面积来说，甚至从所生产的财富来说，也是比欧洲其他任何部分少无数倍的：是不是应该对那个发现了一种方法、能以七千户来完成和七万户所完成的工作一样的人给予一份奖赏呢？

英国从事商业和工业的家庭有九十五万九千六百三十二户，这些人不仅足以供给英国所需的一切工业品，而且还足以供应半个欧洲和半个美洲文明居民所需的一切工业品。英国是一个大工业国，它为了能够维持自己存在，就必须向整个已发现的世界出售商品。那么，是不是应该对那个发现了一种方法、能以九千户来完成和九万户所完成的工作一样的人给予一份奖赏呢？如果英国能够用蒸汽机来进行城乡的一切生产，并且在英国保持现在同样多的产品和收入，而只有日内瓦共和国那样多的居民的话，难道就可以把英国看成是最富、最繁荣的国家吗？[①]

那么，由于所有工厂主和所有农场主的竞争，那个不断教工厂主和农场主不考虑人的人总是唾手可得这种报偿的。所有大陆国家认为必须仿效英国工场手工业的发展。它们也提供了这种报偿。这些国家的政府在这方面曾极力支持工厂主的热情，而政治作家不仅丝毫没有指出这种竞争的危险，反而极力鼓动这些国家进行这种竞争。

当技术上的一种发明提高了人的生产能力以后，当然应该希望不使这种发明转而危害它所应为之服务的人。如果这种发明不

① 李嘉图先生肯定回答说：是的（英文版，第二十四章，第 492 页；译本，第二十六章）；虽然他所奉行的学说使他必然作出这样的结论，但是，他看到这样的结论还不知反悔，我都替他感到羞愧。为了确实不同意他所否定的意见，必须引用他自己的话。第 2 卷第 220 页写道："任何国家的土地上和工业上的总产品都分为三部分，第一部分用于工资。第二部分用于利润，第三部分用于租金。人们只能从后两部分征税或节约，第一部分即使很少，也总能抵偿上生产费用。对于一个用两万英镑资本每年得两千英镑的利润的人说来，在任何情况下他的利润都不低于两千英镑，至于他的资本是能雇用一百人或一千人，他的产品是卖一万英镑或两万英镑，那是与他毫无关系的。一个国家的实际利润难道不是一样吗？只要它的实际的纯收入和它的税收及利润不变，至于它是由一千万或是由一千二百万个人……组成的，那又有什么关系呢？……"（中译文参阅李嘉图：《政治经济学及赋税原理》，商务印书馆 1962 年版，第 297—298 页。——译者）怎么？财富就是一切，而人是微不足道的吗？怎么？财富本身由于赋税的关系算点儿什么吗？那简直只让那个国王自己留在岛上，不断地转动手柄，用机器人来完成英国的一切生产了。

人们可以看出，魁奈医生由于这样一种主张，就是把纯产品与总产品分开，并且使人相信只有纯产品才值得重视，他就成了第一个创出对人类非常有害的学说的人，除非他的结论从来不是如此悲惨的。

是由于某种新的劳动需求所引起的，而且它不能把生产的商品送到新的消费者手里，那就至少应该使它不顶走一定数目的本国和外国的生产者，以致使他们失业。但是，没有任何方法可以直接阻止这种发明所引起的波动，要想禁止利用这种发明，那是无益而又危险的。即使我们禁止我们的工厂使用新的机器，我们的邻人却不会像我们那样谨慎，他们一定会用他们的新蒸汽机、新纺纱机和一切新发明来向我们的工人宣战：这是一场生死的决战，人们必须自卫，但是，首先挑起这种战争是不明智的。

在初看令人眼花缭乱的豪富之中，再没有比英国所呈现的情景更令人惊异、更令人可怕的了。如果只是按照这个王国贵族议员的巨额财产——五十万法郎的进款（二万英镑）对于这个王国的贵族说来只不过是一笔平凡的收入——来判断这种豪富，也按照真正价值和给人带来的享受来评价他们那种可耻的穷奢极侈的生活（他们乘坐豪华的车辆，有无数仆从手执棍棒在大街上到处乱跑，他们的一个猎狐队就有二十四马和四十只猎犬，每年要有十万英镑以上耗费在这上面），并且把这种挥霍和穷人的痛苦比较一下，人们就会感到愤怒。大路上络绎不绝地过着成群结队被人从工厂赶出来的乞丐，和从一个农场到另一个农场自动以低价要求做一切田间工作的、衣衫褴褛的爱尔兰人。这一部分人和另一部分人一样，只是在人们拒绝他们的劳动时才向人请求布施的；但是，各种位置都被人站满了。农村的工人——cottager（贫农），痛苦地看到这些外地人来和他争夺那份从前勉强够养活他的工作。在城市里，在首都，在有最豪华的车辆风驰电掣络绎不绝的、海德公园周围的街上，十个一群、二十个一伙的产业工人带着失望的神

情，四肢无力地在那里死死地坐着，但是他们引不起人们的丝毫注意。三分之一的工厂已经关闭了，另外的三分之一不久也要关闭，可是，所有仓库都是满满的。到处都有人用低价抛售商品，甚至已经低到生产费用的一半以下；并且，南美洲的所有商业通信都宣称，运到那里的大量商品几乎连运费都卖不上；在这种普遍恐慌的情况下，劳动者到处遭到拒绝，英国人在蒸汽机代替了从前由人做的工作以后，还在那里奖励使尚能谋生的工人失业的机器发明家。在灾难如此严重的情况下，至少是在这种时候，人们完全可以不奖励那些还一味加重这种灾难的人。取消发明新工艺方法的人所获得的特权，也许不会改变人们说得相当正确的**科学力量**的发展，不过，这种做法可以使穷苦的工人打消这样一种感觉：在他们陷于危难的时候，政府也站在反对他们的一边。

我们在其他地方已经谈过，给予发明家特权的结果，就是让他垄断市场，反对本国的其他生产同业。可见，由于发明，本国消费者得利极少，发明家得利很多，其他生产者因此蒙受损失，他们的工人则将穷困而死。按照缺乏基督精神的商业政策来讲，这种不幸可以由这种发明在国外市场上的成就得到补偿。新的生产者大发其财，外国消费者得利不多，外国生产者却因此遭受损失，他们的工人随后也无法为生，于是，他就摆脱可怕的竞争了。

我们不从道德观点上研究这个问题，只算一算经济方面的账就够了。科学的进步非常迅速，一项发明很难瞒过其他国家的科学家，只要他们知道有了这种发明，就必定要加以研究。由于本国人受到发明特权的限制，外国人将不等我们本国人模仿这种发明就先去模仿了去。因此，我们加给别人的危害绝不能补偿我们自己所受的危害；这就是由于不注意危害而造成的罪孽。

相反，如果所有的发明都立即公之于世，立即让发明家的对手来仿效，那么，研究这种发明的热情就冷淡下来，人们也就不会把它们看作抢夺顾客的手段，而只是在需求增加时做生产顾客所要求的一切产品的方法了。

但是，无论如何也不能防止工业人口要随着机器方面的每一项新发明而减少。这是工业人口经常会遇到的危险，连政治制度也无法预防它。这个情况至少是一个有力的理由，使我们不希望一个国家有很多这样的人口，使我们不培养做全世界的工人和店员的人。

第八章　政府应该怎样保护居民不受竞争的影响

人们可以看出，在我们刚才阐述的见解与亚当·斯密发表的见解之间的主要区别就是：亚当·斯密一直反对政府干预一切有关增加国民财富的事，我们却一再呼吁政府对此进行干预。亚当·斯密的基本主张是最大限度的自由竞争强使每个生产者以最低的价格出售产品，从而使每个消费者在购买时尽多地省钱。亚当·斯密是以抽象的方式来看财富的，而不考虑财富与应该享用这种财富的人的关系。按照他的学说：尽多地生产产品，以最低的价格出售产品，得出前一种行动可以增加人们的收入，后一种行动可以减少社会的支出，这样的结论，可以说是有理由的。

绝对的自由竞争必不可免地要产生这两种影响。但是，只要认为政治经济学是既关系人口也关系财富，不仅是追求获得最大的富裕，也是追求通过豪富使人们获得最大的福利的科学，人们就会对于自己起初所期望的事情感到惊恐了。尽多地从事劳动，以最低的价格出售产品，这等于放弃人们所要追求的财富的一切好处；等于增加人的痛苦，剥夺人的享受；等于让掌握国家财政的人能够取得最大的款额而把公民变成奴隶。

政府的建立，是为了运用全民的力量保护个人不受他人的侵害。政府用全民的利益反对一切私人利益。政府这样做，并不是因为它的成员地位崇高，知识优越，而是因为它应该像运用全民的力量那样来运用全民的知识。司法是这种知识的表现。所有懂得什么是全民福利的人都同意，为了保护全体就必须根据个人的权利来制定法律和建立法院。然而，司法一方面是全民的最大利益；一方面又是反对个人私利的；因为私人利益一向促使人去抢夺别人的利益。政治经济学是社会知识的另一种表现。政治经济学同样教导人们分清全民的利益和个人的利益。全民的利益就是任何人都不过分疲劳，任何人都不致得不到报酬；个人利益是叫人尽多地劳动，尽多地拿到劳动的一切报酬，而且要把劳动工资压到最低限度。

所以，负责保护人民的政府的任务就是要随时随地减少个人可能被迫承受的危害。应该防止人们已经每日工作十小时了，还要答应每天工作十二、十四、十六小时或十八小时；也应该防止人们已经得到有荤有素的食物了，却又不得不去只吃干面包，甚至只能吃土豆或喝骨头汤；最后，还应该防止人们由于经常与别人竞争而又陷入最可怕的贫困境地。

这个任务是艰巨的，复杂的；这个任务应该结合对个人自由的最大尊重来完成。但是，绝不应该忘记，在组成这种自由本身的权利中，有很多是社会让予的，野蛮人是得不到这种让予的；但是，这种让予应该受保障它的公共权力的限制。在谈到各种财富的发展时，我们曾经指出：政府应该保护居民不受竞争的危害。本章只是简括地叙述一下各种不同的工作。

当农民已经成为土地所有者、当最先占有的人再也找不到可以开垦的荒地、当分散到每个家庭的土地仅够他们劳动生产维持温饱生活的时候，农业人口就会自动停止增加。从此以后，一个有好几个儿子的农户，除了长子，其他的人如果找不到给他们带来某些土地的妻子，他们是不结婚的。他们所以离开出生的家庭，那是为了去做短工；但是，在农人中间短工这一行没有什么地位，而且，无论多么糊涂的父亲，也不会把女儿嫁给只有两只胳膊的工人的。

如果土地不是由土地所有者耕种而是由佃户（农场主）、对分制佃农和短工耕种的，这些人的地位就更不稳定，而且他们的人口的增加并不是绝对必须适应劳动的需求。他们不如有土地的农民学问深，他们却应该算一笔更复杂的账。由于他们随时都可能被人从他们所耕种的土地上赶走，他们是不怎样关心土地的产量，他们最关心的是如何在其他地方得到雇用的机会。他们考虑的不是肯定的事，而是可能的事；他们对于自己不能判定的事，就听天由命；他们是依靠碰运气的；他们正是因为不很了解应该如何安置孩子，才在很年轻的时候就结婚而生很多孩子的。

那么，政府对农业人口的总任务就是保证工作者（assurer à

ceux qui travaillent)有一部分财产,或者是特别优先支持(favoriser)我们所说的宗法式农业,那些巨大的遗产是永远不能这样耕种的。所以,就应该制定这样的法律,它规定把这些巨大的遗产分开,依靠全民的利益防止无止境的分散,并且依靠最有经验的人的力量使这些遗产再不断产生巨额的财富。然而,立法者由于必须尊重自由,只能采取一般的、间接的手段,他们的任务就只能是促进不动产的出卖、维持平分家产、禁止一切保留、束缚财产的永久继承权,并且做到:拥有土地就能得利,以便使每个农民都想获得一份小小家业,作为他渴望追求的目标。

这种间接的方法,可以在社会主要力量的支持下,在纠正各国政府迄今仍以全力维护的混乱现象方面起很大的作用。但是,如果这种混乱现象由来已久,如果土地像衰亡时期的罗马帝国那样,像教会国(意大利)和英国那样被连成大片;如果地主对短工们施行垄断,迫使短工们互相竞争,最后使他们为了非常微薄的工资而从事劳动;如果他们同时利用巨大资本、大规模进行的工程和经济的管理来挤垮小土地所有者和小农场主,那么,法律就应该采取更直接的方法来支持小土地所有者和小农场主。为了工人阶级的利益,为了整个国家的利益,为了大地主本人的利益,法律都应该这样,因为,假使大地主把他们所驱逐的这种人口完全消灭了,他们自己也一定要破产的。

伊丽莎白法令规定,除非拥有四英亩大的土地,[①]禁止在英国

① 这是马尔萨斯所引述的,见《人口论》,第4卷,第11章;以及第5版,第4卷,第13章,第295页。

建造农舍(cottage),但人们没有遵守它。如果这种法律贯彻了,任何一个短工没有自己的 cottage 就不能结婚,因此,任何一个 cottager(贫农)都不会落到赤贫的地步。这已经前进了一步(C'est quelque chose),但这还不够;按照英国的气候,一家农民有四英亩[①]土地也得过贫困的生活。

我们将在最后一章研究是不是绝对没有这样的一般原则:它保护城乡工人人口不受当前社会使他们互相进行的疯狂竞争的危害。但是,在找到这个方法之前,我们已经预感到:使穷苦工人得到土地的困难,即令在今天混乱现象最严重的英国,也绝不是不能克服的。供给城市贫苦工人生活资料,确实更为困难。只要想到他们的人数及其悲惨处境,就觉得可怕;而且,在他们所受的灾难之中,似乎真有毫无补救办法的。

和农业人口相比,城市工业人口可以据以推断下一代命运的材料更少。工人只知道靠自己的劳动过活;他必定认为他的孩子也一定能靠自己的劳动过活。甚至雇用工人的老板还常常打错了算盘,工人又如何能够判断全国的市场范围或一般的劳动需求呢?因此,在生活方面受各种意外事件影响比其他任何阶级更大的这个阶级,正是为自己家庭考虑这些事情最少的阶级。这个阶级结

---

① 现在英国的贫农大都只有 1.5—2 英亩的土地,并且要付昂贵的租金:在土地更为贫瘠、气候更加不利的苏格兰,贫农的土地也不更多:爱尔兰贫农的土地尤其少。土地被分得这样零碎,绝不是平分遗产的结果,而完全是由领主一手造成的;尤其是在爱尔兰,完全是由领主造成的,因为他们希望拥有大量的、在郡选举中按照他们的命令投票的穷苦的自由世袭地领有农(freeholder)。这又合理地说明了:应该用法律反对贵族以纯政治目的来这样制造穷困的人口,并且责成地主在把自己的田地分给许多贫农(cottagers)时,必须使每个人得到足够维持他们生活的土地。

婚最早，生的孩子最多，他们的孩子死的也更多；不过，他们只是在本身进行使他们逐渐失去人生一切乐趣的竞争之后，才失去这些孩子的。

我们已经指出这一阶级（即手工业者阶级）以往在行会和公会（des jurandes et des maîtrises）的制度下得到怎样的庇护；也指出了当一个工人变成师傅从而能够维持其家庭生活时所获得的那种稳定。这里不是说要恢复他们的奇怪的和压迫性的组织。如果我们在自己迷失方向以后只知道盲目地回到我们先人的弯路，而不去寻找更好的道路，那么，经验教训就不是多么有用了。但是立法者应该抱定提高工业劳动报酬的目的，使短工们从他们所处的不稳定的（situation précaire）的状态中摆脱出来，最后使他们容易取得他们称之为地位（un etat）的东西：因为，普遍的经验已经告诉我们，在各种不同地位的人中，穷人同富人一样，一般都是只在他得到他生来就期望的自由地位时，他才结婚。佃户或对分制佃农的儿子只是在他得到一块租地或一块对分制土地以后才结婚。贫农或土地工人只有在他有了一间小屋以后才结婚；小商人则只有在他已经开设商店以后才结婚；手工业者只有在他已经开设了二场以后才结婚。如果我们使工厂的工人得到他通过自己的劳动能够而且当然应该得到的更高的地位，我们就几乎可以肯定，他只有在得到这个升迁之后才肯结婚。

由于取消行会，或由于建立了运用巨额资本和一切科学方法并雇用很多工人的大工厂，短工地位发生了最严重的变化，就是说从今以后工人一辈子都得当工人，而以前工人的地位只是取得更高地位的准备和初阶。重要的是恢复这种升迁的可能性（faculté progressive)。应该做到使老板乐于把自己的工人提到更高的地位;使受雇于手工工场的人真正从获得普通工资的工作做起,但也让他有好好工作就能获得一部分企业利润的希望。

如果产业阶级像营业店员们那样经过一个见习期后就能在他们老板的商店得到一笔利益,也能在它献出自己血汗的企业中得到一份权利和一份财产,如果一半利润分给出资者而一半利润由参加合作的工人平分,而且希望得到这种升迁的工人不成为合作者就永远不结婚的话,这个产业阶级当然是更为幸福的。

因此,我们就只有为城市工人和农业工人寻找社会应该以怎样的权利原则和司法原则来保护工人免遭竞争——经常企图把工人送到最贫困的生活水平以下——的危害。这个原则应适用于各种劳动,应该在工人的要求和雇用工人者的要求之间划出公正的界限。如果我们能够发现这个原则,并使它发扬光大,我们才不愧称为人。

第九章　工人有分享雇主所享有的保障的权利

两个利益对立的公民阶级为完成各种生产而进行合作,绝不是人的本性或劳动性质的结果。我说的是积累了劳动果实,过着安闲生活的有产阶级和只有自己的活力而从事劳动的阶级。他们(即有产阶级和劳动阶级)的区分,他们的利益的对立,是我们给人类社会造成的现代的人为组织所产生的后果。凡是我们所做的一切都应由我们定夺,立法者的权力主要应该放在纠正由法律产生的弊害方面。

资本与劳动的合作并不是我所说的一致；这种合作是物的本质，而且是不取决于我们的。然而，社会进步的自然程序绝不是要把人和物分开，或者把财富和劳动分开；在农村，私有者可以仍然是农夫；在城市，资本家可以仍然是手工业者(artisan)；劳动阶级和闲散阶级的区分绝不是社会存在或生产所绝对必需的；我们实行它是为了大家的最大利益，要实际获得这种利益，则有赖于(il-nous appartient)我们本身去调查它。

在我们所采取的这种社会制度中，所有的劳动都是由拥有财富的人和利用财富的人这两个阶级的经常的合作创造出来的。没有财富和劳动，就任何工作也做不成。工人对雇用他的人来说是必不可少的，雇主对工人来说也是必不可少的。他们彼此相依为生；所以，在他们之间存在着、至少应该存在着一种连带关系。

土地可以由土地所有者来耕种。这样，他就是把土地的所有权、开发土地所用的资本的所有权以及使土地肥沃的劳动的所有权、都集中到他一个人身上了。这是我们最常见的事情，因此，我们都知道：这样耕种的土地是种得很好的，农夫十分幸福，社会得到了十分丰富的粮食。

但是，土地所有者为了享受由财富而获得的闲逸，更喜欢自己不亲自耕种，而把土地租出去，这样，租地的农场主也就变成大老爷了，他再不肯像农民那样劳动，他要用短工们来做他的全部工作了。太好了，社会并不表示反对；社会并不干预私人之间的交易，但是，社会绝不应该感受到来自这种交易的损失。社会可以允许有闲的地主和大农场主为了给他们自己服务和为了给他们提供一切便利而在国内制造一个新的阶级，即土地工人阶级；社会却永远不应该允许这一阶级再成为国家的负担。

如果一切土地所有者都亲自用双手耕种自己的土地，如果他的力量不足，就把土地分给他的儿子，而且有土地的农民阶级只发展到自然的限度，也就是说，只增长到人力能够经营土地的程度，那就十分明显，绝不会有短工，农村也就不会有穷人，农业也就不必负担济贫税。

当这个秩序改变了，土地所有者把他们的土地交给另一个阶级来经营，如果这些人本身是佃户（农场主）或是对分制佃农，而且他们利用长期租契，使他们获得他们所经营的土地一部分所有权——用自己的双手来完成全部工作的话，农村中就仍然不会有或者几乎没有穷人，农业也不会负担穷人救济税。

大地主和大农场主是离不开他们所制造的农业工人——短工的。没有后者，前者的财产就毫无价值；而后者除了为前者服务而外，对社会上任何其他阶级都没有用处。因此，在他们之间有一种连带关系，而且，短工们必须专靠他们在大农场所创造的财富来过活。可以让他们根据自己的要求同土地所有者商议每日的工钱；如果工钱不够用，短工们的家庭领到这笔钱之后仍然感到不得不要求补助，那就只应该由大地主或大农场主[①]补助，因为这个阶级是完全为他们的利益而存在的。在封建国家、奴隶国家的完全愚

① 谈到维持穷苦的短工的生活，我是不区分土地所有者和农场主的。他们应该共同行动；而且，农场主只是按扣除一切耕种费用的纯收入缴付地租的，那么济贫税既是一项补助工资，也应计入耕种费用中。

昧、不讲人情的社会组织中，这个正义的基本原则都没有人否认。领主从来不考虑让他的家臣、农奴、奴隶陷入灾难或年老得病的时候给本省增加负担；他十分清楚地意识到，他应该满足这些人的需要，因为这些人是为了他而受苦的。不错，偶然有些地主是按照万恶的社会制度所产生的无情和吝啬尽到了这种义务；但在大农场的经营方式中，真正的债务人却把这个神圣的债务又放到他的其余同胞身上去了。

人们能够想象出还有比使小土地所有者和小农场主以济贫税的名义给为富人种地的工人支付补助工资更不公平的事吗？短工们对那些亲自扶犁、无须别人帮助而同自己的孩子完成一切田间劳动的小土地所有者和小农有什么好处呢？相反，那些绝不肯亲自劳动的人们，如何能够不用短工呢？由本堂区对他们的短工支付补助工资不是和使同样的本堂区来供应他们的马所吃的荞麦一样不合理吗？让公共团体来给只是为大地主和大农场主而存在、并应由他们发给工资的短工负担一部分生活费用，对大地主和大农场主是没有任何实际利益的；因为他们也是这个团体的成员，而这个团体还要维持与地主毫无关系的艺术和手工业中的短工。实际上，首先应该把救济农村穷人和救济手工业工人的管理工作分开；既然不是同样的人使他们陷入贫困的，也不应由同样的人来救助他们。

但是，在今天的混乱情况下，不分青红皂白地把穷人都推给公共慈善事业了；在英国，这种慈善机构有依法成立的，在其他国家，则完全出于人们的恻隐之心，所有的富人都向社会上打发穷人，并且尽力使他们的处境恶化；富人都不考虑他也是社会的成员，他也

应该以本堂区的税务或基于热爱人类而自愿捐献帮助他们。如果每个人都能亲自体验到自己做的事情的后果，就没有人再吝惜不久以后还要偿付的那份工资了。

在大农场主和经营他的农场所必需的所有工人之间是存在着一种自然的连带关系的。如果对于这种自然连带关系有了认识，而且农场主知道只有他有责任在工人病老或贫困时供养他们的话，他就会自动找出使他本人或社会负担最轻的供养方式，而且他很快就会发现，这种方式会使工人对生活发生最持久的兴趣，使他们尽力节约，保持最大的愉快、最好的健康、最壮的体力，从而对财产发生最密切的关系。

现在，大农场主千方百计地想把这些工人的工资缩减到最低的限度，要用这样的工资取得最多的劳动。即使因此累坏了他们，使他们得了病，还有本堂区来供养他们；如果在劳动的空隙间存在淡季，也有本堂区来供养他们；如果田地里没有完全适于妇女、儿童、老人的劳动，本堂区会给他们找到。大农场主利用竞争在最好的季节、以最少的工钱、雇用最健壮的人做最强的劳动；却与小农场主和小土地所有者共同分担在他不雇用短工劳动时应给短工家庭支付的补偿。在这种情况下，小农场主是经不起大农场主的竞争的，大农场制度必然要扩大。

但是，如果大农场主或大地主知道只有他应该负担全年供应短工家庭的需要，他就不再设法把短工工资降低到最低的限度，不再使短工作他力所不及的劳动，也不肯再选择最好的季节来同时进行一切工作了；恰恰相反，他会把这些工作分到全年去做，以便少浪费时间。他也就不肯只用最壮的工人劳动，而是要工人全家按个人的力量参加劳动了。这样看来，雇用家属要比雇用短工合算得多，按年雇用一个家庭要比按周雇用工人合算得多。对于土地所有者说来，用对分制佃农或自耕佃农比用大农场主强得多；也许把一部分土地让给那些亲手种地的人们还会更好。因此，应该使农业发展的方向与现在英国农业发展的方向完全相反；而且，每个人既然只追求最明确的利益，就会接近我们前面所指出的各种经营方式中对全国各个阶级最有利的方式。

我们绝不想为我们不完全了解的外国提出一项关于穷人的法律草案，外国也很少会接受这样的建议；我们只指出免除穷人救济税来鼓励小农业，同时加重大地主的税，以补偿他们按照大农场的经营方式给国家带来的危害。

对于农业穷人的管理必须与艺术和工业方面的穷人的管理完全区分开。如果每个穷苦短工劳动的市场就在本堂区范围内，穷人的管区可以保留本堂区的区别。养活这些穷人，就专由雇用他们的大农场主来负担：这些大农场主应该供应农村穷苦人们的一切需要，但是，他绝没有养活被工业遗弃到社会上的穷人的责任。任何一个亲自耕种二十五英亩以下的遗产，全部收益都归自己的人，都应该免纳穷人救济税。任何一个用自己的双手、由自己全家或由自己的仆人种五十英亩以下的土地的农场主（佃户），也应免纳穷人救济税；应该制定新的法律尽力使地主能按照零星出租、长期出租和永久（长期）出售的方式让给短工们一部分土地。这样，短工就不完全由大地主来供养了；不过，用短工种地的人，仍应该自己负担这种有害的耕种方式所需要的短工在穷困时的供养，使短工的负担更直接地落到他身上。另一方面，凡是拥有十英亩土地或者租种二十英亩土地的人，都不得领取本堂区的救济；而且，如果这样的人把这份小家产分给他的儿子，不管他的儿子所得的份地怎样小，他们也不得领取救济。

这种建议（把土地划成小块分给短工，使地主担负照顾短工的责任）想必会激怒现时英国唯一享有立法权的大地主，但它毕竟是公正的。亲手耕种自己小块农场的农场主和土地所有者是用不着短工的；只有大地主才需要短工；他们造成了短工，就让他们养活短工好了。这些大地主很快就会看到：最经济的养活短工的办法就是让短工回到土地所有者的行列中去；大农场经营之所以有利，只是由于在劳动者和雇用劳动者的人之间分配不合理，也是由于劳动者的实际工资不单单是由雇用他们的人和垫付他们每日工资的人来支付，而且要在他们穷困时由社会上其他不得不补助这种微薄工资的人来支付。人们马上就可以看到，今天在法国屡屡出现的大农庄零星出租和出售土地的情况，将代替英国那种经常把小农场合并到大农场的情况。

然而，特别是自从爱尔兰短工的经常入境使现有短工人口的穷困状况加深以来，要把现有的短工完全羁留在土地上还是有困难的。幸亏有自己的办法为自己的贫农做很多的事情，把自己大量的村社土地（ses immenses communaux）分给他们。一般说来，英国人由于害怕这样还要增加贫穷的人口，今天是反对这样做的。这是因为他们只有四百英亩的农场和附有一二英亩土地的茅屋。假如英国的村社土地分为二十份——三十英亩大小的一块块的自由土地（en propriété franches），他们（英国人）就会看到，独立而骄傲的英国农民阶级，即他们现时惋惜其几乎要全部消灭的**农民**，将怎样复兴起来。①

在劳动者与雇用劳动者之间存在的连带关系的同一原则，也可以扩大运用到城市的工业方面。社会生活开始时，每个人都有资本，他们利用它来自己从事劳动，而且几乎一切手工业者都靠同样由利润和工资组成的收入为生。铁匠自己供应他所用的铁和煤；鞋匠自己供应他们用的皮革，造车者自己供应自己用的木料。行业的划分并不是一定要把工人与老板分开：人们看到有一些制造厂，是个人处理个人所加工的原料。但是，假使行业的划分没有强制划分地位，它至少是在无意中已经引起了这种划分。从此以后，资本家在生产每种商品的时候，就要判断其是否为人们所需要，而不是单纯地比较生产费用和消费费用，还必须考虑他能不能从生产工人身上得到消费者所不能给他提供的利润。

这样就使生产者互相对立（即老板与工人对立），迫使他们走着与社会利益截然相反的道路。对于社会说来，一个工厂只有在它能使工人过可以将就的温饱生活时，才值得经营；可是对于厂主说来，只要可以获利就行，至于工人因贫困而羸弱，甚至死亡，他是不管的。

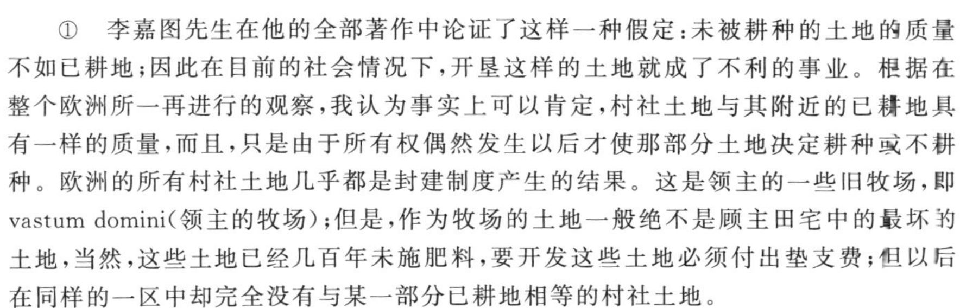

① 李嘉图先生在他的全部著作中论证了这样一种假定：未被耕种的土地的质量不如已耕地；因此在目前的社会情况下，开垦这样的土地就成了不利的事业。根据在整个欧洲所一再进行的观察，我认为事实上可以肯定，村社土地与其附近的已耕地具有一样的质量，而且，只是由于所有权偶然发生以后才使那部分土地决定耕种或不耕种。欧洲的所有村社土地几乎都是封建制度产生的结果。这是领主的一些旧牧场，即vastum domini（领主的牧场）；但是，作为牧场的土地一般绝不是顾主田宅中的最坏的土地，当然，这些土地已经几百年未施肥料，要开发这些土地必须付出垫支费；但以后在同样的一区中却完全没有与某一部分已耕地相等的村社土地。

棉织厂的厂主们一而再、再而三地降低工人的工资，先从每天二十苏降到十五苏、十二苏，然后又降到八苏。他们的利益与他们的工人们的利益是截然不同的，在他们需要工人劳动而与工人订立合同时，他们只考虑用什么方法能以最低的工资来使工人劳动；他们在工人生病、年老时，或者到淡季时，就解雇他们，让公共慈善事业、救济院、英国的本堂区来供应他们的可怜的生活。棉织厂的厂主们串通一气，一致对付他们的工人，把社会的这种重担完全抛到他们身上；每个行业都要卷入这种斗争中；大家都为自己所属的集团的利益反对社会利益，甚至他们每个人都忘记了自己还必须以私人施舍、捐助救济院或缴纳穷人救济税的方式供养他所竭力造成的这些穷苦人。

但是，在这种降低工资的经常斗争中，每个人都有一份的社会利益却被大家忘记了。而且，每个行业都应负起自己的担子，每一个厂主会很快就认识到降低工资是否对他的工厂有利；也会认识到：既然要经常供养一个每天需要二十苏的人，那么把这二十苏作为他劳动的直接报酬给他本人，是不是比用八个苏作为工资给他、再以施舍名义让他领取十二苏要强一百倍。

然而，必须承认：原则虽然一样，实行起来，在城市工业却比在农村困难得多；而且，在城市实行这个原则也比在农村实行重要得多，迫切得多。直到现在，只有英国还是农人需要得到公共慈善事业救济的国家，欧洲其他地方没有一个这样的国家了，的确，每个工厂工人之所以不断受着饭碗被剥夺、工资被降到不够他们需要的威胁，有一部分原因是英国造成的。

很明显，如果各行业可以仅为救济的目的而恢复行会组织，如果各行会的首脑应该完全按照英国的本堂区那样，救助本行业的所有穷人，人们就会结束工人阶级所面临的这种痛苦，结束今天使商业破产的生产过剩和使穷人阶级感到绝望的人口过剩。

今天厂主认为，不论是以较高的价格向消费者出售，或是少付给工人工资都是赚钱；到那时候他就会知道，他只能靠出售赚钱，而对工人工资的一切克扣，不再是由社会、而是由他本人以救济的方式来还给工人。今天厂主用极少的工资来欺骗工人，使工人的身体暴露在恶臭的空气中、棉花毛中或水银汽中；到那时候他就会知道，工人因为他而感染的一切疾病，要由他来支付工人住医院的费用。今天厂主吸引来许多家庭为他工作，而以后因为他发现了可以完成这些家庭所做的全部工作的蒸汽机又使它们突然失业；到那时候他就会知道，如果一切劳动者再度陷入失业，而且在他的锅炉燃烧正旺期间，他必须叫工人留在医院里，蒸汽机并没有让他省一点钱。重新落到他一个人身上的这种负担是最严正的制裁；因为他今天在这些人的生活上得了利，却把由此而产生的一切损害都推给了社会。如果付给工资很充裕，不是仅仅能供应工人壮年时期的需要，而是能供应他们童年、老年和生病时期的需要，如果他叫工人做的工作不是损害健康的，如果他发明的机器正如他所保证的那样，只提供更大规模的生产的机会，那么，人们要他一个人承受的负担就不成其为负担了；他没有任何理由抱怨不满。如果这个负担过重，是由于他的营业赔钱了；他最好放弃这种企业，以免使社会承担这种损失。

但是，为了避免执行这种措施中所存在的非常严重的困难，只使它成为最严正的制裁还是不够的。一方面，制成品的市场范围

可能使一个省的工人由于百里之外突然发生的生产变化而重新成为他们的老板的负担；另一方面，商业中的波动经常可以使人们所要请求救济的老板破产；最后，人们很可能看到新的行会复活昔日的特权，并且苛酷地对待它们的成员。

我承认，在指出我认为什么是原则、什么是正义以后，我并没有制定执行手段的能力。我认为共同参加劳动的人共同分配劳动果实是有缺陷的；而且，人类是无力了解与我们所经历过的财产状况完全不同的财产状况的。人数最多的，也可以说，社会上最主要的阶级的痛苦，最近达到了极严重的程度，甚至使最文明的国家中的很多慈善家也感到必须采取补救的措施了。那些对人的思想了解或体验得不多而对人类充满热情的人，以合作的名义提出了一个崭新的社会制度，企图利用为完成社会所需的一切工作而组成的团体的利益来代替个人利益。欧文先生是这派学说的最有名的作者，这派学说在英国、法国和美国有很多的拥护者。然而，这个学说的原则是不值一驳的；直到现在，还没有给人以深刻印象的关于这些原则的说明，而且，由于这些人在著作里表现对人类那么亲切，出发点那么纯正，人们总不忍揭发他们的一切错误和矛盾。

但是，由于欧文、汤普逊、傅立叶、梅隆几位先生的著作中详述的学说与我们主张应该采取的政策之间存在着一定的关系，我认为必须明确声明：我们之间只在一点上是一致的，在其他各点上则毫无共同之处。我也和他们一样，希望在那些共同生产一种产品的人们之中实现联合，而不想使他们彼此对立。但是，我不认为他们为了这个目的而提出的方法能够使他们在某一天达到这个目的。

我所希望的是把城市的作业拿来和田间的作业那样分给为数众多的独立作坊，而不是只把它汇集在制驭着成百上千工人的一个首领手中；我所希望的是把工场的财产(la propriété des manufactures)分给为数众多的中等资本家，而不是把它汇集在一个拥有亿万……的人的手中；我所希望的是，唯愿明智的工人在自己的面前有机会、并且差不多是确定与他的老板进行联合，以便使这种工人当自己在商业中享有一个股份的时候就去结婚，而不像他今天所造成的毫无提前的希望那样要到老的时候才结婚。但是，为了进行这些改革，我所要求的只是法律上的缓慢的、间接的办法，只要求在老板和工人之间实行一种完全合理的裁判，要老板对他给工人所造成的危害负完全责任。希望法律不断促进遗产的分散，而不推动财产的积聚，希望法律能使老板与工人的关系更加密切，以更长的时间雇用工人，使工人分享他的利润，获得经济利益和政治利益，这样，具有正确方向的私人利益可能单独弥补私人利益给社会所造成的不幸。于是，工厂的厂主们就会想方设法为自己培养工人，使他们关心财产和节约，特别是使他们成为人和公民，而不再像今天那样尽力把他们变成机器。

不幸，要使穷人避免一切忧虑、一切痛苦甚至一切不合理的依附，并不取决于任何法律；但是，当人们为穷人恢复希望的时候，以及当人们给穷人指出作为穷人愿望的目标并不是穷人今天所处的这种单调的、不稳定的地位，而是穷人善良的表现所能使他达到的一种有休息和温饱的时代，这时，人们或许就为穷人的幸福做了很多的事情。

毫无疑问，在立法上一个如此巨大变化的影响，由于迅速地减少了彼此互相争执看谁最得不到生活必需品的工人阶级，由于强制每个行业用本行业的收入担负本行因不合时宜的生产而给自己带来的损失，就会使人立即认识到：人们认为是赚钱的很多工厂实际上是赔钱的；因为社会每年为这些工厂工人支付的救济费比这些工厂的利润还多。毫无疑问，结果是每个只依工业为生的国家不去接二连三地关闭许多作坊，这样，过分增加的城市人口就会迅速减少，而农村人口就会增加起来。

一个国家应该以感激的心情欢迎消费者的需要所发展的新工业，但是，它也应该毫不可惜地让离开它的工业离去。政府给予这种工业的一切优惠、在它衰落时为支持它而作的一切牺牲，只能延长厂主或工人们的痛苦，而且，政府只有以损害它所应养活的人们本身的利益的方法才能挽救正在衰落的工厂。

然而，现在只有一个国家处于这种反常状态；我们只在一个国家中看见一种经常的对照，一方面是虚假的财富（richesse apparente），一方面是靠社会慈善事业为生的十分之一的居民的惊人的贫困。但是这个国家在别的方面如此值得模仿，甚至它的错误也炫人眼目，它用本身的例子诱惑了大陆上所有的国家要人。如果这些思虑已经不能给国家带来利益，那么，我就（至少我是想）为人类和我的同胞效劳，指出国家所走的道路的危险性，并用它本身的经验来证明：把政治经济学建立在无限制的竞争的原则上，就是为了同时实现一切个人欲望而牺牲人类的利益。

对消费和生产的平衡的说明

我在本书所要确定的政治经济学新原理中，有一项原理比其他一切原理更与一般的意见不相合，但是我认为，使人接受这一原理比接受其他任何原理更为重要，因为它说明了十年来工业一再面临的剧烈的危机，又是防止重新发生这种危机的办法。我想证明，增加我们所需要和希望的一切物品的生产，只是在相应的消费也随着增加时，才是有益的；我也想证明，对于一切生产资料的节约，只有在每个参与生产的人仍能从生产中取得一笔未作这项节约之前所得的收入相等的收入时，才是对社会有利的；这是只有通过出售更多的产品才能做到。

我从此得出的结论是，一定国家的生产的增加，可以按照不同情况成为好事或坏事，而所有其他政治经济学作家却永远把生产的增加看作好事。欧洲人正确地认为萨伊补充、证实并说明了亚当·斯密的卓越学说，萨伊先生宣称："产品是互相交换的，产品的增加除了增加人类的享受和国家的人口以外，不会有其他结果。"[①]李嘉图先生被英国人认为是研究政治经济学的一个划时代的人物，他的无数学生今天还以盲目的信任一再宣扬他的英明论

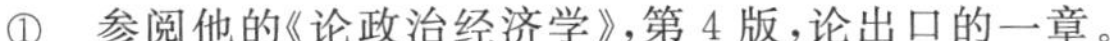

① 参阅他的《论政治经济学》，第 4 版，论出口的一章。

断，这位先生跑得更远；他根本不考虑人的问题，他只说这门科学的目的就是无限制地增加财富。他为达到这个目的所指出的方法就是不断地增加生产和不断地减少消费，以便使物质财富通过创造财富的人们的辛勤劳动和应该享受财富的人们的节约而成倍地增长。[①]

法国圣西门先生根据工业的能力扩大了自己的想象。他认为，创造财富的速度加快和科学对技术的帮助，揭示了在人类中发现的一种超人的力量，他这一学派宣称：**实业家**和**主产者**是世界上的新主人，并且主张把国家的一切政治权力都交给由于从事工业而列居新的寡头政治之首的人们。

这三个政治经济学学派的基本原理不同，其行动绝不会一致，但是它们在反对我的方面却是一致的。我不赞成他们宣扬工业的主张。同时，我方才所驳斥的问题是非常暧昧、非常抽象的，甚至使我可以得出最错误的解释：我早就知道我会不断受到与我主张不同的人的反对的；尽管我说技术的改进是有益的，只是在实用中，由于情况不同而有时有利，有时有害，我也早就知道会有人说我反对一切技术的进步，反对一切工业的改进；我早就知道会有人谴责我所明确的问题难以理解，因为在我以前，根本没有人明确过我所明确的问题；而且，我早就知道有人会把改革计划，荒谬或残酷的限制计划都归咎到我身上，因为我不能用很少的话来说明我的主张，而且未能使我所要说的话变成一些简单的概念。

但是我并不认为，由于这种真理是抽象的、不易理解和难以明

① 参阅《政治经济学及赋税原理》，第7章。

确的，又由于它可能被曲解，就应该放弃它而不维护它。我曾一再请求容我多说一些，希望让人们看到这个问题的崭新的面貌，以至于理解它。现在，我认为应该再就这方面写几篇短文，作为本书的补充。第一篇短文回答李嘉图先生的一位著名学生对我的原理所作的反驳；第二篇说明我的原理，差不多和我直接同李嘉图先生本人面谈的一样。第三篇是关于萨伊先生对我的学说所作的反驳的几点意见。我认为，这篇文章明确了我们之间存在的问题的症结。

第一篇论文　关于李嘉图先生的一个学生在《爱丁堡评论》上发表的《驳政治经济学新原理》的探讨

我们遗憾地看到政治经济学在英国采用了一种日益格言化的用语，笼罩在更难理解的推想之中，陷入抽象的概念里面，可以说已经变成一门占卜学了。在这个时代，受苦的人类最需要的是，这门科学用大众化的语言，使它适应大众的需要，使它能为普通的人所理解和符合实际。政治经济学应该教导我们谋求大家福利的道理；在商业普遍萧条、各行各业大闹恐慌、农业至少在很多国家也受到威胁的时候，政治经济学是比任何时候更为需要的。那么，人道就应该使我们提防不看事实的思想普通发展，特别提防不考虑创造财富的人的痛苦、认为财富就是大家利益的谬论。

据说，新学派的首领李嘉图先生曾亲口说过，理解他的作品的人，在英国至多不过二十五人。也许由于他那种暧昧不明的言论使那些理解他的作品的或者自以为理解他的作品的人都变成他的新信徒了，并且以一种最坚决的派别思想，几乎完全用自己的语言来支持他的全部学说。他的一个学生曾经在《爱丁堡评论》第 64 期第十一篇论文中，插入了一段我们今天认为最重要的问题的关于他的学说的概要。据说这篇文章是经老师亲自批阅同意的，而其他学生们也承认这是他们最明确的主张。

在纽一拉纳克的欧文先生是对穷人的福利表示最热心和对穷人的不幸表示最深切的同情的人，他曾表示过这样的思想：工业发展的自流，机器的应用和逐步改进，可能增加组成财富的各种商品的生产，超过消费者对这些商品的需求；这样，就会发生一切商品过剩、各个市场停滞拥塞，以致迫使厂主去解雇工人，从而剥夺只依靠工资为生的社会阶级的工作。

虽然我在消除这个灾难的方法上绝不同意欧文先生的见解，我却同他一样在我的《政治经济学新原理》中承认这种市场普遍停滞的事实，而且我承认，我简直不明白人们今天怎么能不看世界商业中的实际情况而否认这一事实。我曾按照一个收入的学说解释过这种事实，因为，有了收入才能使每个人购买一份年产品。我尽力让人了解：大家的收入如何不同于大家的劳动的产品，甚至可能有这种现象：产品增加收入反而减少，人们劳动乡了、仓库积满了，反而钱袋空虚，最后商品无人购买了。可是其他经济学家们却认为，只有买者劳动过少时才会缺乏商品。我所引述的《爱丁堡评论》上的这段文章，是专门攻击我的主张的，该文的作者说我的主张是**彻头彻尾的**谬论，而企图证明：**消费能力必然经常随着主产能力的增加而增加**。

现在，请允许我来分析并驳斥这种反驳。但是我首先应该明确表示，我绝不是因为作者的敏感和固执己见来耗费笔墨的。在我这一方面，虽然我不知道这位学者的姓名，[①]但是他和一家著名报刊给予我的见解的注意，使我感到荣幸。我十分了解，对读者来说，知道谁是发现真理的作者并不重要，重要的是了解这个真理，而不问这个真理是谁说出来的。我们两人所寻求的这个真理，在目前说来，是具有最重要的意义的。这个真理可以看作是政治经济学的基础。在商业、工业甚至农业中，而且至少在好几个国家的农业中，普遍发生了恐慌。这种灾难蔓延很广，非常罕见，它在使无数家庭遭到不幸，使一切家庭不安和灰心之后，甚至还破坏了社会组织的基础。例如，谁也不能怀疑，英国国内整个工人阶级的贫困状况是英国整个工人阶级（在 1820 年）就那两个对它本来几乎没有关系的问题——议会的根本改革和皇后诉案——所表现的不满的真正原因。对于造成这么多波动的国难曾有过两个相反的解释。有一些人说，你做得太多了；另一些人说，你做得还不够。前一种人说，只有你消费掉市场未出卖的全部过剩商品，而且你将来根据买者的需求调节你的生产的时候，才能恢复平衡，才能恢复和平和繁荣；后一种人却说，只要你像生产那样更加努力进行积累，平衡就会恢复。如果你认为我们的市场已经停滞，那是你弄错了；我们的仓库仅仅装满了一半；让我们把另一半也装满吧，交换这些新的财富可以使商业再活跃起来。

也许从来还没有更为重要的问题曾引起这样激烈的争论，还

① 以后，我听说他就是麦卡洛克先生，因此可以把他看成是由李嘉图先生所建立的学派的首领。

从来没见过肯定或否定一个问题将会发生如此严重的结果，因为，只要肯于把实践和理论联系一下，就可以看出，这是关系以劳动为生的广大群众的温饱、享受和生存的问题，而且不仅在一个特定国家是这样，在整个世界上都是这样。所以，我们要诚实地为广大群众研究真理，而不要为了我们自己。我希望文章的作者也按照我这样，逐字逐句地反驳我的学说。我对他的学说就要采取这种态度的。我将毫不歪曲地、不吝惜笔墨地把原文逐段地译在这里并回答他。

“需求和生产——作者说，第 32 卷，第 470 页，1819 年 10 月——是真正互相依赖而且互相转换的两个名词。一种财富的生产是另一种财富的需求。所以，只要有值一样多钱的一定数量的工业产品要交换一定数量的农业产品的时候，就会产生一定数量的农业产品的需求；另一方面，如果用去的农业产品与生产一定数量的工业产品所需费用等值的时候，就会产生一定数量的工业产品的实际需求。”

首先我们应该指出，作者谈到价格假定所以成为问题的问题，即价格只要根据生产所用去的费用来计算确定的。所有经济学家们，从亚当·斯密起，都承认价格有两个因素，即生产与竞争。要出卖一件产品的人当然是按照这件产品所用去的费用来计算；可是，要买这件产品的人，即**需求**这件产品的人，是要根据两个与生产费用没有任何关系的理由来决定的，首先是他的需要，其次是他的支付能力。这两个因素的结合以及这两个因素同产品的比例，构成一个高于或低于生产价格的需求。当对自己所要交换的东西感到有剩余的人对于这件产品毫不想要的时候，当他不能用或者他已经有了这个东西的时候，那就不会产生任何需求。当希望得到所生产的这个东西的人没有任何剩余能够进行交换的时候，或者，他想要占有这个东西却不肯付给人们对他所要求的费用的时候，也就不会产生任何需求。但是当需要或支付能力与所生产的数量不平衡的时候，可以有需求，不过，这个需求将是低于生产的。反之，如果现存的东西不能满足有支付能力的需求的时候，需求就要超过生产了。

其次，我们要指出，作者一方面假定一切交换中都有两个相互的需求；另一方面却又把两个非常不同的东西即商业和消费混为一谈。商业只是以分配已生产的东西的角色为需求服务，它并不创造需求。商业使商品转手，但是，在商业遇到一定的需求即消费者的需求，而使人们把所生产的东西从市场上抽走、拿去使用并消灭它以前，总是要把它留在市场上，使它与同类产品竞争。

当两个同样急于出卖自己产品的生产者来到市场的时候，他们对他们所供应的东西互相没有需要，也可以互相交换，以便增加他们的机会，正如在一场尽人皆知的赌博中（这种赌博实际就是**商业**），赌徒不看牌就去换牌，一直到他们之中的一个人喊出**满了**的时候为止。可是，没有最后需求、没有实际需求的交换，差不多总是市场滞销的象征。

在莱比锡书业贸易中，每个书商带着自己出版的四五个版本从德国各地聚集到市场上，每一版都有四五十打样本；他拿书换书，他从自己书店拿出二百打书，又买回二百打书。不过，他送到市场上的是四种不同的书，而他从市场上买的却是二百种。这就是李嘉图先生的学生认为是互相依赖、互相转换的需求和生产；需求和生产二者是彼此互相地一个向另一个进行购买，一个向另一个进行支付，此一个是另一个的结果；但是，按照我们看来，按照书商和顾主看来，需求和消费还都没有开始。不好的书在莱比锡换出去了，仍然是没有卖出去的书；它仍堆在书店里，不是没有人愿意要这种书，就是每个人都已经有了这种书。在莱比锡交换的书，只有在书商找到不仅愿意要这种书而且愿意付出代价而把这种书从流通中取走的人的时候，才算销售出去。只有这样的个人才能产生实际的需要。我们再往下看。

“只要带到市场上的商品总是这样的比例，只要拿来进行互相交换的东西在生产费用上，因而也在价值上都是相等的，一类商品生产的增加就提供等价物以购买另一类同样增加起来的商品。”

是的，然而是不是有任何理由来使得一类商品或另一类商品的希求和需要以同样的比例增加起来呢？莱比锡的书商的例子完全适于这个推论。如果这些商人把他们去年在市场上交换过第一版的所有书籍的第二版都送到市场上来，每个人的确都多供应了**一类商业产品，并以这类商品作为等价物来购买另一类同样增加起来的商品**；可是，对于那些已有很多这种书籍并且再也不需要它们的读者说来，这样的交换和生产平衡又有什么好处呢？

“为了举例说明——作者继续说——，我们假定一个农场主已经垫支了供一百个农民用的食物和衣服，假定这一百农民为他生产了供二百人用的粮食；另一方面，一个工厂主垫支了他的一百个工人的粮食和衣料以后，这一百工人为他生产了供两百人用的衣料。那么，农场主在补偿上他自己的农民的粮食以后，还有另外可以周转的一百个农民的粮食；而工厂主在补偿上他自己的工人的衣服之后，也有一百个人的衣料拿到市场上去。在这种情况下，这两种商品将互相交换；富裕的粮食构成了衣料的需求，同时富裕的衣料构成了粮食的需求。”

为了使世界适应自己的计算而假想出一个与实际世界迥然不同的假想世界恐怕是最荒谬的推理方式了。被假设中不可能实现的条件弄得混乱不明的人是不能辨明需要反驳的条件的，因此，也不能辨明使推理错误的条件了。在我们所批驳的例子之中是有好多这种情况的。

作者以没有利润的劳动（travail sans bénéfice）、以只能补偿工人消费的再生产为前提。因为他假设总共有二百个工人，其中一百人生产了二百人的粮食，另外一百人制造了同样二百人的衣料；但是，如果他们生产出多于这二百人用的粮食或衣料，那么到什么地方去找消费者呢？同时，他假定劳动分工永远是根据利润比例而确定的；他的假定中有老板和工人，但他没有留一点给老板。可是，如果老板没有任何所得，没有任何利润，老板也就毫无继续生产的兴趣，结果是老板要解雇工人，而且，除非工人为他们自己继续劳动，一切生产都一定停顿下来。这种错误的假定是以一切推断为基础的。我们要考察工人生产超过其消费的剩余部分究竟变成什么，那就不应该忽略组成劳动的必要利润和老板的必要利润的这个剩余。

不仅如此，这种推断是根据那种生活必需品之间的交换的必要性作出来的。农民不能不穿衣服，手工业工人不能不吃粮食。这个我完全同意。可是，按照一个人所需的粮食和衣料始终是一些相等的、不可分割的数量，按照这些数量是通过可以认为是一个单位的那种永久相等的努力或牺牲得来的，才会由此产生这种既不留下粮食也不留下衣料的、全部的、相等的交换。

为了尽量迁就李嘉图先生的学生的推断和抽象假设，我们只按粮食、衣服和劳动的情况假定工人有三个等级，并且假定这三个等级恰好互相适应；实际上，在最贫穷的工人与最富裕的工人之间却存在着一百多个等级，而且，其中每一个等级内的工人在粮食方面的消费绝不是与他在衣服方面的消费恰好适应。

工人可以和在爱尔兰的工人那样只吃土豆和牛奶，可以和从前的法国农民那样，吃面包和汤，每周吃一两次肉。可以像从前的英国农民或瑞士今天的农民那样，吃最好的食物。

工人穿的衣服可以仅能蔽体，今天的工厂工人差不多就是这样；工人可以穿清洁、卫生、暖和、方便的衣服，我们看见过，同样的工人从前就是这样。最后，工人也可以除了平时穿的衣服，还有准备节日穿得更漂亮一些的衣服；这就是一种繁荣景象，我们也不止在一个行业和一个民族中看见过这种情况。

为了得到所有这些东西，工人终归是不得不付出相当大的牺牲。他可以每天只工作六小时，把另外六小时用于娱乐、休息或提高自己的知识。他可以每天工作十二小时，并且很好地保养身体，对他的智力或者说精神生活却不注意。最后，他可以不仅为了工作而牺牲他的智力，而且牺牲他的健康，有时每天劳动十二小时以上，有时是在劳动中用力过度，有时是在有碍健康的场所劳动或加工有碍健康的材料。世界上到处都有很多工人处于后一种境遇的实例，而且是太多了；我们也看到，不管这种境遇对个人是如何悲惨，却丝毫没有阻止人类的增加，更多的出生弥补了更频繁的死亡，各种行业始终没有空位。

今天，有谁看不出，只有当工人在这三方面被沦落到所假定的三种处境之中的最悲惨的处境、付出最多的劳动只得到无可再少的食物和衣服的时候，才需要李嘉图先生的学生所假定的交换必要性呢？如果农民没有被沦落到这种悲惨境地，他在考虑他将和手工业工人进行什么交换之前，首先要考虑他将同他本人作什么交换，即考虑他是要像从前的希腊人那样喜欢粗衣淡饭，留下时间去提高智力，还是像野蛮人那样去休息和娱乐，或者是选择不懈的劳动和富有营养的食物。手工业工人也同样要选择是休息而穿粗衣或是劳动而穿美服的。手工业工人和农民还要考虑他们要付出多少劳动去进行这些交换。农民可以要求得到很好的食物，却不太考虑穿好衣服的问题，或者正好相反；每个人在作这种决定的时候，都完全不受他人的影响。那一百个手工业工人可能选择第三等级的劳动，得第三等食物和衣服，而农民则想付出第一等劳动，而只享用最低等的粗衣淡饭。那么，李嘉图先生的学生所假定的必要交换要变成什么东西呢？

如果人们事先不能知道这一百农民和一百手工业者中每个人要选择什么，而且他们像作者所假定的那样，是完全自由的话，那么，人们就很难说他们为了社会福利应该怎样选择了。并非所有劳动都是利益，并非所有休息都是损失。如果在饮食和衣着上一个国家比另一个国家坏得多，但是这个国家正当地利用了它从田间劳动和手工业劳动中所扣除的时间，那么，这个国家却可以比另一个国家优越很多。即使这个国家只把这样的时间用于娱乐和休息，但是，由于财富原应用来娱乐和休息而不是用于其他事情，所以也绝不能肯定这个国家不是更幸福的。毫无疑问，在两个极端之间存在着一个应该遵循的折中之道，但是，这个折中之道应根据道德标准划定，而绝不论用数字来确定。

马尔萨斯先生在他最近发表的名著《政治经济学原理》一书中已经指出(第358页)，“不考虑对于人类同好逸恶劳一样普遍、一样重要的原理的影响，是这种推断的基本错误。”不过，我对于这位善意的哲学家针对工人阶级的劳动无限增加的社会利益所表示的怀疑是十分满意的。①

“现在”，李嘉图先生的这位学生接着说，“假定有一千个农场主，其中每个人都垫支一百人用的粮食和衣料，而获得两百人用的粮食；同时有一千个工厂主每个人也都垫支了一百人用的粮食和衣料，赚得两百人的衣料。在这种情况下，那一千个农场主中的每一个人和一个离群索居的农场主同样感到需要把多余的粮食拿出来交换；那一千个工厂主中的每一个人也同样需要把多余的衣料拿出来交换。正如第一个假定中一百人的粮食和衣料彼此进行交换一样，十万个人的粮食和衣科也可以互相进行交换。

“正如每个人的储存增加了一千倍一样，每个人的需求也增加一千倍。”

这一个假定只不过是前一个假定的重复，但它却是更难令人接受的，因为它所表示的不是几个人，而是一个整个的社会，在这

① 我要趁这个机会诚恳地表示我的遗憾，我是说，在我这本著作的第一版中，曾经对马尔萨斯先生的人口论第一版的论点作过批判，而作者在我所未见过的、以后各版中已经加以阐述、解释并修改了他的那些原理。我也很后悔未能充分表达出我对他的一切著作所发挥的灼见和性格是多么赞美、多么喜爱。

个社会里，唯有工人是通过毫不停息的劳动挣得生活所需的；在这个社会里，这种劳动不能给任何人带来闲暇，也不能给任何人带来剩余；在这个社会里，人人都得拿出自己所生产的一切去和他人交换，否则就会无衣无食，这种普通贫乏的状况就是这种假定的必要条件。但是，如果有了剩余而任何人都不为了衣食而急于交换，那么只须有一个农场主把自己的小麦留到下一年用或是休息，就会打乱整个的平衡，只须有一个人爱好读书而不讲求漂亮的服饰，或者喜欢漫游而不讲究丰美的饮食，就会使他的邻人的产品没有需求者。当一个社会按照这种假定真到了这样不合理的状态的时候，它的法官、士兵和医师将如何是好呢？他们贡献什么，又取得什么报酬呢？如果这个农场主去作战，或者他宁愿买取公正和健康而不肯去换得漂亮的服饰，那么，要和这个农场主交换小麦的工厂主又会怎样呢？

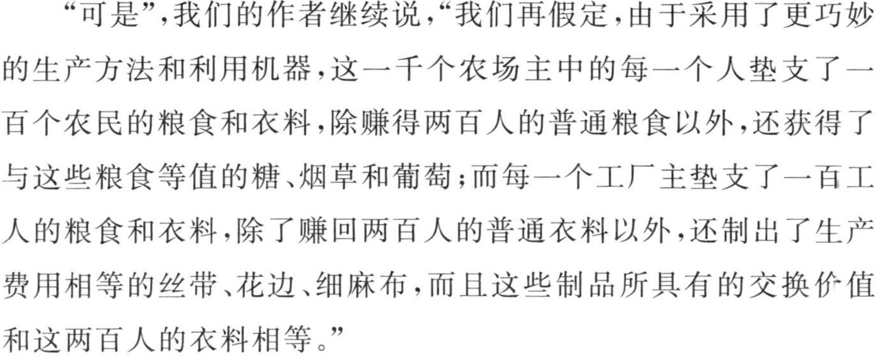

“可是”，我们的作者继续说，“我们再假定，由于采用了更巧妙的生产方法和利用机器，这一千个农场主中的每一个人垫支了一百个农民的粮食和衣料，除赚得两百人的普通粮食以外，还获得了与这些粮食等值的糖、烟草和葡萄；而每一个工厂主垫支了一百工人的粮食和衣料，除了赚回两百人的普通衣料以外，还制出了生产费用相等的丝带、花边、细麻布，而且这些制品所具有的交换价值和这两百人的衣料相等。”

人们经常利用略去某些中间的某些环节的方法表现自己的学说的高深。我们这位作者好像很喜欢用这种令人一眼就可以看出的错误的假定来掩盖一种抽象的意义，使读者感到惊讶。其实，只要把略去的中间环节加以恢复，就几乎总能发现在这些环节中隐藏着某种错误理论。

因此，我们就十分清楚地看出，劳动的任何更有利的利用、任何机器的改进，也不会给英国生产出由作者为英国所列出的糖、香料和酒。可能有人们答复我说，这是不言而喻的；这只不过是一种更简洁的说法。请原谅，这绝不是不言而喻的事。当他所说的生产方法和机器的改进使雇用一百工人的一千名农场主的生产能力提高了一倍的时候，根据作者的假定，他们土地上生产的小麦、肉类和草料就增加一倍，这一切都是农场主和工厂主绝对不需要的。另一方面，这些工厂主由于机器的改进而使织袜机、制呢机、织布机的功率提高了一倍，他们并没有看到这些机器生产出丝带、花边和刺绣来，只是织出了比本国的消费量多一倍的同样的袜子、同样的呢料、同样的麻布。所有这一切，如何能够变成我们的作者所要给我们指出的能够享用的华美的物品呢？毫无疑问，要通过交换，通过对外贸易。但是，这不正是假定中的问题吗？如何能够肯定那些用很少的劳动就能产生更多的食物的热带国家需要用英国的小麦去换取它们的糖和香料呢？又怎样确定法国用本国的酒去换羊肉或使弗吉尼亚用当地的烟草去换土豆呢？或者说，怎样能使一半工人放弃织袜机、制呢机、织布机而去从事生产丝带、花边、细麻布的手艺呢？我们正在寻求克服生产过剩的方法，但他怎样肯定由于他本人所假定的必需物品的消费受到限制，生产者恰好在达到够用时就自动停止生产，而利用所有共余时间、其余手段来生产华美的物品呢？

十分奇怪，我们的作者的理论缺陷最大的部分就是他叙述中用明显的谬论来掩盖的部分。可能有人说，他认为谁也不会对他

谈英国农场主由于改进耕犁而使用土地生产糖的事提出反驳。谁也不能相信他是这样思想的，谁也不敢承认他不懂得作者的话。但是，会不会有人要问他：他本人是不是真懂得他自己说的话呢？

无论是农业或工业的哪一部门多利用了劳动、机器、资本，第一个后果就是使这一部门的产品超过原来的需要；所以，不是应该提高这个需要，就是应该使这些劳动、机器、资本转到其他生产中去。但是，怎样进行这种移转呢？有什么**需求**决定这样做呢？我们的作者丝毫没有给我们说明这一点。

“在这种情况下”，我们的作者继续写道：“很明显，粮食和衣料方面的生产和需求将会和原来完全一样。农场主本人所不愿意消费的糖、葡萄和烟草，将用来交换工厂主本人所不打算消费的丝带、花边和细麻布。因此，这些不同的物品相互成为等价物，相互成为购买者，商品的需求也正好按生产的比例而获得提高。”

这里，我们还要要求我们的作者不要略去他的理论的中心环节。谁需求呢？谁享受呢？是老板还是工人？是在乡村还是在城市？根据他的新假定，我们有了一种过剩产品，即劳动的利润；但这是留给谁的呢？这个问题很重要，首先因为在道义方面，要知道应由谁获得劳动发展的好处，国家从这里面获得什么福利；其次，是因为在经济方面，消费者的人数对于消费的范围起着决定性的影响。

既然他自己没有说明，我们就必须把这两个假定分别研究一下。首先，假定工人的工资是随着他们增加了产品而提高了，结果是工人劳动六小时挣到了他们从前劳动十二小时所挣得的工资；他们也就应该决定：是把这一半不必再寻求生活必需品的时间用于休息、享受和智力修养上呢，还是仍然从事和以前一样多的劳动而以这种代价换取奢华的享受？有人对我们说，酒可以换取花边，烟草可以换取丝织品；但是，人们在一部分消费者的酗酒与另一部分消费者的轻佻之间能够建立怎样的比例呢？怎样能够保证使人们减少劳动的兴趣而提高对生活享受的爱好，而且使这种爱好完全随着劳动力的提高而增加呢？既然人们在逐件得到奢华物品时只得到一种不大的快乐，那么，怎么能保证让人们付出更大的牺牲来寻求这种快乐呢？有谁能证明：一个农夫不穿带花边的细麻布衬衫、绸大衣就可以多休息一会儿，少受些累，把身体保养得十分健壮，并且可以毫不考虑工厂主是否有相应的生产而自己少生产一些，却为了享受穿带花边的细麻布衬衫和绸大衣扶犁的快乐竟愿意去冒寒露、炎日和严寒呢？

但是，我们十分清楚，而且商业的历史也非常清楚地告诉过我们，劳动产品增加后获得利益的并不是工人；工人的工资丝毫没有增加；而且李嘉图先生本人也曾说过，如果要使国家财富不断增加，就绝不应该提高工人的工资。另一方面，一种不幸的经验也正是这样告诉我们，工人的工资几乎总是按劳动产品的增加的比例而降低的。那么，从公众的福利方面来说，财富的增加产生了怎样的结果呢？我们的作者假定过：当十万农夫辛勤劳动的时候，一千个农场主在那里享受；当十万手工业工人辛勤劳动的时候，一千个工厂主发财致富了。所以，能够多享受一些奢华的轻佻幸福的。不过是全国人口的百分之一。当机器和资本的发展使生产不断提高的时候，这百分之一应该消费整个劳动阶级全部剩余产品的人是不是能够消费得了呢？根据作者的假定，国家的产品增加一倍，农场主或作坊老板的消费就提高一百倍，那么，今天发明的许多机器使国家财富增加到一百倍，而不是像从前那样，只够抵偿生产费用了，每个老板今天就应该消费足以养活一万工人的产品了。

严格地说起来，我们知道，一个富人是能够消费一万个工人所制造的产品的，作者给我们指出了各种来由的丝带、花边、丝绸就是富人的消费品。然而，仅仅一个人是绝不能消费掉同样比例的农产品的；李嘉图先生所说的为了交换而生产的酒、糖和香料，对于一个人的饭食来说是太多了。这些东西是销售不出去的，更确切地说，农产品和工业品之间的相应比例——这似乎是他整个学说的基础——就不能维持平衡了。

“可能有人提出不同的意见，”作者继续写道，“按照需求不断随着生产的比例增加的原则来说，人们就无法解释在无政府状态下商业所产生的过剩和停滞的现象了。我们可以毫不为难地回答说：过剩是由于一类商品生产增加了，以后没有与它等值的另一类商品相应地增加。当我们假定的一千名农场主和一千名工厂主相互交换他们的生产品并互相给对方提供一个市场的时候，又有一千名新资本家也来参加他们的活动并且每人也都雇用一百名农业工人，毫无疑问，他们就会立刻造成农产品的过剩，因为应该用来交换这些农产品的工业品没有同时相应地增加。但是，这些新资本家中，如果有一半变成工厂主的话，他们生产的工业品就足能拿来交换另一半资本家的需要加工的产品。这样，就会恢复平衡，一千五百个农场主和一千五百个工厂主就会和原来的一千农场主和一千工厂主互相交换产品一样，毫无困难地交换自己的产品。”

从我们短短的引文中已经可以看出，在李嘉图先生的著作中

可以更清楚地了解：李嘉图先生和他的学生都是喜欢提不能实现的例子的。这种推理方式有一个严重的缺点，这就是使人们对于他们以后所提出的、用来解决一切困难的方法的不现实性不再感到奇怪。资本家突然把一个文明国家的耕地面积增加一倍，使农业工人增加一倍、使土地生产总量也增加一倍的新国民从地下钻出来：这似乎都是只有在神仙之国才会有的事情；即使人们承认有这种假定的事情，也会由于必须迫使在魔杖一挥之下诞生的一半资本家和一半工人放弃农业而去从事手工技艺，感到恢复平衡特别困难而不欢迎这种作法。

但是，我们现在正处于看来似乎是幻想而实际上却实现了的农业变革的时代，我们可以评论一下他的纠正方法。人们是不能使文明世界的土地面积增加一倍的；但是，人们可以把未开垦的地方耕种起来，政治革命、财政制度的改变和和平环境，使几乎相当于旧农业国的全部收获量的货物同时来到了旧农业国的港口。俄国最近在黑海沿岸开发的广大省区，改变了政府制度的埃及，禁止海盗行为的北非，突然把敖德萨、亚历山大里亚和突尼斯粮库的粮食都倾卸到意大利的港口来了，并给市场送来了那么多的剩余小麦，以致整个沿海地区的农场主的企业都亏了本。欧洲的其他地方也没有躲过新国家（美国）的广大地区所发生的类似变革，这个新国家把密西西比河畔的土地都耕种起来，并把它全部农产品输出国外。新荷兰（澳大利亚）的势力终有一天会使英国的工业破产，即令它不能用运费过高的产品使英国工业破产，至少也会用易于运输的羊毛和其他农产品使英国的工业破产。毫无疑问，工业技术将和农业技术齐一步调，这些新的国家将变成它们的市场的时代一定会到来，这也是人类的愿望；不过，这将是好几个世代的事情，也许是多少世纪的事情。

在这样的情况下，为了使生产不超过需求，不发生任何过剩和灾难现象，李嘉图先生的学生提出了什么意见呢？**要一半新资本家变成工厂主**。这个意见不能真正适用于克里米亚的鞑靼人或埃及的贫农。在大西洋彼岸地区或者澳大利亚建立新工厂的时刻还没有到来。那么，就必须由原来的经营农业的人让位，而恢复平衡。但是，要使意大利或普罗文斯的乡绅承认他所继承的祖产毫无价值了，而且绝对没有价值了，他只有把它撂荒，抽出经营土地的全部资本去建立一个工厂，这难道是轻而易举的简单事情吗？他宁肯等着这笔资本被破产的竞争完全吃掉，分文不剩，也不肯这样做，他只有实在穷困不堪的时候才会放弃农业。于是，为了适用给我们指出的公式，必须使欧洲从事农业的资本家的人数等于向欧洲市场输送黑海、美洲或非洲的小麦的新农业资本家的人数的一半。他们所雇用的全部工人也应同时改行。

但是，事实往往不是农产品超过工业品，造成商业界叫苦连天的停滞现象的也不是农产品；至少在今天，我们看得更多的是有很多工厂，不顾公众的需要和需求，把大大超过公众购买力的产品倾注到市场上去，虽然这种限制需求的购买力确实与消费的需要不成比例。我们试问，在一个土地已经完全耕种起来的国家，要把工业方面的多余的资本完全投到土地上去，并且进一步开垦新的土地来恢复平衡，难道是轻而易举的事情吗？这些几乎一个世纪才能完成的全国产业的彻底改变，难道能够及时补救每年的动荡吗？当某一个产业部门相继发生停滞过剩现象时，它们的效果能够抵得住生产不断超过需求的过剩吗?

此外,虽然农村产品与城市产品的交换是各国的主要贸易,但在大多情况下,这绝不是唯一的贸易,在这种交换中所假定的平衡不仅不能使一个国家工业的巨大变化的方式简化,而且会破坏它。每一种特定的产品都必须与某个阶层的买者的希望、需要和支付能力相适应。但是,这种希望和需要是不断变化的;这些买者并不在生产者的眼前,而是散布在世界的各个角落。一个学者用尽自己的一切研究还不能确切地知道某一市场的需要范围,一个政府倾其全力也无法了解这一点,生产者又怎样能够了解呢?他们甚至不想了解这件事。他们只是尽力在争顾客。只要看一看,在这个人类世界上,从这一端到另一端都存在着竞争,就足以证明生产超过需求了。只要这种竞争不断延续下去,一味以更便宜而非更贵的价格去推销商品,商业是绝不会恢复平衡的。

"当一种商品或一类商品的生产不管其他商品的生产而单独提高的时候",我们的作者最后说,"就会发生滞销或销售困难现象。但是,当所有商品的生产都同时提高的时候,各种不同的商品就会互相购买,生产的提高和需求的增加就会相适应了。"

当然,在商业中,普遍滞销比部分滞销少得多;在今天,提出一个明显而又不幸的例子也许更谨慎一些。但是,如果李嘉图先生的学生肯于向自己周围看一看事实,他就会发现这种普遍滞销也是可能的。旧大陆的所有工业城市普遍响起了恐慌的呼叫,而新大陆的所有乡村也一齐呼应。各地的商业都同样萧条,都遇到了无法推销的情况。这种灾难至少已经开始五年了;不仅没有停息,而且有随着时间的延续而进一步扩大之势。在我们所了解的各个行业，都存在着人浮于事的情况；既然没有任何行业要求使用更多的人力，作者向我们所说的那种平衡如何能够恢复呢？

工人的困窘是最为严重的，因为他们和农人不同，他们的生活资料完全依靠交换。这种困窘在英国特别严重，因为英国的工厂比欧洲任何国家的都多。当人们看到诺丁汉的织袜工请愿书时，是不能不感到毛骨悚然的。“我们每天工作十四小时至十六小时以后，——他们说——，每周只挣四个至七个先令来做我们和我们的妻子与全家的生活费用。我们已经用面包和水或是用土豆和盐代替了英国人饭桌上过去一向非常丰富的更有营养的食物；但是，我们声明，在一整天疲惫不堪的工作之后，我们往往不得不躲开孩子，让他们不吃晚饭就去睡觉，以免再听啼饥喊饿的声音。我们郑重声明，在最近十八个月中，我们差不多没有一时一刻不受苦不挨饿的。”(《爱丁堡评论》，1820 年 5 月，第 334 页。)

人们曾多次宣称平衡已经恢复，工作重新开始了；但是，每次只要有一项需求就掀起一个高于商业实际需要的波动，而且这种新的活跃会立即带来一个更难忍受的滞销现象。在比利时、德意志和其他国家，人们为抵制外国货而组成的一些爱国团体，也是这种普遍灾难的悲惨的标志。今天，在人们思想中占统治地位的学说，既不是哲学家们的学说，也不是各国政府的学说，而是人们看到处处有灾难才采用的学说。农业产品的过剩现象所以不那样明显，首先是因为从事农业的人只出售自己的剩余谷物，他们遭受的痛苦不如从事工业的人那样严重，从事工业的人只有出卖自己的全部劳动，才有饭吃；其次是因为人们并没有像发展工业那样发展农业；但是，归根结底，农业也是处在萧条状态的：产品的价格只能勉强补偿生产费用；在英国发生的农场主普遍破产的情况说明，必须缩减农业企业，而不应增加，人们遇到的是普遍的停滞，生产的提高不仅没有提高需求，反而降低了需求，这个结果，与李嘉图先生的主张恰恰相反，甚至和他的整个学说的基础恰恰相反。

人们看到欧洲的这场严重的灾难，是不能不尽心竭力全面考虑用什么可以消除这些灾难的方法的；但是，在我们看来，前面那篇文章中所指出的方法都是间接的，而且只能缓慢地实现。然而，我们指出了**不应该执行的**和**不应该接受的**建议；我们主张，消费能力不一定和生产能力同时增长，只要是尽力推动各方面生产，甚至可能是在加重我们所不能享用的虚伪财富的重压，以致使我们不堪其苦的时候，还说是为祖国、为人类服务的人，能在思想上发生一点怀疑，就可以认为我们的精力没有白费。

第二篇论文　论消费与生产的平衡[①]

今天，有一个基本问题，的确可以说是决定经济学家的学说的主要原理的问题，经济学家们对它的意见很不一致。我们在别处已经讨论过这个问题；现在请允许我们再谈一下，也许以后还要不止一次地提到它。当然，一篇短短几页的文章是不能动摇人们已经确立的定见、也不能在另一些人的思想中建起一个新的学说的，但是，只要能指出这个问题的重要性，使过于轻率提出自己主张的人重新考虑一下，我们就很满意了。

① 这篇短文第一次发表于《百科全书评论》，1824 年 5 月，第 22 卷。

现在就来谈谈这个问题吧。英国的李嘉图先生和欧洲大陆的萨伊先生，都主张经济学家只注意财富的生产就够了；因为国家的最大繁荣永远是要求不断进行生产的。他们说，生产在创造交换手段的同时，也创造出消费；无论生产多少财富，也无须害怕财富充斥市场，因为人类的需要和希望永远能把所有财富变成自己的享受。

另一方面，英国的马尔萨斯先生和欧洲大陆的学者所坚持主张的一样，都认为消费绝不是生产的必然结果；人类的需要和希望是没有限度的，这是事实；不过，这些需要和希望，只有在具备足够的交换手段时，才能通过消费来得到满足。我们曾经肯定地说，要使财富转到有这种希望或需要的人手里，单单创造交换的手段是绝对不够的；甚至常有这样的情况，社会中的交换手段增加了，劳动的需求或工资反而更减少了；因此，就有一部分人口的希望和需要得不到满足，消费也随之减低。最后，我们也曾经提出过，社会繁荣的明确标志并不是日益提高的财富的生产，而是日益增长的劳动需求，或者说，是作为劳动报酬的工资的日益提高。

李嘉图和萨伊两位先生并没有否认日益增长的劳动需求是繁荣的一个标志；但是，他们肯定地说，需求是生产提高的必然结果。

马尔萨斯先生和我坚决反对这一点：我们认为，这两种提高，都出自两个互不相关的原因，甚至有时是完全相反的原因。在我们看来，如果不先有劳动的需求，由劳动的需求来决定生产，市场就会停滞，一项新的生产就成了使人破产的原因，而不是使人获得享受的原因。

绝大多数经济学家在这个问题上都拥护萨伊和李嘉图两位先

生的主张；但是，几乎所有企业家都是按照马尔萨斯和我所阐明的原理行动的。无论是在工业方面或者农业方面，决定繁荣或萧条的直接原因，似乎就是市场；企业家们都希望根据市场的情况来决定自己的生产，虽然他们并不是经常能够成功的。

李嘉图先生最近去世了，他的死不仅使他的家人和朋友感到深刻的悲痛，也使那些从他的知识得到启发、从他的崇高感情受到鼓舞的人感到沉重的痛苦。在他去世的那年，他在日内瓦逗留过几天。我们曾经在一起对于我们主张不同的这个基本问题争论了两三次。李嘉图先生表示以谦虚、诚实和热爱真理的态度对待自己的研究工作，他的确也以这些高尚品质闻名，他对于自己的主张阐释得很明确，这绝不是他的学生们所能预料的，他的学生在李嘉图先生经常的、直接的严格教导下，已经习惯于抽象思考了；但是，对于一个需要综合很多困难数字，而且在某种程度上又需要深思熟虑的问题，只有口头讨论是不能淋漓尽致的；所以，我准备在这里稍有条理、多加思考地把我们在令人难忘的谈话中所提到的论证再介绍一下。

我们都承认（怎么能不承认呢?），不论是哪种产业，农业也好、工业也好，在欧洲的所有国家都在交替地遭受市场停滞、无法推销或亏本出售的状况；我看到的是所有国家都有生产过剩或者说生产和消费不相调和的现象。但在李嘉图先生看来，这两种现象都是不可能的，他认为这是社会制度有缺陷，产品流通受到阻碍以及税收的结果。

我们两个都离开了讨论的本题：一个出口超过进口的国家，可以在国内生产日益提高之后在国外找到日益扩大的市场。大部分政治家抱着旧的重商主义学说的残余，同时接受李嘉图和萨伊两位先生的建议，主张必须不断发展本国的生产；但是，发展生产的目的是为了出口，而不是为了国内消费；上述两种学说虽然在某些作法上是一致的，可是它们的原则却完全相反。因此，英国政府要英国成为全世界的工厂；它希望欧洲各国人民、美洲以及印度人民都变成英国商人的主顾；使本国的工业每向前发展一步，就能在国外获得一个新的市场。但它考虑的并不是为了消费而交换日益增加的产品，它所希望得到的快乐却是：英国的物美价廉的产品所到之处，外国生产者就从那里被排挤出去。

按照这种学说，各国间就一定要互相竞争了；某些国家工业繁荣了，会使另一些国家的工业破产；如果所有国家都实行这种主张，它们都逐年增加输往国外市场的商品，而且都以低价出售，千方百计互相争夺主顾，竭力多卖少买，那么，世界市场必将陷于停滞，最后，不是所有国家都蒙受损害；就是只有一个国家在危害其他国家方面获得胜利，单独享受贸易的自由。但是，其他的国家为了抵制这种扼杀本国工业的工业，就不得不起来维护自己。为此，主张鼓励发展生产的大臣们，采取了关税保护政策。

与此相反，李嘉图先生和拥护国际贸易绝对自由的人一样，曾肯定自己的学说不是排他性的，而是所有国家都能同时奉行的；生产者不是彼此竞争，而是互作主顾。所以，他的整个学说完全以这样的基本原则为基础：一个国家只能卖买等值，在生产与消费之间有一种必然的平衡，后者永远是与前者同时提高的，对外贸易绝不能打乱这两个数量之间的交换，只能通过向市场供应等值而品种繁多的商品来满足消费者的不同爱好。举例来说，假定英国的毛呢生产每年增加十万件，对外贸易的目的也只是使英国人能够不消费这十万件毛呢，而消费与它等值的酒、香料或对外贸易提供的其他各种各样的物品。在萨伊和李嘉图两位先生看来，创造交换的物品，就是创造交换，因而也就是创造消费；这样就算证明了整个世界市场或者与所有国家没有贸易关系的国家的生产与消费都是平衡的。

为了使我们不致从现代各国生产的变动中得出错误的结论，我们时刻不应该忘记这个原则。所有欧洲工业最发达的国家的工厂，在前几年都陷入了惊人的恐慌，因为它们的商品找不到市场了，现在(1824 年)，工业恢复了，而农业又因为农产品找不到销路而普通陷入凋敝状态了；并且，工业方面所获得的畅销绝不能证明李嘉图先生的主张是正确的，即使农业也获得类似的畅销，也同样不能进一步证明他的学说是正确的。我们知道，拉丁美洲给欧洲人开辟了一个新的、非常广阔的市场。但是，问题并不是决定战争或政治的成功能不能给一个国家找到新的消费者，而是应该证明一个国家发展本国生产就能给本国创造消费者。假定改善欧洲市场的方法取决于政治机会，而不取决于财富的自然发展，至少是毫无根据的推测。所有大量订货都来自拉丁美洲，那里没有任何禁止欧洲商品入境的障碍，那里到处燃起的战火，使消费超过了生产，各国的人们在强烈的贪欲驱使之下，已经不是用收入而是用资本来购买武器和英国所供应的商品了。

李嘉图先生绝不认为英国的制造商是依靠殖民战争、美洲的解放以及对哥伦比亚和智利的借款来寻找主顾的；在他看来，这些制造商的买主是制造商自己创造的。他说："假定一百个农夫生产

一千袋小麦，一百个毛呢工人生产一千欧纳呢料，这里暂不考虑人类所需要的其他一切产品，不考虑他们中间有任何中介人，只假定世界上仅有这么两部分人：他们用一千欧纳呢料交换一千袋小麦；假定由于生产的不断发展，劳动生产力提高了百分之十，同样的人就要用一千一百欧纳呢料交换一千一百袋小麦，从而每个人穿得更好，吃得更饱了；如果再向前发展一步，就要用一千二百欧纳呢料交换一千二百袋小麦，这样发展下去，提高生产只能增加生产者的享受。”

在我看来，这样考虑问题的方法，所忽略的成分太多了；有人希望我们不要过于噜苏，但是，不能把问题看得过于简单，如果略去识别真伪的各个情节，那就会使问题混淆不清了。

再介绍一下李嘉图先生简单解释过的那种交换，人们就会对于这种交换的复杂性感到惊奇了。仅仅看一个生产者自己进行的或者使别人进行的各种交易，就会和李嘉图先生一样，认为每个人的活动都是相同的，因此，我们必须把因和果区分开，并且撇开很多略去的中间环节来看一看一半财富的生产者如何不能成为另一半财富的消费者。

为了研究这个社会组织，我们选出农业作为例子，而在农业中又只谈粮食生产，不涉及其他，我们只当农业刚刚开始，还没有很大的进步，劳动生产力除了维持工人的生活，也还没有多少富裕，这样假定，计算起来困难就很少了，而且一定不会太噜苏；另一方面，也要看一看当前的社会组织，今天的社会中，有一无所有的工人，他们的工资是通过竞争决定的，只要老板不需要他们干活了，就会解雇他们；因此我们的反对意见正是针对这样的社会制度提出来的。最后，我们也和李嘉图先生一样，不谈货币。

假定一个经营农业的人，用自己的一定面积的土地，维持全家十口人的生活，雇用为他劳动的家仆和工人，每年生产一百二十袋小麦。为了不使账目过于复杂，这里不谈其他任何农产品，只以小麦作代表。我们仍假定这个经营农业的人给每个工人支付的工资是十袋小麦：工人当年食用其中的三袋，用另外的七袋交换面包以外的其他生活必需的农产品或工业品；那么，农场主还剩余二十袋小麦。还是为了使账目简单一些，再假定这个农场主同时也是土地所有者，其中有十袋小麦是他必不可少的，他食用三袋，用七袋交换和他的工人过同样生活所不可缺少的东西；另外的十袋用来交换满足我们所说的个人奢侈享受，这一部分是替他劳动的其他人不能分享的。

总括起来，他的土地生产一百二十袋小麦，其中有三十三袋由生产小麦的人就地食用，有七十七袋用来交换生活必需品；这七十七袋被生产供穷人购买的商品的人食用；有十袋用来交换奢侈品；这十袋小麦又被生产供富人购买的商品的人食用；这里所称的富人，就是在满足自己生活需要之外还能靠收入过奢侈享受的人。

就在这个时候，发现了应用机械的方法，或者发明了一项新的农具，或者有了驯服家畜供人役使的技艺，使人类的劳动生产力提高了百分之五十。假定我们所举的例子中的农户自己有土地，家中成员的权利几乎相等，这项发明的利益对每一个人也相等，那么，这个十一口之家现在每天劳动八小时就能获得原来劳动十二小时所获得的收益；如果他们都没有任何其他有利于个人的工作，他们就会每天多休息四小时。

但是，这里假定的是现在的社会组织：一方面是地主，他总揽指导工作，独得劳动果实和发明的利益；另一方面是农业工人，他们除了劳动技能没有任何财产，除了自己的工资没有任何收入。这里假定的农场主的每个雇工给他生产十二袋小麦，有了新发明以后，每人就给他生产十八袋了。但是，农场主的小麦产量是有限制的，第一，受土地面积的限制；第二，受农业资本价值的限制；第三，受他所出售剩余产品的市场需求的限制。因此他就不得不计算一下了：每人生产十八袋，七个工人能生产一百二十六袋，比过去多六袋；在出售小麦时，必要的话，他不妨把价格稍微降低一些。于是，他解雇三个工人，继续用同样资本经营同样耕地面积的农场，不过现在不是十个工人而是七个工人了；起初他仍然保持给工人同样的工资。那么，我们也计算一下：

他的土地生产一百二十六袋小麦，七个工人和一个东家，按每人十袋小麦来满足他们的生活需要，一共是八十袋。这样，东家还剩下四十六袋小麦可以过奢侈享受。在第一项小麦中，有二十四袋就地食用，也不是过去消费的三十三袋了；用来交换生活必需品、由生产供穷人购买的商品的人食用的小麦，已经不是七十七袋，而是五十六袋了；至于第二项，用作交换我们所谓的奢侈品的小麦，不是十袋而是四十六袋了，这些小麦应该由制造奢侈品的工人来食用，但是，制造奢侈品的工厂还没有建立。可是生产稍有提高，工农两业中现有的穷人的消费就大大降低了；另一方面，刚刚诞生的工业——富人的工厂——的需求却几乎提高了三倍。

为了更加明确这种产生于技术发展而不是决定于劳动需求提高的消费的变化，我们从另一个角度来研究一下这种发展。我们曾假定一个人的适当工资为十袋小麦，工人吃掉三袋，交换用七袋，这样，他的工资有相当重要的一部分又变成为他生产的工人的工资了。农场起初生产一百二十袋小麦的时候，支付十个农业工人、一个场主、一个奢侈品工人的工资，其中有八十四袋是这十二个人同供给他们小麦以外的其他生活必需品的工人进行交换用的。可以想象：这里面又有为他们生产的八又五分之二个工人也要用不作吃用的十分之七的小麦同那些为他们生产的人去进行交换，这样推移下去，最后全部小麦按每人三袋的比例分配到四十个人为止。在这四十个人中，只有一个人消费奢侈品，也只有一个人生产奢侈品。

我们所假定的工业也是这时候刚开始的；农业方面的发明，使农人的生产力提高了百分之五十。农场主解雇了三个农业工人，并且把他的收获增加到一百二十六袋。从此以后，他的农场就只用八十袋小麦支付他本人和七个农业工人的工资了。这八个人需要相当于五十六袋小麦的穷人的劳动需求，换句话说，需要有五又五分之三个工人；这些工人又需要其他的工人，最后使代表生产这些小麦所必需的劳动的八十袋小麦完全变成从事制造生活必需品的二十六又三分之二个工人的食粮为止。把这种情况和前面那种情况加以对比，就可以看出，有十三又三分之一的工人受了罪，也就是有这么多人没有饭吃。不错，人们希望他们能够从奢侈品工厂得到饭吃，事实上，土地所有者要用四十六袋小麦交换奢侈品工厂的产品，换句话说，他要用四十六袋小麦来满足个人享受；但是，由于这种生产还不存在，他必须用更多的工资奖励这种生产，所以他就要用十二袋、十四袋甚至十五袋来供给满足他享受的人，他的新财富使他有能力抱这种希望,他不是再用十袋小麦来满足自己的享受了;奢侈品工人在必要的工资以外所得的额外收入,也要用来增加自己的奢侈享受,其余的属于满足穷人需要的手工业工厂了;但是,必须在奢侈品工厂建立以后,和地主分得的这四十六袋小麦通过奢侈品工人的手而且把富裕产品交换出去以后,我说的是,到这时候才能够使所有要求劳动的人都得到饭吃。这种分配完毕之后,分享这种收获的是四十二个人,其中生产生活必需品的是三十七又五分之三人,而不再是三十九人,生产奢侈品的是四又五分之二个工人,因此,在人口方面要求增加两个人。①

可见,我们和李嘉图先生的说法一样,在这种流通不发生任何中断而结束的时候,生产就会创造出一种消费来;但是,正如德国的玄学家一样,我们没有考虑时间和空间,没有考虑可能阻止这种流通的各种障碍,可是,越仔细观察,障碍也越多。

在我们假定的变化的情况下,有三个农业工人被解雇,原来在工业方面有保证的十个工人的饭碗多少受到了威胁,此后他们只有依靠新的命运,希望建立新的工厂了。

由此可见,恢复平衡必须取决于奢侈品工人的迅速形成。但是第一,目前他们还不存在,必须使他们诞生。土地所有者在依靠自己的农场赚十袋小麦的时候,绝没有想要求在他赚得四十六袋

① 我们曾假定十袋小麦是当时从事生产的人在本阶级中享有一般温饱生活的需要,代表着工人所需要的一切物品。无论采取什么分配方式,当时四十六袋小麦也只能满足四又五分之二个奢侈品工人的食用。如果他们的工资提高到十五袋,老板自己就只能雇用三个奢侈品工人;不过,这三个奢侈品工人还需要第四个人为他们工作,而这第四个人还需要第五个人的一部分时间为他工作。

小麦以后所想象的那种生产。制镜工人、车匠、钟表匠等所有制造他所希望获得的产品的人还都没有降生；如果他必须等待这些人从成胎到学会工作这一段长时间，这对于一个急切享受的人来说，未免太长了。所以，不管假定的这些愿意学会一套新手艺的成年人的学徒时间多么短，土地所有者总得有耐心经受一场艰苦考验。

但是还有另外一种困难，这就是要建立一座新的奢侈品工厂，还必需一笔新资本；必须制造机器，必须运来原料，必须活跃远方的商业；因为富人是很少满意在自己跟前所生产的享受的。但是，我们到哪里去找这笔可能比农业所需要的资本大得多的新资本呢？犁的发明或者利用牲畜耕地的方法发明以后，刺激了整个的社会组织，却没有创造任何新的资本。奢侈品工人还决吃不上农夫所收获的小麦，也穿不上普通工厂生产的衣料；他们还没有形成，甚至也许还没有诞生，还没有这一行手艺，需要他们加工的原料还没有从印度运来，要依靠他们挣饭吃的人也在空等着。

我们再试作另一种假定。有土地的农场主发现提高劳动生产率的发明以后，不解雇他那三个工人，仍然留用十个工人。事实上，他们是只能靠自己劳动为生，而绝不愿意坐以待毙的人。他们除了种地，不会别的手艺，他们只要一息尚存，就只能继续廉价出售劳动力，按照新发明提高了的生产力来生产小麦。这种竞争将要降低所有土地工人的工资，考虑到失业的短工人数和农场主要把经营规模扩大三分之一的困难，我们假定工资只降低十分之一，当然不算太多。[①]

根据这个新的假定，农场应该生产一百八十袋小麦，可是十个工人只能得到其中的九十袋，另外的十袋增加到农场主的生活必需品费用顶下去了。在这一百袋中，有三十三袋农场食用了，有六十七袋交换了穷人所需的手工业品。而在发明以前，生产穷人生活必需品的手工业是消费七十七袋的。可见，他们的工资降低的比例比农业工人降低的更大；但是，人人都要吃饭，人人都要劳动，人人都可以希望获得土地所有者享受的、鼓励新奢侈品手工业用的八十袋小麦所产生的果实。

如果确实培养出八个新的奢侈品工人，这八个工人掌握到应分给他们的八十袋小麦以后，也要去鼓励供穷人需要的手工业，那么在这项流通结束时，人口就应该增加三分之一，要吃我们假定的农场所能生产小麦的人就是六十个而不是四十个了。可是，我们恰恰是在这第二种假定里忽略了时间和空间。

他一定是忽略了空间，因为有了新的发明，七个人就能耕种原来十个人耕种的土地面积，为了不解雇这三个人，使他们免于饥饿，必须假定还有新的可耕地和等待开垦的土地。但是，这种情况绝不是绝对可靠，尤其不是在任何国家、任何时代都绝对可靠。而且，并不只是有了需要耕种的土地就能解决问题，还要看土地掌握

---

① 也许有人说，既然肯定工人的必要工资是十袋小麦，再假定工人能够接受低于必要工资的工资，就不免矛盾了。我们完全不了解维持一个工人的生活真正需要多少工资，但是，这里所要讨论的并不是这个数量。社会上每个比较富裕的职业都有一项普通工资，这项工资不仅足能满足生活需要，而且能够满足与体力劳动相适应的享受；简单地说，我就是把这样的工资叫作必要工资的，谁也不能说出这项工资究竟能低到什么程度，也不能说出工人的生活到什么程度就失掉一切享受。

在什么人手里，必须使土地掌握在那些有人肯出一分利润就能耕种上这些土地的土地所有者手里。不过，请大家想一想，欧洲的未耕地是怎样不能满足希望用自己劳动耕种这些土地的人的要求的。这里是不可出让的公有土地，那里是既无资本又不能给予放款人以任何保证的人所拥有的永久继承土地。在另外的地方，人们又出于虚荣心，要保持土地的原有状态。无论国王、教会、贵族或人民都曾以他们的权利先后反对过这种经济学家所依靠的、认为其力量不可抗拒的契约行为。事实上，对于英国人来说，到加拿大或者到加弗勒里亚去开垦荒地，要比开垦伦敦附近的公有土地容易得多。

假定由于机器或者农业技术的发明，农场主使他的工人的生产能力提高了三分之一，他也找到了足够扩大三分之一的经营规模和增加三分之一的农具、车辆、牲畜及仓房的资本，同时也有使他能够获得利润的流动资本，那一定是忽略了时间。

如果我们假定制造奢侈品的工人和建立奢侈品工厂需用的资本，完全能够消费今年由他们消费的八十袋小麦，而不再是去年的十袋，那一定是忽略了时间。如果我们假定有六十个等待食用新生产的小麦的人，而吃去年的小麦的人不过四十人的话，也一定是忽略了时间。

因此，当农业采用提高劳动生产率的发明不是由预先的劳动需求而引起，而社会的组织又是只有一个土地所有者，只有一个人从这种科学进步的发明中得利的时候，不可能找到使社会其他部分赶上农业发展的快速步伐，建立平衡所必需的资本、原料、工人和工业。

我们的论断既适用于生产小麦的农业，也适用于其他任何行业；但是，我们虽然怕提出农业方面的数字过于讨厌，过于缺乏根据，我们还不得不再麻烦读者，我们所以举工厂的例子。是因为手工业主对自己产品的消费量比农场主对于自己产品的消费量少得很多。不过，可以想象，一项节约三分之一劳动力的发明，在生产各种衣料、器具以及穷人所使用的家具的各种手工业生产中都相继采用了，到处都是手工业主得利；如果手工业主把他的十个工人解雇了三个，到处都会少用一些人而多生产一小部分；那么消费量到处都要减低工人对自己的产品所不能消费的那十分之三，同时相应地减少为这些工人生产必需品的人的消费。在这种情况下，每项发明都降低现有工厂的需求，而用一种依靠尚未建立的工厂满足的需求来补偿。每一项发明都要使一部分穷人的工场手工业依靠奢侈品手工业工场的建立。可是，没有资本、没有工人，不耗费一些时间，奢侈品工厂是不能建立的，而被人夺走饭碗的人们却不能承受这些负担。①

我已经听到有人强烈谴责我反对农业的改进，反对技术的改

① 雇用十名工人的制帽业主，每年至少制造一千二百顶帽子；他本人和他的二人只能用十顶，只有一千二百人都戴上帽子以后，他的生产周转才算完成，但是，如果假定的各种情况都和那个经营农业的人一样，那么在这个制帽业主营业之初就应该看到，要靠一千一百人戴的一千一百顶帽子来支付他本人和他的十个工人的必要工资，用一百顶帽子交换自己享用的奢侈品。然而，在一项发明被采用以后，他的生产能力提高了三分之一，那么，他的工厂所消费的帽子就只有八顶了；与穷人的工场手工业和农业产品进行直接交换的帽子仅有七百九十二顶了，但是，他要向奢侈品的工厂供应四百六十顶，他还需要有六十个人来戴他所制造的帽子，可是这时候，除非在制帽业主所奖励的奢侈品工厂建立起来并且完全投入生产时才能买得起帽子的穷人，已经有三百个了。

进和人们所能追求到的一切进步；无疑他们是谴责我喜欢野蛮，不喜欢文明，因为犁是一种机器，铲是一种更老的机器；按照我的主张，无疑是应该使人只用双手去犁地。

我从来没有说过一句这样的话，请允许我在这里表示抗议，我坚决反对人们在我对于我的学说所作的结论以外所假定的一切结论。不论是攻击我的人还是拥护我的人，都没有理解我，有很多次我的同盟和我的敌人一样使我受到耻辱。在政治经济学中，人们把我当作社会进步的敌人，当作野蛮的和强迫的制度的倡议者。这是不对的，我并不想要已经有过的东西，但是我想要一种比现时的东西更好的东西。我不能用别的方法来判断现在，只能把它和过去比较，当我用废墟来证明社会的永恒的需要时，我远不想恢复废墟。

我请大家注意这一点；我所反对的绝不是机器，绝不是发明，绝不是文明，我们反对的是现代的社会组织，这个社会组织剥夺了劳动者的一切财产，使他除了自己的双手，其他一无所有，他没有任何抵抗竞争的保障，没有任何避免疯狂的竞争的危害的保障，他是注定要遭到牺牲的。假使大家彼此平分大家共同劳动所生产的产品，那么任何技术发明在任何情况下都对大家有利；因为技术每向前发展一步，每人都能自由选择是少劳动多休息，还是同样劳动而多享受一些。在今天，并不是发明不好，而是劳动果实的分配不合理。

我们现在所处的社会环境，是一个非常新的社会，可是有些人并不能充分认识这一点，我们对于这样的社会也还毫无经验。我们要把各种财产同各种劳动完全脱离关系，要把短工和农场主之间的一切互相依赖的关系打断，要剥夺短工分享农场主利益的一切权利。这种社会组织太新了，可以说它还没有完全确立，只有工业最发达、最丰富、最先进的国家，进入了我们还几乎没有经历过的这种社会制度；在这种制度下，农业劳动和工业劳动都是依靠周末可能被解雇的工人来进行的；我们所走的方向正是这样的方向；我所指出的危险也在这里，然而我指的并不是科学发明。

我们的眼睛对于这种新的社会组织、对于富人阶级和劳动阶级日益对立的普遍竞争，已经习以为常了，甚至使我们不能想出任何其他的生活方式，就是我们到处可以见到其残余的生活方式也想不出了。有人认为，可以用过去社会制度中的种种缺点来指责我荒唐。的确，在社会的低层阶级的组织方面，我们已经先后经历过两、三种制度了，但是，这些制度是不值得惋惜的，因为它们起初给人带来一点好处，随后又给人造成可怕的灾难，这能肯定说现在的社会制度已经达到了合理的地步吗？难道就不应该像发现奴隶制度、封建制度和行会制度那样来发现短工制度的基本缺点吗？当上述三种制度盛行的时候，人们同样想象不出将来会变成什么样子，要改变现有的制度似乎不是认为不可能，就是认为荒唐。由于我们使劳动阶级失去一切保障，将来总有一天，我们的子孙会和我们现在论断使这些阶级变成奴隶的民族是野蛮民族一样，也认为我们同样野蛮。

这些制度中每一种都曾被认为是有利的发明，是走向文明的进步。就拿奴隶制度本身来说，虽然一想到它就令人十分痛恨，但是它却代替了到处进行战争的野蛮状态，在野蛮时代，人们须要经常去作战，就没有时间劳动，劳动果实也毫无保障；奴隶制度代替

了大规模地屠杀俘虏，就是社会的一种进步，人们在奴隶制度下可以积累财富，而在古希腊和罗马帝国时代，这种制度甚至成了一种几乎可以和现代文明相媲美的文明的基础。在奴隶主变穷、同他们的奴隶一起劳动、一起吃饭的时代，奴隶的地位还是可以忍受的，人口也有所增加。这种同样制度的发展，奴隶主的财富，他们的奢华，他们对于劳动的无知，对于用血汗养活他们的人的轻视，他们的无情和使他们经常剥夺这个被看做牛马的劳动阶级生活资料的吝啬，最后都造成了这个劳动阶级的大批死亡。他们使这个劳动阶级在罗马帝国最繁荣的时代灭绝了。假使这时候有了经济学家的话，他们也许会极力颂扬这种豪华的不断发展吧。

令人痛恨古代的真正根源就是奴隶制度。这种制度使奴隶处于被压迫和穷困的地位，使罗马帝国的人口趋于消灭，使罗马帝国落在野蛮人的手里。不到几世纪，野蛮人又创造出一种比较宽厚的制度，他们把领主和奴隶之间的关系变成保护和互相依附的关系，多少年多少代惩罚奴隶用的皮鞭取消了。

封建制度也有过它的光辉灿烂的时代，那时，臣仆和领主并肩作战。后来，当领主富裕起来，想一味寻求更多的财富，而生活日益奢侈的时候，就又把枷锁套在穷人的脖子上，于是封建制度变成令人不能忍受的制度了。

人民争得了我们已经进入的自由制度（指的是封建制度的崩溃）；但是，当他们摧毁他们戴了很久的枷锁的时候，劳动阶级（les hommes de peine——劳动者）并未失掉一切财产。在农村中，他们作为对分制的佃农、世袭租户（ censitaires）、租地者而占有土地（ils se trouvèrent associés à la ptopriété du sol）。在城市中他们是为了互助而成立的公会、手工业组织的成员，是独立的工业家(ils se trouvèrent associés à la propriété de feur industrie)。到我们这个时代，到最近时期(c'est dans ce moment même)，财富的增加和竞争才破坏了所有这些联合组织。但这种破坏(révolution)尚未完全结束。但是，租户(后来变成农场主)富裕了，他不再亲手劳动了，不再和短工一样了，他用低工资来对待短工了。作坊主富裕了，他也不同伙计和学徒在一个工作台上劳动了，他放弃了手工劳动，在他的手工业作坊里聚集起数千工人，付给他们极低的工资。当然，因为这种社会制度刚刚开始，我们对这样的社会制度使有产者和劳动者相互斗争的情况，还十分缺乏经验。

我想要解释的工业产品的过剩，在前几个社会阶段是不可能发生的。在野蛮时代，人们只是为了自己而生产，每个人都了解自己的需要，他无须担心用无益的操劳创造自己所不需要的财产。在野蛮制度以后的奴隶制度中，文化有了相当大的发展，奴隶主也只是要求奴隶制造他已经预先确定好用途的产品。先有奴隶主的需求，然后要求劳动，于是需求维持了劳动，消费也紧接在劳动之后；只是当奴隶主和今天牙买加的种植园主那样变成手工业主和商人以后，才能产生生产过剩。在封建制度中，领主要求自己的奴仆服劳役和作战，比要求他们进行有利可图的劳动要多，生产不但没有受到刺激，反而受到严重的打击，那时候并没有生产过剩的威胁。在联合制度下，由于技术的一切进步都对于劳动者有利，人人都按照自己所应供应的市场酌量生产；从事耕种的人宁肯休息，也不生产不能出售的小麦，并且往往有人指责城市的行会，为了能永远操纵市场就一味采取限制生产的政策，为了能够得到较高的价钱就尽力使生产低于要求。我们今天进入的社会制度是一个崭新的社会制度，劳动人民是自由的；但是，他们的生活资料没有任何保证。他们必须依靠自己的劳动为生；他们看不到、也丝毫不了解消费他们劳动产品的人；他没有任何方法用他所希望的报酬来调节自己的生产。在千千万万人的命运都决定于一种还没有用经验证实的学说的时候，是应该对于这种学说抱某种怀疑态度的。

此外，绝不应该认为，古人从来没有考虑过我们今天所讨论的这种困难，从来没有研究或从来没有找到解决这种困难的方法。如果政治经济学的基本问题像我主张的那样，在于消费与生产平衡，如果这是技术、工业和文明发展的必然结果，每个劳动者的生产就必定比自己的消费多，因而仅仅有生产者就不能消费全部的产品，那么，每当劳动生产力提高的时候，就必须使人类中完全不生产的阶级或者生产非商品的人相应地提高消费。这正是马尔萨斯先生最近出版的政治经济学所作出的结论；他在这部著作里，肯定地说：政府的挥霍有时也能促进公共财富的增长，因为，它创造了一个完全不生产的消费阶级，没有这个阶级，生产不久就会由于市场的停滞而停顿。

我认为，在关于社会的一般发展进程方面，古人比我们更有远见。我们并不赞成雅典政府的挥霍政策，也不赞成目前英国政府根据马尔萨斯先生最近的主张所采取的挥霍政策，不过，这两个政府都认识到，为了保持社会的基本平衡和生产与消费之间的平衡，必须采取三种办法：第一，利用准备出售的富裕产品养活无处出卖劳动力的工人，让他们建造世俗或宗教的公共建筑物；第二，鼓励富人过奢华的生活，让他们消费穷人的劳动；第三，给所有的公众提供一项脑力劳动或一种爱国的工作，以便打发由于技术进步而节省下来的劳动时间。

第一种办法，古代所有国家都在一定程度上采用过，但是，在这方面任何国家也不像埃及发展得那样好。这个地区的农业人口多到出人意料；这个地区具备的一切有利条件，例如光照适宜，土地肥沃，雨量充足，使土地生产大大超过人们的粮食消费量。无论从政治方面或宗教方面来讲，埃及人对于航海都抱有反感，他们力求自给自足；他们的对外贸易很少，既不输出谷物，也不输出工业品，而他们的工业品也从来没有达到十分完美的程度。埃及的政体只许少数大领主以奢侈生活消费别人用血汗生产的产品；事实上，在埃及全国到处都有的寺庙废墟中，却看不到宫殿。不错，埃及的确有很多声势赫赫的教士；但是，宗教要求他们禁欲，禁止他们过奢华的生活；他们的个人消费并不比工人高多少。这些教士极力使埃及的广大群众保持经常劳动的习惯，使他们永远有适应他们的职业的节制力。他们要群众永远停留在无知和顺从的状态；他们不希望埃及群众有不用体力而发展智力的机会；埃及的教士们给群众找到了为奥林巴斯诸神建造庙宇的巨大任务。在上埃及，到处可以看到世间仅有的巨大建筑，其规模之宏伟简直使人怀疑是人力所能兴建的；这些建筑非常精巧，要用祖祖辈辈多少代的劳动才能完成，仿佛从事这些工程的人掌握了永恒的时间似的。在尼罗河两岸，在山脉底下的古墓和地洞中，同样蕴藏着不少惊人的奇迹；这些宏伟的工程简直使人惊心动魄。必须有多少百万工人，用几百年的不懈劳动才能创造出这样的惊人奇迹。这是毫无

疑问的；但是，这千千万万的人都必须吃埃及土地所生产的粮食。必须有一个由瓦匠、石匠组成的整个民族来消费尼罗河流域的勤劳居民不断生产的各种产品。

在古老的印度斯坦，也有无数在规模和精巧程度上可以和埃及工程相媲美的伟大建筑。在那里，也同样是宗教使人们做出了不必要的巨大工程，因为社会组织增加了生产者，而且使不事生产只会消费的人几乎完全绝迹了。在厄杜里亚[①]以及教士团体势力很大的民族中，多少也都采取过同样的办法。在罗马，也发现了史前时代的建筑，这些工程只能推断为在罗马帝国强盛以前很久，通过教士对当地古老居民的权威才建造起来的，不能有其他解释。由于采取这种办法，全体居民都有了工作，市场不致停滞；风俗继续保持纯洁，身体继续保持健壮，生产与消费的平衡丝毫没有受到破坏，人人都能平等地享受全国劳动者共同建立起的公共建筑。但是另一方面，由于人人毫不间断地劳动，智慧的发展却受到了阻碍；结果，全国人民都俯首帖耳，完全听命于统治他们的、野心勃勃的教士阶级的摆布了。

第二种办法，古代和我们现代差不多。在古代的息巴立斯、科林斯、锡腊丘兹、蒂尔、迦太基，以及后来在号称世界首都但衰亡时期已经开始的罗马，由于放任工商业自流，发生了超过生产者的消费无数倍的生产过剩；起初，这种过剩产品供应了大规模的出口；但不久以后，就由此形成了一个穷奢极侈，变尽花样讲求享受的富贵阶级，社会上，一方面是这些富贵人终身过着安逸、消费、

① 意大利古国，在今托斯卡纳省。——译者

享受的生活；另一方面是其他公民要一直劳动到老死。所有的劳动几乎都由奴隶来承担，所以那时候没有发生今天这样的斗争，也就是说，没有发生用低价获得手工业者的劳动产品的斗争；即使对某些行业发生过市场停滞现象，以致给奴隶造成了痛苦，也没有引起当时人们的重视，因为历史上完全没有关于这些事情的记载。

但是，古代立法者研究过的自由国家的数目远比我们研究的多，他们考虑关于建立政府的目的也远比我们考虑得久，建立政府只是为了使它的属民——所有的人不是仅仅一个阶级——获得幸福。古代立法者坚决反对息巴立斯人的制度。在他们看来，让一些人劳动而让另一些人享受，就是破坏共和政体中的平等。他们认为，荒淫无耻和残酷奴役永远是和穷奢极欲的享受紧密联系着的；怠惰使人精神委靡；而宴安和永不间断的体力劳动一样，会妨碍智力的发展。他们认为，必须使所有公民分享由工业进步而获得的休息，以陶冶人们的性情；使少数人无所事事，等于使他们专心享乐。古代立法者的这些意见和所有哲学和伦理学家、宗教家，特别是和天主教的所有教父的意见完全一致，他们禁止奢华，认为奢华必然会导致道德败坏，国家沦亡。非常奇怪的是，无论从哪方面看，这些人的论断都是我们所最尊重的，可是到今天，他们的一致见解却在我们对这个问题的见解上没有任何影响了。

第三种办法是根据上述原则确立的，雅典人和斯巴达人都采用过，罗马帝国在强盛时代以及古代最著名的各共和国也都采用过。为了使除了出卖劳动力没有任何收入的人能够找到充分的劳动需求，共和国几乎经常直接给本国公民以工作，而不让他们出卖

劳动力。古代的立法者绝不像现代的立法者那样鼓励人们积累财富和过奢侈的生活，而是一向关心做子女的能够平分遗产，使遗产经常保持一种平衡，他们特别谴责懒惰或豪华的恶习，他们尽力不使公民产生过分浪费的愿望，也不给他们这种机会，他们极力提倡俭朴和节制。他们主张，人人有一分体力活动和一分脑力活动，同时也要人人有一分享受。他们为了维持这种平均享受，就使公民离开体力劳动，让他们把一小部分时间用在农业、艺术和手工业方面；让他们到公共场所去进行讨论；把他们召唤到法庭来参加审判，召唤到学院或走廊里来听讲，以增进他们的智慧，提高他们的感情；让他们聚集到剧场去培养爱好，使他们获得雅典式的风雅；把他们召集到寺庙里去欣赏宏伟的建筑，以满足他们的想象；使他们把对前途的希望和现实生活的享受结合起来。

由于在艺术和工业方面采用了机器，人类维持生活所必需的劳动量逐渐减少了，但这绝不是说社会制度就应该培养这样的个人，他专门替两个、四个、一百个甚至一千个人休息、消费和享受；也绝不是说应该培养这样的个人，他随着生产的逐步提高而独占全部利润，一味企图削减工人应得的利益。由大家劳动积蓄的东西，就应由大家享用；尽管工业方面有了种种进步，雅典公民仍然只穿一件布料最粗的外衣，只吃面包和干无花果。当然，节制一切奢华丝毫也没有损害他高雅的智慧或精确的鉴赏力。他虽然以立法者身份禁止享受，他并没有失去他作为个人应有的积极性和主动性；当雅典人不是为了个人而是为了祖国需要财富的时候，雅典的瘠薄土地足以供应这个共和国在中亚和西西里国家作战的需要；足以满足在遥远的海岸传播真正文化的殖民工作的需要。雅典的唯一奢侈就是共和国所生的人:能够生这样人的国家是幸福的！如果自由的希腊可以在不久以后再生出这样高尚的模范,全世界也会幸福吗?

也许有人认为,我们离开李嘉图先生和我所争论的问题太远了,给我们指出我们所应做的,要比说古代人做过什么强得多。但是,我们所应做的事情,是一个极端困难的问题,今天我们不打算讨论它,我们希望经济学家们能够和我们自己一样完全相信,从那时以后,他们的学说走入了歧途。不过,我们现在并没有十分把握可以给他们指出什么是正确的道路;了解当前的社会制度是我们所能做的最费力的一种脑力工作。既然研究现代社会制度已经这样困难,那么,什么人又能够理解尚不存在的社会制度而看到未来呢？但是,如果所有明智的人群策群力,共同寻求社会应该给予养育社会的阶级怎样的保障,那么,这种非一个人的力量所能办到的事情也许就能办到了。

在考虑将来会有什么社会制度代替今天的社会制度以前,我们暂时结束关于社会制度的分析吧。我们要研究和评论这个社会制度的发展过程,但是我们不能用空洞的理论来作无益的比较。如果我在这里提出我对于挽救当前社会灾难应该采取的对策的看法,批判就会放弃对这些灾难的研究或估计,可能为了谴责我的挽救方法,反而更加赞赏起来,那样,消费与生产的平衡问题也许就根本谈不到了。

假定人们已经充分相信能够获得我所要求的立法中的一切改变,我只能声明,我仍然没有任何阻碍生产发展,拖延在艺术方面利用科学知识和发明机器的想法。我所追求的不过是使参加劳动的人能够得到劳动果实的方法，并且使开动机器的人能够从机器上得到利益。如果我最后达到了这个目的，我随后就要根据生产者的利益再提出，不要他们生产人们不需要的产品。只要生产者能够被当作同样的人来看待，他们在唯一的利益的驱使下，永远会按照“休息比做无益的工作更好”的原则来行动。这样，他绝不会利用一切便利劳动的条件去生产人们所不向他要的东西，不管他完成工作要用十二小时还是两小时就够了，他一定会完成任务就休息，就享受。反过来看，造成市场停滞的唯一原因就是参与共同生产的生产者——老板和工人之间的利益的对立；他们之间的差别，使生产者与消费者之间的差别变得更加严重，老板们所以决定从事生产并不是因为消费者向他们有所要求，而是因为工人以廉价的工资为他们劳动。

要把参加同一生产的人（qui concourent à la même production）的利益重新结合起来，而不使他们对立，是立法者的任务，这个任务无疑是困难的，但是我不认为这种困难像人们所想象的那么严重。如果人们阻止法律不走这个与社会利益背道而驰的方向，就可以说贡献不小了。如果取消所有反对平分遗产、维护建立或保持巨额财富的各种法律，取消禁止资本或土地由从事体力劳动的人分成小份的法律，取消保护老板、反对工人同盟、剥夺工人的天赋抵抗能力的一切法律，那么，要研究这些法律，以及研究老板如何保证他雇用的工人的生活资料的法律，就需要很长的时间，而且是十分困难的；今天在这里暂且不谈，只要指出应该在这方面寻求挽救社会灾难以及防止发生威胁社会的灾难的方法就够了。[①]

我们认为，在经济学家能够一致向最高当局指出彻底改变法律制度的时代到来以前（这个时代可能还在遥远的将来），我们最近进行的讨论已经能在今天产生某些实际结果了。我们认为，人类社会中日益增长的劳动需求，是人类在发展中每年都有的、正常的必然结果。这种需求反过来变成促进各种工业发展和技术改进的原因。如果有一项新的劳动需求，就是说，有支付这种劳动的资本以及消费这种劳动的新的需要，那么，为了满足这种需求，社会的一切发展对每个人都是有利的；另一方面，也会使人口随之增加；结婚的人要比以前增多，要有更多的儿童免于夭折。学徒的工作将要更加活跃，孩子们长大以后也会有更多的机会从事劳动。这一切结果，只能一步步达到，所经历的时间要相当长，既不许破坏平衡，也不许造成市场停滞，并且使新的人口在十年、十五年和二十年以后，进入社会的时候，不是为了今天这样的需要而工作，而是为将要从今天的劳动中发财致富的人工作。

另一方面，需要人类进一步提高技术能力。现代需要的劳动，只能由现代的人来做；所以，为了能够比原来生产的更多，他们不是需要每天利用更多的劳动时间，就是需要利用一切科学

① 甚至在1824年当本文已经付印的时候，人民还在麦克耳斯菲耳德的报纸上看到，丝织工人每天只劳动十一小时，如果劳动十二小时，就另外付给增加的这一小时的工资。4月3日，星期六，工厂主们决定自星期一起每天劳动十二小时，而工资还和平时一样。工人提出了抗议，厂主们竟颁布了镇压工人的军法。厂主们究竟为什么这样做呢？因为物价降低了，他们积存的货物已经过多，不需要以更便宜的价格获得更多的货物了。

方法，因为每次提高的生产能力（我说的是每提高一次）只要不超出需求劳动的人支付工资和消费的能力限度，就应该产生一部分新的财富，而这部分新财富反过来又产生一种新的需求。比较熟练或生产较多的工人将会得到较高的工资，他们的享受也应随着他们的收入相应地提高；反过来，他们也要求有更多的工人来为他们生产，不然就要求同样的工人生产出更多的产品；因为他们有运用这项费用的方法。要求新劳动并且支付这项新劳动的同一款项，将要重新出现在一系列的交易之中，从而使原有的各种生产活跃起来。虽然机械进步了，现有的人口仍然不能满足要求他们承担的一切劳动；在这时候出生的新人，长大以后将会获得给他们准备的职业；人口将要增加，养育人口的农业也会随之增加。

社会的一切运动都是互相关联的，一个运动带动另一个运动，如同钟表上的各种齿轮一样；但是，社会的运动也和钟表一样，要想这种运动相互关联，必须使发条的作用正常。如果不依靠劳动的需求来刺激生产（即靠工人对产品的需求来刺激生产），而认为这种刺激是以前的生产所提供的，那就会像上钟表一样，不把链轮（la roue qui porte la chaine）向后拨，而把另一个轮子向后拨，就会损坏钟表，使它停摆。

但是，社会拥有人类的内在活力，这种活力可以克服一切局部的混乱，自动纠正所发生的错误。不管在哪个部门，只要产品超过需求，市场停滞，工人就要尽力转业，背井离乡，以便适应新的环境。但是，除非加速曾在重商学派中发生过的那种革命，他们几乎总是需要相当长的时间才能办到。在这样的危机中，坚持偏见反对采用新发明，为在技术上采用科学成就增加种种困难，都是对人类有利的，因为，这样可以给人类的活力以发挥作用的时间，可以使受害的人在跌倒以后有重新站起医愈创伤的机会。在很多情况下，这些偏见可能是社会的最可靠的保障，一般说来，它们足以阻止个人利益的发展而恢复平衡。毫无疑问，往往会有某个工业企业家拥有或发明一种有利的科学方法，或者发现外国的某种先进生产方法，从而建立一个新的工厂，生产没有人需要的产品。这时候，他要依靠剥夺某个旧有工厂的主顾来销售自己的产品，正像商人常说的一句话：**杀价倾销**，而且是为了别人和自己的利益而这样做的。一般说来，在个人利益之间的确存在着一种平衡，这种平衡不准他们中间某一个人把其他所有人的利益完全破坏。这个发明家由于尽力保守秘密，独享发明的利益，他除了因为损害同行而遭到所有同行的反对以外，还会遭受所有工人的反对，因为他要降低工人工资；遭到当地普通习惯的反对，因为旧习惯永远是反对革新的；遭到资本家的反对，因为他们不肯对于自己所不了解、所不认识的企业放款。但是，如果他丝毫不挑起任何波动，使他所解雇的家庭有机会另想办法，找到新的生活手段，或者使消费者提出新的劳动需求，他可能战胜所有这些人的反对，虽然这将是很缓慢的。

所以，一般说来，市场的停滞和千万户的工人失业并不是个人利益所引起的技术自然发展的结果，而是由于一种与个人利益完全不同的势力造成的。我们曾经谈过：这种势力大大引起了“**杀价倾销**”。有时是因为把所有生产部门都安置在“温室”里的政府要本国做别的国家所做的一切，生产人们所不需要的产品；有时是由于热情的公民和学者而引起的,因为他们认为只有把其他国家增加财富的各种发明都同时弄到本国来,才是对祖国的最大贡献,他们攻击所有的旧例,推翻所有的习惯,尽力推广一切发明,当他们以个人名义,为了个人利益要求资本家们建立工厂无效的时候,他们就抬出爱国主义的招牌,要求资本家建立工厂。

今天,我们首先不谈政府的问题,因为关于政府所采取的刺激政策,我们已经讨论过很多次了。我只想对那些滥用博爱精神的人们谈一谈,因为他们尽力奖励没有任何人要求的生产,甚至他们本人都得不到利益。如果我们能够使他们相信生产出来的产品不一定能得到消费,可能使他们更重视他们自己的政治经济学说所依据的原则。他们要求工业绝对自由,因为他们认为相互补偿的个人的利益包括在大家的利益之中;所以,他们应该知道,破坏这种个人利益平衡的是他们自己;在他们由于热爱艺术和科学、毫不看市场上的情况而建立工厂时,那就是他们常常为了抽象的理论而牺牲了人和现实利益。为了利用机械学、化学和博物学的成就,准备随时满足市场的一切需求是学者们的事情;在人们须要进行大规模生产的时候,他们应大力支持;但是,只要当前的社会制度不变,只要穷人的生活完全受自由竞争支配,他们绝不应该在这个天平上多加一个砝码,帮助厂主而危害工人,他们应该记住,经济学家的基本原则是:自由放任和自由竞争(laisser faire et laisser passer)。否则,他们在盲目的热情驱使下促进每项发明的采用,就会不断地时而打击这个阶级,时而打击另一个阶级,不仅不能使整个社会获得技术进步的利益,反而使整个社会处于动荡不定的境地。

第三篇论文　关于萨伊先生的《消费与生产的平衡》一文的几点意见

萨伊先生主张："产品是相互购买的，产品的增加除了增加人们的享受和国家的人口，不会有其他结果。"他认为，对于与他这种主张不同的学说必须加以驳斥。1824 年 7 月，他在《百科全书评论》上回答了我；我已经预料到，为了维系我们之间的友谊，同时也是出于他的天性，他的口吻是非常谦逊、非常亲切的。但是，他犯了几乎所有刚愎自用的人所常犯的毛病，他不能耐心地倾听对方的意见；自以为彻底了解了我的主张，其实他对于我完全没有了解，至少我绝对不能承认他所反驳的学说是我的学说。

他在假定人们能够特别利用一种东西生产出超过需要的量以后，接着说："如果有人不同意各种人类社会都能利用人的智慧以及自然和技术所提供的媒介物来使一切满足人类需要和增加人类享受的各种物品生产出超过同一社会的消费量的话，那么我就要问，为什么我们看不到一个即使供应完全充足、所谓最繁荣的国家，也要有八分之七的人口得不到必不可少的很多产品呢？当然，这里我指的不是那些富豪家庭，而是普通家庭，等等。"（第 20 页及以后。）

是的，非常遗憾，我竟没能使人了解我在第二篇第六章中非常明确肯定的几句话："即使社会上有很多人吃不饱，穿不暖，没有合适的房子住，社会也只需要它所能购买的数量。"我在萨伊先生所反驳的那篇文章里也说过："只要有一项新的劳动需求，就是说，有一项新的支付能力和消费需要，社会为满足这种需求所达到的一切进步，就都是有利于人类的。”（第451页。）所以，我不能承认，消费要求更高的生产是有根据的，因为我们看到的是，这些不幸的人们的需要和愿望，正在使他们的人口不断增加，他们在自己无力购买的积压产品中间受着贫困的各种压迫。另一方面，假使他们所需要的东西，只是由于雇用他们生产这些东西所支付的工资降低而比较便宜的话，我认为他们就更无法满足这种需要了。

以后，萨伊先生居然还这样说：“一个国家所缺少的并不是消费者，而是购买力。西斯蒙第先生认为，产品越少——当然也会更贵——，购买力就会更高，劳动者的产品也就会使他们得到更高的工资。”请原谅，我的主张绝不是这样；我所追求的从来就是在生产者当中找到最多的消费者；此外，我认为生产者是最好的消费者，只要他们在共同的生产中获利多损失少，他们的购买力就会提高。我绝不是要求产品缺少，我要求有足够的与需求相适应的、供应市场的人可以获得合理利润的产品。

萨伊先生把他对这个问题的意见归结为：“如果生产力提高了，快速生产方法增多了，一句话，产品富裕了，国家得到的供应就会更完备更普遍。”以后，他给我指出证据说：“在快速生产方法最普遍，产品最多的地方，例如英、美、比、德、法等等国家工业最发达的地方，也是最富足的地方，或者说是比较最不贫困的地方。”这是毫无疑问的；我从来没有否认，法国的人口自路易十四时代以来增加了一倍，消费量提高了三倍，萨伊先生在第25页也向我提过这一点，不过我认为，需求、报酬、消费要求增加产品，提高生产就是一件好事；需求毫未增加，而生产者完全依靠剥夺竞争对手的产品的消费者，提高生产就是一件坏事。我要指出的是各国走向繁荣的自然发展过程，也就是要按本国对新产品的需求和购买力的提高而逐步提高生产。但是，我们的制度和法律，一方面剥夺劳动阶级的一切财产和保障；一方面也把他们推到盲目生产中去，这种生产与需求与购买力都毫不适应，以致使他们更加贫困。我已经在七年前指出过这种社会的病态，七年来，病势仍是有增无已。这种苦难已经够长了，我不认为**每次变革**以后一定发生**压榨**，归根结底，我认为，只要联想到收入，就可以证明，人们所受的各种灾难是我们的社会制度不良的必然结果，可是这些灾难似乎还没有终止的迹象。

萨伊先生接着又指责我呼吁社会力量的干预，因为我和他都一致认为：政府干预私人财富有害而无利，政府至少也应该参与消除由它造成的危害。但是，确定私有权、管理遗产分配、保护各种专利、准许请愿但防止暴力发生的立法者，并不是置身于社会之外的人。我要求他们在消除自己制定的法律所产生的危害中起应有的作用。

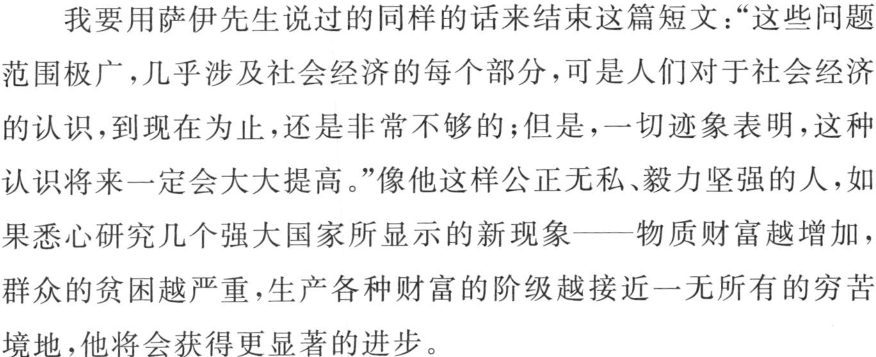

我要用萨伊先生说过的同样的话来结束这篇短文：“这些问题范围极广，几乎涉及社会经济的每个部分，可是人们对于社会经济的认识，到现在为止，还是非常不够的；但是，一切迹象表明，这种认识将来一定会大大提高。”像他这样公正无私、毅力坚强的人，如果悉心研究几个强大国家所显示的新现象——物质财富越增加，群众的贫困越严重，生产各种财富的阶级越接近一无所有的穷苦境地，他将会获得更显著的进步。

译名对照表

人　名

三　画

马尔萨斯　Malthus, T. R.
马利亚一德勒西亚　Marie - Thérèse

四　画

支诺维奇,安东　Genovesi, Anton
冈查加,费尔南·德　Gonzague, Fernand de

五　画

加尼尔　Ganilh
皮特　Pitt
皮埃尔一利奥波德　Pierre-Léopold
叶卡捷琳娜　Catherine
弗朗梭瓦　François
汉密尔顿,亚历山大　Hamilton, Alexandre
汉密尔顿,罗伯特　Hamilton, Robert

六　画

亚历山大　Alexandre
亚尔加狄乌斯　Arcatius
亚里士多德　Aristote
米拉波　Mirabeau
伊丽莎白　Elisabeth
达乌,路易　Davoust, Louis
托勒多　Tolède
西斯蒙第,让·沙尔·列奥纳尔·西蒙·德　Sismondi, Jean Charles Léonard Simonde de
色诺芬　Xénophon

七　画

苏恩统,亨利　Thornton, Henri
苏利　Sully
苏格拉底　Socrate
君士坦丁　Constantin
麦卡洛克　Mac-Culloch, J. R.
亨利　Henri
伽利略　Galilée
劳,约翰　Law, John
杜阁　Turgot

李维埃尔　Rivière
汤普逊　Tompson

八　画

奈木尔，杜滂·德　Nemours，Dupont de
拉达盖丝　Rhadagaise
阿拉利克　Alaric
阿雷坦，列奥纳尔　Arétin，Léonard
庞培　Pompée
孟德斯鸠　Montesquieu
欧文　Owen
杨格，阿瑟　Young，Arthur

九　画

柏拉图　Platon
查理　Charles
查理五世　Charles-Quint
科尔贝　Colbert
科鲁迈拉　Columelle

十　画

埃尔芬斯通　Elphinstone
爱丽萨　Elisa
爱德华　Edouard
唐森　Townsend

十一画

梅迪奇　Médicis
梅隆　Melon
萨伊　Say，J. B.
萨瑟兰　Sutherland

十二画

斯巴达卡斯　Spartacus
斯多希　Storch，M. H.
斯托赫，亨利　Storch，Henri
斯图亚特，詹姆斯　Steuart，James
斯特洛奇　Strozzi
斯塔福德　Stafford
傅立叶　Fournier
富兰克林　Franklin
富格　Fugger
路易　Louis
斐迪南　Ferdinand
费朗　Fearon，H. B.
腓特烈　Frédéric

十三画

雷瓦，安托尼奥·德　Leyva，Antonio de
魁奈　Quesnay
蒙莫兰西　Montmorency

十五画

撒丁　Sardaigne

十六画

霍诺留斯　Honorius

十七画

戴尔伯洛　D'Herbelot

戴华南特，查理　Davenant, Charles

地　名

三　画

凡尔赛　Versailles

四　画

内比　Népi

巴拉丁纳特　Palatinat

韦累特里　Vellétri

比萨拉比亚　Bessarabie

匹兹堡　Pittsburgh

牙买加　Jamaica

五　画

加比塔纳特·布伊　Capitanate de Pouille

加弗勒里亚　Cafrerie

加布尔

加尔各答　Calcutta

幼发拉底河　Euphrate

卡皮塔纳特　Capitanate

圣多米加　Saint-Domingue

圣罗伦索　San Lorenzo

卢瓦河　Loire

弗吉尼亚　Virginie

尼罗河　Nil

布宜诺斯—艾利斯　Buenos-Aires

布腊恰诺　Bracciano

弗郎德勒　Flandre

皮埃蒙特　Piémont

汉堡　Hambourg

六　画

亚历山大里亚　Alexandrie

伦巴迪运河　Lombardie

西弗里西亚　West-Frise

多米尼加　Domingue

多芬　Dauphiné

多瑙河　Danube

列克星敦　Lexington

伊利诺斯　Illinois

安的列斯　Antilles

托斯卡纳　Toscane

印度斯坦　Hindoustan

七　画

克什米尔　Cachemire

克里米亚　Crimée

伯尔尼　Berne

伯明翰　Birmingham

那不勒斯　Naples

麦克耳斯菲耳德　Macclesfield
辛辛那提　Cincinnati
里昂　Lyons
里斯本　Lisbonne
佛罗伦萨　Florence
纽伦堡　Nuremberg
纽一拉纳克　New-Lanark

八　画

迦太基　Carthage
旺代　Vendée
阿尔及尔　Alger
阿尔萨斯　Alsace
阿姆斯特丹　Amsterdam
波尔多　Bordeaux
波希米亚　Bohême
易北河　Elbe
昂里西—斯太法尼　Henrici Stephani
呼罗珊　Khorasan
拉普拉塔　La Plata
肯塔基　Kentucky
的黎波里　Tripoli
凯尔特山　Celtes

九　画

突尼斯　Tunis
威尼斯　Venise
威塞尔河　Weser
勃兰登普　Brandenburg
俄亥俄　Ohio
律贝克　Lubeck
科林斯　Corinthe

十　画

爱丁堡　Edimbourg
宾夕法尼亚　Pennsylvanie
息巴立斯　Sybaris
高卢　Gaule
特兰西瓦尼亚　Transylvanie
特腊契纳　Terracine
哥本哈根　Copenhague
哥伦比亚　Colombie
热那亚　Gênes
格但斯克　Dantzig
敖德萨　Odessa
莱比锡　Leipzig
莱茵河　Rhin
诺丁汉　Nottingham
诺曼底　Normandie

十一画

密西西比　Mississipi
康帕尼亚　Campagne
鹿特丹　Rotterdam
维科　Vico
维特尔博山　Viterbe

十二画

隆西格里约纳　Ronciglione

普利亚　Puglia
普罗文斯　Provence
提沃利　Tivoli
斯德哥尔摩　Stockholm
蒂尔　Tyr
塔甘罗格　Taganrog
奥格斯堡　Augsbourg
鲁卡　Lucgues
萨比尼　Sabine
萨瓦　Savoie

十三画

新荷兰　Nouvelle-Hollande
新奥尔良　Nouvelle-Orléans
锡腊丘兹　Syracuse

十四画

撒瑟兰　Sutherland

图书在版编目(CIP)数据

政治经济学新原理:或论财富同人口的关系/(瑞士)西斯蒙第著;何钦译.—北京:商务印书馆,2017
(汉译世界学术名著丛书:120年纪念版:珍藏本)
ISBN 978-7-100-14191-8

Ⅰ.①政… Ⅱ.①西… ②何… Ⅲ.①古典资产阶级政治经济学 Ⅳ.①F091.33

中国版本图书馆CIP数据核字(2017)第135996号

汉译世界学术名著丛书
(120年纪念版·珍藏本)
政治经济学新原理
或论财富同人口的关系
〔瑞士〕西斯蒙第 著
何 钦 译

商 务 印 书 馆 出 版
(北京王府井大街36号 邮政编码100710)
商 务 印 书 馆 发 行
南京爱德印刷有限公司印刷
ISBN 978-7-100-14191-8

2017年12月第1版 开本710×1000 1/16
2017年12月第1次印刷 印张35¼
定价:170.00元